시장리스크(FRTB 2019) 2%의 모든 것

저자 조응규

저자는 대구에서 태어나서 계성고등학교와 서울대학교 경영학과를 졸업(85년), 영남대학교에서 경영학박사(재무관리 전공)학위를 취득하였다. 12년의 은행원 업무(외환은행, 대동은행, KB국민은행) 중 9년이상 은행의 리스크관리 실무를 수행하였으며, 11년의 금융감독원 팀장 업무(2000.12~2012.7) 중 10년간 은행감독국 리스크감독팀장과 검사지원국의 시장리스크팀장, 금융투자검사국의 리스크검사팀장 업무를 역임하였다. 2012.7월 금융감독원을 퇴직하여 국내의 컨설팅 회사에서 리스크관리 컨설팅 업무를 수행하였으며, 현재는 딜로이트 컨설팅에서 다수의 FRTB관련 프로젝트를 수행하고 있다.
저자는 은행의 리스크관리 실무, 금융감독당국의 리스크관리 감독 · 검사 실무, 컨설팅회사의 리스크관리 프로젝트 수행을 통해 은행, 금융투자회사, 금융지주회사에 대한 신용, 시장, 운영리스크를 모두 경험하였으며, CISA로서 IT리스크에도 많은 관심을 갖고 있다. 미시적, 거시적 리스크관리 전반에 대해 누구보다도 많은 고민을 해왔으며, 특히 시장리스크 관리와 규제는 저자가 가장 많은 시간을 보낸 분야이다. 지금도 금융회사의 리스크관리업무와 내부통제업무에 관심과 노력을 기울이고 있다.

교재 내 계산예제 sample에 대한 excel file이 필요하신 분은
cs6986@naver.com으로 요청하시면 보내드립니다.

추천사

김 영 기

(금융보안원장, 경영학박사, 재무관리 전공)

리스크 관리는 유구한 역사를 자랑하고 있으며 여전히 진행형이다. 매컬리(Macaulay)가 듀레이션 개념을 고안한 것이 80년 전이었고, 샤프, 린트너, 모신(Sharpe, Lintner, Mossin)이 자산가격결정모형(CAPM)을 주창한 지도 55년이란 시간이 흘렀다. 블랙-숄즈(Black-Scholes)의 옵션가격결정모형(OPM)이 등장한 것이 1973년이니 이 또한 46년 전의 일이다. 은행 리스크관리의 국제 표준으로 자리잡은 바젤 협약(Basel Accord)이 최초로 시행된 것이 1988년, 이후 바젤 규제는 글로벌 금융위기를 전후하여 리스크 종류별로 수많은 개정과 보완이 이루어져 왔으며, 현재도 은행들의 리스크 관리 방법론은 환경 변화를 반영하여 진화 중이라 할 수 있다.

리스크 관리자들의 영원한 화두는 "예상하기 어려운 것을 보다 잘 예측하는 것"(Expect the Unexpected)이 아닐까 한다. 그렇기 때문에 바젤 규제 또한 시장 환경 변화를 보다 정확하게 반영하기 위한 노력을 이어오고 있는 것이다.

저자인 조응규 박사는 금융인으로 지낸 30여년 중 25년간을 리스크 관리 전문가로서 한 우물을 파고 있다. 적지 않은 세월이다. 그와 내가 인연을 맺은 것은 15년 전 금융감독원의 리스크 검사 부서에서 직장 동료로서 같이 근무할 때였다. 그는 이미 시중은행에서 리스크 관리 실무를 직접 경험한 전문가로서 감독당국에 영입된 후 시장리스크반을 이끌고 있었고, 나는 신용리스크반을 책임지고 있었다. 날로 고도화되고 변해가는 리스크 관리 지식을 습득하고 우리나라에 적용되는 기준을 정립해 가면서 리스크 관리 문화를 금융권에 전파시키던 일에 매진하던 시기였다. 그는 한결같이 자신의 일에 대한 자부심과 열정이 남달랐다. 이후 난 이런저런 자리로 옮겨 다니느라 리스크 관리 업무에는 한눈을 팔고 지냈지만, 그는 오로지 리스크 관리의 한 길을 벗어나본 적이 없다. 뜻한 바가 있어 감독 당국을 벗어난 뒤로 시장에서 리스크 관리 컨설팅 업무에 종사한 이후로는 그 치열함의 밀도가 더욱 깊어졌다.

그가 이렇게 한 길을 걸어온 '명예'가 그의 말처럼 곧 '멍에'처럼 다가와 이번에 '시장리스크 FRTB(2019)'에 대한 역작을 발간하게 되었다. FRTB(2019)는 시장리스크 측정에 있어 재정거래(arbitrage) 유인을 축소하고, 내부모형이 포착하기 어려웠던 꼬리 위험(tail risk)과 비유동성 리스크를 일관되게 포괄적으로 측정할 수 있도록 함은 물론, 표준 방법에 의한 자본량 산출 방법을 보강하여 그 활용을 확대함으로써 종전보다 리스크 관리를 강화하도록 요구하고 있다.

지금 우리 경제는 저성장 고령화 체제로 이행되는 급변의 시기를 지나고 있다. 우리는 IMF 구제금융을 수반한 1997년 외환 금융위기와, 2008년 글로벌 금융위기를 겪었다. 혹자들은 10년 위기설을 이야기하면서 지금 우리 금융시장에 응축되고 있는 위기 징후들을 걱정하고 있다. 리스크 관리자들은 늘 "지금의 리스크 관리가 충분한가?"하는 숙제를 안고 산다. 이제 2022년이면 저자가 애써 소개한 FRTB(2019) 기준이 적용될 예정이다. 채 3년이 남지 않은 촉박한 시간이라 할 수 있다. 그러나 우리 사회에는 리스크 관리 전문가들이 한 길을 걷게끔 하는 유인과 조직 문화가 여전히 부족한 실정이다. 그런 면에서 이 책은 시장리스크를 공부하고 변경된 기준을 현장에서 적용하기 위해 준비해야 하는 금융권 리스크 관리 담당자에게는 매우 유용한 필독서가 될 것이며, 우리는 그런 면에서 저자의 축적된 경험과 지식을 손쉽게 얻게 되는 빚을 지게 되었다. 전문성이 필요한 분야에서 묵묵히 한 길을 걸어가는 저자와 같은 사람이 있기에 우리 사회는 그래도 지탱할 수 있는 힘을 얻게 되는 것이라 믿는다.

미국의 제 35대 대통령인 케네디(John F. Kennedy)는 "우리의 지식이 더 크게 늘어날수록, 우리의 무지함은 더욱 드러나게 된다."(The greater our knowledge increases, the more our ignorance unfolds.)고 하였다. 리스크 관리는

나의 경험에 의하면 바로 그러한 분야이며 그렇기 때문에 저자의 이번 역작이 금융 리스크를 다루는 분야에서는 길을 헤쳐 나가는데 있어 큰 의미를 갖게 되는 것이다. 저자가 짧지 않은 세월 동안 리스크 관리를 천직으로 알고 지내옴으로써 탄생한 이번 결과물이 우리 금융시장에서 밀알이 되기를 기대해 마지 않는다.

추천사

장 봉 규

(POSTECH 산업경영공학과 교수 및 금융 및 위험관리연구센터장)

일만 시간의 법칙을 시장리스크관리 분야에 적용한다면 나올 수 있는 독보적인 책

한 때 '일만 시간의 법칙'이라는 말이 유행한 적이 있었다. 어느 분야든 큰 성공을 거두기 위해서는 일만 시간의 노력을 들이면 가능하다는 것인데, 말이 쉽지 일만 시간이라는 것은 한 사람이 매일 3시간을 같은 일 하는데 투입해서 10년이 지나야 얻을 수 있는 어마어마한 시간의 양이라고 한다. 여기 금융회사의 리스크 관리에만 무려 30년 가까이의 시간을 투입한 사람이 있다. 한 가지 문제를 맞닥뜨리게 되면 그것에 오롯이 집중하여 몇시간이든 해결하기 위해 애쓰고 아는 사람이 있다면 그가 누구든 간에 찾아가서 물어보곤 하는 저자의 성정을 이해하는 나로서는 '일만 시간의 법칙'이라는 말조차도 그에게만은 부족하다고 느껴진다.

책을 저술하였으니 추천사를 써 달라는 부탁을 받고 항상 만면에 사람 좋은 웃음을 띄우고 유머러스한 저자를 떠올렸으며, 그러한 모습이 글에도 잘 반영되어 있으리라 생각했다. 하지만 글을 받아본 필자가 처음 한 생각은 '이 분이 이런 분이 아닌데 왜 이리 지식 위주의 딱딱한 책을 쓰셨을까'였다. 즉 책의 컨셉이 잘 이해가 되지 않았던 것인데, 이 생각은 책을 좀 더 자세히 뜯어 보면서 조금씩 바뀌게 되었다. '아, 이 분은 이 책에 본인의 인생을 갈아 넣으셨구나' 하고…

일단 이 책은 제목에서도 이야기 하듯이 현재 감독당국과 금융회사가 적용하고 있는 시장리스크 관리 관련 지식이 거의 대부분 잘 정리되어 있다고 해도 과언이 아니다. 이런 것이 가능했던 이유는 오랫동안 은행 실무와 감독당국 실무를 동시에 접하면서 일견 상반되게 보이는 두 지점의 시각이 모두 반영되었기 때문이라고 생각한다. 다음으로 이 책을 보고 놀란 것은 방대한 양의 상세한 표와 실제 본인이 작성한 것이 분명한 엑셀 예시이다. 필자도 금융 감독 업무를 조금 겪어 보았지만 금융위험관리의 이론을 아는 것과 이를 실제에 적용하는 것은 천지차이이다. 둘 다 이해하는 것도 어렵지만 이론을 실제에 잘 녹여내어 일관된 철학을 유지하는 것은 더더욱 어려운 일이라고 생각한다. 이 책은 그런 일이 가능하도록 이론과 실제가 망라되어 있다.

필자는 10여 년 동안 학생들을 위해 금융위험관리 관련 강의를 하면서도 이론과 실제가 융화된 책을 써야겠다는 생각은 조금도 한 적이 없다. 필자가 그 방대한 지식을 가지고 있지도 않을뿐더러 이러한 일은 불가능에 가까워 보였기 때문이다. 하지만 드디어 우리는 해결책을 이 책을 통해서 얻을 수 있게 되었다. 이것이 필자가 이 책의 저자에게 존경을 표하고 나아가 이 책이 학계 및 업계에서 꼭 필요한 존재임을 자신 있게 말할 수 있는 근거이다.

자, 여러분도 일견 무미건조해 보이지만 실전 경험이 오롯이 살아있는 이 책의 매력에 빠져들어보자.

초판 머리말

우리의 삶은 매 순간 risk-taking의 연속입니다. 우리가 접하는 주변환경은 거대한 리스크 프라자이고 우리의 의사결정 하나, 행동 하나는 보기에 따라 모두가 리스크 촉발인자(risk factors)이며. 물론 risk-taking의 대가는 그 무언가 달콤함일 것입니다.

우리는 최고의 권력층에 있던 권력자가 한순간의 방심과 실수(?)로 수의(囚衣)를 입고 고개숙인 모습을 보기도 하고, 유명한 셀럽이 서민의 눈높이에 맞지 않는 가치관과 도덕관 때문에 설화(舌禍)를 자초하거나 심지어 법의 심판을 받는 모습을 보기도 합니다.

금융회사의 금융자산은 직접 금전적 손익과 직결되기 때문에 리스크관리와 가장 밀접한 분야로 인정되어 왔으나, 기실은 우리가 몸담고 있는 사회 전체(한 국가의 정부부처부터 회사, 나의 가정에 이르기까지)에서 그 필요성이 급증하고 있는 바, 그러한 리스크관리 대상의 정점은 바로 나 자신입니다.

우리가 어린 시절, 윤리시간에 배웠던 신독(愼獨)은 자신에 대한 리스크관리의 처음이자 끝일 것입니다.

이 책의 표지그림은 다모클레스의 검(The Sword of Damocles)입니다. 권좌는 한 올의 말총에 매달린 칼 아래 앉아 있는 것처럼 위험하다는 것으로, 우리가 일상생활에서 행하는 경솔한 판단이나 탐욕에 찬 행동이 엄청난 負(-)의 충격을 가져올 수 있다는 점을 명심해야 합니다. 이에 대한 리스크관리방법은 愼獨과 욕심내지 않는 吾唯知足(나는 오로지 만족함을 안다)의 마음일 것입니다.

제가 은행과 금융감독원, 그리고 리스크관리 컨설팅회사에 이르기까지 30년의 직장생활 동안 거의 25년을 금융회사의 리스크관리업무를 담당하면서 제가 리스크관리업무에 바친 시간이 거의 30,000시간이 된다는 사실에 새삼 놀랐습니다만, 더욱 놀라운 사실은 "10,000시간의 법칙은 적어도 나에게는 틀렸다"라고 감히 외칠 수 있다는 것이 수확이라면 수확일 것입니다. 한편으로는 저의 재능이 워낙 아둔했든가 혹은 적어도 이 방면은 아니지 않나 하는 자괴감도 많았습니다.

그러나 금융회사 리스크관리라는 한가지 업무에 매진한 결과 제가 얻은 결론은, "리스크관리는 리스크의 hedging이 아니라 리스크의 taking이다. 다만 information과 limit이 갖추어져야 한다"라고 요약해 드립니다. 이는 전략과 빅데이터 부문으로 넘어가기 때문에 다음 기회에 좀더 자세히 말씀드릴 기회가 있을 것으로 생각합니다.

이 책은 BCBS(BIS)에서 2012.5월에 최초로 발표하여 약 7년에 걸친 작업끝에 2019.1월에 발표한FRTB(Fundamental Review of Trading Book)최종안의 내용을 기본으로 하고 있습니다. 7년간 3~4건의 CD(Consultative Documents)가 발표되었으며, 수많은 working papers가 발표되었습니다. 저는 BCBS의 자료가 나올 때마다 그 내용을 계속 파악해왔고, 이에 대한 기본철학과 변경논리에 대해 계속 고민한 죄(?)로 이번에 이 책을 발간하게 되었습니다.

이 책은 『Minimum capital requirements for market risk: BCBS(BIS), 2019.1 (rev.2019.2)』의 내용을 금융회사 시장리스크 담당 실무자들이 쉽게 이해하고 직접 표준방법에 의해 시장리스크 자본량을 산출할 수 있도록 설명한 실무서입니다. 물론 내부모형을 준비하는 금융회사를 위해 내부모형의 승인 요건도 설명하고 있습니다. 아시다시피 BIS의 규제는 워낙 추상적이어서 기준이 되는 문구의 해석만으로는 실무상 50%도 구현할 수 없습니다. 이 책을 실무서라고 감히 지칭할 수 있는 것은 BIS 규제의 행간의 의미를 파악하고 이를 실무적으로 구현하기 위한 나머지 50%를 채우려고 고민한 결과물이기 때문입니다.

저의 목적은, 충분한 이해에 바탕을 둔 실무구현이지만 독자에 따라서는 충분히 이해가 되지 않을 수 있는 바, 이는 모두 원문을 잘못 이해하였거나 쉽게 설명하지 못한 저자의 부족함임을 미리 밝힙니다. 제가 잘못 이해한 내용이나 보완이 필요한 부분은 언제라도 저에게 연락주시면 환영하겠습니다. 또한 금번 최종안 발표 이후 추가 또는 미세한 개정사항이 있다면 지속적으로 업데이트할 예정입니다.

이 책에서 설명한 시장리스크 기준은 현재 일정으로 2022.1월부터 국내은행에 시행이 예정되어 있으므로 BIS기준에 따라 시장리스크 자본을 산출하는 은행, 금융투자회사, 보험사의 시장리스크 담당자와 금융감독당국 담당자의 업무수행에 조금이라도 도움이 되기를 소망합니다. 또한 여러 종류의 리스크 중에서 시장리스크는 가장 이론과 실무가 잘 조화된 분야이기에 재무관리이론과도 가까이 접할 수 있는 좋은 기회가 되었으면 합니다.

마지막으로 이 책이 나올 수 있도록 해 준 모든 제반 환경에 감사드리고, 저의 최고의 팬인 아버님과 어머님, 30년 결혼생활 잘 할 수 있게 도와준 아내 성영희와 사랑하는 딸 민영이 하영이에게 감사드립니다. 항상 저에게는 든든한 사부이신 영남대학교 김지수 교수님께 인사드리고, 이 책의 출간을 허락해주신 서울경제경영출판사 김은중 대표님께 감사드립니다.

2019.5월 조응규 드림

개정판을 내면서

2019.2월 FRTB 기준 final version이 나온 이후, 2019.12~2020.6월에 걸쳐 BIS에서는 기준의 내용을 일부 변경하여 발표하였습니다. 큰 틀은 변화가 없으나 일부 내용의 변경 및 FAQ를 통해 기준의 명확화를 설명하고 있으므로 이를 반영할 필요성이 대두되었습니다.

이와 함께 금번 개정판에서는 저자가 그동안 은행을 상대로 FRTB구축 프로젝트를 수행하면서 실무담당자들이 애매하게 생각하는 부분에 대해 추가로 정리한 사항과 종전 책자의 오탈자 부분 수정, 저자가 이해한 부분의 오류 수정도 개정판을 통해 반영하였습니다.

개정내용

1. BIS기준서 개정내용 반영사항

RBC 25	Risk-based capital requirements
MAR 10	Market risk terminology
MAR 11	Definitions and application of market risk
MAR 12	Definition of trading book
MAR 20	Standardised approach : general provisions and structure
MAR 21	Standardised approach : sensitivities-based method
MAR 22	Standardised approach : default risk capital requirements
MAR 23	Standardised approach : residual risk add-on
MAR 30	Internal models approach : general provisions
MAR 31	Internal models approach : model requirements
MAR 32	Internal model approach : backtesting and P&L attribution test requirements
MAR 33	Internal model approach : capital requirements calculation
MAR 40	Simplified standardized approach
MAR 90	Transitional arrangements

MAR 99	Guidnce on use of the internal models approach
CVA	Targeted revisions to the credit valuation adjustment risk framework(2020.7)
Basel Framework frequently asked questions(2020.6)	
Revisions to market risk disclosure requirements(2019.11)	

2. 수정 또는 내용 보완 사항

내용	내용
가. IRT 거래 수정	사. RFET의 bucketing approach 보완
나. CVA 리스크 산출 수정	아. 시장리스크 자본량 계산 수정 (FX리스크)
다. 표준방법의 측정절차 추가	자. FRTB 적용을 위한 문서화 내용 정리
라. CRS거래에 대한 GIRR 산출(예시) 추가	차. 복수신용등급의 처리/ 우리나라 국채의 신용등급 부여 방안 제시
마. CSR과 주식리스크의 bucket code mapping 추가 및 수정	카. 지표금리변경 반영방법
바. LTA 적용 프로세스 추가	타. Pillar3 보고서 수정

아버님과 어머님의 건강을 항상 기도드립니다.

2021.5.22 조응규 드림

목 차

제1장 • 리스크관리와 규제자본 _ 1

제2장 • FRTB의 등장과 트레이딩계정 이슈 _ 13

제3장 • FRTB의 표준방법 _ 85

제4장 • 시장리스크 자본량 계산 예시 _ 201

제5장 • FRTB의 내부모형 _ 297

별 표 _ 405

표목차

그림목차

제1장

리스크관리와 규제자본

志于學(15세) 학문에 뜻을 두는 시기

자, 이제 리스크관리에 관심을 가져보자

> 善除患者理於未生(선제환자리어미생)-六韜
> 문제를 쉽게 해결하는 사람은 일어나지 않은 일까지 염두에 둔다
>
> 知止止止(지지지지): 그침을 알아 그칠 때 그친다. 이미 도를 넘었는데 지금까지 아무 일 없었으니 이번에도 괜찮겠지 방심하고 욕심을 내면 큰 코 다친다. 그침을 아는 知止도 중요하지만 이를 실행하는 止止는 더 중요하다. 모든 문제의 근원은 知足을 넘는 욕심에서 파생한다. 〈정민의 世說新語〉

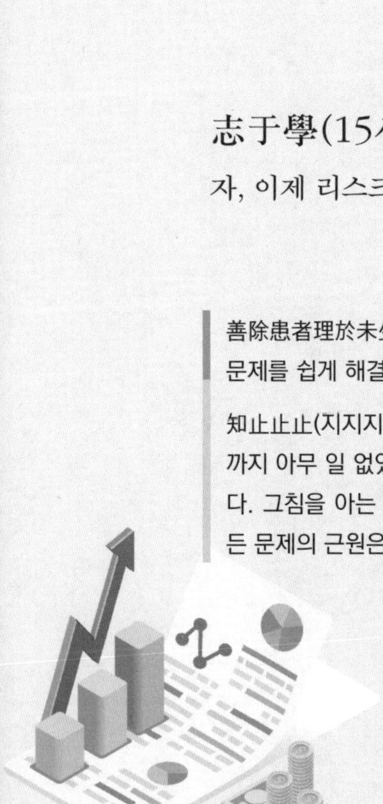

1. 리스크(risk)의 기본개념

재무관리나 투자론에서 우리는 위험(危險)을 배웠다. 교과서적인 위험의 정의는 수익률의 변동성이며 이 변동성의 측도로는 분산 또는 표준편차를 사용하였고, 수익률이 평균을 중심으로 상하로 변동할 수 있는 폭을 위험이라고 정의하였다.

또한 우리에게 익숙한 상거래에서도 물건을 외상으로 준 경우, 기일에 상환하지 못할 위험이 있다고 말한다. 물론 이는 은행이 특정인에게 대출을 해 주었는데, 특정인이 부도가 나거나 불가피한 사유로 제때 상환하지 못할 가능성은 모두 위험이라고 말하며, 또는 이를 리스크라고 언급하기도 한다. 그러나 지금부터 우리가 다루는 리스크관리(risk management)의 리스크(risk)는 교과서와 실생활에서 언급한 위험과는 조금의 차이가 있으므로 이를 먼저 설명한다.

"금융회사에서 리스크관리는 생존을 결정하는 요소이다", "리스크관리의 실패가 유수의 금융회사를 파산으로 이끌었다." 금융산업에 종사하는 금융인들은 너무나 친근하게 리스크라는 단어를 접해왔다.

지금부터 설명하는 리스크관리의 리스크는 "unexpected loss"이다.

첫째는 unexpected, 즉 예상하지 못한 부분을 지칭한다. 이 점에서 상거래나 은행에서 특정인에게 대출을 해줄 때의 위험과 분명히 구분된다. 우리가 상거래를 하는 경우에는 외상매출금에 대해 일정비율 대손의 발생을 예상하는 것이 당연하며, 은행에서 대출을 취급하고 난 후 일정비율은 대손충당금을 적립하는 것이 당연하다. 즉 외상매출을 하거나 대출을 취급할 때 거래상대방 또는 차주가 어느 정도(등급)의 신용도를 갖고 있기 때문에 그 신용도에 따라 일정부분은 회수하지 못할 것이라고 예상(expected)한다. 따라서 금융회사가 특정영업을 시작하기 전에 그 영업으로부터 평균적으로 얼마 정도의 손실은 발생할 것이라고 예상하였다면 이것은 리스크(risk)로 보지 않는다. 은행은 대출을 취급할 때 차주의 신용상태를 평가하고 신용등급에 따라 대출금리를 차별화하고 있다. 대출을 취급할 수 있는 차주가 1등급(최우량고객)부터 7등급(신용이 매우 불량

한 고객)까지로 구분되고 1등급 고객의 부도 가능성은 0.01%, 7등급고객의 부도가능성은 4%라면 대출금리 결정시 고객의 부도가능성을 대출금리에 포함시킴으로써 예상되는 손실을 미리 보상받는 것이다. 신용도에 따라 대출금리에 차이를 가져오는 부분(여기서는 0.01%p와 4%p)은 신용스프레드라고 부르며, 당연히 신용도가 낮은 고객의 금리는 상대적으로 높아질 수 밖에 없다.

그럼 대출을 취급할 때 리스크는 무엇인가? 위에서 설명한 것이 신용등급별 평균부도율이라면 동일한 등급내에서도 차주별 부도율은 편차가 있을 것이다. 은행에서 평가한 신용등급 1등급인 A, B, C 고객의 개별 부도율은 평균을 중심으로 편차를 갖는 것이 당연할 것이다. 이러한 부도율의 편차는 우리가 사전에 예상한 평균부도율을 벗어난 것으로 예상하지 못한 부분이며, 이를 우리는 리스크(risk)라고 부른다.

이외에도 대표적인 리스크로 주식을 투자한 경우를 들 수 있다. 누구나 주식투자를 시작하는 경우 이익을 얻으려는 즐거운 상상으로 출발을 하지만 처음의 생각만큼 그 결과가 즐겁지만은 않은 경험을 했을 것이다. 그러나 적어도 투자를 시작하기 전에 투자금액의 일정부분은 무조건 손실을 볼 것이라고 예상하지는 않을 것이다. 주식투자의 경우, 평균수익은 0이며 평균으로부터 벗어난 편차는 모두 리스크이다.

둘째는 loss이다. 교과서적인 위험은 평균으로부터 상향변동(upward movement)뿐 아니라 하향변동(downside movement)을 모두 포함하고 있지만 우리가 리스크를 언급할 때는 평균보다 아래로 움직인 부분, 즉 이익은 제외하고 손실부분만을 리스크라고 정의하고 있다.

2. 리스크관리(risk management)의 기본개념

2.1 리스크관리의 목적

130년 전통을 자랑하는 영국의 베어링사는 1995년 닉 리슨이라는 젊은 직원의 파생상품 거래를 통제하지 못함으로 파산하였으며, 미국의 4대 IB은행 중 하나였던 리먼브러더스사는 서브프라임에 대한 리스크관리의 실패로 2008년 160년의 역사를 마감하였다.

리스크관리는 급변하는 금융환경 속에서 금융회사가 존속하기 위한 소극적인 전략임과 동시에 금융회사의 가치를 증대시켜 계속기업으로서 성장하기 위한 적극적인 전략이기도 한다. 결국 리스크관리는 지속적인 주주가치의 극대화를 통한 계속기업이 궁극적인 목적이며 이를 위한 하위전략으로는 희소자원을 최적으로 배분하고 금융회사 이익의 안정성을 유지하는 것이다.

2.2 리스크관리의 기대효과

우리가 지금 수행하는 리스크관리업무는 다음의 3가지 효과를 기대하고 있다.

첫째는, 재난적 손실(catastrophic loss)에 대비하는 것이다. 예상하지 못한 손실은 예상하지 못한 경우에 발생하지만, 한번 발생한 경우 그 손실액은 미미한 경우부터 금융회사의 생존을 결정할 정도로 큰 금액이 발생할 수 있다. 하인리히 법칙(Heinrich's law)[1]만큼 리스크관리 업무에 적절한 예는 없을 것이다. 1:29:300의 발생빈도에서 보여주는 것처럼 리스크관리업무는 미미한 사건의 모니터링을 통해 금융회사의 생존을 좌우할 수 있는 재난적 손실을 추출하고 예방책이나 경감책을 마련할 수 있다.

둘째는 수익의 안정성 확보와 생산성 제고이다. 리스크관리업무는 리스크의

1 1931년 허버트 윌리엄 하인리히(Herbert William Heinrich)는 〈산업재해예방: 과학적 접근(Industrisl Accident Prevention: A Scientific Approach〉에서 큰 사고는 우연히 갑자기 발생하는 것이 아니라 그 이전에 반드시 경미한 사고들이 반복되는 과정속에서 발생한다도 하였다. 즉 중대한 사고 1건은 그 이전에 가벼운 사고 29건, 미미한 사고 300건이 발생한 시그널이 있다는 것이다.

발생을 통제하는 것이 그 전략이 아니며, 일정한 리스크를 감당(risk-taking)함으로써 리스크에 대비 수익을 획득하는 전략이다. 과학적인 자산가격결정과 risk-return 관계에 입각한 재무의사결정 및 성과측정(RAPM: Risk Adjustment Performance Measurement)의 선진화를 통한 자원의 최적배분으로 안정적인 수익을 확보하고 금융회사의 생산성을 제고시킨다.

셋째는, 리스크관리의 목적을 다시 한번 반복하지만 1차적으로는 금융회사의 생존을 확보하고, 2차적으로는 계속기업으로서의 성장을 추구할 수 있는 것이다.

2.3 리스크관리의 2가지 측면

앞서 설명한 것처럼 리스크관리는 소극적으로는 금융회사의 생존, 적극적으로는 금융회사의 성장을 목적으로 하고 있으나, 리스크관리의 방법은 리스크를 측정하고 일정 범위내에 있는지 인식하는 1단계와 인식한 리스크 수준을 낮추는 2단계로 구분할 수 있다.

1. 1단계 리스크관리 방법

1단계 리스크관리 방법은 금융회사의 자기자본과 노출된 리스크량을 비교하는 것이다. 리스크는 예상하지 못한 손실이므로 이를 커버할 수 있는 것은 금융회사의 자기자본뿐이다. 이러한 논리는 금융권역에 상관없이 금융회사의 건전성을 유지하기 위한 금융감독의 철학과 그 흐름을 같이하고 있다. 1단계 리스크관리는 양적인 측면의 리스크관리로서 금융회사가 보유한 자기자본이 현재 노출된 리스크량 대비 충분한지를 비교하는 방법으로 자본의 적정성을 평가하는 방법으로 볼 수 있다.

양적측면 : 자본의 적정성

가용자본(available capital)		위험자본(risk capital)
리스크에 대한 buffer (납입자본금, 잉여금)	>	노출된 리스크의 합

2. 2단계 리스크관리 방법

2단계 리스크관리 방법은 1단계 리스크관리 방법에 비해 훨씬 적극적인 방법이다. 1단계 리스크관리 방법이 현재의 자본수준이 적정한지를 보는 것이라면, 2단계는 노출된 리스크량을 경감하는 적극적인 리스크관리 방법이다.

현재 노출된 리스크는 금융회사 이사진과 경영진의 적극적인 관심과 감시활동, 리스크관리 조직의 구성과 역할(risk governance) 규정, 한도의 설정과 한도 준수여부에 대한 모니터링 활동, 업무수행에 대한 내부통제 활동을 통해 리스크의 발생을 경감 또는 축소할 수 있다. 이는 리스크관리의 질적인 측면이며 리스크관리 수준의 적정성을 제고하는 방법이다.

질적 측면 : 관리수준의 적정성

이사회와 경영진의 감시	↔	적절한 정책, 한도의 설정	↔	측정, 모니터링, 한도의 준수	↔	내부통제

3. 자기자본 규제

3.1 자기자본규제의 의미

금융회사들은 예금주와 투자자들에 대한 채무자로서 고위험-고수익 자산에 투자하여 초과수익은 자신에게, 초과위험은 투자자와 예금주에게 부담시키려는 도덕적 해이에 빠질 유인이 항상 존재한다.

이러한 문제를 방지하기 위해 금융회사는 그들이 보유한 자산의 리스크정도에 따라 부실화에 대비한 자기자본을 적립하도록 하며, 리스크량 대비 자기자본을 충분히 보유하도록 하는 자기자본규제가 필요하다.

자기자본은 금융회사의 예상하지 못한 손실을 흡수하는 최종 안전판 기능을 수행하고 있으나, 자기자본의 보유비용을 고려하면, 반드시 대규모로 자기자본을 보유하는 것이 바람직하지는 않다.

따라서 금융회사의 자기자본은 기회비용과 성장성, 수익성 등에 따라 적정수준에서 보유하여야 하고, 이런 의미에서 감독당국도 다음과 같이 최소 수준의 자기자본규제만 하고 있다.

3.2 금융권역별 자기자본 규제

현재 각 금융권역에서는 리스크를 기반(Risk-Based Capital)으로 해서 영위업종의 특성 및 국제 기준을 반영한 자기자본규제 제도를 도입하여 운영중인바, 은행은 BIS자기자본비율(바젤Ⅲ), 보험은 지급여력비율, 금융투자는 순자본비율(신NCR), 영업용순자본비율(NCR) 제도를 시행중이다.

* BIS : Bank for International Settlements
* RBC : Risk Based Capital
* NCR : Net operating Capital Ratio

3.2.1 권역별 주요특성

1. (은행) 예상치 못한 손실에 대한 은행의 감내능력을 유지하기 위해 '92년

BIS기준('08년 신BIS 도입)의 자기자본규제를 도입하였다.

(1) BIS기준자기자본비율은 최저자기자본 규제(Pillar Ⅰ), 감독당국의 점검(Pillar Ⅱ), 시장규율의 강화(Pillar Ⅲ)의 3개축으로 구성되었다.

- 최저자기자본 규제(Minimum capital requirements: Pillar Ⅰ): 신용·시장·운영리스크에 대해 소요자본량을 계산하여 8% 최소기준비율과 비교한다.
- 감독당국의 점검(Supervisory review process :Pillar Ⅱ): Pillar Ⅰ에서 포착하지 못한 은행계정의 금리리스크와 기타 잔여리스크에 대해 감독당국이 모니터링하고 추가자본을 부과한다.
- 시장규율의 강화(Market discipline : Pillar Ⅲ): 감독당국이 정한 형식에 맞추어 은행은 리스크 수준과 관리방법에 대해 정기적으로 공시하도록 한다.

(2) 여수신업무가 고유업무인 은행의 특성상 신용리스크에 대한 소요자본 비중이 90% 이상이며 그 다음 운영리스크, 시장리스크 순으로 리스크에 노출되어 있다.

2. **(보험)** 보험회사가 예상치 못한 손실 발생시 이를 감내하여 지급능력을 유지토록 하기 위해 '09.4월 위험기준 자기자본규제(RBC)를 도입하였다.

(1) 은행과 달리 세부적인 국제기준은 없으나, 현재 국제 보험감독자협의회(IAIS)가 기본원칙 등을 제시하고 있다.
우리나라는 2023년부터 IFRS 17과 신지급여력제도*(K-ICS)를 도입할 예정이다.

*신지급여력제도 = 가용자본/요구자본≥100%

(2) 보험업의 고유 영업특성에 따라 보험·금리(ALM)리스크에 대한 소요자본 비중이 가장 높아서 생보사는 보험리스크 비중이 60% 이상, 손보사는 금리리스크 비중이 60% 이상에 이르고 있다.

3. **(금융투자)** 예상치 못한 시장상황에 따른 손실에 대비하고, 파산시 채권자에

대한 신속한 부채 상환을 담보하기 위해 '97년 영업용순자본비율(NCR) 제도를 도입하였다.

(1) 별도의 국제기준은 없으며, 국제증권감독기구(IOSCO)에서는 증권회사에 대한 자기자본규제의 목적과 원칙만 제시하고 있다.

(2) 금융투자업은 영업특성상 포트폴리오의 보유기간이 비교적 짧은 편으로 시장리스크에 민감하여 시장리스크에 대한 소요자본 비중이 40% 이상이며, 운영, 신용리스크 순으로 노출되어 있다.

(3) 그동안 증권사에 대해 필요이상의 유휴자본 보유를 강요하고 있다는 비판에 대해 자본시장의 역동성 제고를 위해 2014.11월 신 NCR(순자본비율)제도를 도입하여 2016년부터 시행하고 있다.

3.2.2 기본구조

1. **(비율산출)** 각 권역 모두 리스크에 대하여 일정비율 이상의 가용자본을 요구한다는 기본구조는 동일하나,

   (1) 형식상 은행은 자산에 위험가중치를 곱해 산출한 위험가중자산에 대해 일정비율(8%) 이상을 가용자본으로 요구하는 반면,

   (2) 보험과 증권(영업용순자본비율)은 직접적으로 자산에 위험계수를 곱해 산출한 리스크량의 일정비율(100%~150%)을 가용자본으로 요구하고 있다. 다만 증권은 2014년부터 순자본(영업용순자본에서 총위험액을 차감)과 필요유지자본을 비교하는 순자본비율 구조로 변경하였다.

2. **(소요자본)** 각 권역 모두 신용 · 시장 · 운영의 3가지 리스크 유형에 대한 소요자본을 산출토록 하고 있으나, 보험의 경우, 보험리스크 및 자산 · 부채의 만기 불일치에 대한 금리(ALM)리스크를 추가하여 5가지 유형에 대한 소요자본을 산출하고 있다.

[표 1-1] 자기자본규제 기본구조 비교

은행 : BIS기준자기자본비율

비율 산식

보통주자본비율

$$= \frac{\text{보통주자본}-\text{공제항목}}{[\text{신용위험가중자산}-\text{트레이딩 포지션에 포함되는 채권}\cdot\text{주식 및 일반상품의 위험가중자산}]+\text{시장위험가중자산}+\text{운영위험가중자산}+\text{리스크평가조정}} \times 100$$

기본자본비율

$$= \frac{\text{보통주자본}+\text{기타기본자본}-\text{공제항목}}{[\text{신용위험가중자산}-\text{트레이딩 포지션에 포함되는 채권}\cdot\text{주식 및 일반상품의 위험가중자산}]+\text{시장위험가중자산}+\text{운영위험가중자산}+\text{리스크평가조정}} \times 100$$

총자본비율

$$= \frac{\text{보통주자본}+\text{기타기본자본}+\text{보완자본}-\text{공제항목}}{[\text{신용위험가중자산}-\text{트레이딩 포지션에 포함되는 채권}\cdot\text{주식 및 일반상품의 위험가중자산}]+\text{시장위험가중자산}+\text{운영위험가중자산}+\text{리스크평가조정}} \times 100$$

적기시정조치

	총자본비율	기본자본비율	보통주자본비율
경영개선권고	8% 미만	6% 미만	4.5% 미만
경영개선요구	6% 미만	4.5% 미만	3.5% 미만
경영개선명령	2% 미만	1.5% 미만	1.2% 미만

금융투자 : 순자본비율(신 NCR), 영업용순자본비율(NCR)

비율 산식

$$\text{순자본비율} = \frac{\text{순자본}}{\text{필요유지자본}} = \frac{\text{영업용순자본}(=\text{자산}-\text{부채}-\text{차감항목}+\text{가산항목})\ -\text{총위험액}}{\text{필요유지자본}}$$

$$\text{영업용순자본비율} = \frac{\text{영업용순자본}}{\text{총위험액}(=\text{시장}+\text{신용}+\text{운영위험액})}$$

적기시정조치

		경영개선권고	경영개선요구	경영개선명령
1종	순자본비율	100%미만	50%미만	0%미만
2종	자기자본	자기자본〈최소영업자본액	필요유지자기자본 ≤ 자기자본〈(필요유지자기자본+고객자산운용필요자본50%+고유자산운용필요자본 50%)	자기자본〈필요유지자본
3종	영업용순자본비율	150%미만	120%미만	100%미만

<table>
<tr><th colspan="3">보험 : 지급여력비율(RBC)</th></tr>
<tr><td>비율
산식</td><td colspan="2">$\frac{\text{지급여력금액}}{\text{지급여력기준금액}} = \frac{\text{기본자본+보완자본-차감항목+출자회사 관련항목}}{\sqrt{\Sigma_i \Sigma_j (\text{위험액}_i \ \text{위험액}_j) \times \text{상관계수}_{i,j}} + \text{운영위험액}}$
(단, i,j는 보험, 금리, 신용, 시장)</td></tr>
<tr><td rowspan="4">적기
시정
조치</td><td></td><td>지급여력비율</td></tr>
<tr><td>경영개선권고</td><td>50% 이상 100% 미만</td></tr>
<tr><td>경영개선요구</td><td>0%이상 50% 미만</td></tr>
<tr><td>경영개선명령</td><td>0% 미만</td></tr>
</table>

제2장

FRTB의 등장과 트레이딩계정 이슈

立(30세) 학문의 기초를 세우는 시기

시장리스크의 기초로서 FRTB의 등장배경과 주요 이슈사항에 대해 알아보자

복잡한 이슈를 싫어하는 독자는 학습순서를 바꾸어도 된다

> 慮不先定不可以應卒(여불선정불가이응졸)-史記
> 애초에 해놓지 않으면 뜻밖의 일에 응하지 못한다.
>
> 桑土補巢(상두보소): 뽕나무 뿌리로 허술한 둥지를 고치다. 뽕나무 뿌리는 습기를 막는데 탁월한 효과가 있으므로 장맛비가 내리지 않을 때 미리 출입구를 고쳐 둔다. 일이 벌어진 뒤 지난날의 게으름과 부주의를 뉘우쳐도 소용없다.
>
> 〈정민의 世說新語〉

1. FRTB(Fundamental Review of the Trading Book)의 등장배경

2007~2008년의 금융위기를 통해 당시 시장리스크에 대한 자본보유량이 크게 부족하다는 결론에 이르렀으며, 이로 인해 2009년 7월 위기시에 안전판 역할을 할 것으로 기대하며 바젤 2.5 개정안을 도입하였으나, 이 또한 다수의 구조적인 결함이 나타났다.

금융위기 이후 바젤2.5에 이르기까지 노출된 시장리스크 자본규제 기준의 주요 결함으로는 1) 은행계정과 트레이딩계정간의 구분 정의가 부적절 또는 불명확하였으며 2) 리스크 측정 방법론이 충분히 엄격하지 못하여, 특히 내부모형법의 경우에는 은행이 결정한 리스크요소에 대부분 의존하였으므로 충분한 자본을 보유하지 못하는 결함이 있었다.

2. 현행기준의 약점과 이에 대한 개선방향

2.1 바젤2.5[2]의 구조적인 결함[3]

1. 규제상 계정영역의 구분은 주관적인 기준인 은행의 트레이딩 의도(intent to trade)에 따른다.
2. VaR 기준체계는 다음과 같은 약점이 있다.
   - 트레이딩 익스포져에 내재된 신용리스크를 적절하게 포착하지 못한다.
   - 99% 초과분은 고려하지 않으므로 'tail risk'를 포착하지 못한다. 따라서 은행이 tail risk를 기꺼이 감수하도록 유인을 발생시킨다.

2 BCBS, Revision to the Basel Ⅱmarket risk framework, 2009.7,BIS

3 BCBS, Explanatory note on the revised minimum capital requirements for market risk, 2016.01, BIS

• 시장의 비유동성 리스크를 포착하지 못한다. 현 체계에서 트레이딩계정 익스포져는 시가에 영향을 받지 않고 10영업일에 걸쳐 매도나 헷지가 가능하다는 가정을 한다. 그러나 위기의 최고조에서는 자산이 갑자기 비유동화되어 매도할 수 없으며 상당한 mark-to-market 손실을 입게 된다.
• 헷지와 분산화로 인한 리스크 감축효과를 관대하게 인정하고 있으나, 위기상황의 시장에서는 상관관계 가정이 깨진다.

3. 일관성있고 포괄적인 리스크 포착이 필요하였다.
4. 현재의 표준방법은 내부모형에 대한 신뢰성있는 보완책(fallback)이 아니다. 왜냐하면 표준방법은 리스크 대비 민감도의 부족, 헷지와 분산효과의 제한적인 인식, 복잡한 상품의 리스크를 충분히 포착하지 못하는 점이 있기 때문이다.

2.2 FRTB(2019)[4]의 제정과정과 향후 일정

위에서 설명한 현행기준의 결점을 보완하기 위해 BCBS는 시장리스크 자본규제 체계에 대한 전면적인 개정작업에 착수하여, 2012년 5월 FRTB 1차 CD를 발표하였으며 이후 약 7년만인 2019.1월 최종안(이하 "FRTB(2019)"라 부른다)을 발표하였다. 공식적인 시행시기는 2022.1.1로 명시하고 명시하였으나, 이후 2020년 COVID19사태로 인해 2023.1.1로 시행시기를 조정하였다(트레이딩 데스크의 적격성 test 수단인 PLA test의 실시와 pillar 2목적으로의 사용은 2023.1.1.부터 적용한다).

4 BCBS, Minimum capital requirements for market risk, 2019.2(rev), BIS

[표 2-1] FRTB(2019) 제정연혁과 향후일정

내용	시기
FRTB 1차 CD(consultative document)	2012.5
FRTB 2차 CD	2013.10
FRTB 3차 CD	2014.12
FRTB 최종기준 발표	2016.1
Basel Ⅲ 전면개정	2017.12
FRTB 재개정 CD	2018.5
최종기준 발표(2016.1월 기준 개정)	2019.1
이행(implementation & regulatory reporting)	2023.1.1
PLA test에 의한 Pillar1자본량 반영	2024.1.1

2.3 FRTB(2019)에서 초점을 맞춘 3가지 개정방향

1. 은행계정과 트레이딩계정간의 상품 이동을 엄격하게 제한하고 이의 자본요구량에 대한 유인을 없앰으로써 아비트리지(arbitrage) 유인을 축소하였다.
2. 내부모형법을 개정하여, 1) tail risk와 시장 비유동성 리스크를 잘 설명하고 일관되고 포괄적으로(coherent and comprehensive) 리스크를 포착하도록 하였고
   2) 트레이딩 데스크 수준에서 내부모형을 사용할 수 있도록 세분화된 모형 승인 절차를 마련하였으며, 3) 헷지나 포트폴리오 분산으로 인한 자본의 감축효과는 일정부분 제한하였다.
3. 표준방법을 개정하여, 내부모형 자본량의 하한선(floor)이 되고 신뢰할만한 보완책(fallback)이 되어 충분히 리스크에 민감하도록 개정하였다.

참고 위험가중자산의 하한(output floor)

1. BCBS는 RWA의 지나친 변동성을 줄이고 자기자본비율의 비교가능성을 높이기 위하여 RWA에 하한요구사항(floor requirement)을 제시하였다.
2. 은행의 전체 RWA= max{A,B}
   A= 내부모형 RWA(승인받은 부분)+표준방법 RWA(승인받지 못한 부분)
   B= 표준방법 RWA x 72.5%
   시장리스크의 표준방법은 FRTB표준방법을 적용(트레이딩계정의 유동화증권은 SEC-ERBA, SEC-SA 또는 위험가중치 1,250% 적용하여 RWA계산)한다.
3. 시기별 이행기준

[표 2-2] 위험가중자산 하한의 이행기준

BIS기준		우리나라기준
일정	floor	Floor
2023.1.1	50%	60%
2024.1.1	55%	60%
2025.1.1	60%	60%
2026.1.1	65%	65%
2027.1.1	70%	70%
2028.1.1	72.5%	72.5%

2.4 FRTB(2019) 측정방법에 관한 소개

FRTB(2019)에서는 시장리스크 측정방법을 간편법(현행표준방법), 표준방법, 내부모형법의 3가지로 구분하며 은행이 준수해야 할 사항은 다음과 같다.

1. FRTB 간편법(제4장 7.5 참조)을 사용하는 은행이외의 <u>모든 은행은 표준방법에 의해 시장리스크 자본량을 산출하여야 한다.</u> 현행 표준방법은 감독당국으로부터 내부모형 사용승인을 받은 은행은 표준방법에 의한 산출의무가 없으나, FRTB에서는 표준방법에 의한 자본량 산출이 모든 은행에 의무화되었다.
2. 감독당국의 승인을 받아 **내부모형을 사용하는 은행은** 아래와 같이 자본량을 계산하고 보고하여야 한다.

(1) 내부모형을 사용하는 은행은 **모든 트레이딩 데스크, 모든 상품에 대해 표준방법에 의한 자본량을 계산하여야** 한다.

(2) 내부모형을 사용하는 은행은 내부모형 기준에서 **적격인 트레이딩 데스크에 대해**, 그 트레이딩 데스크가 단독기준(즉, 트레이딩 데스크간 상계가 없음)으로 포트폴리오를 보유하고 있는 것처럼 **표준방법에 의한 자본량을 계산하여야** 한다.

(a) 이는 내부모형의 적격성 기준을 만족하지 못하는 데스크에 대해 보완적(fallback)으로 자본량을 계산하며,

(b) 시간의 경과에 따른 표준방법과 내부모형간 캘리브레이션을 모니터링하고 필요시 조정하려는 목적이 있다.

3. 다음 상품에 대해서 모든 은행은 표준방법을 사용하여야 한다.

(1) 유동화포지션

(2) look-through할 수 없는 지분투자펀드 중 제2장 3.3의4(5)(b))에서 명시한 조건에 따라 트레이딩계정으로 분류된 것

2.5 FRTB(2019)의 영향평가 자료

내부모형 대비 표준방법에 의한 자본량은 리스크군별로 1.1~2.2배를 보이고 있다.

〈개정 내부모형 자본량 대비 개정 표준방법 자본량 비중(BCBS자료)〉

GIRR	1.5
CSR(비유동화)	1.1
주식리스크	1.8
일반상품리스크	1.6
FX리스크	2.2

3. 트레이딩계정의 정의

3.1 금융감독원 요구 기준(「은행업감독업무시행세칙 별표 3-2」)

시장리스크 측정 대상 포지션은 단기매매나 금리 및 가격 변동으로부터의 매매차익 획득 등을 목적으로 금융기관이 의도적으로 취하는 트레이딩 포지션 및 금융기관의 외환(금 포함)포지션으로 한다.

트레이딩 포지션은 다음의 요건을 만족하여야 한다.

(1) 단기매매 또는 주가, 금리, 환율, 일반상품 등의 가격변동에 따른 단기 매매차익 획득을 목적으로 보유하는 금융상품(당기손익인식 지정상품 등 이와 동일한 목적의 파생상품 포함)
(2) 무위험차익 획득을 목적으로 보유하는 금융상품[5]
(3) 인수・중개 및 시장조성을 목적으로 보유하는 금융상품
(4) 트레이딩 포지션의 리스크 헷지를 목적으로 보유하는 금융상품[6]
(5) 기타 트레이딩 포지션과 유사하게 운영되는 포지션[7]으로서 트레이딩 포지션의 기본요건을 충족하는 금융상품

위의 (5)에서 언급한 트레이딩 포지션의 기본요건은 다음과 같다.

(1) 대상포지션은 매매에 대한 제약이 없으며, 일별 공정가액 평가가 되고 모형에 의한 이론가를 사용할 경우 모수는 최소한 일별로 적정성 평가가 이루어져야 하며 내재된 중요리스크를 시장에서 헷지할 수 있어야 함.
(2) 은행은 트레이딩 포지션 분류 기준에 대하여 내부지침(이하 '트레이딩 정책

5 같은 성격의 두 상품사이에 가격차이가 비정상적으로 발생하는 경우 상대적으로 고평가된 상품을 매도하고 저평가된 상품을 매수하여 위험없이 이익을 획득하는 거래로서 시장의 비정상적인 가격차이가 단기간에 해소되어 단기거래차익이 발생하므로 트레이딩 포지션에 포함한다.

6 일반적으로 비트레이딩 포지션에 해당하지만 트레이딩 포지션의 리스크를 헷지하기 위하여 보유하는 포지션도 헷지기간 동안은 트레이딩 포지션으로 재분류하여 일반시장리스크 및 거래상대방(신용)리스크를 측정한다.

7 매도가능증권 등도 트레이딩 포지션의 정의 및 동 기본요건을 충족하는 경우에는 트레이딩 포지션으로 분류하여야 한다.

지침'이라 한다)에서 명확하게 관리하고, 내부감사를 통해 그 이행상황을 정기적으로 점검하여야 하며, 트레이딩 포지션은 별도의 트레이딩 부서에서 관리되어야 함[8]

(3) 대상포지션은 예상 보유기간과 관련한 사항 등을 포함하여 경영진이 승인하고 문서화된 트레이딩 전략에 따라 운영되고 포지션의 한도관리를 수행하여야 함.

(4) 대상포지션에 대하여 전문딜러 또는 운용부서가 사전에 결정된 한도내에서 리스크관리부서 등의 사전승인 없이 거래를 집행할 권한을 가지고 있어야 함.

(5) 대상포지션은 은행의 리스크관리를 위하여 주기적으로 경영진에게 보고되어야 함.

(6) 은행은 공정가액 평가에 사용하는 시장정보의 질과 입수가능성, 시장 회전율, 시장내에서 거래되는 포지션의 규모 등을 포함하여 대상 포지션의 시장유동성, 헷지 가능성, 리스크 프로파일에 대한 평가를 실시하는 등 관련시장정보를 참고하여 대상포지션을 적극적으로 모니터링 하여야 함.

(7) 은행은 트레이딩계정의 회전율 및 장기 미청산(stale) 포지션 모니터링을 포함하여 은행의 트레이딩 전략에 비추어 보유 포지션을 모니터링할 수 있는 명확한 정책 및 절차를 마련하여야 함.

대상포지션에 대해서는「은행업감독업무시행세칙」<별표 5>「파생상품거래회계처리기준」등에서 정한 방법에 따라 매일 시가평가하고 관리하여야 한다.[9]

---

8 은행의 조직구조상 트레이딩과 비트레이딩 부서를 완전히 분리하기 어려운 경우에는 최소한 데스크나 딜러에 의한 분리는 이루어져야 하며, 이에 대한 분리가 트레이딩 정책지침에서 명확하게 규정되어야 한다. 단, 부서별(또는 데스크별, 딜러별)로 트레이딩 구분이 명확하지 않은 경우에는 시장성 있는 모든 포지션을 트레이딩 의도가 있는 것으로 간주한다.

9 시가평가는 매일 실시(*daily marking-to- market*) 하고 그에 따른 손익관리가 이루어져야 하며 일별 시가평가자료는 은행 내부에 집중 관리되어야 한다. 한편 시가평가(Mark to Market) 및 모형평가(Mark to Model)를 이용하여 공정가치를 산출하는 모든 포지션은 은행계정, 트레이딩계정 등 포지션의 구분을 불문하고 바젤은행감독위원회의「Revisions to the Basel II market risk framework」중 VIII. Treatment for illiquid positions에서 정하는 바를 따른다(별표1 참조).

3.2 기업회계기준서 제1109호(IFSR 9) 시행(2018.1)에 따른 변경

3.2.1 회계기준 변경에 따른 상품구분 변경 개요

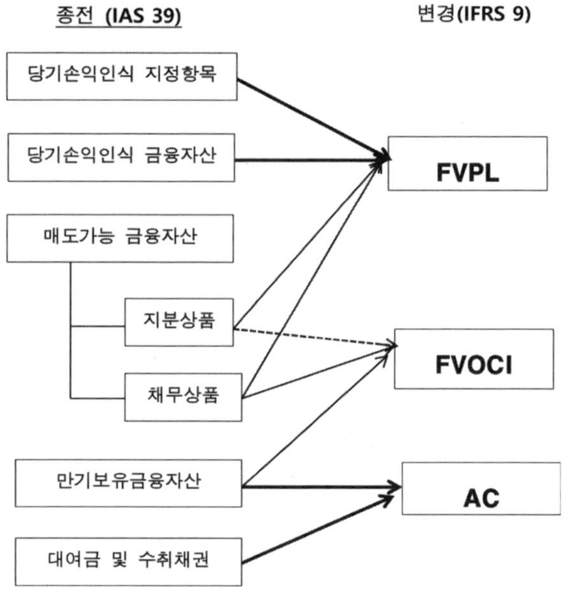

⟶ (굵은 화살표)	대부분 현행분류 적용
⟶	사업모형과 계약상 현금흐름 특성에 따라 재분류
---------->	회사의 선택적 분류(최초인식시점에 선택) 5.7.5 지분상품에 대한 투자의후속적인 공정가치 변동을 기타포괄손익으로 표시할 수 있다. 이러한 선택은 최초 인식시점에만 ㅅ가능하며 이후에 취소할 수 없다.

당기손익-공정가치(FVPL : Fair Value through Profit or Loss)
기타포괄손익-공정가치(FVOCI : Fair Value through Other Comprehensive Income)
상각후원가(AC : Armotized Cost)

금융자산은 2가지 기준에 의해 분류한다.

(1) 금융자산의 관리를 위한 사업모형

(2) 금융자산의 계약상 현금흐름 특성

구분	분류기준	
	사업모형	계약상 현금흐름 특성
FVPL	FVOCI와 AC로 분류되지 않은 자산	
FVOCI	현금흐름 수취 및 매도목적	특정일에 원리금 지급 현금흐름 발생
AC	현금흐름 수취목적	특정일에 원리금 지급 현금흐름 발생

(1) 사업모형에 대한 이해

계약상 현금흐름 수취로 보는 사업모형 사례
〈사례1〉 계약상 현금흐름을 수취하기 위해 투자상품을 보유. 자금수요는 예측가능하며 해당금융자산의 만기와 추정 자금 수요가 일치. 다만, 해당 금융자산의 신용위험이 증가하여 매도하거나 예상하지 못했던 자금 수요(예: 위기상황 시나리오)에 따라 빈번하지 않은 유의적인 금액을 매도하더라도 계약상 현금흐름 수취목적은 만족하는 것으로 판단
〈사례2〉 대여금과 같은 금융자산(현금흐름을 변동시키기 위한 파생상품계약을 하는 것은 사업모형을 변경시키지 않음)
〈부적합사례〉 고객에 대한 대여금을 실행하고 그 후 증권화기구에 그 대여금을 매도하는 사업모형을 가진 경우, 현금흐름 수취목적으로 관리한다고 볼 수 없음
〈사례3〉 금융기관이 위기상황 시나리오(예: 은행의 예금인출사태)에서 발생할 수 있는 유동성 문제에 대비하기 위하여 금융자산을 보유
〈부적합사례〉 매일의 유동성수요를 충족하기 위해 금융자산을 보유하고 유의적인 금액의 빈번한 매도, 해당자산의 유동성을 입증하기 위해 감독당국이 일상적인 금융자산의 매도를 요구하고 매도하는 금융자산의 가치가 유의적인 경우

계약상 현금흐름의 수취와 금융자산의 매도로 보는 사업모형의 사례
〈사례1〉 몇 년내 자본적 지출을 예상하여 잉여현금을 단기금융자산과 장기금융자산에 투자하며, 기회가 있을 경우 높은 수익률의 금융자산에 투자하기 위해 해당금융자산을 매도
〈사례2〉 매일의 유동성 수요를 충족하기 위해 금융자산을 보유하며, 수익은 계약상 현금흐름의 수취뿐만 아니라 해당 금융자산의 매도에 따른 손익으로 구성. 높은 수익을 가져오는 금융자산에 재투자하거나 관련부채의 듀레이션과 더 잘 일치시키기 위해 금융자산을 매도할 목적으로 해당 금융자산을 보유하는 경우
〈사례3〉 보험자가 보험계약부채의 상환자금 마련을 위해 금융자산을 보유

(2) 원리금에 대한 이해

- 원리금의 정의

원금	최초 인식시점의 금융자산의 공정가치
이자	화폐의 시간가치에 대한 대가, 특정 기간에 원금잔액과 관련된 신용위험에 대한 대가, 그 밖의 기본적인 대여위험과 원가에 대한 대가뿐 아니라 이윤으로 구성

원리금지급만으로 구성되는 현금흐름의 예시
〈상품A〉 명시된 만기일이 있는 채권(원리금 지급을 레버리지 되지 않은 인플레이션지수와 연계하는 것임)
〈상품B〉 명시된 만기일이 있으며 채무자가 지속적으로 시장이자율을 선택할 수 있는 변동금리 금융상품
〈부적합사례〉 화폐의 시간가치가 변형되어 기준현금흐름과 유의적으로 다른 경우(예: 5년만기 6개월 변동금리채권으로 금리는 5년 채권금리를 기준으로 하는 경우)
〈상품C〉 만기일이 있는 변동금리채권으로 이자율 cap이나 floor가 있는 경우
〈상품D〉채무자에게 무한책임(소구의무)이 있으며 담보가 있는 대여금
〈상품E〉 만기일과 고정금리 지급 조건이 있으나, 발행인의 재무적 어려움에는 감독당국이 액면금액 상각 또는 보통주 전환 가능

원리금 지급만으로 구성되지 않은 현금흐름의 예시
〈상품F〉 확정수량의 발행자 지분상품으로 전환가능한 채권(전환사채)
〈상품G〉 역변동금리(시장이자율과 반비례관계에 있는 이자율)를 지급하는 대여금
〈상품H〉 시장금리를 지급하지만 발행자가 그러한 지급 직후 지급여력을 유지할 수 없다면 이자를 지급할 수 없으며, 연체된 이자는 추가이자를 생기게 하지 않은 경우

3.2.2 트레이딩과 관련된 용어정의

1. 회계계정과목의 변경

종전	IFRS9	시장리스크 측정대상
단기매매금융자산	당기손익-공정가치측정유가증권	O
당기손익인식지정금융자산	당기손익-공정가치측정지정금융자산	O
매도가능금융자산	기타포괄손익-공정가치측정유가증권	⊿*
만기보유금융자산	상각후원가측정유가증권	x
대출채권 및 수취채권	상각후원가측정대출채권	x
	당기손익-공정가치측정대출채권	
	기타포괄손익-공정가치측정대출채권	
(난외)파생상품거래 (위험회피회계미적용)	(난외)파생상품거래 (위험회피회계미적용)	O

* 매도가능증권도 트레이딩 포지션의 기본요건을 충족하는 경우 대상이 됨

2. 단기매매항목

다음 중 하나에 해당하는 금융자산이나 금융부채이다.

(1) 주로 단기간에 매각하거나 재매입할 목적으로 취득하거나 부담한다.

(2) 최초 인식시점에 공동으로 관리하는 특정 금융상품 포트폴리오의 일부로 운용 형태가 단기적 이익 획득 목적이라는 증거가 있다.

(3) **파생상품**이다(다만 금융보증계약인 파생상품이나 위험회피수단으로 지정되고 위험회피에 효과적인 파생상품은 제외한다)

3. 금융자산을 당기손익-공정가치 측정항목으로 지정할 수 있는 선택권

> **(K-IFRS 제 1109호)**
> **4.1.5** 서로 다른 기준에 따라 자산이나 부채를 측정하거나 그에 따른 손익을 인식하는 경우에 측정이나 인식의 불일치('회계불일치'라 말하기도 한다)가 발생할 수 있다. 문단 4.1.1~4.1.4의 규정에도 불구하고 금융자산을 당기손익-공정가치 측정 항목으로 지정한다면 이와 같은 불일치를 제거하거나 유의적으로 줄이는 경우에는 최초 인식시점에 해당 금융자산을 당기손익-공정가치 측정 항목으로 지정할 수 있다. 다만 한번 지정하면 이를 취소할 수 없다.

4. 당기손익-공정가치 측정 금융부채

다음 중 하나의 조건을 충족하는 금융부채

(1) 단기매매항목의 정의를 충족한다.

(2) 문단 4.2.2. 또는 4.3.5에 따라 최초 인식시점에 당기손익-공정가치 측정항목으로 지정한다.

> **(K-IFRS 제 1109호)**
> **4.2.2** 문단 4.3.5에서 허용하는 경우 또는 금융부채를 당기손익-공정가치 측정 항목으로 지정하는 것이 다음 중 하나 이상을 충족하여 정보를 더 목적 적합하게 하는 경우에는 금융부채를 최초 인식시점에 당기손익-공정가치 측정 항목으로 지정할 수 있다. 다만 한번 지정하면 이를 취소할 수 없다.
> ⑴ 당기손익-공정가치 측정 항목으로 지정하면, 서로 다른 기준에 따라 자산이나 부채를 측정하거나 그에 따른 손익을 인식하여 생길 수 있는 인식이나 측정의 불일치('회계불일치'라 말하기도 한다)를 제거하거나 유의적으로 줄인다.
> ⑵ 문서화된 위험관리전략이나 투자전략에 따라, 금융상품 집합(금융부채, 금융자산과 금융부채의 조합으로 구성된 집합)을 공정가치 기준으로 관리하고 그 성과를 평가하며 그 정보를 이사회, 대표이사 등 주요 경영진(기업회계기준서 제1024호 '특수관계자 공시'의 정의 참조)에게 그러한 공정가치 기준에 근거하여 내부적으로 제공한다.
>
> **4.3.5** 계약이 하나 이상의 내재파생상품을 포함하고 주계약이 이 기준서의 적용범위에 포함되는 자산이 아닌 경우에는 복합계약 전체를 당기손익-공정가치 측정 항목으로 지정할 수 있다. 다만, 다음의 경우는 제외한다.
> ⑴ 내재파생상품으로 인해 복합계약의 현금흐름이 유의적으로 변경되지 않는 경우
> ⑵ 비슷한 복합상품을 고려할 때, 내재파생상품의 분리가 금지된 것을 별도로 상세하게 분석하지 않아도 명백하게 알 수 있는 경우. 이러한 내재파생상품의 예로는 차입자가 상각후원가에 가까운 금액으로 대출채권을 중도 상환할 수 있는 대출채권에 내재된 중도 상환 옵션이 있다.

(3) 문단 6.7.1.에 따라 최초 인식시점 또는 후속적으로 당기손익-공정가치 측정 항목으로 지정한다.

> **(K-IFRS 제 1109호)**
> **6.7.1** 금융상품의 전부나 일부의 신용위험(신용 익스포저)을 관리하기 위하여 당기손익-공정가치 측정 신용파생상품을 사용하는 경우에 다음의 조건을 모두 충족한다면 그렇게 관리하는 금융상품의 전부나 비례적 일부를 당기손익-공정가치 측정 항목으로 지정할 수 있다.
> ⑴ 신용 익스포저의 이름(예: 차입자나 대출약정 보유자)이 신용파생상품의 준거 기업과

일치한다('명의의 일치').
(2) 금융상품의 상환 순위가 신용파생상품에 따라 인도될 수 있는 금융상품의 상환 순위와 일치한다.
신용위험이 관리되는 금융상품이 이 기준서의 적용범위에 포함되는지와 상관없이 지정할 수 있다(예: 이 기준서의 적용범위에 포함되지 않는 대출약정을 지정할 수 있다). 최초 인식시점이나 후속적으로 금융상품을 지정할 수 있으며 금융상품이 인식되지 않은 상태에서도 지정할 수 있다. 이러한 지정은 지정과 동시에 문서화하여야 한다.

3.3 FRTB(2019) 기준에 따른 변경

FRTB(2019) 기준에 의하면 트레이딩계정은 아래의 특성을 만족하는 모든 상품(instruments)으로 구성하며 금융상품과 외환, 일반상품을 포함한다.

금융상품은 하나의 실체에는 금융자산을, 다른 실체에는 금융부채나 지분상품을 발생시키는 계약으로 1차 금융상품(또는 현물상품)과 파생금융상품을 포함한다. 금융자산은 현금, 현금을 수취할 권리, 또는 다른 금융자산, 일반상품, 주식상품을 말하며, 금융부채는 현금 또는 다른 금융자산 또는 일반상품을 인도할 계약상 책임이다. 일반상품은 전력(electric power)과 같은 비유형재화(non tangible goods)를 포함한다.

매도하거나 완전히 헷지하는데 있어 법적인 제약이 없는 상품만을 포함하며 트레이딩계정 상품 요건에 부합하는 fair value option 상품을 포함한다.

은행은 트레이딩계정의 모든 상품에 대해 일별로 공정가치 평가해야 하며, 손익계정의 변화를 인식하여야 한다.

또한

1. 다음의 한 가지 또는 그 이상의 목적을 위해 은행이 보유하는 상품은 반드시 트레이딩 포지션으로 구분한다.
   (1) 단기 재판매 목적(주기적인 판매(periodic sale)는 이 목적에 해당하지 않음)
   (2) 단기 가격변동으로부터 이익을 예상

(3) 차익(arbitrage profits)을 고정(locking)할 의도로 보유

(4) 상기 (1), (2), (3)의 기준에 맞는 상품의 리스크를 헷지할 목적으로 보유

2. 다음의 포지션은 위에서 언급한 목적 중 최소한 1가지의 목적을 가진 것으로 간주하고 반드시 트레이딩계정으로 구분한다.

(1) CTP(Correlation Trading Portfolio)내의 상품

(2) 은행계정에서, 순매도(신용채권 또는 주식) 포지션이 되는 상품[10](은행은 잠재적으로 순매도포지션이 될 수 있는 상품을 계속 관리해야 함. 특히 대출헤지목적으로 CDS계약을 체결하고 대출포지션과 상쇄되고 남은 순매도포지션은 트레이딩계정이 됨)

(3) 인수약정으로 발생한 것으로, 결제일에 은행이 실제로 매입할 것으로 기대하는 상품

참고 CTP(Correlation Trading Portfolio)

CTP(correlation trading portfolio)는 다음의 조건을 만족하는 유동화상품 또는 NTD 신용파생상품으로 구성된 포트폴리오이다.

〈CTP인정요건 (은행업감독업무시행세칙 별표 3-2. 2. 차) 일부수정〉

"상관관계트레이딩포트폴리오(Correlation Trading Portfolio: CTP)"라 함은 아래의 1 또는 2를 말한다.

1. 유동화 익스포져와 특정순위부도종결조건(Nth-To-Default: NTD) 신용파생상품을 포함하는 포트폴리오인 경우, 다음 요건을 충족하여야 한다.
   (1) 재유동화 포지션이 아닐 것
   (2) 유동화 트랜치의 수익을 비례적으로(pro-rata) 제공하지 않는 유동화 익스포져의 파생상품이 아닐 것. 따라서 유동화 트랜치에 대한 옵션 또는 LSS(Leveraged Super-Senior)트랜치는 자동적으로 제외됨
   (3) 다음 각호의 기본요건을 충족하는 유동성이 풍부한 매매시장(liquid two-way market)이 형성되어 있으며, 모든 준거상품주체(reference entities)는 단일

10 보유 주식의 가격이 하락하거나 채권발행자의 신용스프레드가 증가할 때 은행계정의 현재가치가 상승한다면, 이것은 은행계정에서 주식이나 채권에 대해 순매도포지션을 가진 것으로 볼 수 있다.

(single-name)이고 단일의 신용파생상품을 포함하며, 이러한 준거상품에 기초한 거래지수도 포함

(가) 독립적이고 진정한 매입·매도 제공자가 존재하여 최종가격 또는 고시가격은 1일 이내에 결정될 수 있을 것

(나) 거래관행상 상대적으로 짧은 시간에 (가)의 가격으로 거래될 수 있을 것

(4) 포지션의 기초자산이 신용리스크 표준방법에서 소매 익스포져, 주거용주택담보 익스포져, 상업용부동산담보 익스포져로 분류되는 자산이 아닐것

(5) 포지션의 기초자산이 특수목적법인(special purpose entity)에 대한 청구권이 아닐 것

2. 유동화 익스포져나 특정순위부도종결조건 신용파생상품이 아니면서 상관관계트레이딩포트폴리오를 헷지하기 위한 포지션으로서 해당상품 또는 기초자산에 대해 유동성이 풍부한 매매시장이 존재하는 포지션은 상관관계트레이딩포트폴리오에 포함할 수 있다.

3. 최초에 문단 1.에서 열거한 목적으로 보유하지 않았거나 문단 2.에 따른 목적으로 보유하지 않은 상품은 반드시 은행계정으로 분류한다.

4. 한편, 다음에 해당하는 상품은 반드시 은행계정으로 분류한다.

(1) 비상장주식

(2) 유동화를 위해 지정된 상품(instrument designated for securitization warehousing)

(3) 트레이딩계정으로 직접 보유한 부동산 또는 직접 보유한 부동산의 파생상품

(4) 소매와 SME 채권(retail and SME credit), 약정(commitments)

(5) 최소한 아래의 한가지 중 어느 것도 충족하지 못하는 지분투자펀드

(a) 은행이 펀드의 개별 구성내역에 대해 look through 할 수 있고 충분하고 빈번한 정보가 제공되며 독립된 제3자에 의해 검증될 것.

(b) 은행은 펀드에 대한 일별 고시가격을 얻고 펀드의 약정 정보나 펀드 규제에 접근할 수 있을 것.

(6) 헷지펀드

(7) 상기상품을 기초자산으로 하는 파생상품과 펀드

(8) 위에서 언급한 상품의 특정리스크를 헷지할 목적으로 보유한 상품

5. 일반적으로는 다음에 해당하는 상품의 경우 트레이딩 목적을 가진 것으로 보고 트레이딩 포지션으로 추정(general presumption)한다. 은행은 이러한 추정으로부터 벗어난다고 판단하게 되면 감독당국에 요청(트레이딩 목적이 아니라는 증거를 제출) 하여 승인을 받고 제외할 수 있다.
   (1) 회계상 트레이딩 자산 또는 부채로 보유한 상품[11]
   (2) 시장조성 거래에 의한 상품
   (3) 지분투자펀드(상기 4.의 (5)는 제외)
   (4) 상장주식[12]
   (5) 트레이딩 관련 repo형태의 거래(시장조성 · 아비트리지거래 이익 확정 · 채권이나 주식의 매도포지션 창출을 목적으로 참여하는 거래)[13]
   (6) 신용 또는 주식리스크와 관련되어 은행계정을 통해 발행된 상품에 내재된 옵션[14]
   내재파생상품을 가진 부채는 두가지 요소로 분리하여야 하는데,
   (a) 트레이딩계정으로 배정하는 내재파생상품과
   (b) 은행계정에 남아있는 주계약(host)이다.
   (7) 은행계정의 FX리스크를 헷지할 목적의 FX옵션은 트레이딩계정으로 추정(presumption)하여야 하며, 감독당국의 승인을 받는 경우 은행계정에 보유할 수 있다.

---

11 IFRS와 US GAAP하에서 이러한 상품은 단기매매보유(held for trading)로 구분된다. IFRS 9 하에서 이러한 상품은 트레이딩계정으로 보유하며, P&L계정을 통해 공정가치 평가가 이루어진다.

12 어떤 상장주식은 시장리스크 체계에서 제외되기도 한다. 제외될 수 있는 주식의 예로는 이연보상 계획으로 인한 주식, 전환채권, "equity kickers"형태의 이자부 대출상품(대출을 해주는 재산이나 영업의 지분을 받고 이익을 얻는 대신 정상이자보다 낮게 부과), 사전약정된 부채성격의 주식, 은행 소유 생명보험상품, 법적으로 규정된 상품이 있다. 시장리스크 체계에서 제외하기를 원하는 상장주식에 대해 은행은 각국 감독당국과 협의해야 하며, 트레이딩 데스크와 구분관리하여야 한다.

13 i)유동성 관리목적 및 ii) 발생주의 회계로 평가되는 repo-style거래는 presumptive list에 해당하지 않는다.

14 발행된 상품(주계약)과 연계된 내재파생상품은 회계목적상 분리되어 대차대조표에 인식되어야 한다.

활발하게 트레이딩을 하는 상품 및 회계상 트레이딩 자산 또는 부채로 보유한 상품이라도 상기 4.(반드시 은행계정으로 분류)에 해당되면 시장리스크 측정대상에서 제외한다. 즉 트레이딩은 하지만 공정가치를 확정하지 못하므로 시장리스크 측정 대상에서는 제외된다.

참고 Correlation Trading Portfolio와 CTP 투자 전략

1. CTP의 정의

(1) 합성 CDO 및 특정순위부도종결조건의 신용파생상품(NTD; n-th-to-default)과 같이 가격결정(pricing)이 준거자산 바스켓 내 차주간 부도 상관관계 등의 함수로 이루어지는 상품 포트폴리오

- 준거자산이 하나의 차주로 구성된 상품(single-name product)의 가격은 부도율을 함수로 한 모형에 의해 결정되는 반면,
  CTP의 가격결정은 개별 차주의 부도율만 아니라, 개별 차주간 부도 상관관계까지 모형화하여 반영할 필요가 있다.

2. 부도 상관관계와 트랜치별 프리미엄간 관계

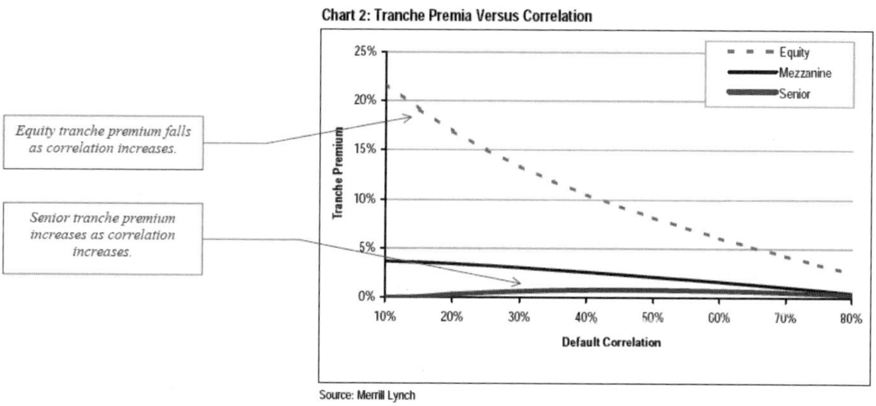

(1) 낮은 상관관계는 연쇄부도 발생 가능성이 낮고, Equity트렌치가 단독으로 손실을 흡수함에 따라 Equity트랜치는 상대적으로 더 위험(more risky)해지며, Senior 트랜치는 상대적으로 덜 위험해 진다(less risky).

- 높은 상관관계는 포트폴리오 내 채무들이 하나의 자산처럼 움직이므로 부도가 연쇄적으로 발생하거나, 전혀 발생하지 않으며, 부도발생시 Equity트랜치가 단독으로 손실을 흡수하기는 역부족이므로 Senior트랜치까지 위험해 지는

(more risky) 반면, 부도가 발생하지 않을 확률 때문에 Equity트랜치는 상대적으로 덜 위험해 짐(less risky)

(2) 부도 상관관계 증가시 Equity트랜치의 프리미엄은 하락하는 반면, Senior트랜치의 프리미엄은 상승하며,
- 즉 Equity 트랜치의 가치는 상승, Senior 트랜치의 가치는 하락

(3) 부도 상관관계 하락시 Equity트랜치의 프리미엄은 상승하는 반면, Senior트랜치의 프리미엄은 하락한다.
- 즉 Equity 트랜치의 가치는 하락, Senior 트랜치의 가치는 상승

3. CTP 투자전략

	Equity Tranche Exposure(index포함)	Senior Tranche Exposure	Net long/Net short
①long(low)correlation	Long(A)	Short(B)	순매수포지션(A+B)
② short(high)correlation	Short(C)	Long(D)	순매도포지션(C+D)

(1) correlation 매입 전략= corr. 상승이 예상되는 경우
- Equity 트랜치 매입(보장매도), Senior 트랜치 매도(보장매입)
  - long Equity 트랜치는 보장매도이므로 premium(spread)을 수취 : corr. 상승시 spread 축소 ⇒ 평가이익 발생 (예,프리미엄 100bp에 equity 트랜치를 매입 →corr.상승시 시장에서 프리미엄은 80bp로 하락→평가이익 발생)
  - short Senior 트랜치는 보장매입이므로 premium(spread)를 지급 : corr. 상승시 spread 확대 ⇒ 추가이익 발생

(2) correlation 매도 전략= corr. 하락이 예상되는 경우
- Equity 트랜치 매도(보장매입), Senior 트랜치 매입(보장매도)
  - short Equity 트랜치는 보장매입이므로 premium(spread)을 지급 : corr. 하락시 spread 확대 ⇒ 평가이익 발생 (예,프리미엄 80bp에 equity 트랜치를 매도 →corr.하락시 시장에서 프리미엄은 100bp로 상승→평가이익 발생)
  - long Senior 트랜치는 보장매도이므로 premium(spread)를 수취 : corr. 하락시 spread 축소 ⇒ 추가이익 발생

4. 구조적 포지션

4.1 구조적 포지션의 개념

자본금이 국내통화로 표시되어 있는 경우, 환율 변동로부터 발생하는 손실을 방어하기 위해 외국통화의 포지션 규모를 완전히 일치(match)시켜 net 포지션을 0으로 만든다고 하여도 자기자본비율을 방어할 수는 없다.

즉, 완전히 일치된 포지션이라도 자국통화의 가치 하락시 자본비율은 하락한다.

예를 들어,

기초의 B/S가 다음과 같을 때 자본비율은 10%(=100/1,000)이다.

원화 자산	800	원화부채	700
달러 자산	200	달러부채	200
		자본	100
자산총계	1,000	부채와 자본총계	1,000

기중 달러의 가치가 100% 상승하였다면 B/S는 다음과 같으며 자본비율은 8.33%(=100/1,200)으로 하락한다.

원화자산	800	원화부채	700
달러자산	400	달러부채	400
		자본	100
자산총계	1,200	부채와 자본총계	1,200

은행은 환율의 변동에 의한 BIS자기자본비율의 변동을 방어하기 위해 의도적으로 환포지션을 노출시킬 수 있으며, 이 경우 노출된 환포지션은 감독원의 승인을 받아 시장리스크 측정대상에서 제외할 수 있다.

구조적 포지션은 BIS 자기자본비율 관리를 위해 의도적으로 환리스크에 포지션을 노출시키는 것이므로 노출된 포지션만큼 손익의 변동이 발생한다. 물론 이러한 손익의 변동으로 인해 BIS자기자본비율 관리가 이루어지며, 자기자본비율을 방어하기 위해 의도적으로 노출시킨 포지션이므로 환리스크 측정대상에서는 제외시키는 것이다. 감독당국은 손익관리와

BIS 비율관리의 2가지 사안을 모두 고려하여 균형을 갖고 승인을 해줄 수 있을 것이다.

구조적 포지션에 의한 자기자본비율 관리는 다음과 같은 예시를 통해 확인할 수 있다.

(예시1) 외국통화 long, 자국통화 short 포지션

의도적으로 외국통화에 대해 long포지션(=자국통화에 대해 short 포지션)을 취하며 이로 인한 net 포지션은 구조적 포지션(structural position)으로 간주하여, 환리스크 측정시 제외한다.

구조적 포지션의 규모=자본금*(외화자산/총자산)으로 정할 수 있다.

위의 예에서,

구조적 포지션을 20(=100*200/1,000)으로 설정하면, B/S는 다음과 같고 자본비율은 10%(=100/1,000)이다.

원화 자산	800	원화부채	720
달러 자산	200	달러부채	180
		자본	100
자산총계	1,000	부채와 자본총계	1,000

구조적 포지션 20을 설정하였다면, 환리스크에 노출된 net 포지션 20(=200-180)은 환리스크 측정대상에서 제외

$$\text{BIS 비율} = \frac{\text{자본 } 100}{\text{원화자산 } 800+\text{달러자산}200} = 10.0\%$$

기중 달러의 가치가 100% 상승하였다 하여도 B/S는 다음과 같으며 자본비율은 10%(=120/1,200)로 그대로 유지된다.

원화자산	800	원화부채	720
달러자산	400	달러부채	360
		자본	120
자산총계	1,200	부채와 자본총계	1,200
		구조적 포지션 20(달러가치 상승으로 40이 됨)은 환리스크 측정 대상에서 제외	

$$\text{BIS 비율} = \frac{\text{자본 120}}{\text{원화자산 800+달러자산400}} = 10.0\%$$

※ 구조적 포지션을 설정하지 않은 경우

$$\text{BIS 비율} = \frac{\text{자본 120}}{\text{원화자산 800+달러자산 400+환포지션 40}} = 9.67\% \text{ 로 하락}$$

물론 기중 달러의 가치가 50% 하락하는 경우에는 손실이 발생하지만, 이 경우에도 자본비율은 10%(=90/900)로 유지된다.

원화자산	800	원화부채	720
달러자산	100	달러부채	90
		자본	90
자산총계	900	부채와 자본총계	900

(예시2) 해외사업장 외화투자금액

해외사업장 외화투자지분은 역사적 환율로 회계처리하므로 연결 B/S작성시 해외사업환산익(CTA: currency translation adjustment)이 발생하며 이로 인해 환율변동시에도 BIS비율은 안정화된다. 이 경우 해외사업장 투자분을 구조적 포지션으로 간주한다.

〈기초의 B/S〉

<table>
<tr><th colspan="2">해외법인 별도B/S</th></tr>
<tr><td>해외자산
30</td><td>현지부채
26.25
~~출자금 3.75~~</td></tr>
</table>

<table>
<tr><th colspan="2">모행별도 B/S</th></tr>
<tr><td>원화자산 50
~~외화출자금 3.75~~</td><td>원화부채43
자본 10</td></tr>
</table>

<table>
<tr><th colspan="2">연결 B/S</th></tr>
<tr><td>원화자산 50
해외자산 30</td><td>원화부채 43
현지부채
26.25
자본 10</td></tr>
<tr><td colspan="2">구조적 포지션 3.75
환리스크 측정대상 net
포지션 0</td></tr>
</table>

$$\text{BIS 비율} = \frac{\text{자본 10}}{\text{원화자산 50 + 해외자산 30}} = 12.5\%$$

〈기말의 B/S(환율 100% 상승)〉

해외법인 별도B/S	
해외자산 60	현지부채 52.5 ~~출자금 3.75~~ 해외사업 환산익 3.75

모행별도 B/S	
원화자산 50 ~~외화출자금 3.75~~	원화부채43 자본 10

연결 B/S	
원화자산 50 해외자산 60	원화부채 43 현지부채 52.5 자본 10 해외사업 환산익 3.75
환율상승으로 구조적 포지션 7.5 (환산익 3.75포함) 환리스크 측정대상 net 포지션 0	

$$\text{BIS 비율} = \frac{\text{자본 10 + 해외사업환산익 3.75}}{\text{원화자산 50 + 해외자산 60}} = 12.5\%$$

4.2 구조적 포지션의 역할

가. 환율변동으로 인한 BIS자기자본비율의 변동성 제거

나. 감독목적으로 환율변동효과를 배제한 진정한 BIS비율 관리 가능

- 특히 급격한 환율상승시 BIS 비율의 하락에 대한 착시 효과 방지

4.3 구조적 포지션에 대한 관련규정

1. 은행업감독업무시행세칙 2016.9.30 〈별표3-2〉 제1장

> 4. 다. 시장리스크중 외환리스크 산출대상 포지션은 은행이 보유한 통화별 외환포지션과 금포지션으로 한다. 이 경우 통화별 외환포지션은 다음 항목으로 하며, 감독원장의 승인을 받은 구조적 포지션은 외환포지션에서 제외할 수 있다.[12]
>
> 주12) 은행이 보유하고 있는 외환포지션이 환율변동에 따라 손익이 발생하는 것을 완전히 또는 부분적으로 헷지하기 위해 외환포지션을 보유했으나 환율변동으로 자본 비율이 변동될 수 있는 포지션을 구조적 포지션(structured position)이라 한다. 은행은 감독원장의 승인을 받아 구조적포지션을 순오픈 외환포지션 계산에서 제외할 수 있으며 동 포지션의 인정요건은 아래와 같다. 〈개정 2015.12.18.〉

○ 당해 포지션이 '구조적'일 것, 예컨대 비트레이딩 특성(non-trading nature)을 가질 것
○ 은행의 자기자본비율 보호만을 위한 것일 것(이 포지션은 투기적 또는 이익실현 목적으로 이용되지 못함)
○ 포지션의 제외는 일관성있게 적용되어야 함. 예를 들어 포지션 산출로부터 제외되는 자산 또는 기타 항목의 헷지처리는 당해 자산의 잔존기간동안 동일하게 유지될 것
○ 구조적 포지션 관리에 관한 사항을 트레이딩정책지침에 명시할 것

한편, 구조적 포지션은 다음을 포함할 수 있다.

○ 은행의 BIS자기자본으로서 적격성이 인정되는 외화표시 포지션
○ 회계처리시 거래시점의 역사적 환율로 표시되는 외화표시 포지션
○ 자기자본비율 산출시 당해 은행의 자기자본에서 완전히 공제되는 비연결자회사(non-consolidated subsidiaries)에 대한 투자금

2. FRTB(2019)

(1) 감독당국은 은행이 구조적 포지션을 이용하여 자본비율을 방어하는 것을 자유롭게 허용하며, 아래의 조건을 충족하는 경우 순외환 리스크포지션의 계산으로부터 구조적 포지션을 제외한다.

(a) 리스크포지션은 환율의 변동이 자본비율에 악영향을 미칠 가능성에 대해 부분적 또는 전체적으로 헷지할 목적으로 보유 또는 유지하는 것이다.

(b) 리스크 포지션은 구조적-즉 non-dealing-이며 아래의 항목과 같은 성격을 가진다.

- 외국통화로 비연결 관계회사에 투자한 금액
- 외국통화로 연결대상 자회사나 지점에 투자한 금액

(c) 제외하는 포지션의 한도는 환율변화에 대한 자본비율의 민감도를 중립화(neutralize)하는 포지션 금액을 한도로 한다.

(d) 리스크 측정에서의 제외는 최소한 6개월간 유지되어야 한다.

(d) 구조적 FX포지션의 설정과 포지션의 변경은 구조적 FX 포지션에 대한 은행 리스크관리 정책을 따라야 하며, 이 정책은 감독당국으로부터 사전 승인을 받아야 한다.

(e) 리스크 포지션의 제외는, 해당자산과 기타 항목의 잔존기간 동안 헷지상

품도 일관되게 제외처리될 필요가 있다.

(f) 은행은 시장리스크 측정대상에서 제외된 포지션과 금액에 대한 감독당국의 점검과 문서화 요구에 따라야 한다.

(2) 은행의 자본계산시 자본에서 차감되는 항목과 관련되는 포지션은 FX 자본량을 적용하지 않는다.

5. 계정간 상품이동에 대한 제한

1. 상품구분에 대한 문서화

은행은 규제자본 계산 목적으로 어떤 상품을 트레이딩계정에 포함시킬 건지 제외할 건지를 결정하기 위해 명확한 정책, 절차와 문서처리가 이루어져야 한다. 이때 은행의 리스크관리 역량과 실무를 고려하고 이 장에서 명시한 기준을 준수해야 한다. 은행의 내부통제 기능은 은행의 트레이딩 활동에 비추어 최초에 트레이딩 또는 비트레이딩을 적절하게 구분하였는지를 평가하기 위해 트레이딩계정 내외의 상품에 대해 계속기준으로 평가를 수행하여야 한다. 정책과 절차는 주기적(최소 1년)으로 내부감사와 감독당국의 리뷰를 받아야 한다.

2. 최초 구분 후에 은행의 자체 선택으로 트레이딩계정과 은행계정간 상품을 이동하는 권한은 엄격하게 제한되며, 이는 문단 3, 4를 따른다. 규제자본차익 목적으로 상품의 이동은 엄격하게 금지된다. 실무상으로 교체는 매우 드물며 감독당국이 승인하는 특별한 경우에만 허용된다. 가능한 예로는 공표된 주요한 사건-트레이딩계정을 영구히 폐쇄하는 즉, 상품이나 포트폴리오에 적용가능한 영업활동을 종료(termination)하는 결과를 가지는 은행의 구조조정(restructuring) 이나 특정항목을 공정가치평가대상으로 허용하는 회계기준의 변경-이 있다. <u>시장의 사건, 금융상품의 유동성 변화, 단순한 트레이딩 의도의 변화는 다른 계정으로 변경하는 합리적인 이유가 되지</u>

못한다. 포지션을 교체할 때 은행은 반드시 문단 제2장 3.3의 1~5의 조건을 만족시켜야 한다.

3. 예외없이, 교체의 결과로 자본상의 이득이 발생하는 것은 어떤 경우, 어떤 상황에서도 허용되지 않는다. 이를 위해 교체 전과 교체 후 즉시 총 자본량(은행계정과 트레이딩계정 모두에 걸쳐)을 결정하여 비교하여야 한다. 만약 교체결과로써 자본량이 감소한다면 그 차이분은 교체 시점에 측정된 것으로 보아 공표되는 Pillar1 추가자본으로 부과되어야 한다. 교체사유에 상관없이 자본량의 감소가 발생한 경우에는 어떤 경우라도 추가자본을 부과한다.
추가자본은 그 포지션이 만기가 되거나 청산될 때 감독당국이 승인하는 방법으로 제외할 수 있다. 운영상 단순 처리를 위해, 해당포지션이 교체된 계정에서 계속 자본량 산출대상이라 하더라도 계속기준으로 추가자본을 재산출하지는 않는다.

[표 2-3] 계정간 상품이동에 따른 자본추가부과 예시

자본량	교체전	교체후	추가부과
은행계정(신용리스크)	2,000	2,010	-
트레이딩계정(시장리스크)	105	55	-
계	2,105	2,065	40

4. 계정간의 재배정은 다음과 같이 최고경영자와 감독당국의 승인을 받아야 한다.
   (1) 모든 재배정(reassignment)은 철저히 문서화되고 최고경영자의 승인이 있어야 한다. 은행의 정책에 부합한다는 것이 내부검토로 이루어지고 은행이 제공한 문서자료에 기초하여 감독당국의 사전승인이 이루어지고 공시되어야 한다.
   (2) 포지션의 특성(the characteristics of a position)이 변경된 경우가 아니라면, 이러한 재배정은 취소할 수 없다.

(3) 하나의 상품을 회계상 트레이딩 자산이나 부채로 재분류한다면 (reclassified) 이 상품은 트레이딩계정인 것으로 일반적으로 전제 (general presumption)한다(제2장 3.3의 5). 그러므로 이 경우에는 감독당국의 승인없이 자동전환이 허용된다

5. 은행은 이와 관련한 정책을 채택하고 최소한 연 1회 업데이트하여야 한다. 업데이트는 직전년도에 식별된 특이사건에 대한 분석에 근거하여 이루어진다. 특이한 변경이 있는 정책은 감독당국에 보고하여야 하며 동 정책은 아래사항을 포함하여야 한다.

(1) 문단 2~4에 있는 재배정 제한 요구사항, 특히 트레이딩계정과 은행계정 간의 재배정은 특별한 상황에서만 허용된다는 제한, 교체를 고려할만한 상황이나 기준에 대한 설명

(2) 교체에 대해 최고경영자와 감독당국의 승인을 받는 절차

(3) 은행이 특별한 사건을 어떻게 식별할 것인지에 대한 내용

(4) 트레이딩계정으로 재배정되거나 제외되는 사항을 가장 빠른 보고시점에 공시한다는 내용

6. IRT(Internal Risk Transfer)에 대한 처리

IRT는 은행계정내, 은행계정과 트레이딩계정간, 또는 트레이딩계정내(서로 다른 데스크간)의 리스크이전에 대한 내부서면기록(internal written record)이다.

<u>트레이딩계정에서 은행계정으로 IRT에 대해서는 규제자본과 관련하여 아무런 인식도 하지 않는다</u>. 따라서 은행이 트레이딩계정에서 은행계정으로 IRT를 수행한다면(예, 경제적 목적으로) 고려할 필요가 없다.

1. 은행계정에서 트레이딩계정으로 신용리스크와 주식리스크의 IRT

(1) 트레이딩계정을 통하여 매입한 헷지수단을 이용하여 은행계정의 신용리스크 익스포져나 주식리스크 익스포져를 헷지할 때

(a) 은행계정의 신용익스포져는 다음의 2가지가 모두 충족되는 경우 자본요구 계산에서 헷지된 것으로 본다.

- 트레이딩계정은 IRT와 정확하게 일치하는 적격의 제3자 보장제공자(protection provider)에 의한 외부헷지를 수행한다.
- 외부헷지는 은행계정 익스포져에 대해 바젤2체계의 문단 191~194의 요구사항을 충족한다.[15]

바젤2 문단 191~194 관련 〈은행업감독업무시행세칙(별표3)〉

90. (신용파생상품에 대한 추가 운용요건) 은행이 신용위험경감기법으로 신용파생상품을 이용하는 경우 88. 이외에 다음의 요건을 모두 충족하여야 한다.

(1) 신용파생상품계약서상 신용사건은 다음 사유를 포함할 것

(가) 기초채무(underlying obligation)와 관련된 지급의무를 이행하지 않는 경우

(나) 파산, 지급불능, 차주의 부채상환 능력 상실, 지급예정일에 채무이행을 할 수 없다는 서면 통보 등 이와 유사한 사건이 발생하는 경우

(다) 원금, 이자, 수수료 등의 면제 및 지급 연기 등 채무재조정으로 인해 신용손실(상각, 특정 충당금 또는 이와 유사한 이익의 감소 요인)이 발생한 경우

(2) 현금결제가 가능한 신용파생상품의 경우 손실을 신뢰성 있게 측정할 수 있는 가치평가절차(신용사건 발생후 기초채무의 평가기간에 대한 규정을 포함한다)를 갖출 것

(3) 보장매입자가 권리를 행사하기 위하여 보장매도자에게 기초채무를 이전하는 경우 동 보장매입자의 권리를 제한하는 조항이 없을 것

(4) 보장매입자가 신용사건 발생을 통지할 수 있는 권리를 가지며 신용사건 발생여부를 판단하는 자가 명확할 것. 다만, 보장매도자가 단독으로 해당 판단을 할 수 있어서는 안 된다.

(5) 기초채무와 준거채무(reference obligation)가 불일치 하는 경우에는 다음의 요건을 모두 충족할 것

(가) 기초채무의 변제순위가 준거채무의 변제순위보다 우선하거나 동순위일 것

(나) 준거채무와 기초채무의 채무자가 동일하고, 법적으로 유효한 교차부도 조항 등이 설정되어 있을 것

---

15 바젤2체계의 문단 192에 대해, 채무재조정없는(without a restructuring obligation) 신용파생상품의 60% 상한(cap)은 규제자본 목적으로 은행계정 상품의 신용리스크 경감에만 적용되며, IRT의 금액에는 적용하지 않는다.

(6) 신용파생상품이 보증과 동등한 신용위험경감효과를 가지는 신용부도스왑 또는 총수익스왑일 것. 다만, 총수익스왑을 통해 신용위험을 경감하려는 은행이 스왑거래를 통해 수취한 금액은 당기손익으로 인식하면서, 보장 대상 자산의 가치하락 효과는 공정가치의 차감이나 충당금 추가 적립 등을 통해 인식하지 않는 경우 신용위험 경감효과를 인정하지 아니한다.

91. (요건의 일부를 충족하지 못하는 경우) 90.(1)(다)에 해당하는 사유가 신용사건에 포함되지 않지만 90.의 나머지 모든 조건을 충족하는 경우, 은행은 90.에 불구하고 기초익스포져 중 해당 신용파생상품 계약금액의 60%에 해당하는 부분에 대하여 신용위험 경감 효과를 감안할 수 있다. 다만, 계약금액이 기초채무 금액을 초과하는 경우에는 기초채무 금액의 60%를 한도로 한다.

[예시] 신용리스크 IRT

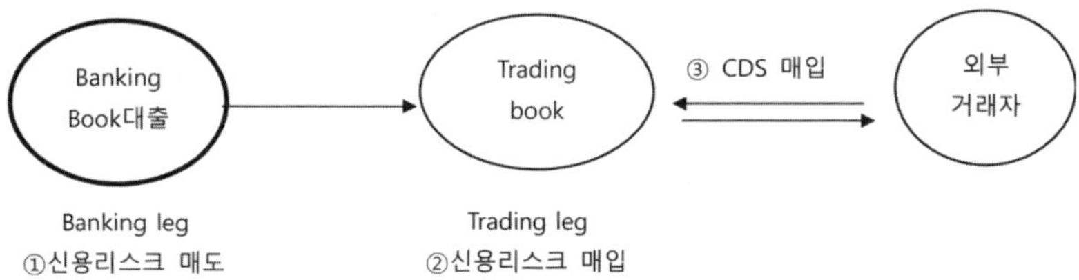

〈적격의 외부헷지〉
① 헷지인정 : 은행계정 신용리스크 측정없음
②와 ③은 트레이딩 계정으로 시장리스크 측정

〈비적격의 외부헷지〉
① 헷지불인정 : 은행계정 신용리스크 측정
② 무시
③ 트레이딩계정 시장리스크 측정

(b) 은행계정의 주식익스포져는 다음의 경우에만 자본요구 계산에서 헷지된 것으로 본다.

- 트레이딩계정은 IRT와 정확하게 일치하는 적격의 제3자 보장제공자(protection provider)에 의한 외부헷지를 수행한다.
- 외부헷지는 은행계정 주식익스포져의 헷지로 인정된다.

[예시] 주식리스크 IRT : 신용리스크와 동일

(c) 은행계정 신용익스포져의 리스크를 헷지할 목적의 외부헷지는, 외부헷

지 총계(the aggregate external hedge)가 IRT와 정확하게 매치되는 경우 복수의 거래상대방으로 이루어진 복수거래로 구성될 수 있다

(2) 상기 (1)의 요구기준이 이행되는 경우, 은행계정의 익스포져에 대해 IRT의 은행계정 leg에 의해 헷지가 이루어지는 것으로 본다. 한편 IRT의 트레이딩계정 leg와 외부헷지는 모두 시장리스크 자본요구량에 포함되어야 한다.

(3) 상기 (1)의 요구기준이 이행되지 않는 경우, 은행계정 익스포져에 대해 IRT의 은행계정 leg에 의해 헷지가 이루어지지 않은 것으로 본다. 한편 제3자 외부헷지는 반드시 시장리스크 자본요구량에 포함되어야 하며, IRT의 트레이딩계정 leg는 시장리스크 자본요구량에서 제외되어야 한다.

(4) IRT에 의해 생겼지만 은행계정 규제에 의해 자본산출하지 않은 은행계정의 매도 신용포지션 또는 은행계정의 매도주식포지션[16]은 시장리스크 규제에 의해 자본량을 산출하여야 한다(제2장 3.3의 2.(2) 참조).

2. 은행계정에서 트레이딩계정으로 일반금리리스크의 IRT

(1) 트레이딩계정의 IRT를 이용하여 은행계정의 금리리스크를 헷지할 때 아래 사항을 모두 충족하면 IRT의 트레이딩 leg는 시장리스크 자본체계하에서 트레이딩계정 상품으로 간주된다.

(a) IRT는 헷지되는 은행계정 금리리스크와 그 리스크의 원천에 관해 문서화되어 있다.

(b) IRT는 이러한 목적을 위해 특별히 감독당국이 승인한 IRT전용데스크에서 수행된다.

(c) IRT는 IRT전용데스크의 단독기준(standalone basis)-기타의 GIRR 또는 트레이딩계정의 거래에 의해 발생하는 기타의 시장리스크와는 분리하여-으로 시장리스크 자본체계하의 자본량을 계산해야 한다.

(2) 상기 (1)의 요구사항이 이행되는 경우, IRT의 은행계정 leg는 규제자본 목적으로 은행계정 금리리스크 익스포져 측정에 포함되어 헷지가 이루어진다.

16 개별적으로 문서화된 IRT에 의해 오버헷지된 은행계정 상품은 매도포지션이 된다.

(3) 감독당국이 승인한 IRT데스크는 시장측(즉, 은행의 외부당사자)으로부터 매입한 상품을 포함할 수 있다. 이러한 거래는 IRT데스크와 시장간에 직접 수행될 수 있다.

또는 IRT데스크는 대리인처럼 행동하는 별도의 non-IRT트레이딩 데스크를 통하여 시장으로부터 외부헷지를 취득하기도 한다(이 경우 non-IRT트레이딩 데스크에서 수행하는 GIRR IRT가 시장으로부터의 외부헷지와 정확하게 일치하여야 한다). 후자의 경우 각각의 GIRR IRT 개별 leg는 IRT 데스크와 non-IRT 데스크에 포함된다.

(4) IRT 전용데스크는 트레이딩과 은행계정간 금리리스크 IRT와 관련 외부헤지만 보유할 수 있으며 다른 트레이딩 포지션은 보유할 수 없음. 또한 제5장 3.1.의 5에서 명시한 명목상 트레이딩 데스크로 운용할 수 있음

[예시] 금리리스크 IRT

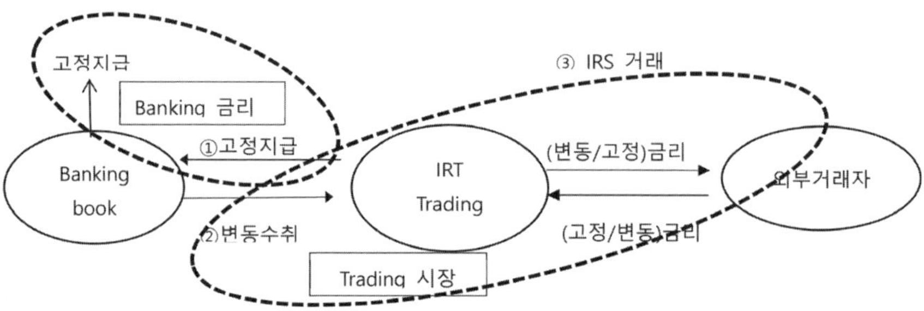

〈IRT 관련 상기 (a)~(c) 3가지 조건 충족시〉
①과 ②의 Banking book leg는 banking book의 금리리스크 측정시 포함
③의 Trading book leg는 시장리스크 측정

〈IRT 관련 3가지 조건 미충족시〉
은행계정 금리리스크 헷지 불인정, ③ ③의 거래는 시장리스크 측정

3. 시장자본요구량의 적용영역내에서의 IRT

(1) 시장리스크 범주내(은행계정의 FX리스크와 일반상품리스크 포함)의 트레이딩 데스크간의 IRT는 일반적으로 모두 규제자본대상으로 인식한다. IRT 데스크와 여타 데스크간의 IRT는 상기 문단 2의 제약이 충족되는 경우에 모두 규제자본대상으로 인식한다.

(2) IRT의 트레이딩계정 leg는 외부거래자와 거래한 트레이딩계정의 상품처럼 동일한 요구사항이 수행되어야 한다.

(3) 신용평가조정(CVA)에 포함된 적격외부헷지는 시장리스크 계산에서 제외되어야 한다.

[표 2-4] IRT 처리 요약

□ **은행계정 신용, 주식리스크 IRT처리** 1) 요구사항 충족시 - 은행계정 자본처리 : 포지션은 헷지된 것으로 본다 - 트레이딩계정 자본처리 : IRT의 트레이딩계정 leg와 외부헷지 모두 포함 2) 요구사항 미충족시 - 은행계정 자본처리 : 포지션은 비헷지(내부거래는 무시) - 트레이딩계정 자본처리 : 외부헷지만 포함(내부거래는 무시) □ **은행계정 금리리스크 IRT처리** 1) 요구사항 충족시 - 은행계정 자본처리 : IRT의 은행계정 leg는 은행계정 금리리스크 익스포저 측정에 포함 - 트레이딩계정 자본처리 : IRT의 트레이딩계정 leg 와 외부헷지 모두 포함 2) 요구사항 미충족시 - 내부거래는 무시하고 트레이딩계정에서 외부헷지만 포함

4. CVA 자본량에 대한 적격헷지

(1) CVA 자본계산에 포함되는 적격한 외부헷지는 은행의 시장리스크 자본계산에서 제외되어야 한다.

(2) 은행은 CVA 포트폴리오와 트레이딩계정간에 IRT를 수행할 수 있다. 이 IRT는 CVA포트폴리오 측면(side)과 non-CVA포트폴리오 측면으로 이루어

진다. IRT의 CVA 포트폴리오 측면이 CVA리스크 자본기준에서 인식되는 경우, CVA포트폴리오 측면은 시장리스크 자본계산에서 제외되고 non-CVA포트폴리오 측면은 시장리스크 자본계산에 포함되어야 한다.

(3) 어떤 경우라도 CVA IRT는, 헷지되는 CVA리스크와 그 리스크 원천에 대해 문서화되어 있다면 규제자본으로 인식할 수 있다.

(4) Curvature 리스크, 부도리스크, 잔여리스크 추가분(RRAO)을 갖는 CVA IRT는 트레이딩계정이 IRT와 완전히 일치하는 적격의 제3자 외부보장제공자가 제공하는 적격헷지를 수행한다면, CVA 포트폴리오 자본계산과 시장리스크 자본계산에서 인식될 수 있다.

(5) CVA리스크 자본계산과 시장리스크 자본계산에 대한 처리와는 독립적으로, 주식이나 신용리스크 IRT 요구사항을 충족하는 경우(1의 (1)), 트레이딩계정이나 은행계정내에서 CVA 포트폴리오와 트레이딩계정간의 IRT는 파생상품의 거래상대방 리스크 익스포져를 헷지하기 위해 사용될 수 있다.

7. CVA risk에 대한 규제자본 요구[17](2023.1.1. 시행예정)

7.1 CVA의 정의와 자본량 측정 개요

7.1.1 CVA의 정의

1. CVA는 거래상대방 수준에 특정되어 이루어지는 신용가치조정(credit valuation adjustment)이다. CVA는 잠재적인 거래상대방의 부도로 인해 부도위험없는(default risk free) 파생상품과 SFTs의 가격을 조정하는 것이다. 달리 명시하지 않는다면, 여기에서 말하는 CVA는 규제상 CVA를 말하는데, 규제상 CVA는 다음 2가지 점에서 회계목적상 CVA와 차이가 있다.
   - 규제상 CVA는 은행의 자체부도 효과는 배제한다.

17 Basel Ⅲ: Finalising post-crisis reforms (2017.12), "Minimum capital requiremqnt for CVA risk"

- 회계상 CVA에서 best practice를 반영한 몇가지 제약이, 규제상 CVA계산 시에 적용된다.

CVA리스크는 파생상품거래와 SFTs[18]의 가치에 영향을 미치는 거래상대방의 신용스프레드와 시장리스크 요인의 변화로 인해 야기되는 손실이라고 정의한다.

> **Basel II의 (Annex 4)**
> 4. SFTs와 OTC 파생상품은 일반적으로 다음과 같은 특징을 가진다.
>   - 거래는 현재의 익스포져나 시장가치를 창출한다.
>   - 거래는 시장변수에 기초한 랜덤한 미래시장가치를 가진다.
>   - 거래는 지급의 교환이나 지급에 대한 대가로 금융상품(일반상품 포함)의 교환을 창출한다.
>   - 거래는 고유의 부도확률(unique PD)이 결정될 수 있는 거래상대방과의 거래이다.
> 5. 위 거래의 기타 일반적인 특징은 아래와 같다.
>   - 담보는 리스크 익스포져의 경감에 사용될 수 있으며 거래의 본질상 고유한(inherent) 것이다.
>   - 거래는 주로 한가지 자산과 상대적으로 단기인 금융목적의 또다른 자산이나 유가증권을 교환하는 거래로 구성되어 있다는 점에서 단기금융이 주요목적이다.
>   - 리스크 경감을 위해 상계를 사용할 수 있다.
>   - 포지션은 시장변수에 따라 자주 평가된다(일별기준이 보통).
>   - remargining(추가증거금 예치)이 적용될 수 있다.

7.1.2 CVA 자본량 계산

1. CVA리스크에 대한 자본은 은행계정과 트레이딩계정 구분없이 대상거래를 가진 모든 은행이 계산해야 하는데, 대상거래는 다음과 같다.
   - 모든 파생상품거래, 단 적격의 중앙거래상대방(qualified central counterparty)과 직접 거래하는 것과 아래 [CRE54.14]-[CRE54.16]의 조건을 만족하는 거래는 제외한다
   - 감독당국이 STFs거래에서 야기되는 CVA손실이 중요하다고 판단하는

18 은행업감독업무시행세칙 별표 3 256.카. "증권금융거래(SFT, Securities Financing Transaction)"라 함은 환매조건부매매거래, 증권대차거래 및 신용융자거래 등의 거래로서 해당 거래의 가치는 시가평가에 따르며, 흔히 담보유지약정(margin agreement)을 갖는다.

경우, 회계목적상 공정가치로 평가되는 STFs. 그 금액이 중요하지 않다고 판단하는 경우, 은행은 적절한 문서를 감독당국에 제공하고 적정성을 평가받아야 한다.

[CRE54.14] 아래 [54.15]의 2가지 조건을 충족하는 경우, CCPs에 대한 청산소회원(clearing member)의 익스포져 처리([CRE54.7]~ [CRE54.11])를 다음에도 적용한다.

(1) 은행이 청산소회원의 고객이고 청산소회원이 금융중개기관처럼 행동하여 발생한 거래인 경우, 청산소 회원에 대한 은행의 익스포져

(2) 은행이 청산소회원의 고객이고 청산소회원이 CCPs에 대한 은행 익스포져 성과를 보증하는 경우, CCP와의 거래로 발생한 CCP에 대한 은행의 익스포져

(3) 다양한 수준의 고객구조에서, 높은 수준의 고객(higher level clients) 대비 낮은 수준 고객(lower level clients)의 익스포져, 단 모든 수준의 고객이 아래 [CRE54.15]에 있는 2가지 조건 사이에서 이를 만족하는 경우.

[CRE54.15] 위 [54.14]에서 언급하는 2가지 조건은 다음과 같다

(1) 고객거래와 이에 대한 담보는 CCP또는/그리고 청산소회원이 보유하고 있으므로 CCP가 상계거래를 식별한다.
이는 (a)청산소회원의 부도나 지급불능 (b) 청산소회원의 다른고객의 부도나 지급불능 (c) 청산소회원과 회원의 다른 고객이 결합한 부도나 지급불능로 인해 고객에게 입히는 어떠한 손실도 방어한다는 협의하에 이루어지기도 한다.

(a) 청산소회원의 지급불능시, 부도가 발생한 청산소회원의 고객에게 속한 담보를 CCP나 하나 이상의 정상적인 청산소회원, 또는 고객이나 고객이 추천한 사람에게 이전(transfer)함에 있어 어떠한 법적인 장애(고객이 법원의 명령을 얻을 필요가 있는 경우 이외) 도 없어야 한다. 특정한 사실에 기반하여 이것이 이루어지는지를 결정하기 위해 감독당국에 자문을 구해야 하며, 감독자는 일관성 확보를 위해 “frequently asked questions” 절차를 통해 다른 감독자와 협의하고 소통하여야 한다.

(b) 고객은 충분히 법적인 검토를 수행하고 (지속적인 수행가능성을 확인하기 위해 필요에 따라 심도있는 검토를 수행) 다음과 같은 결론을 내기 위해 잘 준비된 근거를 가져야 한다. 이는 법적으로 반박이 있는 경우, 관련법원과 행정기관이 위에서 언급한 사항들이 관할권내의 법체계에서 적법이고, 유효하며 강제할만하다는 것을 알도록 하는 것이다.

(2) 관련법규 또는 계약이나 행정적인 협약은, 청산소회원이 부도나거나 지급불능이 된다면 해당 청산소회원과의 상계거래는 CCP를 통하여 또는 CCP에 의해 간접적으로 거래가 계속될 것이라는 사항을 규정한다. 이러한 상황에서 고객의 포지션과 CCP의 담보는, 고객이 그 포지션을 시장가격으로 청산하라고 요청하지 않는다면 시장가격으로 이전(transfer)될 것이다. 이 단락에서 명시한 조건과 관련하여 만약 CCP에 이전(port)되는 거래에 대한 뚜렷한 선례가 있고 이러한 실무를 계속하려는 업계의 의도가 있다면,

이러한 요소는 거래가 이전(port)될 가능성이 아주 높은지 여부를 평가할 때 고려되어야 한다. CCP 문서에서 고객거래가 이전(port)되는 것을 막지 않는다는 사실만으로는 이전(port)될 가능성이 아주 높다고 할만한 근거로 충분하지 않다.

[CRE54.16] 청산소회원과 청산소회원의 다른 고객과의 결합부도나 결합 지급불능 상황인 경우, 손실로부터 고객이 보호받지 못하는 경우, 앞선 문단의 모든 다른 조건을 만족한다면 청산소회원에 대한 고객 익스포져 또는 높은 수준의 고객에게 각각 4%의 위험가중치를 적용한다.

- CVA리스크 자본요구량은 은행의 "CVA 포트폴리오"에 대해 단독기준(standalone basis)으로 계산한다. CVA 포트폴리오는 대상거래 전체 포트폴리오에 대한 CVA와 적격의 CVA헷지를 포함한다.

2. CVA 자본량 계산을 위해서는 표준방법(SA-CVA)과 기초접근법(BA-CVA) 2가지를 사용할 수 있다. 은행은 감독당국으로부터 SA-CVA 사용승인[19]을 받지 못하면 BA-CVA를 사용하여야 한다.
   - SA-CVA 사용을 감독당국으로부터 승인 받은 은행은 SA-CVA계산시 여러 개의 상계군(netting sets)으로 쪼개기도 하는데, 쪼갠 상계군의 CVA 자본량은 반드시 BA-CVA에 의해 계산하여야 한다.

     쪼개기를 할 때 적법한 상계군은 2개의 합성상계군으로 분리할 수도 있는데, 이는 아래 조건 중 하나 또는 둘을 따르며, BA-CVA를 따르는 거래를 포함하고 SA-CVA를 따르는 거래를 포함할 수 있다.

   (1) 분리는, 회계상 CVA를 계산하기 위해 은행이 사용하는 적법한 상계군의 처리와 일관되어야 한다. 또는,

   (2) SA-CVA를 사용하기 위한 감독당국의 승인은, 제한적이며 적법한 상계군내의 모든 거래를 커버하는 것은 아니다.

19 이것은 개정된 FRTB시장리스크 체계와는 대비되는 부분이다(시장리스크 표준방법 사용에는 감독당국의 승인이 필요하지 않다.) SA-CVA는 감독당국의 승인을 받아야 하며 현행기준의 승인사항인 CVA고급법은 삭제한다.

Basel Ⅱ의 (Annex 4)
Netting Set is a group of transactions with a single counterparty that are subject to a legally enforceable bilateral netting arrangement and for which netting is recognised for regulatory capital purposes

〈은행업감독업무시행세칙 256.파.의 규정〉
"상계군(Netting set)"이라 함은 법률요건을 충족하는 양자간 상계 약정에 의한 단일 거래상대방과의 하나 이상의 거래의 집합으로, 동 집합은 제 7장에서 정하는 사항에 따라 상계가 인정되어야 한다.

3. 중요성의 기준(materiality threshold)이 수립되어 있다. 중앙거래소에서 청산되지 않은 파생상품의 명목금액 합계가 1천억 유로 이하인 은행은 중요성 기준 상 아래(below)에 있는 것으로 간주된다.
   이 경우 은행의 CVA 자본량은 은행 CCR(counterparty credit risk) 자본량의 100%와 동일하게 설정하고 이를 선택할 수 있다.
   물론 이 경우에는 CVA 헷지는 인정하지 않는다. 이것을 선택한다면 BA-CVA나 SA-CVA대신에 이 방법을 전체 포트폴리오에 적용하여야 한다. 그러나 감독당국은 은행의 파생상품 포지션에서 야기된 CVA리스크가 은행의 전체리스크에 큰 영향을 미친다고 판단하는 경우에는 이 방법을 적용하지 않을 수 있다.

4. CVA 헷지수단(hedging instruments)은 외부(외부 거래상대방) 또는 내부(은행 트레이딩 데스크 중 하나)에 있을 수 있다.
   (1) 모든 외부 CVA 헷지(적격이든 아니든)는 거래상대방에 대한 헷지를 위해 CVA계산에 포함되어야 한다.
      • 적격의 외부 CVA헷지는 은행 트레이딩계정의 시장리스크 자본부과에서 제외되어야 한다.
      • 비적격 외부 CVA헷지는 트레이딩계정 상품으로 처리하여 FRTB(2019)에 의해 자본부과 한다.
   (2) 내부CVA 헷지는 2개의 완벽하게 상계되는 포지션(CVA 데스크 포지션과 반대의 트레이딩 데스크 포지션)을 포함한다.

- 내부 CVA헷지가 적격이라면, 2개 포지션은 트레이딩계정에서 상호간 취소(cancel)되므로 CVA 포트폴리오나 트레이딩계정 모두에 영향이 없다.
- 내부CVA헷지가 비적격이라면, CVA데스크의 포지션은 개정된 CVA 체계에 의해 자본량을 부과받는 CVA 포트폴리오의 일부가 되며, 트레이딩 데스크의 포지션은 FRTB(2019)에 따라 자본량을 부과받는 트레이딩계정의 일부가 된다.

(3) 만약 내부 CVA헷지수단이 FRTB(2019) 표준방법하의 Curvature리스크, 부도리스크, 잔여리스크 추가분의 대상이 되는 상품이라 하더라도, CVA데스크의 거래상대방인 트레이딩 데스크가 해당거래 포지션을 정확하게 상계하는 외부의 거래상대방과 거래를 수행하는 한, 적격으로 간주할 수 있다.

(4) CVA자본요구량 산출을 위해 BA-CVA 또는 SA-CVA를 사용하는 은행은 IRB(internal rating based)접근법에 의해 CCR을 계산할 때, CVA자본량에 영향을 미치는 모든 상계군에 대해 만기조정 요소는 1을 cap으로 할 수 있다.

7.2 BA-CVA(Basic approach for CVA)

7.2.1 일반기준

BA-CVA 계산은 축소버전(reduced version) 또는 풀버전(full version)에 의해 수행할 수 있으며 어느 은행이라도 풀버전 또는 축소버전을 선택할 수 있다.

그러나 축소버전은 헷지 효율성을 제한한 보수적인 수단이며, 풀버전 계산의 일부분이 되므로 BA-CVA를 사용하는 모든 은행은 축소버전 계산을 수행하여야 한다.

- 풀버전은 거래상대방의 스프레드 헷지(spread hedge)를 인정하며 CVA리스크를 헷지하려는 은행을 위한 것이다.

• 축소버전은 풀버전으로부터 헷지인정을 제외한 것으로 CVA헷지를 하지 않는 단순한 은행에 대해 BA-CVA이행을 간편화하기 위해 설계된 것이다.

7.2.2 Reduced version of the BA-CVA (헷지가 인정되지 않음)

1. BA-CVA의 축소버전($DS_{BA\text{-}CVA} \times K_{reduced}$, 여기서 할인요소 $DS_{BA\text{-}CVA} = 0.65$)에서 CVA리스크에 대한 자본요구량은 다음과 같이 계산한다. 여기서 합계부호는 CVA자본부과 영역내의 모든 거래상대방을 망라한다.

$$K_{reduced} = \sqrt{\left(\rho \cdot \sum_c SCVA_c\right)^2 + (1-\rho^2) \cdot \sum_c SCVA_c{}^2}$$

여기서 SCVA$_C$는 단독기준(standalone basis)으로 볼 때 거래상대방 c에 부과되는 CVA자본요구량이다.

ρ = 50%이며 이는 감독당국의 상관계수이다. 이의 제곱 ρ^2 = 25%는 임의의 서로 다른 거래상대방의 신용스프레드간 상관계수를 나타낸다.[20]

위의 공식에서 ρ의 효과는, 한 은행에 노출된 전체 CVA리스크는 개별 거래상대방에 대한 CVA리스크 합계보다 작다는 사실을 알려주고 있다(거래상대방들간의 신용스프레드가 완전 상관관계가 아닌 한).

제곱근 안의 첫째항은 CVA리스크의 체계적 구성요소를 합계한 것이며, 둘째항은 CVA 리스크의 개별(idiosyncratic) 요소를 합계한 것이다.

2. 거래상대방 c에 대한 단독기준 CVA 자본량(SCVA$_C$)은 다음과 같다. (합계부호는 거래상대방의 모든 상계군을 망라하는 것이다)

$$SCVA_c = \frac{1}{\alpha} \cdot RW_c \cdot \sum_{NS} M_{NS} \cdot EAD_{NS} \cdot DF_{NS}$$

여기서

• RW$_C$는 거래상대방 c의 신용스프레드 변동성을 반영한 c에 대한 위험가중

20 BA-CVA의 기본이 되는 가정 중의 하나는, 체계적 신용스프레드리스크(systematic credit spread risk)는 단일 요인에 의해 발생한다는 것이다. 이 가정하에서 ρ는 어떤 거래상대방의 신용스프레드와 단일의 신용스프레드 체계적 요인간의 상관계수로 해석될 수 있다.

치이다. 이 위험가중치는 거래상대방의 섹터와 신용등급의 결합에 기초한 것이다.

- M_{NS}는 상계군(netting set: NS)에 대한 유효만기이다. IMM(internal models method) 사용을 감독당국으로부터 은행은 [CRE53.20]과 [CRE53.21]에 따라 계산한다(예외적으로 [CRE53.20]의 5년 cap은 적용하지 않는다). IMM사용을 위한 감독당국의 승인을 받지 못한 은행에 대해서 M_{NS}은 [CRE32.46]~[CRE32.54] 에 따라 계산한다. (예외적으로 [CRE32.46]의 5년 cap은 적용하지 않는다)
- EAD_{NS}는 상계군(netting set :NS)의 EAD이며 CCR에 대한 최소자본요구량과 동일하게 계산한다.
- DF_{NS}는 감독당국의 할인요소이다. EAD계산을 위해 IMM를 사용하는 은행은 1로 보며, IMM를 사용하지 않는 은행은 $\frac{1-e^{-0.05 \cdot M_{NS}}}{0.05 \cdot M_{NS}}$이다.[21]
- α =1.4[22]

[CRE53.20] set에 포함된 가장 긴 계약의 원만기가 1년보다 길다면 [CRE32.42]의 유효만기 공식은 아래식으로 대체한다.

$$M = \frac{\sum_{k=1}^{t_k \le 1year} Effective\ EE_k \times \Delta t_k \times df_k + \sum_{t_k > 1year}^{maturity} EE_k \times \Delta t_k \times df_k}{\sum_{k=1}^{t_k \le 1year} Effective\ EE_k \times \Delta t_k \times df_k}$$

df_k : 장래기간 t_k에 대한 무위험할인 요소

기타 부호에 대한 설명

내부모형을 사용할 때 익스포져 금액이나 EAD는 Effective EPE (expected positive

21 DF는 오늘(today)과 상계군의 유효만기일의 기간에 걸친 감독목적의 평균할인요소이다. 할인에 사용된 금리는 5%로 설정(식에서는 0.05)되어 있다. BA-CVA 식에서 EAD와 유효만기의 곱은, 상계군의 할인된 예상익스포져(EE: expected exposure)프로파일에 대한 대용치이다. IMM의 유효만기 정의에는 이미 이러한 할인요소를 포함하며, 따라서 DF는 IMM은행에 대해 1을 설정한다. IMM이외에는 상계군의 유효만기를 실제 트레이딩 만기의 명목금액 가중평균으로 정의한다. 이 정의는 할인을 고려하지 않은 것이므로 이를 보충하기 위해 감독당국의 할인요소를 더한다.

22 α는 SA-CCR과 IMM 모두에서 EEPE(effective expected positive exposure)를 EAD로 전환하기 위해 사용되는 승수이다. 그러므로 계산에서는 상계군의 EAD(EAD_{NS})를 EEPE로 전환하는 역할을 한다.

exposure) 와 α(=1.4)의 곱으로 계산한다.

EAD=α x Effective EPE

- Effective EPE는 장래t일의 평균 익스포져로서 expected exposure(EE_t)를 추정하여 계산한다. 여기서 평균은 가능한 미래 시장리스크요소의 값-금리, 환율 등-을 적용하여 구한다. 내부모형은 일련의 장래일 t_1, t_2 ,t_3 …에서 EE를 추정한다. "Effective EE"는 다음 공식을 사용하여 반복적으로 계산한다.

$$\text{Effective } EE_{t_k} = \max(\text{Effective } EE_{t_{k-1}}, EE_{t_k})$$

현재시점은 t_0로 나타내며 Effective EE_{t_0}는 현재의 익스포져와 동일한다.

- "Effective EPE"는 장래 익스포져의 첫해동안의 평균 Effective EE이다. 만약 상계군의 모든 계약이 1년안에 만기가 되면 EPE는 상계군의 모든 계약이 만기가 될 때까지 expected exposure의 평균이다. Effective EPE는 Effective EE의 가중평균으로 구한다.

$$\text{Effective EPE} = \sum_{k=1}^{\min(1year, maturity)} Effective\ EE_{t_k} \times \Delta t_k$$

여기서 $\Delta t_k = t_k - t_{k-1}$이다.

[CRE53.21] 모든 계약이 1년 보다 짧은 원만기를 가지는 상계군에 대해서는 CRE[32.42]의 유효만기 공식(M)은 변하지 않으며 1년의 floor를 적용한다. [CRE32.45]~CRE[32.48]에서 규정한 대로 단기 익스포져에 대해서는 예외로 한다.

[CRE32.46]~[CRE32.54]

〈은행업감독업무시행세칙 별표3(2016.12.29.)

126. (유효만기)

가. 내부등급법 적용 은행의 기업 등 익스포져에 대한 유효만기는 다음 산식에 의하여 산출하되 1년 미만인 경우에는 1년으로 하고, 5년 초과인 경우에는 5년으로 한다.

유효만기(M)=$\frac{\sum_t t \times CF_t}{\sum_t CF_t}$

주) CF_t는 기간 t에 채무자가 채권자에게 계약상 지불할 수 있는 현금흐름(원금, 이자 및 수수료 등)

나. 가.에도 불구하고 계약상 최초 만기가 1년 미만인 익스포져 중 금융시장에서 거래되는 상품이거나 일회성의 단기 익스포져 등과 같이 다음 항목에 해당하는 경우에는 1년의 하한을 적용받지 않는다(1일 이하인 경우는 1일로 본다).

이 경우 차주가 동 상품 또는 익스포져를 지속적인 영업활동을 위한 자금조달 수단으로 활용하는 경우는 제외한다.

(1) 환매조건부유형거래, 콜거래 및 단기 대여금 또는 예치금(만기 1년 미만, 일일 차액정산, 일일 재평가, 즉시 청산조항이 문서화된 경우에 한함

(2) 단기 자동결제성 무역관련 거래(수출입 신용장 및 유사 거래는 실질 잔존 만기

적용)

(3) 유가증권 매매의 결제에 따른 익스포져(단기의 일정 영업일 이내에 해당되고 결제를 하지 못하여 발생하는 당좌대출 포함)

(4) 전신환 현금결제에 따른 익스포져(단기의 일정 영업일 이내에 해당되고 결제를 하지 못하여 발생하는 당좌대출 포함)

(5) 외환거래의 결제에 따른 익스포져

(6) 장외파생상품거래, 신용융자거래 등 자본시장거래 중 전부 또는 대부분이 담보된 상품(일일 차액정산, 일일 재평가, 즉시 청산조항이 문서화된 경우에 한함)

다. 장외파생상품거래 또는 나.에 규정하는 거래로서, 법적으로 유효한 상계계약의 적용을 받는 거래에 대한 유효만기는 해당 거래와 관련된 명목금액을 가중평균하여 산출하여야 한다. 유효만기의 하한은 71.나.(1)에 최소 보유기간을 가중평균하여 산출한다. 다만, 환매조건부유형거래는 유효만기를 5일 이상으로 한다.

71.나 (1) 최소보유기간

(가) 최소보유기간은 거래형태별로 다음 표와 같다.

거래형태	최소보유기간	조 건
환매조건부유형거래[주1)]	5영업일	일별 차액정산
기타 자본시장거래[주2)]	10영업일	일별 차액정산
기타 적격금융자산담보 거래	20영업일	일별 시가평가

주1) 환매조건부채권매수 · 매도, 유가증권대차거래 등을 말한다.

주2) 장외파생상품거래, 신용융자거래(margin lending)를 말한다.

라. 내부데이터에 의한 측정이 용이하지 않을 경우 은행은 계약상의 잔존 만기를 유효만기로 할 수 있다.

마. 가. 내지 라.에 해당되지 않는 경우는 2.5년의 유효만기를 적용한다.

3. 감독목적의 위험가중치(RW_C)는 아래표에 있다. 신용등급은 IG, HY, NR로 주어진다. 외부등급이 없거나 국내에서 외부등급을 인정하지 않는 경우 은행은 감독당국의 승인으로 내부등급을 외부등급과 매핑하여 IG나 HY에 부합하는 위험가중치를 할당한다. 그렇지 않으면 NR을 적용한다.

거래상대방의 섹터	거래상대방의 신용등급	
	IG	HY와 NR
국가(sovereigns, 중앙은행 포함), 국제개발은행	0.5%	2.0%
지방자치단체(local gov.), 공사(gov-backed corporate(non-financial), 교육(education), 공공행정(public administration)	1.0%	4.0%
금융기관(financial, 정부보증금융기관 포함)	5.0%	12.0%
기초원자재(basic materials), 에너지(energy), 제조업(industrials, manufacturing), 농업(agriculture), 광업과 채석(mining and quarrying)	3.0%	7.0%
소비재와 서비스(consumer goods and services), 운수보관(transportation and storage), 행정지원 서비스(administrative and support service activities)	3.0%	8.5%
기술(technology), 통신(telecommunications)	2.0%	5.5%
헬스케어(health care), 수도/가스(utilities), 전문기술(professional and technical activities)	1.5%	5.0%
기타부문	5.0%	12.0%

7.2.3 Full version of the BA-CVA(헷지를 인정함)

1. 적격헷지수단(Eligible hedges)

- CVA리스크의 거래상대방 신용스프레드 요소를 경감하기 위한 목적으로 사용되는 거래만이, 그리고 다음과 같이 관리되면 적격의 헷지로 볼 수 있다.
- 오직 single name CDS, single name contingent CDS, 지수 CDS는 적격의 CVA헷지 수단일 수 있다.
- 적격의 single- name 상품은 반드시 (ⅰ) 거래상대방을 직접 참조해야 하며 (ⅱ) 법적으로 거래상대방과 연계된 entity를 참조해야 하며 (ⅲ) 거래상대방과 동일섹터, 동일지역에 속하는 entity를 참조해야 한다.

2. 자본량 계산

(1) BA-CVA 풀버전을 사용하고자 하는 은행은 역시 $K_{reduced}$를 계산해야 한다. 풀버전하에서 CVA리스크에 대한 자본량 $DS_{BA\text{-}CVA} \times K_{full}$(여기서 $DS_{BA\text{-}CVA}$

= 0.65)은 다음과 같이 계산한다.

$$K_{full} = \beta \cdot K_{reduced} + (1-\beta) \cdot K_{hedged}$$

여기서 β =0.25이고, 이는 CVA리스크를 커버하기 위해 필요한 자본을 감축하는 것에 대해 이를 제한하기 위한 floor를 제공하는 감독당국 파라미터이다.

(2) 적격의 헷지를 인식하는 자본요구량(K_{hedged})은 다음 식을 이용하여 계산한다. 여기서 합계부호는 CVA자본부과 영역내의 모든 거래상대방 c를 망라한다.

$$K_{hedged} = \sqrt{\left(\rho \cdot \sum_c (SCVA_c - SNH_c) - IH\right)^2 + (1-\rho^2)\sum_c (SCVA_c - SNH_c)^2 + \sum_c HMA_c}$$

- 여기서 단독기준 CVA 자본량($SCVA_C$)와 상관계수(ρ)는 축소버전의 BA-CVA와 동일하게 정의한다.
- SNH_C는 은행이 신용스프레드리스크에 대해 single-name헷지상품을 사용함으로써 발생하는, 거래상대방 c의 CVA리스크 감축을 인식하는 파라미터이다. 계산은 문단(4)참조
- IH는 은행이 index헷지상품을 사용함으로써 발생하는, 모든 거래상대방에 걸친 CVA 리스크 감축을 인식하는 파라미터이다. 계산은 문단 (5) 참조.
- HMA_C는 헷지불일치(hedging misalignment) 파라미터로서, 거래상대방의 신용스프레드 움직임을 완벽하게 상계하지 못하는 간접적인 헷지가 자본요구량을 감축할 수 있는 정도를 제한하기 위해 설계된 것이다. 즉 간접적인 헷지를 가지면 K_{hedged}는 0이 될 수 없다. 계산은 문단 (6) 참조

(3) 문단 (2)의 K_{hedged} 공식에서 주된 3가지 항은 다음과 같다.

- 첫째항 $(\rho \cdot \Sigma_C(SCVA_C - SNH_C) - IH)^2$은 은행의 거래상대방, single-name hedges, index hedges로부터 발생하는 CVA 리스크의 체계적 요인을 합계한 것이다.

- 둘째항 $(1-\rho^2)\Sigma_C(\text{SCVA}_C-\text{SNH}_C)^2$은 은행의 거래상대방과 single-name hedges로부터 발생하는 CVA 리스크의 개별요인(idiosyncratic components)을 합계한 것이다.
- 셋째항 $\Sigma_C \text{HMA}_C$는 거래상대방의 신용스프레드와 일치하지 않는 간접헷지 요소를 합계한 것이다.

(4) SNH_C는 다음과 같이 계산한다(합계부호는 거래상대방 c의 CVA리스크를 헷지하기 위해 은행이 보유한 모든 single-name 헷지상품 h를 망라하는 것이다).

$$SNH_c = \sum_{h \in c} r_{hc} \cdot RW_h \cdot M_h^{SN} \cdot B_h^{SN} \cdot DF_h^{SN}$$

여기서

- r_{hc}는 거래상대방 c의 신용스프레드와 이에 대한 single-name 헷지상품 h의 신용스프레드간 적용할 감독당국이 정한 상관계수이다. 문단 (7)의 표를 적용한다. 헷지수단이 거래상대방을 직접 참조하면 100%, 그렇지 않으면 낮게 적용한다.
- RW_h는 헷지수단의 reference name의 신용스프레드 변동성을 반영한 single-name 헷지수단 h에 대한 감독당국의 위험가중치이다. 위험가중치는 문단 7.2.2.의 3에 명시한대로 헷지수단 참조자산의 섹터와 신용등급의 결합에 기초한다.
- M_h^{SN}는 single-name 헷지수단 h의 잔여만기이다.
- B_h^{SN}는 single-name 헷지수단 h의 명목금액이다. Single-name contingent CDS에 대해서 명목금액은 참조(reference) 포트폴리오 또는 상품의 현행 시장가치에 의해 결정된다.
- DF_h^{SN}는 감독목적의 할인요소로서 $\frac{1-e^{-0.05 \cdot M_h^{SN}}}{0.05 \cdot M_h^{SN}}$이다.

(5) IH는 다음과 같이 계산한다. (합계부호는 CVA리스크를 헷지하기 위해 은행이 보유한 모든 index 헷지상품 i를 망라하는 것이다)

$$\mathrm{IH} = \sum_i RW_i \cdot M_i^{ind} \cdot B_i^{ind} \cdot DF_i^{ind}$$

- RW_i는 index 헷지수단 i에 대한 감독목적의 위험가중치이다. RW_t는 index 구성인자의 섹터와 신용등급에 기초하여 문단 7.2.2.의 3의 표를 적용하고 다음과 같이 조정한다.
  - 모든 index 구성인자들이 동일 섹터, 동일 신용등급에 속하는 경우 문단 7.2.2.의 3의 표에 보이는 값에 0.7을 곱한다(index내의 개별(idiosyncratic) 리스크에 대한 분산을 반영한다).
  - 복수의 섹터를 가졌거나 여러등급으로 구성된 index에 대해서는 문단 7.2.2의 3 표에 의한 위험가중치를 개별로 가중평균(name-weighted average)한 다음 0.7을 곱한다.
  - M_i^{ind}는 index 헷지수단 i의 잔여만기이다.
  - B_j^{ind}는 index 헷지수단 i의 명목금액이다.
  - DF_i^{ind}는 감독목적의 할인요소로서 $\frac{1-e^{-0.05 \cdot M_i^{ind}}}{0.05 \cdot M_i^{ind}}$이다.

(6) HMA_C는 다음과 같이 계산한다.

$$HMA_C = \sum_{h \in c} (1 - r_{hc}^2) \cdot (RW_h \cdot M_h^{SN} \cdot B_h^{SN} \cdot DF_h^{SN})^2$$

여기서 합계부호는 거래상대방 c의 CVA리스크를 헷지하기 위해 은행이 보유한 모든 single-name 헷지상품 h를 망라하는 것이며 r_{hc}, RW_h, M_h^{SN}, B_h^{SN}, DF_h^{SN}는 문단 (4)에서 설명한 정의와 동일하다.

(7) 거래상대방 c의 신용스프레드와 이에 대한 single-name 헷지상품 h의 신용스프레드 간에 감독당국이 지정하는 상관계수 r_{hc}는 다음과 같다.

거래상대방 c의 single-name 헷지상품 h	r_{hc}의 값
거래상대방 c를 직접 참조	100%
거래상대방 c와 법적인 관계를 가짐	80%
거래상대방 c와 섹터와 지역을 공유	50%

7.3 SA-CVA(Standardised approach for CVA)

7.3.1 일반기준

1. CVA에 대한 표준방법(SA-CVA)는 FRTB(2019)하의 시장리스크 표준방법(SA-TB)를 채택한다. SA-TB와 SA-CVA의 주요한 차이점은,

   (1) SA-CVA는 시장리스크요소의 구분을 줄이고

   (2) SA-CVA는 부도리스크와 Curvature리스크는 포함하지 않는다.

2. SA-CVA는 SA-TB와 동일하게 월별주기로 계산하여 감독당국에 보고하여야 한다. 추가로 SA-CVA를 사용하는 은행은 감독당국이 요구할 때는 값을 산출할 수 있는 능력을 갖추어야 한다.

3. SA-CVA는 대상거래의 값에 영향을 미치는 거래상대방의 신용스프레드와 시장리스크요소에 대한 CVA의 민감도를 입력자료로 사용한다. 민감도는 FRTB(2019)의 민감도 평가 기준에 맞추어 계산해야 한다.

4. SA-CVA적격성에 대한 최소기준은 다음과 같다.

   (1) 은행은 최소한 월별기준으로 익스포져를 모형화하고 CVA와 이 체계의 섹션 7.3.6에서 명시한 시장리스크에 대한 CVA민감도를 계산할 수 있어야 한다.

   (2) 은행은 리스크관리에 책임을 지고 CVA리스크를 헷지하는 CVA데스크(또는 유사한 조직)를 가진다.

7.3.2 규제목적의 CVA 계산

7.3.2.1 규제목적 CVA 계산원칙

1. 규제목적의 CVA계산은 최소한 하나의 대상포지션을 가진 개별 거래상대방에 대해 수행해야 한다.

2. 규제목적의 CVA는 다음의 원칙에 따라 계산되어야 하고, 감독당국에게 은행이 이러한 원칙을 준수하고 있다는 점을 보여주어야 한다.

   (1) 규제목적의 CVA는 은행은 부도위험이 없다는 가정하에 거래상대방의

부도로 인한 미래의 손실 기대치로 계산한다.규제목적의 CVA를 표현함에 있어, 0이 아닌 손실(non-zero losses)은 반드시 양(+)의 부호를 가져야 한다. 이는 7.3.5의 11에서 ($WS_k^{hdg} - WS_k^{CVA}$)로 반영된다.

(2) 계산은 최소한 다음의 입력자료에 기초하여야 한다.

- 시장내재부도율(PD)의 기간구조
- 시장에서 합의된 부도시 예상손실율(market-consensus ELGD: expected loss given default)
- 할인된 장래 익스포져의 시뮬레이션 경로(paths)

(3) 시장에 내재된 PD의 기간구조는 시장에서 관찰된 신용스프레드로부터 추정되어야 한다. 신용물(credit)이 활발하게 거래되지 않은 거래상대방(즉, 비유동적 거래상대방)에 대한 시장내재 PD는, 다음의 요건에 따라 해당 거래상대방에 대한 신용스프레드 대용치에 의해 추정하여야 한다.

- 시장에서 관찰된 거래상대방의 유동성있는 유사집단(counterparty's liquid peers) 의 신용스프레드로부터 비유동적 거래상대방의 신용스프레드 커브를 추정한다(최소한 신용등급, 산업, 지역의 3가지 변수에 의해 구분한 알고리즘을 이용).
- 어떤 경우에는 비유동적 거래상대방을 단일의 유동성 참조자산과 매핑하는 것을 허용할 수 있다. 전형적인 예는 지방자치단체를 해당국가에 매핑하는 것이다(즉, 지방자치단체의 신용스프레드는 국가의 신용등급+프리미엄으로 설정한다). 은행은 모든 매핑에 대해 감독당국의 확인을 받아야 한다.
- 거래상대방의 특수성으로 인해(예, PF, funds) 거래상대방과 유사한 집단의 신용스프레드를 구할 수 없는 경우, 은행은 비유동적 거래상대방의 스프레드를 대용하기 위해 신용리스크에 대한 좀더 기본적인 분석(fundamental analysis)을 할 수 있다. 그러나 평가의 한 부분으로 역사적 PD를 사용하는 경우 그 결과치 스프레드는 역사적 PD에만 기초해서는 안되며 신용시장과 연계되어야 한다.

(4) 파생상품 익스포져의 순위가 선순위 무보증채권의 순위와 다르다는 것을 은행이 제시하지 못한다면, 규제목적의 CVA계산에 사용하는 시장에서 합의된 부도시 예상 손실율(ELGD)은 신용스프레드로부터 위험중립(risk neutral) PD를 계산하기 위해 사용된 스프레드와 동일해야 한다. 거래상대방에 의해 제공되는 담보는 파생상품 익스포져의 우선순위를 변경하지 않는다.

(5) 장래 할인익스포져는 거래상대방이 가진 모든 파생상품을 관련 시장리스크 요소로 시뮬레이션하여 평가하고, 그 경로에 따라 무위험이자율로 오늘시점에서 할인하여 산출한다.

(6) 거래상대방과의 거래에 대한 모든 시장리스크요소 성분은, 가장 긴 거래의 만기까지 확장하여 적정한 미래시점에서 정의한 적정횟수의 경로에 대해 stochastic process로써 시뮬레이션해야 한다.

(7) 익스포져와 거래상대방의 신용등급간, 상당한 수준의 의존(dependence) 관계를 가진 거래에 대해서는 의존성을 고려해야한다.

(8) 증거금부 거래상대방(margined counterparties)에 대해서 담보는 다음의 조건하에서 리스크 경감수단으로 인정한다.

- [CRE53.39]와 [CRE53.40]에서 명시한 담보관리 요구사항을 만족한다.
- 담보거래에서 사용된 모든 문서는 모든 당사자를 구속하며 관련 모든 국가에서 법적으로 강제할 수 있어야 한다. 은행은 이를 확인하기 위해 충분한 법적인 검토를 수행해야 하며 결론을 얻기 위한 잘 정립된 법적인 기반을 가져야 한다. 또한 강제성이 계속될 것이라고 확신할 수 있는 충분한 검토를 추가로 수행해야 한다.

(9) 증거금부 거래상대방에 대해서, 익스포져 시뮬레이션은 개별 익스포져 경로에 따라 리스크 경감책으로 인식되는 증거금 담보의 효과를 포착하여야 한다. 증거금 약정(일방향 vs. 양방향)의 본질, 마진콜의 주기, 담보의 형태, 경계선(thresholds), 독립담보금액 (independent amounts), 개시증거금, 최소이체금액(minimum transfer amounts)과 같은 모든 계약관

련 특징은 익스포져 모델에 의해 적절하게 포착하여야 한다.

특정 익스포져 측정시점에 은행이 확보할 수 있는 담보를 결정하기 위해 익스포져 모델은 다음을 가정하여야 한다.

거래상대방은 특정 시점 이전 일정기간내에(within a certain time period) 어떤 담보라도 제공 또는 해제하지 않을 것이라고 가정하여야 한다.

리스크담보기간(MPoR: margin period of risk)[23]은 감독당국의 floor보다 낮을 수는 없다.

SFTs와 청산된 고객거래([CRE54.12])에서 MPoR에 대한 감독당국 floor은 4+N영업일과 동일하며, 여기서 N은 증거금약정에서 명시된 추가예치기간(remargining period)이다(특히 일별 또는 일중 교환을 하는 증거금 약정에 대해서 최소 MPoR은 5영업일로 한다). 모든 다른 거래에서 MPoR에 대한 감독당국 floor은 9+N영업일과 동일하다.

3. 할인된 익스포져의 경로는 프론트오피스와 회계 부문에서의 CVA 계산을 위해 은행이 사용하는 익스포져 모델에 의해 얻는다(필요하다면 규제목적의 CVA계산을 위해 준수해야할 요구사항을 조정한다).

   규제목적의 CVA계산을 위해 사용하는 모델 캘리브레이션 과정(MPoR은 제외)과 시장데이터, 거래데이터는 회계목적의 CVA계산에 사용되는 것과 동일해야 한다.

4. 익스포져 모델의 기초가 되는 시장리스크요소 경로의 생산은 다음 기준을 만족하여야 하며, 은행은 감독기관에 이러한 요구사항은 준수하고 있음을 보여주어야 한다.

   (1) 리스크요소의 drifts는 위험중립 확률 측정치와 일관되어야 한다. 따라서 drifts의 historical calibration은 허용되지 않는다.

   (2) 시장리스크요소의 변동성과 상관계수는 주어진 시장에 충분한 데이터가 존재할 때는 언제나 시장데이터에 calibration하여야 한다.

23 거래상대방이 사전약정된 마진거래 등을 이행하지 않는 시점에서 부도나기 전까지의 기간

(3) 모델화된 리스크요소의 분포는 leptokurtosis(“fat tails”)의 존재를 포함하여 익스포져 분포의 비정규성을 설명하여야 한다.

5. 상계의 인식은 회계상 CVA 계산과 동일하며, 상계의 불확실성은 모델화 될 수 있다.

6. 다음의 요구사항을 적용하며 은행은 감독기관에 이러한 요구사항은 준수하고 있음을 보여주어야 한다.

(1) 규제목적의 CVA계산에 사용되는 익스포져 모델은 CVA시장리스크의 인식, 측정, 관리, 승인과 내부보고를 포함하는 CVA리스크관리의 한 부분이어야 한다.은행은 시장리스크 요소에 대한 CVA와 CVA민감도를 계산하는 익스포져 모델을 사용함에 있어 신뢰할만한 기록을 유지해야 한다.

(2) 최고경영진은 리스크 통제과정에 활발하게 관여하여야 하며, CVA리스크관리는 상당한 자원을 투입할 가치가 있는 영업의 필수적인 부분으로 간주하여야 한다.

(3) 회계목적의 CVA계산에 사용되는 익스포져 시스템의 운영과 관련한 문서화된 내부정책, 통제, 절차를 준수하고 있음을 확신하는 적절한 과정을 가져야 한다.

(4) 익스포져 모델에 대해 최초 및 계속기준의 검증을 효과적으로 수행하는 책임있는 독립 통제조직을 가져야 한다. 그 조직은 대출영업과 트레이딩 조직(CVA데스크 포함)으로부터 독립적이어야 하며, 적절한 인력이 있고 최고경영진에 직접 보고하여야 한다.

(5) 은행은 제3자에게 익스포져 모델이 어떻게 작용하며, 제한점과 주요한 가정은 무엇인지 이해시키며 분석을 재현할 수 있을 정도로 자세한 수준의 모델 검증과정을 문서화하여야 한다. 이 문서에는 시장상황의 급격한 변화와 같은 여러 상황뿐 아니라 계속기준의 검증을 수행할 최소주기를 명시하여야 한다. 또한 데이터의 흐름과 포트폴리오에 대해 검증이 어떻게 수행되는지, 어떤 분석이 사용되며 대표적인 거래상대방 포트폴리오

는 어떻게 만드는지를 설명하여야 한다.

(6) 주어진 시장리스크 요소의 경로를 가진 익스포져를 평가하기 위해 사용하는 모델은, 최초와 계속기준의 적합성검증의 일부로서, 광범위한 시장상황의 독립된 벤치마크 대비 테스트를 수행해야 한다. 옵션에 대한 평가 모델은, 시장리스크 요소에 대한 옵션가치의 비선형성을 설명하여야 한다.

(7) 전반적인 CVA리스크관리과정에 대한 독립적인 검토(review)가 은행 내부의 감사업무에서 정기적으로 수행되어야 한다. 이 검토는 CVA데스크의 활동과 독립적인 리스크 통제 조직의 활동 모두를 포함하여야 한다.

(8) 은행은 익스포져 모델과 이의 입력자료를 검증하는 기준을 정의하고, 수용할 수 없는 성과(unacceptable performance)의 결정과 수정하는 과정을 설명하는 문서화된 정책을 가져야 한다.

(9) 익스포져 모델은, 상계군 수준에서 익스포져를 합계하기 위하여 거래고유의 정보를 포착하여야 한다. 은행은 그러한 거래들이 모델내의 적정한 상계군에 배분되고 있음을 검증하여야 한다.

(10) 익스포져 모델은 거래의 조건과 상세내역을 적시에, 완전하게, 보수적으로 반영하여야 한다. 조건과 상세내역은 공식적이고 주기적인 감사를 받는 안전한 DB에 보관되어야 한다. 거래조건과 상세내역 데이터를 익스포져 모델로 전달하는 절차는 내부감사를 받아야 하며, 계속기준으로 그 거래의 조건과 상세내역이 익스포져 시스템에 올바르게 그리고 보수적으로 반영되고 있음을 확인하기 위해 공식적인 조정과정(formal reconciliation process)이 내부모델과 소스데이터시스템 간에 위치하여야 한다.

(11) 현재의 그리고 역사적인 시장데이터는 영업라인과 독립적으로 얻어야 하며 회계기준을 준수해야 한다. 이는 적시에 완전한 형태로 익스포져 모델에 전달되어야 하며 공식적이고 주기적으로 감사를 받는 안전한 DB에 유지되어야 한다.

또한 은행은 잘못된 데이터나 이상관측치를 다루기 위해 데이터 정합성 절차(data integrity process)를 가져야 한다. 익스포져 모델이 시장데이터 대용치에 의존하는 경우, 적합한 대용치를 식별하는 내부정책을 갖추어야 하며, 대용치가 시장의 경색기에 잠재된 리스크를 보수적으로 나타내고 있음을 계속기준으로 보여주어야 한다.

7.3.3 적격헷지수단(Eligible hedges)

1. CVA리스크를 경감할 목적으로 사용되고, 그렇게 관리되는 전체 거래(whole transactions)[24]만이 적격의 헷지수단일 수 있다.
2. 거래상대방 신용스프레드와 CVA리스크 익스포져 양쪽에 대한 헷지상품은 적격일 수 있다.
3. FRTB(2019) 기준하에서 시장리스크에 대해 내부모형에 포함될 수 없는 상품(예: 트랜치된 신용파생상품)은 적격의 CVA헷지상품일 수 없다.

7.3.4 승수(Multiplier)

1. 총 자본요구량은 승수 m_{CVA}를 곱한다.
2. 승수 m_{CVA}는 1.0를 가진다. 은행 감독자는 은행의 CVA모델리스크가 있다고 확증하면(예를 들어 CVA민감도 계산에 대한 모델리스크 수준이 너무 높거나 거래상대방에 대한 은행 익스포져와 거래상대방의 신용등급간 의존도가 CVA계산에서 고려하기 부적절하다면) 은행이 더 높은 승수를 사용할 것을 요구할 수 있다.

7.3.5 자본량 계산

1. SA-CVA 자본요구량은 전체 CVA포트폴리오(적격인 헷지수단 포함)에 대해 계산된 Delta와 Vega리스크 자본량의 합계이다.
2. Delta리스크에 대한 자본요구량은 다음 6가지 리스크타입에 대해 독립적으

24 이 거래는 여러 개의 유효거래로 나눌 수는 없다.

로 계산된 Delta 자본요구량의 단순합으로 계산한다. (ⅰ) 금리(IR) (ⅱ)외환(FX) (ⅲ) 거래상대방 신용스프레드 (ⅳ) 참조신용스프레드(즉, CVA익스포져를 발생시키는 신용스프레드) (ⅴ) 주식 (ⅵ) 일반상품

3. 어떤 상품이 신용스프레드 Delta리스크에 대한 적격의 헷지수단으로 간주된다면, 거래상대방 신용스프레드 리스크(counterparty credit spread risk)타입 또는 참조신용스프레드 리스크(reference credit spread risk)타입 중 어느 하나에 전체를 할당해야 하며 2개의 리스크 타입으로 나눌 수 없다(주석 24 참조).
4. Vega리스크에 대한 자본요구량은 다음 5가지 리스크타입에 대해 독립적으로 계산된 Vega 자본요구량의 단순합으로 계산한다. (ⅰ) 금리(IR) (ⅱ) 외환(FX) (ⅲ) 참조신용스프레드 (ⅳ) 주식 (ⅴ) 일반상품
   거래상대방 신용스프레드 리스크에 대해서는 Vega자본요구량이 없다.
5. Delta와 Vega자본요구량은 아래 문단 6에서 12까지 설명한 절차와 동일하게 계산한다.
6. 주어진 리스크타입에서 개별리스크요소 k에 대해, (ⅰ) 총 CVA의 민감도 s_k^{CVA}, (ⅱ) CVA 포트폴리오내의 모든 적격의 헷지 상품 시장가치에 대한 민감도 s_k^{Hdg}를 계산한다.
   민감도는 리스크요소 작은 변화분에 대한 총 CVA값 또는 모든 CVA 헷지수단의 시장가치의 변화금액 비율로 정의한다. 상세한 정의는 섹션 7.3.6에서 각 리스크 군별로 제시한다. 이 정의는 리스크요소 변화(shifts)에 대한 특정값을 포함히고 있다. 그러나 은행은 더 작은 값의 리스크요소 변화치를 사용하는 것이 내부리스크관리 계산과 일관성이 있다면 그렇게 할 수 있다.
7. Vega 리스크에 대한 CVA민감도는 항상 중요하기 때문에 포트폴리오에 옵션이 포함되든 아니든 계산해야 한다. Vega리스크에 대한 CVA민감도를 계산할 때 변동성의 변동치는 익스포져 모델안에 나타나는 2가지 변동성 형태를 모두 적용해야 한다. (ⅰ)리스크요소 경로를 만들기 위해 사용되는 변동성 (ⅱ)옵션가치평가를 위해 사용되는 변동성

8. 헷지수단이 지수인 경우, 지수의 가치가 영향을 받는 모든 리스크요소의 민감도를 계산하여야 한다. 리스크요소 k에 대한 지수민감도는 k에 영향을 받는 모든 지수 구성요소에 대해 리스크요소 k의 변화치를 적용하고 지수를 다시 계산함으로써 구할 수 있다. 예를 들면 대형금융기관에 대한 S&P 500의 Delta 민감도를 계산할 때, 은행은 관련 변화치를 S&P500을 구성하는 모든 대형금융기관 주식가격에 적용해야 하며, 지수를 다시계산한다.
9. 다음의 리스크군(class)에 대해서는 적격의 신용 및 주가지수와 직접 일치하는 리스크 요소셀을 추가로 도입할 수 있다.

   (1) 거래상대방 신용스프레드리스크

   (2) 참조 신용스프레드리스크

   (3) 주식리스크

   델타리스크에 대해 신용 또는 주가지수는 7.3.11.1에서 명시하는 유동성과 분산도 조건을 만족하면 적격이 된다.

   베가리스크에 대해서는 어떠한 신용 또는 주가지수도 적격으로 본다. 이러한 선택하에서 은행은 적격지수 리스크요소에 대해 CVA와 적격한 CVA헷지의 민감도를 계산하고, 지수아닌(non-index) 리스크요소에 대한 민감도를 추가로 산출해야 한다.

   이러한 선택하에서 해당거래(covered transaction)와 기초자산이 적격지수인 적격의 헷지수단에 대해서는, 지수구성요소의 민감도에 대한 기여분으로 기초지수에 대한 단일민감도 기여분을 대체할 수 있다. 예컨데 적격지수만 참조하는 주식파생상품의 포트폴리오에 대해 지수 아닌(non-index) 주식리스크 요소에 대한 CVA민감도를 계산할 필요가 없다. 만약 적격지수 구성종목의 75%이상이 동일 섹터에 매핑되어 있다면(구성종목의 가중치를 고려하여), 전체 지수가 그 섹터에 매핑되어야 하고 해당 버킷에 단일상품의 민감도처럼 처리해야 한다. 모든 경우에 민감도는 적정한 지수버킷에 매핑되어야 한다.
10. 개별리스크요소 k에 대해 순민감도 s_k^{CVA}와 s_k^{Hdg} 각각에 해당하는 위험가중

치 RW_k를 곱하여 가중민감도 WS_k^{CVA}와 WS_k^{Hdg}를 구한다(각 리스크타입에 적용할 위험가중치는 섹션 7.3.6에 명시되어 있다).

$$WS_k^{CVA} = RW_k \cdot s_k^{CVA} \qquad WS_k^{Hdg} = RW_k \cdot s_k^{Hdg}$$

11. 리스크요소 k에 대한 CVA포트폴리오의 순가중민감도 WS_k는 다음과 같다.

$$WS_k = WS_k^{CVA} - WS_k^{Hdg}$$

12. 개별리스크군에서, 순민감도는 다음과 같이 합한다

(1) 가중민감도는 개별 bucket b내에서 자본량 K_b로 합해진다(각 리스크타입에 적용할 bucket과 상관계수 ρ_{kl}은 섹션 7.3.6에 명시되어 있다).

$$K_b = \sqrt{\left[\sum_{k\in b} WS_k^2 + \sum_{k\in b}\sum_{l\in b;l\neq k} \rho_{kl} \cdot WS_k \cdot WS_l\right] + R \cdot \sum_{k\in b}[(WS_k^{Hdg})^2]}$$

여기서 R은 헷지불인정 파라미터(hedging disallowance parameter)로서 0.01이다. 이는 CVA리스크의 완전헷지 가능성을 방지하기 위함이다.

(2) Bucket 수준의 자본량은 리스크타입내에서 bucket간 합해야 한다(리스크타입별로 적용할 상관계수 γ_{bc}는 섹션 7.3.6에 명시한다).

$$K = m_{CVA} \cdot \sqrt{\sum_b K_b^2 + \sum_b \sum_{c\neq b} \gamma_{bc} \cdot K_b \cdot K_c}$$

이 식은 FRTB(2019)의 식과 차이가 있다(S_b 대신에 K_b를 사용하며, K_b에는 헷지의 영향을 감안하는 항이 포함되며, 승수 m_{CVA}가 있다)

(3) 윗식에서 K를 계산할 때 S_b는 버킷 b의 모든 리스크 요소 k에 대한 가중민감도 WS_k의 합으로 정의하며, $-k_b$를 floor로 하고 $+k_b$를 캡으로 한다.

$$S_b = max\left\{-K_b; min\left(\sum_{k\in b} WS_k; K_b\right)\right\}$$

$$S_c = max\left\{-K_c; min\left(\sum_{k\in c} WS_k; K_c\right)\right\}$$

7.3.6 Buckets, risk factors, sensitivities, risk weights and correlations[25]

각주 25를 반영하여 이하 CVA관련 위험가중치와 상관계수는 SA-TB (FRTB2019)를 반영하여 수정하였다(다만, CVA금리리스크 측정시 서로 다른 tenors에 적용하는 상관계수는 원문대로 유지함).

7.3.6.1 금리

1. 금리 Delta와 Vega리스크에 대해, bucket은 개별통화이다.
2. 금리 Delta와 Vega리스크에 대해, bucket간 상관계수는 모든 통화짝에 대해 γ_{bc} = 0.5를 적용한다.
3. 은행자국통화와 USD, EUR, GBP, AUD, CAD, SEK, JPY 통화의 금리 Delta 리스크요소에 대해,
   (1) 금리의 Delta 리스크요소는 다음 5가지 기간(1y, 2y, 5y, 10y, 30y)의 무위험이자율과 인프레이션율의 절대변화치(absolute changes)이다.
   (2) 위에서 언급한 금리에 대한 민감도는 주어진 통화의 무위험수익률이 1bp변함에 대해 측정한다. 그리고 총 CVA(또는 CVA헷지값)의 변화를 0.0001로 나누어 측정한다. 인플레이션율의 민감도는 인플레이션율 1bp변함에 대해 측정하는데, 총 CVA(또는 CVA헷지값)의 변화를 0.0001로 나누어 측정한다.
   (3) 위험가중치 RW_k는 다음과 같다.

리스크요소	1y	2y	5y	10y	30y	인플레이션
위험가중치	1.11%	0.93%	0.74%	0.74%	0.74%	1.11%

25 위험가중치와 상관계수는 SA-TB의 것과 일치한다. 다만 SA-CCR에서 금리상관계수 공식에 의해 얻는 기간 상관계수(cross-tenor correlations)는 제외한다("Foundations of the standardized approach for measuring counterparty credit risk exposures"의 pp.14-17 참조, www.bis.org/publ/bcbs_wp26.pdf) 표에 있는 수치는 SA-TB가 변하면 함께 변한다.

(4) 리스크요소간의 상관계수 ρ_{kl}은 다음과 같다.

	1y	2y	5y	10y	30y	인플레이션
1y	100%	91%	72%	55%	31%	40%
2y		100%	87%	72%	45%	40%
5y			100%	91%	68%	40%
10y				100%	83%	40%
30y					100%	40%
인플레이션						100%

4. 문단 3에 명시되지 않은 통화에 대한 금리Delta리스크요소
   (1) 금리Delta리스크요소는 주어진 통화에 대해 인플레이션율과 무위험이자율 커브 전체의 평행이동에 대한 절대변화치(absolute change)로 한다.
   (2) 금리에 대한 민감도는 주어진 통화의 무위험수익률곡선이 1bp변함에 대해 측정한다. 그리고 총 CVA(또는 CVA헷지값)의 변화를 0.0001로 나누어 측정한다. 인플레이션율의 민감도는 인플레이션율 1bp변함에 대해 측정하는데, 총 CVA(또는 CVA헷지값)의 변화를 0.0001로 나누어 측정한다.
   (3) 무위험수익률곡선과 인플레이션율에 대한 위험가중치 RW_k는 1.58%이다.
   (4) 무위험수익률곡선과 인플레이션율간의 상관계수 $\rho_{kl} = 40\%$로 한다.
5. 통화별 금리Vega리스크요소
   (1) 금리Vega리스크요소는 주어진 통화에 대해, 인플레이션율에 대한 모든 변동성과 모든 금리변동성에 대해 동시에 발생하는 상대적인 변화(simultaneous relative change)로 한다.
   (2) 금리(또는 인플레이션율)변동성의 민감도는 모든 금리(또는 인플레이션율)변동성을 현재값에 대해 상대적으로 1%만큼 동시에 변화시켜 측정한다. 그리고 총 CVA(또는 CVA헷지값)의 변화를 0.01 나누어 측정한다
   (3) 금리와 인플레이션 변동성 모두에 대한 위험가중치는 $RW_k = 100\%$로 한다.
   (4) 금리 변동성과 인플레이션율 변동성간의 상관계수 $\rho_{kl} = 40\%$로 한다.

7.3.6.2 외환(FX)

1. FX Delta와 Vega리스크에 대해, bucket은 자국통화를 제외한 개별통화이다.
2. FX Delta와 Vega리스크에 대해, 통화간 상관계수는 모든 통화짝에 대해 γ_{bc} = 0.6이다.
3. 모든통화에 대한 FX Delta리스크요소 :
   (1) 단일의 FX Delta리스크요소는 주어진 외국통화와 자국통화간의 FX 현물환율의 상대적인 변화치(relative change)이다(즉 외국통화-자국통화 간의 환율이 리스크요소이다).
   (2) FX 현물환율의 민감도는 현재가격에 대해 1% 상대적 변화만큼 외국통화-자국통화의 환율을 변화시켜 측정한다. 그리고 총 CVA(또는 CVA헷지값)의 변화를 0.01로 나누어 측정한다. 모든 외국통화와 외국통화간의 환율은 두 가지의 외국통화-자국통화 환율의 비율에 의해 변화시킨다.
   (3) 모든 외국통화-자국통화 환율에 대한 위험가중치는 RW_k = 11%로 한다.
4. 외국통화에 대한 FX Vega리스크요소
   (1) 단일의 FX Vega리스크요소는 주어진 외국통화-자국통화간의 환율의 모든 변동성에 대해 동시에 발생하는 상대적 변화치(simultaneous relative change)이다.
   (2) FX 변동성의 민감도는 주어진 외국통화와 자국통화간 모든 변동성을 현재값에 대해 상대적으로 1%만큼 동시에 변화시켜 측정한다. 그리고 총 CVA(또는 CVA헷지값)의 변화를 0.01로 나누어 측정한다. 모든 외국통화와 외국통화 짝의 환율을 참조하는 거래의 경우 두 가지의 외국통화-자국통화 환율의 변동성을 측정해야 한다.
   (3) FX변동성의 위험가중치는 RW_k = 100%로 한다.

7.3.6.3 거래상대방 신용스프레드

1. 거래상대방 신용스프레드에 대해 Delta리스크에 대한 bucket은 다음과 같으

며, Vega리스크는 계산하지 않는다.

2. bucket 1~7은 7.3.5의 9에서 명시한 것처럼 적격하지 않은 지수의 요소에 대해 정의한 것이다.
3. bucket 8은 적격지수에 대한 선택사항이다. 모든 단일상품과 비적격지수 헷지는 CVA민감도 계산을 위해 bucket 1~7에 배정되어야 하며, 적격지수를 참조하는 상품만이 선택적으로 bucket8에 배정할 수 있다. Bucket 1~7에 배정된 지수를 참조하는 상품은 반드시 LTA(look through approach)를 사용해야 한다.(즉 개별 지수 구성요소를 헷지하는 민감도가 계산되어야 한다)

Bucket	섹터
1	a) 국가(sovereigns, 중앙은행 포함), 국제개발은행
	b) 지방자치단체(local gov.), 공사(gov-backed corporate(non-financial), 교육(education), 공공행정(public administration)
2	금융기관(financial, 정부보증금융기관 포함)
3	기초원자재(basic materials), 에너지(energy), 제조업(industrials, manufacturing), 농업(agriculture), 광업과 채석(mining and quarrying)
4	소비재와 서비스(consumer goods and services), 운수보관(transportation and storage), 행정지원 서비스(administrative and support service activities)
5	기술(technology), 통신(telecommunications)
6	헬쓰케어(health care), 수도/가스(utilities), 전문기술직(professional and technical activities)
7	기타(other sector)
8	적격지수(Qualified Indices)

4. 거래상대방 신용스프레드 Delta 리스크에 대해 bucket간 적용할 상관계수 γ_{bc}는 다음과 같다.

Bucket	1	2	3	4	5	6	7	8
1	100%	10%	20%	25%	20%	15%	0%	45%
2		100%	5%	15%	20%	5%	0%	45%
3			100%	20%	25%	5%	0%	45%
4				100%	25%	5%	0%	45%
5					100%	5%	0%	45%
6						100%	0%	45%
7							100%	0%
8								100%

5. 주어진 bucket에 대한 거래상대방 신용스프레드 Delta리스크요소
   (1) 거래상대방 신용스프레드 Delta리스크요소는 주어진 기간(0.5y, 1y, 3y, 5y, 10y)에서 개별주체(거래상대방과 거래상대방 신용스프레드 헷지를 위한 참조자산)와 적격지수 신용스프레드의 절대변화치(absolute shift)이다.
   (2) 주어진 개별주체와 기간에서 민감도는 관련 신용스프레드를 1bp만큼 변화시켜 측정하고, 총CVA(또는 CVA헷지값)의 변화치를 0.0001로 나눈다.
   (3) 위험가중치 RW_k는 bucket에 따르며, 모든 기간에 동일하다.

bucket	1a)	1b)	2	3	4	5	6	7	8
IG	0.5%	1.0%	5.0%	3.0%	3.0%	2.0%	1.5%	5.0%	1.5%
HY, NR	2.0%	4.0%	12.0%	7.0%	8.5%	5.5%	5.0%	12.0%	5.0%

IG, HY, NR은 “investment grade”, ”high yield”, “not rated”이다
신용등급의 구분은 BA-CVA의 문단7.2.2의 3과 동일하다.

   (4) bucket 1~7의 WS_k와 WS_l간의 상관계수 ρ_{kl}은 다음과 같다.
   - ρ_{tenor} : 두 기간이 동일하면 100%, 그렇지 않으면 90%
   - ρ_{name} : 두 상품이 동일하면 100%, 구분은 되지만 법적으로 관련되어 있으면 90%, 그렇지 않으면 50%
   - $\rho_{quality}$: 두 상품의 신용도가 동일(즉, IG와 IG, HY/NR과 HY/NR)하면 100%, 그렇지 않으면 80%

$$\rho_{kl} = \rho_{tenor} \cdot \rho_{name} \cdot \rho_{quality}$$

(5) bucket 8의 WS_k와 WS_l간의 상관계수 ρ_{kl}은 다음과 같다.

- ρ_{tenor} : 두 기간이 동일하면 100%, 그렇지 않으면 90%
- ρ_{name} : 두 지수가 동일하고 동일 시리즈이면 100%, 두 지수가 동일하지만 시리즈가 구분되면 90%, 그렇지 않으면 80%
- $\rho_{quality}$: 두 지수의 신용도가 동일(즉, IG와 IG, HY/NR과 HY/NR)하면 100%, 그렇지 않으면 80%

$$\rho_{kl} = \rho_{tenor} \cdot \rho_{name} \cdot \rho_{quality}$$

7.3.6.4 참조신용스프레드

참조신용스프레드에 대해서는 Delta와 Vega리스크를 모두 측정한다. Delta와 Vega리스크에 대한 bucket은 다음과 같다(IG, HY, NR에 대한 신용등급 구분은 BA-CVA의 문단7.2.2의3과 동일하다).

Bucket	신용등급	섹터
1	투자등급 (IG)	국가(sovereigns, 중앙은행 포함), 국제개발은행
2		지방자치단체(local gov.), 공사(gov-backed corporate(non-financial), 교육(education), 공공행정(public administration)
3		금융기관(financial, 정부보증금융기관 포함)
4		기초원자재(basic materials), 에너지(energy), 제조업(industrials, manufacturing), 농업(agriculture), 광업과 채석(mining and quarrying)
5		소비재와 서비스(consumer goods and services), 운수보관(transportation and storage), 행정지원 서비스(administrative and support service activities)
6		기술(technology), 통신(telecommunications)
7		헬쓰케어(health care), 수도/가스(utilities), 전문기술직(professional and technical activities)
8	하이일드 (HY) 또는 무등급(NR)	국가(중앙은행 포함), 국제개발은행
9		지방자치단체, 공사, 교육, 공공행정
10		금융기관(정부보증금융기관 포함)
11		기초원자재, 에너지, 제조업, 농업, 광업과 채석
12		소비재와 서비스, 운수보관, 행정지원서비스

Bucket	신용등급	섹터
13		기술, 통신
14		헬쓰케어, 수도/가스, 전문기술직
15	NA	
16	IG	적격 지수
17	HY	적격 지수

1. 참조신용스프레드 Delta와 Vega리스크에 대해 동일신용등급범주내(IG또는 HY&NR의 어느 한쪽)의 bucket간 상관계수 γ_{bc}는 다음과 같다.

Bucket	1/8	2/9	3/10	4/11	5/12	6/13	7/14	15	16	17
1/8	100%	75%	10%	20%	25%	20%	15%	0%	45%	45%
2/9		100%	5%	15%	20%	15%	10%	0%	45%	45%
3/10			100%	5%	15%	20%	5%	0%	45%	45%
4/11				100%	20%	25%	5%	0%	45%	45%
5/12					100%	25%	5%	0%	45%	45%
6/13						100%	5%	0%	45%	45%
7/14							100%	0%	45%	45%
15								100%	0%	0%
16									100%	75%
17										100%

(1) 서로 다른 신용등급(즉, IG와 HY&NR범주)의 bucket 1~14간에 적용할 상관계수 γ_{bc}는 위의 상관계수를 2로 나누어 적용한다.

2. 주어진 bucket에 대한 참조 신용스프레드 Delta리스크요소:

(1) 단일의 참조신용스프레드 Delta리스크요소는 bucket내의 모든 참조자산에 대해 모든 기간에 대해 동시에 신용스프레드 절대치(absolute shift)를 변화시킨다.

(2) 참조신용스프레드의 민감도는 bucket내의 모든 참조자산의 신용스프레드를 1bp만큼 변화(절대치값0.0001)시켜 측정하는데, 총 CVA(또는 CVA헷지값)의 변화치를 0.0001로 나눈다.

(3) 위험가중치 RW_k는 참조자산의 bucket에 따라 다음과 같다.

IG bucket	1	2	3	4	5	6	7	8
위험가중치	0.5%	1.0%	5.0%	3.0%	3.0%	2.0%	1.5%	2.0%

HY/NR bucket	9	10	11	12	13	14	15	16	17
위험가중치	4.0%	12.0%	7.0%	8.5%	5.5%	5.0%	12.0%	1.5%	5.0%

3. 주어진 bucket에 대한 참조 신용스프레드 Vega리스크요소
   (1) 단일의 참조신용스프레드 Vega리스크요소는 bucket내의 모든 참조자산에 대해, 모든 기간의 신용스프레드의 변동성에 대해 동시에 발생하는 상대적 변화치(simultaneous relative change)이다.
   (2) 참조신용스프레드 변동성의 민감도는 bucket내의 모든 참조자산에 대해 신용스프레드 변동성을 현재값에 대해 상대적으로 1%만큼 변화시켜 측정한다. 그리고 총 CVA(또는 CVA헷지값)의 변화를 0.01로 나누어 측정한다.
   (3) 참조신용스프레드 변동성에 대한 위험가중치는 RW_k =100%로 한다.

7.3.6.5 주식

1. 주식의 Delta와 Vega리스크에 대해 bucket은 다음과 같이 정의한다.

bucket	규모	지역	섹터
1	대형	Emerging market economy	소비재(consumer goods and services), 운수보관(transportation and storage), 행정지원 서비스(administrative and support service activities) 헬쓰케어(health care), 수도/가스(utilities)
2			통신(telecommunications), 제조업(industrials)
3			기초원자재(basic materials), 에너지(energy), 농업(agriculture), 제조업(manufacturing), 광업과 채석(mining and quarrying)
4			금융(financial, 정부보증금융기관 포함), 부동산(real estate activities), 전문기술(technology)
5		Advanced economy	소비재, 운수보관, 행정지원 서비스, 헬쓰케어, 수도/가스
6			통신, 제조업
7			기초원자재, 에너지, 농업, 제조업, 광업과 채석
8			금융(정부보증금융기관 포함), 부동산, 전문기술

<table>
<tr><th>bucket</th><th>규모</th><th>지역</th><th>섹터</th></tr>
<tr><td>9</td><td rowspan="2">소형</td><td>Emerging market economy</td><td>Bucket 1,2,3,4 모든 섹터</td></tr>
<tr><td>10</td><td>Advanced economy</td><td>Bucket 5,6,7,8 모든 섹터</td></tr>
<tr><td>11</td><td colspan="2">NA</td><td>기타 부문</td></tr>
<tr><td>12</td><td colspan="2">대형, Advanced economy 지수</td><td>적격 지수</td></tr>
<tr><td>13</td><td colspan="2">기타</td><td>적격 지수</td></tr>
</table>

(1) 주식 bucket에서 사용되는 용어의 정의는 다음과 같다

- 시가("market cap")는 전세계의 모든 주식시장을 망라하여 동일한 법적 실체 또는 법적실체 그룹의 시가의 합계이다. 대형과 소형자본 결정에 복수의 관련 상장기업의 시가 합계를 사용하여서는 안된다.
- 대형자본("Large market cap")은 시가 금액이 USD 20억달러 이상, 소형자본("Small market cap")은 USD 20억 달러 미만으로 정의한다.
- Advanced economies는 캐나다, 미국, 멕시코, 유로지역, 비유로 서유럽국가(영국, 노르웨이, 스웨덴, 덴마크, 스위스), 일본, 오세아니아(호주, 뉴질랜드). 싱가폴, 홍콩 SAR이다.
- 섹터에 리스크 익스포져를 배분하기 위해 산업별 섹터별로 발행자를 그룹화할 때는 시장에서 사용하는 일반적인 분류기준에 따라야 한다. 은행은 개별 발행자를 위 표의 bucket 중 하나에 배분하여야 하며 동일산업의 모든 발행자는 동일 섹터에 배분하여야 한다. 이러한 식으로 하나의 섹터에 배분할 수 없는 발행자의 리스크 포지션은 기타섹터(bucket 11)에 배분하여야 한다. 다국가, 다섹터 발행자에 대해서는 그 발행자가 영업하는 가장 중요한 지역과 섹터에 배분하여야 한다.

2. 주식의 Delta와 Vega리스크에 대해 bucket 간 상관계수는 아래와 같다.

Bucket간	상관계수
Bucket 1~10간	15%
Bucket11(기타부문)과 다른 bucket간	0%
Bucket 12와 bucket 13간	75%
12/13bucket과 기타(1~10)bucket 간	45%

3. 주어진 bucket의 주식Delta리스크요소:

(1) 단일의 주식 Delta리스크요소는 bucket내의 모든 주식에 대해 주식 현물가격의 동시 발생 상대적 변화치(simultaneous relative change)이다.

(2) 주식 Delta리스크요소의 민감도는 bucket내의 모든 주식에 대해 주식의 현물가격을 현재가격에 대해 상대적으로 1% 만큼 변화시켜 측정하는데, 총CVA(또는 CVA헷지값)의 변화치를 0.01로 나눈다

(3) 위험가중치 RW_k는 참조자산의 bucket에 따라 다음과 같다.

Bucket number	위험가중치
1	55%
2	60%
3	45%
4	55%
5	30%
6	35%
7	40%
8	50%
9	70%
10	50%
11	70%
12	15%
13	25%

4. 주어진 bucket에 대한 주식 Vega리스크요소

(1) 단일의 주식 Vega리스크요소는 bucket내의 모든 주식의, 변동성에 대해 동시에 발생하는 상대적 변화치(simultaneous relative change)이다.

(2) 주식 Vega리스크요소의 민감도는 bucket내의 모든 주식에 대해 변동성을 현재값에 대해 상대적으로 1%만큼 변화시켜 측정한다. 그리고 총 CVA(또는 CVA헷지값) 의 변화를 0.01로 나누어 측정한다.

(3) 주식 변동성에 대한 위험가중치는 대형주식에 대해서는 RW_k = 78%로 하며, 나머지에 대해서는 RW_k = 100%로 한다.

7.3.6.6 일반상품

1. 일반상품의 Delta와 Vega리스크에 대해 bucket은 다음과 같이 정의한다.

Bucket	상품	상품예시
1	에너지-고체연료	석탄, 숯, 우드펠릿, 원자력연료(우라늄 등)
2	에너지-액체연료	원유(Light-sweet, heavy, WTI, Brent등), 바이오연료(bioethanol, biodlesel 등), 석유화학(propane, ethane, gasoline, methanol, butane 등), 정제연료(jet fuel, kerosene, gasoil, fuel oil, naphta, heating oil, diesel 등)
3	에너지-전기와 탄소 거래	전기(spot, day-ahead, peak, off-peak 등), 탄소배출거래(certified emissions reductions, in-delivery month EUA, RGGI CO_2 allowance and renewable energy certificates등)
4	화물운임	Dry-bulk route(capsize, panamex, handysize, supermax 등), liquid-bulk/gas shipping route(suezmax, aframax, large crude carriers)
5	일반금속	Base metal(aluminium, copper, lead, nickel, tin, zinc등), steel raw materials(steel billet, steel wire, steel coil, steel scrap, steel rebar, iron ore, tungsten, vanadium, titanium, tantalum 등), minor metals(cobalt, manganese, molybdenum 등)
6	천연가스	Natural gas, liquefied natural gas
7	귀금속(금 포함)	Gold, sliver, platinum, palladium
8	곡물과 오일시드	옥수수, 밀, 대두(soybean seed, soybean oil, soybean meal 등), oats, palm oil, canola, rapeseed(rapeseed seed, rapeseed oil, rapeseed meal), red bean, sorghum, coconut oil, olive oil, peanut oil, sunflower oil, rice, barley
9	가축과 낙농제품	Cattle(live and feeder), hog, poultry, lamb, fish, shrimp, dairy(milk, whey, eggs, butter, cheese등)
10	softs, 기타 곡물	코코아, 커피(Arabica, robusta등),tea, 감귤과 오렌지주스, 감자, 설탕, 목화, 울, 목재, 펄프, 고무

Bucket	상품	상품예시
11	기타상품	공업용광물(potash, fertilizer, phosphate rocks), rare earths, terephthalic acid, flat glass

2. 일반상품의 Delta와 Vega리스크에 대해bucket number 1~10간에 상관계수는 $\gamma_{bc} = 20\%$이며 bucket 11과의 상관계수는 $\gamma_{bc} = 0\%$를 적용한다.
3. 주어진 bucket의 일반상품 Delta리스크요소
   (1) 단일의 일반상품 Delta리스크요소는 bucket내의 모든 일반상품에 대해 일반상품 현물가격의 동시에 발생하는 상대적 변화치(simultaneous relative change)이다.
   (2) 일반상품 Delta리스크요소의 민감도는 bucket내의 모든 일반상품에 대해 일반상품의 현물가격을 현재가격에 대해 상대적으로 1%만큼 변화시켜 측정하는데, 총CVA(또는 CVA헷지값)의 변화치를 0.01로 나눈다
   (3) 위험가중치 RW_k는 참조자산의 bucket에 따라 다음과 같다.

Bucket	1	2	3	4	5	6	7	8	9	10	11
RW	30%	35%	60%	80%	40%	45%	20%	35%	25%	35%	50%

4. 주어진 bucket에 대한 일반상품 Vega리스크요소
   (1) 단일의 일반상품 Vega리스크요소는 bucket내의 모든 일반상품의, 변동성에 대해 동시에 발생하는 상대적 변화치(simultaneous relative change)이다.
   (2) 일반상품 Vega리스크요소의 민감도는 bucket내의 모두 일반상품에 대해 변동성을 현재값에 대해 상대적으로 1%만큼 변화시켜 측정한다. 그리고 총 CVA(또는 CVA헷지값) 의 변화를 0.01로 나누어 측정한다.
   (3) 일반상품 변동성에 대한 위험가중치는 $RW_k = 100\%$로 한다.

참고 현행 규정의 표준방법에 의한 CVA리스크 자본량

아래에서는 현행 은행업감독업무시행세칙 〈별표 3〉 302에서 규정한 표준방법에 의한 CVA리스크 자본량을 설명한다.

302.가 감독원장으로부터 CVA고급법을 승인받지 못한 은행은 아래 산식에 따라 은행 포트폴리오 단위의 CVA 규제자본을 산출한다.

$$K = 2.33\sqrt{h}\sqrt{\left(\sum_i 0.5w_i\left(M_i EAD_i^{total} - M_i^{hedge}B_i\right) - \sum_{ind} w_{ind}M_{ind}B_{ind}\right)^2 + \sum_i 0.75w_i^2(M_i EAD_i^{total} - M_i^{hedge}B_i)^2}$$

h: 신용리스크 측정기간을 1년으로 가정하여 1로 설정

w_i : 거래상대방 i의 외부신용등급에 적용되는 위험가중치로, 외부등급이 없는 경우에는 감독원장의 승인하에 은행의 내부등급을 외부등급으로 매핑하여 사용

※ 실무적으로 국내시중은행은 해당차주가 영구표준 적용대상(정부, 은행, 공공기관 등)인 경우, 해당차주에 적용하는 OECD등급을 적격외부신용등급에 매핑한 위험가중치를 적용하며, 기업 익스포져는 적격외부신용등급이 없는 경우 무등급위험가중치를 적용함

표준신용등급	위험가중치
AAA	0.7%
AA	
A	0.8%
BBB	1.0%
BB	2.0%
B	3.0%
CCC	10.0%

EAD_i^{total}: 상계군별로 합산한 거래상대방 i의 부도시 익스포져로서 담보를 차감한 금액을 $(1-\exp(-0.05\times M_i)/(0.05\times M_i)$로 할인한 금액

* default risk capital charge 계산시 EAD는 CVA loss를 차감한 금액을 기준으로 하며, CVA risk capital charge계산시에는 차감하지 않음
* CVA loss는 은행이 기발생 손실분으로 인식한 거래상대방 CVA금액

B_i : 거래상대방 i를 준거자산으로 하여 CVA 리스크를 헷지할 목적으로 사용하는 단일준거자산 신용부도스왑(single-name CDS) 매입포지션의 명목원금(포지션이 1개를 초과한 경우에는 합계액)을 $(1-\exp(-0.05 \times M_i^{hedge}))$로 할인한 금액

B_{ind} : CVA 리스크를 헷지할 목적으로 사용하는 하나 이상의 보장매입 지수 신용부도스왑(index CDS)의 총 명목원금을 $(1-\exp(-0.05 \times M_{ind}))/(0.05 \times M_{ind})$로 할인한 금액

w_{ind} : 지수 헷지수단에 적용되는 가중치로 지수의 평균 스프레드를 근거로 신용등급의 위험가중치에 매핑하여 사용

M_i : 거래상대방 i와의 거래에 대한 유효만기로, 대상 거래의 명목금액 가중평균 만기(5년 상한선은 없음)

M_i^{hedge} : B_i의 명목원금(포지션이 1개를 초과한 경우 $M_i^{hedge} \times B_i$의 합계액)을 갖는 헷지 수단의 만기

M_{ind} : 지수 헷지수단의 만기, 지수 헷지수단이 1개를 초과한 경우에는 각 지수 헷지수단의 명목원금의 가중평균만기를 사용

제3장
FRTB의 표준방법

不惑(40세) 판단에 흔들림이 없고 어떠한 유혹에도 흔들리지 않는 시기

표준방법을 알면 FRTB의 70%를 아는 셈, 뿌리를 튼튼하게 내려보자

> 堤潰蟻穴(제궤의혈)-韓非子
> 큰 제방도 개미구멍으로 무너진다는 뜻으로, 사소한 실수로 큰 일을 망쳐버리거나 작은 일을 소홀히 하여 큰 화를 불러옴을 이르는 말이다.
>
> 具眼能知(구안능지): 의미는 항상 사소한데 숨어있다. 사소한 것을 무시하고 놓치면 전체가 의미없는 존재가 될 수 있으니 사소한 것을 소홀히 하지 말아야 한다.
> 〈정민의 世說新語〉

1. 표준방법의 측정절차

[그림 3-1] 표준방법의 측정절차

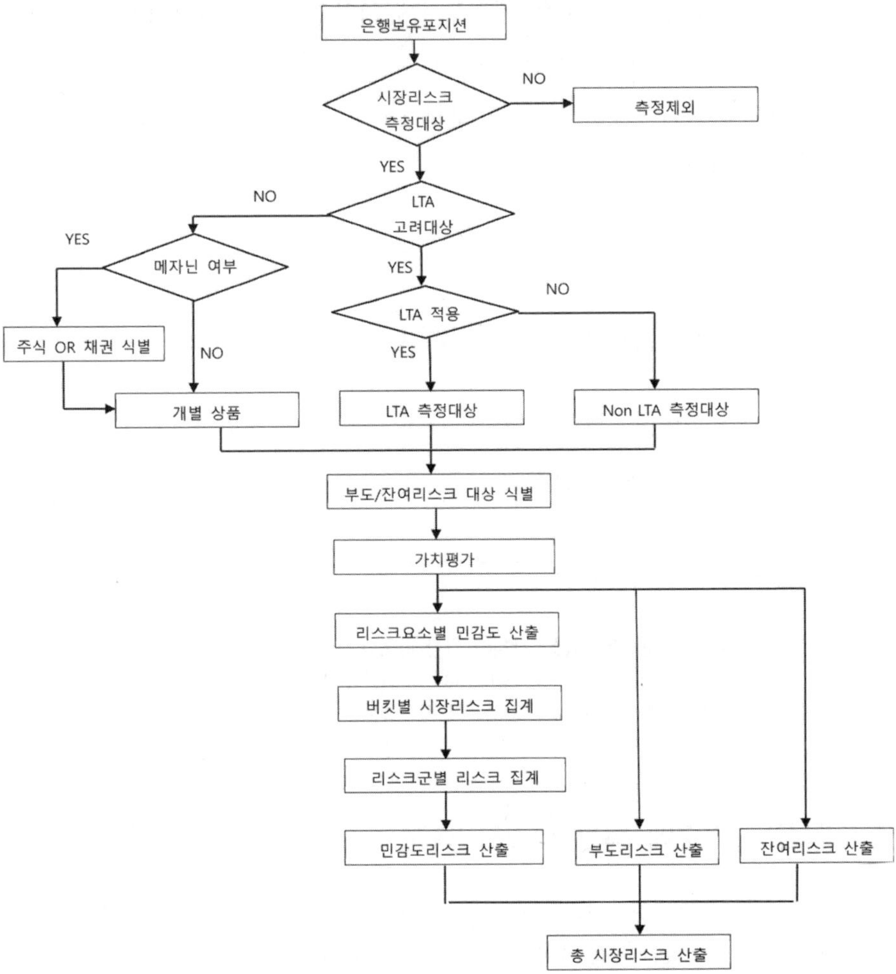

2. 표준방법의 일반기준

(1) 시장리스크 위험가중자산은 표준방법에 의한 자본소요량에 12.5를 곱하여 산출한다. (내부모형도 동일)

(2) 표준방법에 의한 자본량 산출은 매월 기준으로 측정하고 감독당국에 보고하여야 한다.

3 표준방법 리스크 측정의 기본구조

표준방법에 의한 리스크 측정은 다음의 3가지 리스크량을 단순합산한다.

(1) 민감도 기준에 의한 자본부과량

(2) 부도리스크 자본부과량

(3) 잔여리스크 추가자본부과량

> **리스크량의 상한선은 기초자산의 공정가치(시장가치)이다**. 따라서 부도채권(defaulted debts)의 경우 부도리스크 위험가중치가 100%이므로 민감도기준리스크+부도리스크+잔여리스크 추가분을 적용하면 공정가치를 초과하게 된다. 이 경우에는 부도리스크만 측정하는 것으로 한다.

3.1 민감도 기준에 의한 리스크 측정

시장리스크 측정대상으로 트레이딩계정으로 분류된 모든 포지션에 대해 민감도기준의 리스크를 측정한다. 민감도 기준에 의한 리스크는 Delta, Vega, Curvature 3가지로 구성한다.

- Delta 리스크 : 선형적인 민감도에 기초한 리스크(단, 옵션의 경우 기초자산 변화에 대한 옵션가치의 민감도에 기초한 리스크)
- Vega 리스크 : 변동성 리스크요소의 변화에 대한 민감도에 기초한 리스크
- Curvature 리스크 : 비선형적인 증분리스크

- 옵션성(optionality)을 가진 상품은 Vega리스크와 Curvature리스크를 갖는다.[26]
- GIRR과 CSR Delta리스크를 산출하는 채권옵션상품(callable bonds, options on sovereign bond futures, bond options)에 대해서는 GIRR과 CSR 각각에 대해 Vega와 Curvature리스크를 산출하여야 한다.
- 내재된 조기상환(prepayment)옵션을 가진 상품[27]조기상환옵션이 행동 옵션(behavioral option)인 경우, 이 상품은 잔여리스크 추가분을 측정해야 하며, 은행의 가치평가모형에서는 적합한 행동 패턴을 반영하여야 한다.
- 유동화 트랜치에 있어, 유동화된 포트폴리오 상품도 역시 조기상환옵션을 내재할 수 있으며 이 경우에도 역시 잔여리스크 추가분 측정 대상이 된다.

3.1.1 민감도기준 리스크 측정의 주요 개념

리스크군 (Risk class)	GIRR, CSR(비유동화), CSR(유동화 non-CTP), CSR(유동화 CTP), equity risk, commodity risk, FX risk의 7가지 리스크군
bucket	리스크군내에서 유사한 특성을 가진 리스크요소(risk factor)들의 그룹
리스크요소 (Risk factor)	리스크량을 산출하는 주요결정인자(principal determinant)이며 가치평가함수에 입력되는 변수. 리스크요소는 리스크군에 매핑됨
Risk position	리스크량을 산출하기 위한 주요 입력물로서, Delta와 Vega 리스크에서는 리스크요소의 민감도가 리스크 포지션이며, Curvature 리스크에서는 상승과 하락 시나리오에 의한 최악의 손실이 리스크 포지션이 된다.
리스크량 (Risk charge)	계산을 통해 은행이 보유해야 하는 자본량

26 옵션 또는 옵션을 내포한 상품(예를 들어 전환권 또는 금리의존형 조기상환 내재옵션이면서 시장리스크 측정대상인 것)

27 조기상환옵션이 있는 상품은, 채무자가 이미 지난 이자에 대한 배상없이 계약만기전에 일부 또는 전부를 상환할 수 있는 권리를 가진 채무상품이다. 채무자는 이 옵션을 행사함으로써 상품의 잔여만기에 걸쳐 시장에서 더 낮은 이자율로 자금을 조달하여 재산상 이익을 얻게 된다.

3.1.2 민감도기준 리스크 산출 구조

[그림 3-2] 민감도기준 리스크 산출 절차

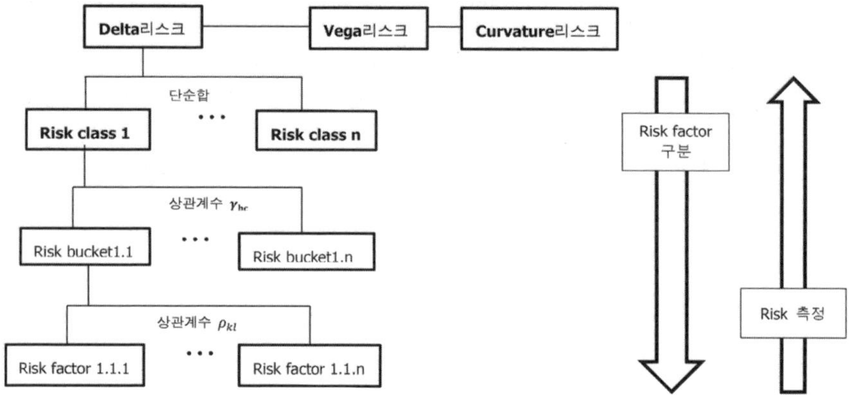

리스크요소의 구분은 리스크군으로부터 리스크요소에 이르는 Top-down식으로 이루어지며, 리스크의 측정은 리스크요소의 민감도부터 리스크군의 리스크값에 이르는 Bottom-up식으로 이루어진다.

3.1.3 민감도기준 리스크 측정절차

Delta, Vega, Curvature 리스크는 위에서 설명한 7가지 리스크군(risk class)에 대해 각각 측정한다.

각각의 리스크군별로 리스크를 측정하기 위해 해당리스크군의 리스크요소(risk factor)별로 민감도를 측정하고 상관계수(ρ_{kl})를 적용하여 리스크 bucket별 리스크량을 계산하며, 상관계수(γ_{bc})를 적용하여 리스크군별 리스크량을 계산한다.

- 3가지 금융시장의 상황을 고려하여 상관계수(ρ_{kl})와 (γ_{bc})를 조정한 후 가장 큰 리스크량을 자본량으로 한다(포트폴리오 전체에 대해 시나리오 1~3을 적용하여 선택).
  1) 기준상관계수
  2) 상승상관계수 : 기준상관계수 × 1.25, max는 100%

3) 하락상관계수 : Max(2×기준상관계수-100%; 기준상관계수×75%)

3.2 부도리스크 측정

3.2.1 부도리스크의 개념

부도리스크는 일반적인 시장가격의 변동을 초과하는 부도사건에 의한 리스크를 의미한다. BCBS는 부도리스크에 대해, MtM loss(신용스프레드와 migration의 변화로 인한 손실)를 초과하는 JTD(Jump to default)손실로 설명하고 있다.

부도리스크의 측정대상은 비유동화 포트폴리오, 유동화 포트폴리오(non-CTP), 유동화(CTP)로 구분하는데, 채권(자국통화로 표시된 국채도 포함),주식, 부도채권은 반드시 포함하며, 이를 기초자산으로 하는 파생상품도 포함한다.

3.2.2 부도리스크 측정 개요

부도리스크는 비유동화, 유동화(non-CTP), 유동화(CTP)의 3가지 상품의 JTD risk를 측정한다.

특히 은행이 보유한 동일상품간의 괴리를 없애기 위해 은행계정 신용리스크 처리에 기반하여 리스크를 측정한다.

bucket내의 헷지효과는 인정하지만, bucket간의 헷지효과는 인정하지 않는다.

3.2.3 부도리스크 측정절차(비유동화)

- 1단계 : 개별 상품에 대해 독립적으로 JTD리스크를 계산한다.
- 2 단계: offsetting 규칙에 의해 net JTD리스크 포지션을 계산한다.
- 3단계: net JTD리스크 포지션에 위험가중치를 곱한다.
- 4단계: bucket별로 위험가중 net JTD를 배정한다.
- 5단계: HBR(Hedge Benefit Ratio)을 적용하여 bucket내 자본량을 계산한다.
- 6단계 : bucket별 자본량을 단순합산하여 전체 자본량을 계산한다

3.3 잔여리스크 추가분(RRAO : residual risk add-on) 측정

3.3.1 잔여리스크 추가분의 개념

- 표준방법에 의해 모든 시장리스크를 포착하지는 못한다는 점을 인지하고 이에 대해서는 잔여리스크 추가분(RRAO)으로 처리하도록 한다.
- 잔여리스크 추가분은 잔여리스크를 가진 모든 상품에 대해 별개로 측정하여 시장리스크 표준방법에 의한 자본량에 가산한다.
- 잔여리스크 추가분을 계산해야 하는 상품은 부도리스크, Delta, Vega, Curvature 리스크 측정과는 별도로 잔여리스크를 추가로 측정한다.

3.3.2 잔여리스크 추가분의 계산

잔여리스크 추가분은 잔여리스크를 가진 상품의 액면금액(gross notional amounts)에 1.0% 또는 0.1% (exotic기초자산을 가진 상품에 대해서는 1.0%, 기타 잔여리스크를 가진 상품에 대해서는 0.1%)의 위험가중치를 곱한 금액의 단순합이다.[28]

3.3.3 잔여리스크 추가분 계산 대상 상품

1. 위험가중치 1.0% 적용 : exotic기초자산을 가진 상품은, 민감도기준방법의 Delta, Vega, Curvature 리스크 측정이나 부도리스크 자본부과의 영역내에 있지 않는 기초자산 익스포져를 가진 트레이딩계정 상품이다.[29]
2. 위험가중치 0.1% 적용 : 기타 잔여리스크를 가진 상품은 아래의 기준을 만족하여야 한다.

   (1) 단일의 기초자산(예, 주식가격, 일반상품가격, 환율, 채권가격, CDS, IRS)을 가진 바닐라옵션의 제한된 선형결합으로는 완벽하게 복제할 수

28 잔여리스크 추가분이 충분하고 건전한 자본량을 부과하고 있음에 대해 감독당국이 만족할 수 없는 경우에는 감독당국은 Pillar 2에 의해 보수적으로 추가자본량을 부과한다.

29 exotic기초자산 익스포져의 예시: 장수리스크, 기후, 자연재해, (스왑의 기초자산으로서)장래실현 변동성

없는 수익구조를 가지고 있으나, 트레이딩계정에서 Vega나 Curvature 자본량을 가지는 상품

(2) CTP정의에 해당하는 상품. 단, CTP 리스크에 대한 적격한 헷지수단으로 시장리스크 자본체계에서 인식하는 상품은 제외한다.

2-1. 위험가중치 0.1% 적용 : 위의 2.를 만족하는 기타 잔여리스크 타입과 상품은 다음을 포함한다

(1) gap 리스크 : 기초자산의 작은 움직임으로 인해 옵션의 Vega파라미터에 큰 변화를 가져오는 리스크. gap 리스크를 갖는 상품은 모든 경로의존성 옵션-배리어옵션, 아시안옵션, 디지털옵션-을 포함한다.

* 배리어옵션 : 기초자산의 가치가 배리어(barrier)에 도달하였는지 여부에 따라 옵션이 생성(Knock-in) 또는 소멸(Knock-out)하는 옵션
* 아시안옵션 : 만기 payoff가 옵션계약기간 동안 기초자산의 평균가격수준에 의해 결정되는 옵션
* 디지털옵션 : 만기시에, 미리 정해진 조건을 충족하면 지급조건의 100%를 지급하고, 충족하지 못하면 지급조건의 0%를 지급하는 옵션

(2) correlation 리스크 : 복수의 기초자산을 가진 상품의 가치 결정을 위해 필요한 상관관계 파라미터의 변화 리스크. correlation 리스크를 갖는 상품은 바스켓옵션, Best-of-options, 스프레드옵션, 버뮤다옵션, 콴토옵션이 있다.

* 바스켓옵션 : 기초자산이 여러자산의 바스켓으로 구성된 옵션
* Best-of-options : 약정기간 동안 베스킷 안에 있는 자산 중 성과가 가장 좋은 자산의 가격이 기초자산 가격이 되는 옵션
* 스프레드옵션 : payoff가 2가지 기초자산의 가격차에 따르는 옵션
* 버뮤다옵션 : 계약기간 중 옵션을 행사할 수 있는 횟수 및 시기가 정해져 있는 옵션
* 콴토옵션 : 기초자산의 표시통화가 외국통화로 이루어진 옵션, 환율과 기초자산의 수익률간의 상관관계가 중요

(3) behavioral 리스크 : 소매고객이 단순한 금융이익 이외의 다른 요소(인구행태적 요소나 기타 사회적 요소)에 의해 의사결정을 하는 경우, 고정금리 모기지 상품에서 일어나는 것과 같은 행사/조기상환 등의 변화 리스크. callable bond는 call권리가 소매고객에게 있는 경우, behavioral 리스크가 있는 것으로 볼 수 있다.

3. 아래의 리스크 타입 중 한가지 이상과 관련되는 상품은, 이 자체로는 잔여리스크 추가분을 부과해야할 대상은 아니다.
   (1) CTD(cheapest-to-deliver)옵션의 리스크
   (2) smile 리스크: 기초자산과 만기는 동일하지만 moneyness가 다른 옵션상품의 내재변동성이 변함으로써 가치가 변하는 리스크
   (3) 다수 기초자산을 가진 유러피언 또는 아메리칸 일반옵션으로부터 야기되거나 그러한 옵션의 선형결합으로 발행할 수 있는 옵션으로부터 야기되는 correlation 리스크. 특히 index옵션에 적용된다
   (4) 기초자산이 배당금 지급만으로 구성되지 않은 파생상품으로부터 발생하는 dividend 리스크
   (5) 제3장 7.3.11.1의 1과 2에서 설명한 지수상품과 다수기초자산옵션. 이러한 상품은 여기에서 설명한 정의를 따르는 경우 잔여리스크를 계산한다. 제3장 7.3.11.3 의 2의 (3)에서 언급한 처리를 따르는 주식펀드(무등급 "기타부문"주식으로 처리)에 대해서는, 그 펀드는 약정상 허용되는 최대한도까지 이색기초자산 익스포져와 기타 잔여리스크에 노출되어 있다고 가정한다.
4. 하나의 거래가 제3자 거래와 정확히 일치하는 경우(예, back-to-back거래)에 양쪽거래의 상품은 잔여리스크 자본요구량에서 배제되어야 한다. 일반적으로 중앙청산소에 상장된 적격한 상품은 잔여리스크 산출에서 제외하지만, 이색기초자산을 가진 상품은 반드시 포함하여야 한다.

4. 민감도 기준의 리스크군(risk class)과 리스크요소(risk factor)

FRTB(2019)의 리스크군은 현행 표준방법 일반시장리스크의 금리, 주가, 환, 상품리스크 구분과 유사하며, 개별리스크는 부도리스크로 관리하도록 개정되

었다.

GIRR과 FX리스크는 cross cutting risk[30]로서 금리리스크를 갖는 상품과 외환포지션을 발생시키는 모든 상품에서 발생하는 리스크이다.

리스크군의 하위수준으로 리스크요소(risk factor)를 정의하며, 리스크요소는 자본량 산출을 위한 포지션별 공정가치와 리스크 측정(민감도산출)의 구분 기준이 된다.

4.1 리스크군(risk class)의 분류

FRTB(2019)에서는 상품별로 노출된 리스크범주(risk category)를 크게 5개의 범주로 나누고 하위수준으로 7개의 리스크군으로 분류하여 측정한다.

리스크범주(risk category)	리스크군(risk class)
Interest rate	GIRR
Credit	CSR(비유동화) CSR(유동화 non-CTP) CSR(CTP)
Equity	Equity
Commodity	Commodity
Foreign exchange	FX

4.1.1 리스크군의 정의와 대상포지션

리스크군	정의	대상포지션
GIRR	통화별 무위험수익률곡선(risk-free yield curve)의 변동에 의한 리스크	금리리스크요소를 가진 포지션
CSR	신용스프레드의 변동(무위험수익률과 기타 금리와의 상관관계가 완전하지 않음으로 발생)으로 인해 시장가치가 변하는 리스크(migration risk 포함)	채권현물(채권기초자산의 유동화자산) 및 채권을 기초자산으로 하는 파생상품

30 트레이딩계정 전반에 걸친 리스크(risks that are pervasive across the trading book)

리스크군	정의	대상포지션
Equity	주가 또는 주가지수의 변동에 의한 리스크	주식현물 및 기초자산이 주식인 파생상품
Commodity	일반상품가격의 변동에 의한 리스크	일반상품 및 기초자산이 일반상품인 파생상품
FX	외화표시 포지션의 환율변동에 의한 리스크	외환포지션 및 기초자산이 외환포지션인 파생상품

4.2 Bucket의 분류

1. 민감도 기준의 리스크 측정시, 해당 리스크에 노출된 포지션을 어느 bucket에 배정할 것인지를 먼저 결정해야 한다. 왜냐하면 bucket별로 RW가 정해져 있으며(FX는 단일의 RW적용), 리스크의 산출은 bucket내 상관계수 적용과 bucket간 상관계수 적용의 순으로 이루어지기 때문이다. 다만 GIRR은 통화별로 bucket을 구분하고 있으나, RW는 하위수준(리스크요소수준)인 기간별로 정해져 있다.
2. Delta, Vega, Curvature 리스크의 bucket 구분은 모두 동일하게 적용한다.

GIRR	CSR(비유동화) CSR(유동화 CTP)	CSR(유동화 non-CTP)	주식	일반상품	FX
통화별 (기간)	신용등급, 섹터(산업별)	신용등급, 섹터(자산형태별)	시가규모, 지역, 섹터(산업별)	상품군	통화별

4.2.1 Delta리스크 bucket

4.2.1.1 GIRR

통화별로 bucket을 정의한다. 다만 RW는 10개의 기간별로 적용한다.

4.2.1.2 CSR(비유동화)

리스크 익스포져를 배정하기 위해 은행은 시장에서 일반적으로 사용하는 산업부문별 분류에 따라야 한다. 은행은 개별 발행자를 아래의 bucket중 하나에 배정하여야 하며, 배정할 수 없는 발행자 포지션은 'bucket 16 기타부문'에 배정하여야 한다.

[표 3-1] CSR(비유동화) bucket 구분

Bucket	신용등급	섹터
1	투자등급 (IG)	국가(sovereigns, 중앙은행 포함), 국제개발은행
2		지방자치단체(local gov.), 공사(gov-backed corporate(non-financial), 교육(education), 공공행정(public administration)
3		금융기관(financial, 정부보증금융기관 포함)
4		기초원자재(basic materials), 에너지(energy), 제조업(industrials, manufacturing), 농업(agriculture), 광업과 채석(mining and quarrying)
5		소비재와 서비스(consumer goods and services), 운수보관(transportation and storage), 행정지원 서비스(administrative and support service activities)
6		기술(technology), 통신(telecommunications)
7		헬쓰케어(health care), 수도/가스(utilities), 전문기술직(professional and technical activities)
8		커버드 본드(covered bonds)
9	하이일드 (HY) 또는 무등급 (NR)	국가(중앙은행 포함), 국제개발은행
10		지방자치단체, 공사, 교육, 공공행정
11		금융기관(정부보증금융기관 포함)
12		기초원자재, 에너지, 제조업, 농업, 광업과 채석
13		소비재와 서비스, 운수보관, 행정지원서비스
14		기술, 통신
15		헬쓰케어, 수도/가스, 전문기술직
16	기타부문[31]	
17	IG indices	
18	HY indices	

〈Bucket 8의 Covered bond 충족 요건〉

BCBS, 'Standards; Supervisory framework for measuring and controlling large exposure', April 2014

C. covered bonds

68. covered bonds는 은행 또는 모기지회사가 발행한 채권으로 채권보유자를 보호하기

31 이 bucket에서 신용도는 고려대상이 아니다.

위하여 특별한 법규제를 받는다. 이 채권의 발행을 통한 수익은 채권의 유효기간 전체에 걸쳐, 채권에 부여된 청구권(claims)을 충분히 커버할 수 있으며, 채권발행자가 부도난 경우에는 원금과 발생한 지급이자의 상환을 위해 우선적으로 사용할 수 있는 자산에 적격하게 투자되어야 한다.

69. 문단 70에서 규정하는 조건을 만족하는 covered bonds는, 은행이 보유한 covered bonds 명목금액의 20%정도의 익스포져를 부여한다. 기타 covered bonds는 은행보유 covered bonds 명목금액의 100%의 익스포져 금액을 부여하여야 한다. 익스포져 가치를 부여하는 거래상대방은 발행은행이다.

70. 100%보다 적은 익스포져 가치를 부여하는 것이 적합하기 위해서는 다음의 조건을 모두 만족하여야 한다.
   1) 문단 68에서 명시한 일반정의를 만족하여야 한다.
   2) 기초자산의 풀은 배타적으로 아래항목으로 구성되어야 한다.
      - 국가, 중앙은행, 공공기관 또는 다국적 개발은행에 대한 청구권 또는 이에 의해 보증된 채권
      - 바젤 II 신용리스크 표준방법하에서 위험가중치 35% 또는 그 이하이고 LTV가 80% 이하인 소매주택모기지에 의해 보증된 청구권
      - 바젤 II 신용리스크 표준방법하에서 위험가중치 100% 또는 그 이하이고 LTV가 60% 이하인 상업용부동산 모기지에 의해 보증된 청구권
   3) 발행자별로 covered bonds상품에 부여된 자산 pool의 명목가치(nominal value of pool of assets)는 최소한 10%만큼 명목거래가치(nominal outstanding value)를 초과하여야 한다. 자산 pool의 가치는 입법화할 필요는 없으나, 법에서 최소한 10%의 요구사항을 규정하지 않는다면 발행은행은 정기적으로 그들의 pool이 10% 요구사항을 만족시키고 있음을 공시하여야 한다. 문단 70에서 나열한 주요자산에 더하여 추가담보는 대체자산(현금, 단기유동성, 주요자산의 대체수단으로 보유한 안전자산)과 covered bonds 프로그램에서 야기되는 리스크를 헷지하기 위해 운영하는 파생상품을 포함하기도 한다.

71. 위 70에서 언급한 소매주택과 상업용부동산에 대해 요구되는 최대 LTV를 계산하기 위해 담보의 객관적인 시장가치와 재평가에 관해, 바젤 II 체계의 509문단에 포함된 운영상 요구사항은 반드시 사용되어야 한다. 문단 70에 명시한 조건은 covered bonds의 시작시점과 잔존만기전체에 걸쳐 만족되어야 한다.

4.2.1.3 CSR(유동화, non-CTP)

리스크 익스포져를 배정하기 위해 은행은 시장에서 일반적으로 사용하는 트랜치 분류에 따라야 한다. 은행은 개별 트랜치를 아래의 bucket중 하나에 배정하여야 하며, 배정할 수 없는 트랜치 포지션은 'bucket 25 기타부문'에 배정하여야 한다.

참고 트랜치의 투자등급 구분은 일반적인 기준에 따라 다음과 같이 구분

[표 3-2] CDX Tranches에 대한 구분기준[32]*

구분	트랜치 point	트랜치 등급
Senior IG	attachment point가 10% 이상인 트랜치	신용등급 AAA
Non-senior IG	Mezzanine : attachment point 〉 3%, detachment point 〈 10%인 트랜치	신용등급 AA~BBB
HY	Equity : detachment point가 3% 이하인 트랜치	신용등급 BBB 미만

참고로 CD2(p.80. 161)에서는 부도리스크 측정을 위해 트랜치별 AP, DP는 다음과 같이 구분하고 있다.

구분	기준
Senior	AP ≥ 30%
Mezzanine	AP 〉 10%, DP 〈 30%,
Equity	DP ≤ 10%

[표 3-3] CSR(유동화 non-CTP) bucket 구분

Bucket	신용등급	섹터
1	선순위투자등급 (Senior-IG)	RMBS(Residential MBS)-Prime
2		RMBS-Mid- prime
3		RMBS-Sub-prime
4		CMBS(Commercial MBS)
5		ABS-Student loans
6		ABS-Credit cards
7		ABS-Auto
8		CLO non-CTP
9	선순위 아닌 투자등급 (non-Senior IG)	RMBS(Residential MBS)-Prime
10		RMBS-Mid- prime
11		RMBS-Sub-prime
12		CMBS(Commercial MBS)

32 Suresh Sundaresan, Fixed income Markets and their derivatives p.407 3rd ed.2009 Elsevier Inc.

Bucket	신용등급	섹터
13		ABS-Student loans
14		ABS-Credit cards
15		ABS-Auto
16		CLO non-CTP
17	하이일드(HY) 또는 무등급(NR)	RMBS(Residential MBS)-Prime
18		RMBS-Mid- prime
19		RMBS-Sub-prime
20		CMBS(Commercial MBS)
21		ABS-Student loans
22		ABS-Credit cards
23		ABS-Auto
24		CLO non-CTP
25	기타 부문[33]	

4.2.1.4 CSR(유동화, CTP)

CTP와 이의 헷지상품에 대한 CSR민감도는 CSR(비유동화)과 동일한 bucket 구분을 적용한다.

4.2.1.5 주식리스크

주식은 아래와 같이 bucket을 구분한다.

[표 3-4] 주식리스크 bucket 구분

bucket	규모	지역	섹터
1	대형	Emerging market economy	소비재(consumer goods and services), 운수보관(transportation and storage), 행정지원 서비스(administrative and support service activities) 헬쓰케어(health care), 수도/가스(utilities)
2			통신(telecommunications),제조업(industrials)
3			기초원자재(basic materials), 에너지(energy), 농업(agriculture), 제조업(manufacturing), 광업과 채석(mining and quarrying)

33 이 bucket에서 신용도는 고려대상이 아니다.

bucket	규모	지역	섹터
4			금융(financial, 정부보증금융기관 포함), 부동산(real estate activities), 전문기술(technology)
5		Advanced economy	소비재, 운수보관, 행정지원 서비스, 헬쓰케어, 수도/가스
6			통신, 제조업
7			기초원자재, 에너지, 농업, 제조업, 광업과 채석
8			금융(정부보증금융기관 포함), 부동산, 전문기술
9	소형	Emerging market economy	Bucket 1,2,3,4 모든 섹터
10		Advanced economy	Bucket 5,6,7,8 모든 섹터
11	기타 부문[34]		
12	Advanced economy의 대형주가지수(섹터구분 없음)		
13	기타주가지수(섹터구분 없음)		

- "대형"은 시가(market capitalization) 2조원($2 bil) 이상, "소형"은 시가 2조원($2 bil.) 미만으로 정의("시가"는 전세계의 모든 주식시장을 아울러 동일 법인격 또는 법인그룹의 시가합계를 의미함)
- Advanced economy는 캐나다, 미국, 멕시코, 유로지역, 비유로 서유럽국가(영국, 노르웨이, 스웨덴, 덴마크, 스위스), 일본, 오세아니아(호주, 뉴질랜드), 싱가포르, 홍콩을 말함
- 리스크 익스포져를 배정하기 위해 은행은 시장에서 일반적으로 사용하는 산업부문별 분류에 따라야 한다. 은행은 개별 발행자를 위의 bucket중 하나에 배정하여야 하며, 동일한 산업의 모든 발행자는 동일부문에 배정하여야 한다.
- 배정할 수 없는 발행자 포지션은 'bucket 11 기타부문'에 배정하여야 한다.
- 다국적-다섹터 주식발행자에 대해서는 발행자가 영업하는 가장 주요한 지역과 섹터에 따라 배정한다.

34 이 bucket에서 규모와 지역은 고려대상이 아니다.

4.2.1.6 일반상품(commodity)

일반상품은 아래의 상품군으로 bucket을 구분한다.

[표 3-5] 일반상품 bucket 구분

Bucket	상품	상품예시
1	에너지-고체연료	석탄, 숯, 우드펠릿, 원자력연료(우라늄 등)
2	에너지-액체연료	원유(Light-sweet,heavy,WTI,Brent등),바이오연료(bioethanol, biodlesel등),석유화학(propane, ethane, gasoline, methanol, butane 등), 정제연료(jet fuel, kerosene, gasoil, fuel oil, naphta, heating oil, diesel 등)
3	에너지-전기와 탄소 거래	전기(spot, day-ahead, peak, off-peak 등), 탄소배출거래(certified emissions reductions, in-delivery month EUA, RGGI CO_2 allowance and renewable energy certificates등)
4	화물운임	Dry-bulk route(capsize, panamex, handysize, supermax 등), liquid-bulk/gas shipping route(suezmax, aframax, large crude carriers)
5	일반금속	Base metal(aluminium, copper, lead, nickel, tin, zinc등), steel raw materials(steel billet, steel wire, steel coil, steel scrap, steel rebar, iron ore, tungsten, vanadium, titanium, tantalum등), minor metals(cobalt, manganese, molybdenum 등)
6	천연가스	Natural gas, liquefied natural gas
7	귀금속(금 포함)	Gold, sliver, platinum, palladium
8	곡물과 오일시드	옥수수, 밀, 대두(soybean seed, soybean oil, soybean meal등), oats, palm oil, canola, rapeseed(rapeseed seed, rapeseed oil, rapeseed meal), red bean, sorghum, coconut oil, olive oil, peanut oil, sunflower oil, rice, barley
9	가축과 낙농제품	Cattle(live and feeder), hog, poultry, lamb, fish, shrimp, dairy(milk, whey, eggs, butter, cheese등)
10	softs, 기타 곡물	코코아, 커피(Arabica, robusta등),tea, 감귤과 오렌지주스, 감자, 설탕, 목화, 울, 목재, 펄프, 고무
11	기타상품	공업용광물(potash, fertilizer, phosphate rocks), rare earths, terephthalic acid, flat glass

4.2.1.7 FX

통화별로 bucket을 정의한다.

4.2.2 Vega리스크 bucket

Delta리스크 측정을 위한 bucket구분과 동일하다. 이 bucket은 하나의 리스크군(risk class)내에서 Vega리스크 포지션을 합계하는 과정에 적용된다.

4.2.3 Curvature 리스크 bucket

Delta리스크 측정을 위한 bucket구분과 동일하다. 이 bucket은 하나의 리스크군(risk class)내에서 Curvature 리스크 포지션을 합계하는 과정에 적용된다.

4.3 리스크요소(risk factor)의 분류

민감도 기준 리스크 측정을 위해 민감도(Delta,Vega, Curvature) 산출의 리스크요소는 다음과 같이 분류한다.

[표 3-6] 리스크별, 민감도별 리스크요소 정리

	GIRR	CSR (비유동화)	CSR(유동화 non-CTP)	CSR (유동화CTP)	주식	일반상품	FX
Delta	①통화별 무위험수익률곡선 ②0.25,0.5,1, 2,3,5,10, 15,20, 30y,인플레이션율 cross currency basis	①발행자별 신용 스프레드커브 ②0.5,1,3,5, 10y	①트랜치 신용 스프레드 커브 ②0.5,1,3,5, 10y	①CTP 기초자산 신용스프레드커브 ②0.5,1,3,5, 10y	주식 현가, Equity repo rate	상품현가, 인도지,만기(0,0 .25,0.5,1,2,3,5 ,10,15,20,30y)	현물 환율
Vega	아래 ①과 ②를 결합한 통화별 내재변동성 ①옵션만기(0.5,1,3, 5,10y) ②옵션만기일에옵션 기초자산의잔존만기 (0.5,1,3,5,10y)	발행자신용스프레드 커브별 옵션만기(0.5,1, 3,5, 10y)의 내재변동성	트랜치신용스프레드 커브별 옵션만기(0.5,1, 3,5, 10y)의 내재변동성	CTP신용스프레드커브별 옵션만기(0.5,1, 3,5, 10y)의 내재변동성	주식 현가별 옵션 만기(0.5,1,3,5, 10y)의 내재변동성	상품현가별 옵션 만기(0.5,1,3,5, 10y)의 내재변동성	통화짝별 옵션만기(0. 5,1,3,5, 10y)의 내재변동성
Curva -ture	통화별무위험수익률 곡선	발행자별 신용 스프레드 커브	트랜치 신용 스프레드커브	CTP 기초자산 신용스프레드 커브	주식 현가	상품 현가	현물 환율

4.3.1 GIRR(General Interest Rate Risk) 리스크요소

GIRR은 통화별 무위험수익률 곡선(risk-free yield curve)의 변동에 의한 리스크를 의미한다. 무위험수익률 곡선은 zero coupon yield 또는 market rate yield의 구분이 없다.

1. Delta GIRR

(1) 개요

GIRR Delta 리스크요소는 2차원으로 나누어지는데, 통화별 무위험수익률곡선과 10개의 만기구간(tenors) 및 인플레이션율을 리스크요소로 가져야 한다.

0.25년	0.5년	1년	2년	3년	5년	10년	15년	20년	30년

- 명시된 만기(specified tenors)에 리스크요소를 배정하기 위해서는 선형보간법이나 은행의 리스크관리부가 사용하는 평가방법론과 일관된 방법을 사용하여야 한다.

참고 tenor별 민감도계산을 위한 현금흐름의 배정

예시) 2.733년에 민감도(PB01)현금흐름(공정가치) 193억원이 발생하는 경우, 2년과 3년의 tenor에 현금흐름 배정

1. 기간별 비례배분(proportional basis)

하위 tenor(2년) 배정 : $193 \times \frac{3-2.733}{3-2}=51.5$

상위 tenor(3년) 배정 : $193 \times \frac{2.733-2}{3-2}=141.5$

〈CP2 2013.10〉

p.36 Instruments must be decomposed into their constituent cash flows, which are then discounted before being assigned to nearby vertices on a proportional basis. For example, the value of a cash flow with a maturity of 1.2 years would be assigned 80% to the 1 year tenor and

20% to the 2 year tenor.

2. 원래 현금흐름의 가치와 듀레이션이 동일하도록 현금흐름을 배정
가정) zero coupon 수익률 2년(1.5%), 2.733년(1.7%), 3년(2.0%)

$$200e^{-1.7\% \times 2.733} = Ae^{-1.5\% \times 2} + Be^{-2.0\% \times 3}$$

$$2.733 = \frac{2 \times Ae^{-1.5\% \times 2} + 3 \times Be^{-2.0\% \times 3}}{Ae^{-1.5\% \times 2} + Be^{-2.0\% \times 3}}$$

여기서 A는 2년에 배정할 현금흐름금액, B는 3년에 배정할 현금흐름금액
윗식을 풀면, 2년 52.53억원, 3년 138.39억원이 된다.

3. 현금흐름의 변동성이 동일하도록 배정[35]
현금흐름이 시장데이터의 기본만기(tenor)와 일치하지 않는 경우, 현금흐름을 기본만기와 가장 가까운 2개의 만기에 배정하기 위해서는 다음 3가지 조건이 충족되어야 한다.
(1) 시장가치가 변하지 않아야 한다.
(2) 시장위험도 변하지 않아야 한다.
(3) 현금흐름의 부호가 변하지 않아야 한다.
예를 들어, 2.733년 후에 현금흐름이 발생하는 무이표채권(P) 200억원은 만기가 2년과 3년인 무이표채로 구성된 포트폴리오로 인식하여 다음과 같이 나눌 수 있다. 만기가 2년과 3년인 채권의 가격변동성을 σ_1(=0.987%)과 σ_2(=1.484%)로, 이들의 상관계수를 ρ(=0.99)라고 하고 2년만기 채권에 배정할 현금흐름의 비중을 w라고 하자.
두 채권으로 이루어진 채권포트폴리오의 분산은 채권 P의 분산과 동일해야 하므로 다음의 식이 성립한다.

$$\sigma_p^2 = w^2\sigma_1^2 + (1-w)^2\sigma_2^2 + 2w(1-w)\rho\sigma_1\sigma_2$$

위 식을 w에 대하여 정리하면,

$$(\sigma_1^2 + \sigma_2^2 - 2\rho\sigma_1\sigma_2)w^2 + 2(-\sigma_2^2 + 2\rho\sigma_1\sigma_2)w + (\sigma_2^2 + \sigma_p^2) = 0$$

채권 P의 가격변동성은 2년과 3년만기 채권의 가격변동성을 이용하여 선형보간법으로 구한다.

35 금융기관 시장위험관리 pp.183-185 2000.4.10 윤평식, 김철중 공저 한국금융연수원

(3-2) : (1.484%-0.987%)=(2.733-2) : (σ_p-0.987%) σ_p=1.351%

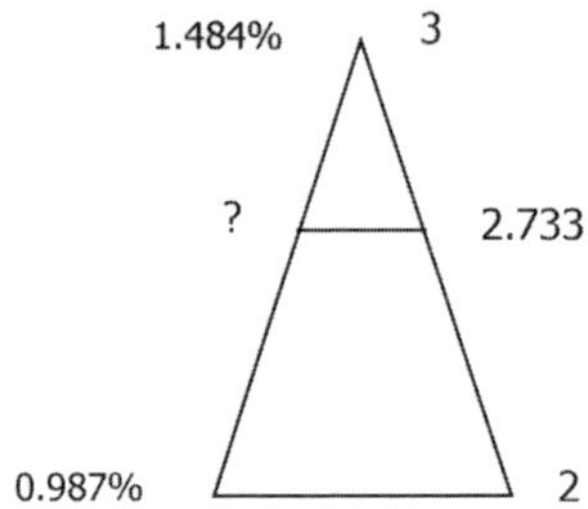

w=26.35%이다.

이렇게 구한 w는 원래 현금흐름의 시장가치, 현금흐름의 시장위험, 현금흐름의 부호를 변화시키지 않는다.

결국 2.733년 만기채권 200억원은 2년만기에 52.71억원, 3년만기에 147.29억원을 배정하게 된다.

4. 2.733년의 민감도를 구하여 각 tenor에 배분한다.
   1) 보간법(수익률곡선의 2년과 3년 금리)으로 2.733년의 금리를 구한다.
   2) 현재가치를 구한다.
   3) 2.733년의 민감도(PV01)를 구한다.
   4) 2년과 3년에 3)에서 구한 민감도를 비례배분한다.

4-1. tenor별로 민감도 값을 직접 구한다.
   1) 보간법(수익률곡선의 2년과 3년 금리)으로 2.733년의 금리를 구한다.
   2) 2.733년의 현재가치를 구한다.
   3) 2년 tenor zero coupon 수익률만 1bp 상승시킨 수익률곡선의 2.733년 금리를 이용하여 현재가치를 구한 후, 위 2)의 현재가치와의 차액을 2년에 배정한다.
   4) 3년 tenor zero coupon 수익률만 1bp 상승시킨 수익률곡선의 2.733년 금리를 이용하여 현재가치를 구한 후 위 2)의 현재가치와의 차액을 3년에 배정한다.

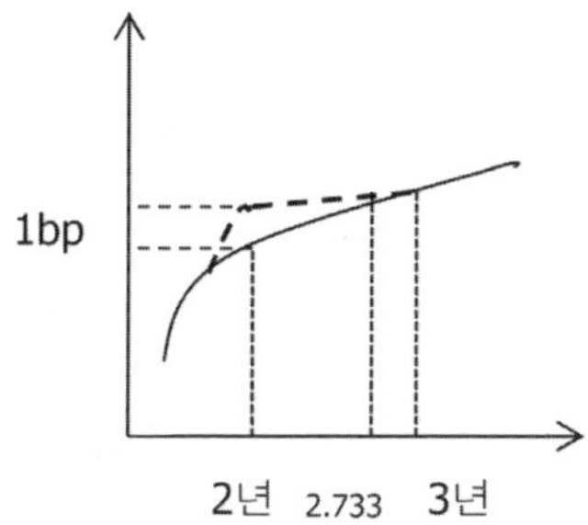

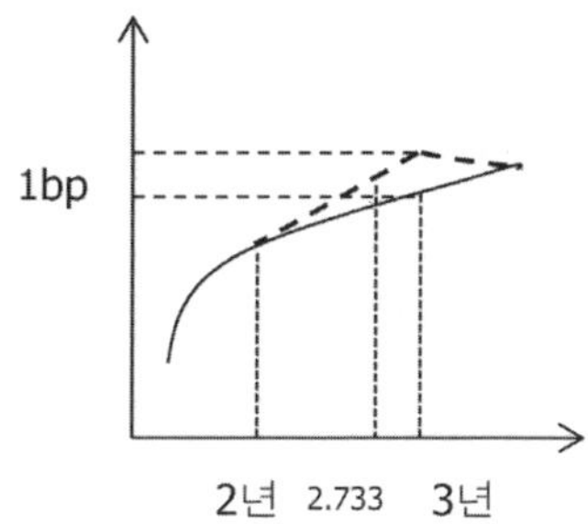

- 통화별 무위험수익률곡선은 하나이며, OIS(overnight index swaps)와 같은 가장 낮은 신용리스크를 가진 상품을 사용하여 구성하여야 한다. 대안으로 은행이 mark to market을 위해 사용하는 1개 이상의 시장스왑커브(interbank offered rate(BOR) swap curve)에 기초하여야 한다.
- 통화별 swap커브를 사용하는 것이 가장 일반적인 경우이며, 위에서 언급한 시장스왑커브의 데이터가 충분하지 못한 경우, 통화별 국채수익률곡선을 무위험수익률곡선으로 사용할 수 있다.

  다만, 이 경우 국채에 대한 신용스프레드리스크(CSR)는 측정하여야 한다.

> 국채수익률곡선을 y=r+cs로 나타내고(r은 무위험수익률, cs는 신용스프레드), 은행이 r과 cs를 분해할 수 없는 경우, y에 대한 민감도(any sensitivity to y)을 GIRR과 CSR에 배정하여야 한다.[36]

- GIRR측정시 스왑커브로 채권민감도를 산출한다면, CSR 측정시에는 채권과 스왑커브간의 basis risk를 산출해야 한다.
- 통화별로 무위험수익률곡선을 구축할 때, (1) OIS커브(예, Eonia)와 BOR커브 (2) 다른 만기의 두가지 BOR커브(Euribor 3M과 Euribor 6M) (3) 역외와 역내의 커브(onshore Indian rupee와 offshore Indian rupee)는 반드시 서로 다른 커브로 간주해야 한다.

36 내부모형에서는, 국채 수익률곡선과 이와 완전히 분리된 수익률곡선(신용등급별 수익률곡선)의 사용을 통해 금리리스크 부문과 신용리스크 부문(신용스프레드)의 측정이 가능한 것으로 명시하고 있다.

(2) 인플레이션율

- 개별 통화에 대해 만기에 flat한 시장의 인플레이션율을 Delta리스크요소에 포함한다.
- 인플레이션 상품에 내재된 쿠폰으로부터 인플레이션율의 민감도를 측정하며, 하나의 통화에 대한 인플레이션 리스크는 단순합에 의해 하나의 값을 산출한다.
- 현금흐름이 인플레이션 수치에 의존하는 상품(ex; 액면금액이나 이자지급이 소비자물가지수에 의존)이 대상이며 동상품에 대해 GIRR도 함께 측정한다.
- 인플레이션 리스크는 GIRR체계에서, 동일통화의 무위험수익률곡선의 기간구조에서 금리에 대한 민감도에 추가하여 배정되어야 한다.

(3) cross currency basis risk 요소

- GIRR Delta리스크요소는 개별통화에 대해 2가지 cross currency basis risk factor[37] 중 하나를 리스크요소로 포함한다.
- 2가지 cross currency basis risk 요소는 USD에 대한 통화별 basis 또는 EUR에 대한 통화별 basis이다. 예컨대 JPY/USD cross currency basis swap을 거래하는 AUD표시 은행은 JYP/USD basis에 대한 민감도를 가져야 할 것이다.
- USD basis나 EUR basis 어느 것과도 관련되지 않은 cross currency 는 USD나 EUR의 basis 한쪽으로만 계산하면 된다. 물론 cross currency basis risk 외의 GIRR 요소는 함께 측정되어야 한다.
- Cross currency basis risk는 GIRR체계에서, 동일통화의 무위험수익률곡선의 기간구조에서 금리에 대한 민감도에 추가하여 고려되어야 하며,
- 통화스왑의 경우 USD이외에는 해당통화스왑 curve를 사용하여 해결한다.

37 Cross currency basis는 2가지 서로 다른 통화로 지급하는 2legs의 스왑을 평가하기 위해 수익률곡선에 가산되는 basis이다. 스왑시작일과 종료일에 명목금액을 교환하면서, 하나의 통화로 고정 또는 변동 leg를 지급하고 다른 통화로 고정 또는 변동leg를 수취하는 cross currency 금리스왑을 평가하는데 사용한다.

CRS 거래에 대한 GIRR 산출(예시)

구분	USD	기타통화
변동(USD)/변동(기타통화)	GIRR(금리변경일)	GIRR(금리변경일) CRS(만기)
변동(USD)/고정(기타통화)	GIRR(금리변경일)	GIRR(만기) CRS(만기)
고정(USD)/고정(기타통화)	GIRR(만기)	GIRR(만기) CRS(만기)
변동(기타통화1)/ 변동(기타통화2)	-	기타통화1: GIRR(금리변경일), CRS(만기) 기타통화2 : GIRR(금리변경일), CRS(만기)
고정(기타통화1)/ 고정(기타통화2)	-	기타통화1: GIRR(만기), CRS(만기) 기타통화2 : GIRR(만기), CRS(만기)

2. Vega GIRR

통화별 GIRR Vega 리스크요소는 GIRR 민감도 기초자산을 가진 옵션의 내재변동성이며 2차원으로 정의한다.

- 옵션의 만기 : 다음의 만기구간(tenors) 하나 또는 수개에 매핑되는 옵션의 내재변동성

0.5년	1년	3년	5년	10년

- 옵션 만기시점에 옵션 기초자산의 잔존만기 : 다음의 잔존만기구간 하나(또는 둘)에 매핑되는 옵션의 내재변동성

0.5년	1년	3년	5년	10년

- Delta GIRR과 동일하게 통화별 국채수익률곡선을 무위험수익률곡선으로 사용할 수 있다.

〈예시〉 1년후에 시작하는 USD 3개월 LIBOR 기초의 12개월 선도cap의 경우, 3개월기간의 4개 caplet을 가진 것이다. Caplet은 USD 3개월 LIBOR를 기초자산으로 가지므로 기초자산은 항상 옵션만기일 3개월 이후에 만기가 된다. 개별 caplet의 만기는 1, 1.25, 1.5, 1.75년이 되며, 기초자산의 만기는 0.25년이 된다. 이 경우 1*0.25, 1.25*0.25, 1.5*0.25, 1.75*0.25의 4개의 내재변동성을 구한다. 기준에 따라 옵션만기 1년과 기초자산만기 0.5년에 매핑한다(옵션만기는 1~1.75년 이므로 1년에 배정, 기초자산만기는 0.25년이므로 0.5년에 배정).

3. Curvature GIRR

- GIRR Curvature 리스크요소는 1차원으로만 정의하며, 통화별로 기간구분 하지 않은 무위험수익률곡선이 된다.
  예컨대 Euro,Eonia, Euribor 3M, Euribor 6M는 Euro 무위험수익률곡선의 Curvature risk 를 계산하기 위해 반드시 동시에 shift되어야 하며, Delta GIRR에서 정의한 모든 tenors는 평행이동하는 것이다. 인플레이션과 cross currency basis risk에 대한 Curvature risk 자본량은 없다.
- Delta GIRR과 동일하게 통화별 국채수익률곡선을 무위험수익률곡선으로 사용할 수 있다.

4.3.2 CSR(Credit Spread Risk) 비유동화 리스크요소

CSR은 신용스프레드의 변동(무위험수익률과 기타 금리와의 상관관계가 완전하지 않음으로 발생)으로 인해 시장가치가 변하는 리스크를 말하며 migration risk를 포함한다[38].

1. Delta CSR 비유동화

CSR 비유동화 Delta리스크요소는 2차원으로 정의되며, 발행자별 신용스프레드커브 (채권과 CDS)와 5개의 만기구간(tenors)로 구성된다.

0.5년	1년	3년	5년	10년

2. Vega CSR 비유동화

Vega리스크요소는 관련된 신용물을 기초자산(채권과 CDS)으로 하는 옵션의 내재변동성이며 다음의 옵션 만기에 하나 또는 수개를 매핑한다.

0.5년	1년	3년	5년	10년

38 BCBS는 신용스프레드의 변화는 부도손실평균의 shift를 의미하며 MtM 손실에 의해 포착될 수 있는 것으로 설명하고 있다.

3. Curvature CSR 비유동화

CSR 비유동화 Curvature risk 요소는 1차원으로 정의되며 이는 관련 발행자의 신용스프레드커브(채권과 CDS)이다. 예컨대 Electricite de France 채권에서 도출한 스프레드커브와 Electricite de France CDS에서 도출한 스프레드커브는 단일의 스프레드커브로 간주되어야 한다. 모든 tenors는 평행하게 이동되는 것으로 한다.

4.3.3 CSR(Credit Spread Risk) 유동화(non-CTP) 리스크요소

CTP의 조건을 만족하지 못하면 non-CTP로 보아, 트랜치(tranche)의 스프레드를 기준으로 CSR을 측정하며, CTP이면 유동화나 NTD를 기초자산으로 하는 상품의 스프레드를 기준으로 CSR을 측정한다.

1. Delta CSR 유동화(non-CTP)

CSR 유동화 Delta리스크요소는 2차원으로 정의하는데, 트랜치 신용스프레드 커브와 5개의 만기구간(tenors)으로 구성된다.

0.5년	1년	3년	5년	10년

2. Vega CSR 유동화(non-CTP)

Vega리스크요소는 non-CTP신용스프레드를 기초자산(채권과 CDS)으로 하는 옵션의 내재변동성이며 다음의 옵션 만기에 하나 또는 수개를 매핑한다.

0.5년	1년	3년	5년	10년

3. Curvature CSR 유동화(non-CTP)

CSR 유동화(non-CTP) Curvature risk 요소는 1차원으로 정의되며 이는 관련 트랜치의 신용스프레드커브(채권과 CDS)이다. 예컨대 Spanish RMBS 트랜치의 채권에서 유추한 스프레드커브와 Spanish RMBS 트랜치의 CDS에서 유추한 스프레드커브는 단일의 스프레드커브로 간주되어야 한다. 모든 tenors는 평행하게 이동되는 것으로 한다.

4.3.4 CSR(Credit Spread Risk) 유동화(CTP) 리스크요소

1. Delta CSR 유동화(CTP)

CSR CTP Delta리스크요소는 2차원으로 정의하는데, 관련 기초자산의 신용스프레드커브(채권과 CDS)와 5개의 만기구간(tenors)으로 구성된다.

0.5년	1년	3년	5년	10년

2. Vega CSR 유동화(CTP)

Vega리스크요소는 CTP신용스프레드를 기초자산(채권과 CDS)으로 하는 옵션의 내재변동성이며 다음의 옵션 만기에 하나 또는 수개를 매핑한다.

0.5년	1년	3년	5년	10년

3. Curvature CSR 유동화(CTP)

CSR CTP Curvature risk 요소는 1차원으로 정의되며 이는 관련 기초자산의 신용스프레드커브(채권과 CDS)이다. 예컨대 iTraxx 시리즈 내의 한 개 기초자산에 대한 채권스프레드커브와 주어진 기초자산의 CDS에서 도출한 스프레드커브는 단일의 스프레드커브로 간주되어야 한다. 모든 tenors는 평행하게 이동되는 것으로 한다.

4.3.5 Equity Risk 요소

1. Delta 주식

주식의 Delta리스크요소는 모든 주식의 현물가격(spot prices)과 모든 equity repo rates이다.

2. Vega 주식

주식의 Vega리스크요소는 기초자산으로 주식의 현물가격에 대한 옵션의 내재변동성이다. Equity repo rates에 대해서는 Vega risk 자본량 부과가 없으며 옵션의 내재변동성은 다음의 옵션 만기에 하나 또는 수개를 매핑한다.

0.5년	1년	3년	5년	10년

3. Curvature 주식

주식의 Curvature리스크요소는 모든 주식의 현물가격이며, equity repo rates에는 Curvature 리스크 자본부과가 없다.

〈Equity repo rate〉

1. 주식을 소유하지 않고 주식을 매도(공매도)하기 위해서는 주식을 빌리는 것이 필요한데 이때 필요한 수수료가 equity repo이며, 대여자에게 지불해야 하는 금액이다. 주식을 빌리려는 수요가 많을수록 repo rate은 올라간다.
2. 단기의 repo rate은 현물지분을 보유하는 선호에 영향을 받는다.
   - 시장의 움직임 : 시장의 급락은 현물을 급하게 매도할 필요 발생
   - 금융규제 : 은행에 영향을 미쳐 주식을 보유하도록 함
   - 현물지분의 매입 : 정부가 정책적으로 매입

   장기 repo rate은 장기만기의 선도거래와 옵션트레이딩의 영향을 받는다. 주식연계 구조화 상품의 경우 헷지거래의 발생은 영향을 미친다.

4.3.6 Commodity Risk 요소

1. Delta 상품

상품의 Delta리스크요소는 상품의 현물가격이다. 그러나 전기와 같은 상품(bucket 3)은 현물가격보다 선도가격이 훨씬 빈번한 거래이므로 현물가격이나 선도가격 중에서 적합한 것으로 정의할 수 있다. 상품의 Delta리스크요소는 상품의 인도지(delivery location)에 관한 법적 조건39, 거래상품에 대한 다음의

39 예를 들어 5개의 항구에 인도될 수 있다는 계약과 동일한 5개의 항구에 인도가능하다는 다른 계약은 동일한 인도지를 가진 것으로 간주할 수 있다. 그러나 다른 계약이 5개 항구 중 4개에만 인도될 수 있다면 동일한 인도지라고 볼 수 없다.

11개 만기구간의 2차원으로 한다.

0	0.25년	0.5년	1년	2년	3년	5년	10년	15년	20년	30년

2. Vega 상품

상품의 Vega리스크요소는 기초자산으로 상품의 현물가격에 대한 옵션의 내재변동성이다. 기초자산의 만기와 인도지에 따른 상품의 현물가격의 차이는 무시한다. 옵션의 내재변동성은 다음의 옵션만기에 하나 또는 수개를 매핑한다.

0.5년	1년	3년	5년	10년

3. Curvature 상품

상품의 Curvature리스크요소는 상품별 현물가격기준으로 구축된 커브로 한다. 모든 tenors(Delta에서 정의)는 평행하게 이동한다.

4.3.7 Foreign Exchange Risk(FX Risk) 요소

모든 FX Delta, Vega, Curvature 리스크요소에서 한 통화의 onshore와 offshore간의 구분은 없다.

1. Delta FX

상품의 보고통화(reporting currency)와 ⅰ)표시(denominated) 통화 ⅱ)상품의 참조(referenced)통화 간의 모든 환율이다.

예를 들어 USD/JPY의 FX선도거래의 경우, CAD로 보고하는 은행의 경우, USD/CAD, JPY/CAD를 모두 리스크요소로 본다.

2. Vega FX

FX의 Vega리스크요소는 통화짝간의 환율에 대한 옵션의 내재변동성이다.

옵션의 내재변동성은 다음의 옵션 만기에 하나 또는 수개를 매핑한다.

0.5년	1년	3년	5년	10년

3. Curvature FX

상품의 보고통화(reporting currency)와 i) 표시(denominated) 통화 ii) 상품의 참조(referenced)통화 간의 모든 환율이다.

4.4 국내은행의 실무

4.4.1 GIRR

GIRR 리스크 측정을 위해 통화별 무위험수익률곡선[40]에 대해 10개의 구간(tenors)과 인플레이션율을 리스크요소로 설정해야 한다.

4.4.1.1 무위험수익률곡선

국내은행에서는 GIRR 민감도 산출시 상품별 공정가치 평가에 기초하여 민감도를 구하는 것이 적정하다고 판단하여 단일의 무위험 수익률곡선이 아닌 상품별 신용도를 고려한 수익률곡선을 사용하고 있다.

GIRR과 CSR(비유동화) 민감도 산출방법

- 방법1 : GIRR은 통화별 1개의 무위험수익률곡선(OIS, 국채수익률, swap 커브)을 이용하여 민감도를 산출하며, CSR은 신용등급별 수익률곡선을 이용하여 민감도를 산출한다.
- 방법2 : GIRR과 CSR 측정을 각각 하는 것이 전산상 부담이 된다면, GIRR측정시 채권 신용등급별 수익률곡선에 의한 민감도를 구한 후 동일금액을 CSR에 배분할 수도 있을 것이다(이 방법은 BIS기준에 부합하지는 않는다).

상품별 공정가치 평가를 위해 사용하는 수익률곡선은 다음과 같다(예시).

40 BCBS는 무위험수익률곡선을 설계할 때 단기는 OIS(Overnight Indexed Swap)를 사용하고 장기는 swap금리사용을 예시하고 있다.

금리부상품 예시	수익률곡선
국내현물 채권	상품별 수익률곡선(KTB, MSB, KDB, BANK, CARD, AAA~BBB+, SWAP 등)
금리파생(선물, 옵션, 스왑)	KRW IRS
USD/KRW 통화파생	USD IRS/KRW CRS
USD 채권	USD TB
USD 금리파생	USD IRS, 1V3,3V6
USD 기타통화 파생	USD IRS/ 통화별 CRS
JPY, GBP, EUR, CNY, HDK 등 금리파생	통화별 IRS, JPY3V6, EUR3V6
JPY, GBP, EUR, CNY, HDK 등 이종통화 파생	통화별 CRS

4.4.1.2 인플레이션율

은행이 물가연동국채를 보유한 경우 동채권은 소비자물가지수(CPI)에 따라 원리금 지급이 영향을 받으므로 GIRR과 인플레이션율에 의한 금리리스크를 측정한다.

리스크	리스크요소	만기구간
GIRR	KRW KTB	GIRR과 동일
CSR	KRW KTB	CSR과 동일
인플레이션 리스크	KRW KTB+CPI	GIRR과 동일

4.4.2 CSR

신용스프레드 리스크는 신용등급별 수익률곡선에 의해 산출하므로 앞서 설명한 GIRR 산출을 위한 수익률곡선과 동일한다. 다만 CSR의 리스크요소는 5개 구간(tenors)의 구분한다.

4.4.3 Equity risk

Equity Risk의 리스크요소는 주가지수와 개별주식으로 구분한다. 통화별로 Equity Risk의 리스크요소를 다음과 같이 설정할 수 있다. (예시)

국가	통화명	통화표기	리스크요소(지수)	리스크요소(주식)
대한민국	원	KRW	KOSPI200	개별주식
미국	달러	USD	S&P500, DJ EURO STOXX50	개별주식
일본	엔	JPY	NIKKEI225	개별주식
EU	유로	EUR	SX5E	개별주식
홍콩	달러	HKD	HANGSENG, HSCEI	개별주식

4.4.3.1 Equity repo rate

국내에는 신뢰할만한 자료가 없는 실정이라 무시한다.

4.4.4 Commodity Risk

상품 선도가격의 만기구간 데이터를 리스크요소로 설정할 수 있다(예시).

상품군	상품종류	기초자산명	만기구간
에너지	원유(Crude Oil)	NYMEX WTI	1,2,3,6M, 1,2,3Y
		ICE Brent	1,2,3,6M, 1,2,3Y
	천연가스 (Natural Gas)	NYMEX 천연가스	1,2,3,6M, 1,2,3Y
	휘발유(Gasoline)	NYMEX 무연휘발유	1,2,3,6M, 1,2,3Y
	등유(Kerosene)	Platts Singapore Kerosene	spot, 1,2,3,4,5,6,7,8,9,10,11M, 1,2,3Y
	경유(Gas Oil)	Platts Singapore Gas Oil 0.5%	spot, 1,2,3,4,5,6,7,8,9,10,11M, 1,2,3Y
	석탄(Coal)	Global Coal Newcastle	spot, 1,2,3,4,5,6,7,8,9,10,11M, 1,2,3Y
		TFS API2	spot, 1,2,3,4,5,6,7,8,9,10,11M, 1,2,3Y
농산물	원당(Sugar)	NYBOT 원당	1,2,3,6M, 1,2,3Y
	원면(Cotton)	NYBOT 원면	1,2,3,6M, 1,2,3Y
	커피(Coffee)	NYBOT 커피	1,2,3,6M, 1,2,3Y
	코코아(Cocoa)	NYBOT 코코아	1,2,3,6M, 1,2,3Y
	대두(Soybean)	CBOT 대두	1,2,3,6M, 1,2,3Y
	옥수수(Corn)	CBOT 옥수수	1,2,3,6M, 1,2,3Y
	캐놀라(Canola)	ICE WINNIPEG 캐놀라	1,2,3,6M, 1,2,3Y
비철 금속	구리(Copper)	LME 전기동	spot, 1,2,3,4,5,6,7,8,9,10,11M, 1,2,3Y
		COMEX 전기동	spot, 1,2,3,4,5,6,7,8,9,10,11M, 1,2,3Y
	알미늄(Aluminum)	LME 알루미늄	spot, 1,2,3,4,5,6,7,8,9,10,11M, 1,2,3Y

상품군	상품종류	기초자산명	만기구간
	납(Lead)	LME 납	spot, 1,2,3,4,5,6,7,8,9,10,11M, 1,2,3Y
	니켈(Nickel)	LME 니켈	spot, 1,2,3,4,5,6,7,8,9,10,11M, 1,2,3Y
귀금속	금(Gold)	LBMA 금	spot, 1,2,3,4,5,6,9M, 1,2,3Y
		COMEX 금	spot, 1,2,3,4,5,6,9M, 1,2,3Y
	은(Silver)	LBMA 은	spot, 1,2,3,4,5,6,9,18M, 1,2,3Y
		COMEX 은	spot, 1,2,3,4,5,6,9,18M, 1,2,3Y
운임	운임(Freight)	PANAMAX 4TC	spot, 1,2,3,4,5,6,7,8,9,10,11M, 1,2,3Y
		TC4	spot, 1,2,3,4,5,6,7,8,9,10,11M, 1,2,3Y
		TC5	spot, 1,2,3,4,5,6,7,8,9,10,11M, 1,2,3Y
		TD3	spot, 1,2,3,4,5,6,7,8,9,10,11M, 1,2,3Y

4.4.5 Foreign Exchange risk(FX risk)

외환포지션의 통화별로 리스크요소를 설정할 수 있다(예시).

국가	통화명	통화표기
미국	달러	USD
일본	엔	JPY
영국	파운드	GBP
EU	유로	EUR
호주	달러	AUD
바레인	디나르	BHD
캐나다	달러	CAD
스위스	프랑	CHF
중국	위안	CNY
		CNH
홍콩	달러	HKD
인도네시아	루피	IDR
말레이시아	링기트	MYR
필리핀	페소	PHP
러시아	루블	RUB
싱가포르	달러	SGD
태국	바트	THB
대만	달러	TWD
베트남	동	VND
브라질	레알	BRL

4.4.6 Vega 리스크

옵션상품의 Vega risk 측정을 위해 기초자산의 내재변동성을 리스크요소로 설정할 수 있다.

4.4.6.1 금리변동성

국가	통화명	통화표기	리스크요소	구간
대한민국	원	KRW	KRW CAP	1,2,3,4,5,7,10Y
			KRW SWAPTION	(옵션만기 : 3,6M, 1,3,5,7,10Y) x (스왑만기 : 1,2,3,4,5,7,10,15Y)
미국	달러	USD	USD CAP	1,2,3,4,5,7,10Y
			USD SWAPTION	(옵션만기 : 3,6M, 1,3,5,7,10Y) x (스왑만기 : 1,2,3,4,5,7,10,15Y)

4.4.6.2 Equity 변동성

4.4.6.2.1 주가지수

주가지수 변동성의 만기구간에 대해서 리스크요소를 설정한다.

국가	통화명	통화표기	리스크요소	구간
대한민국	원	KRW	KOSPI200	(옵션만기: 1,3,6M, 1,2,3Y)
미국	달러	USD	S&P500 DJ EURO STOXX50	
일본	엔	JPY	NIKKEI225	
EU	유로	EUR	SX5E	
홍콩	달러	HKD	HANGSENG HSCEI	

4.4.6.2.2 개별주식

개별주식 변동성의 만기구간에 대해서 리스크요소를 설정한다.

국가	통화명	통화표기	리스크요소	구간
대한민국	원	KRW	개별주식	(옵션만기 :1,3,6M, 1,2,3Y)
미국	달러	USD	개별주식	
일본	엔	JPY	개별주식	

4.4.6.3 FX변동성

환율 변동성의 만기구간에 대해 리스크요소를 설정한다.

기준통화	상대통화	구간
EUR	USD	(옵션만기 :1,2,3,6M, 1,2,3Y)
USD	JPY	상동
USD	KRW	상동
USD	CNY	상동
USD	CNH	상동
EUR	KRW	상동
JPY	KRW	상동
HKD	KRW	상동

4.4.6.4 Commodity 변동성

금리옵션과 동일하게 상품옵션의 만기에 대한 변동성을 리스크요소로 설정한다.

5. 리스크 측정 hierarchy

5.1 집계코드 정의

집계코드는 시장리스크 규제자본 산출 및 내부 분석 목적을 위해 은행에서 자체적으로 분류하여 관리하는 키(Key)로서 리스크 조직별 또는 상품별 측정 결과의 조합에 필요한 계층 구조를 설정하기 위해 사용하며 다음과 같은 범주로 구분할 수 있다.

- 조직코드 : 계정구분(은행/신탁), 사업본부, 부점(운영팀) 구분, 데스크 구분, 펀드코드, 딜러코드, 신탁펀드 유형코드 등
- 상품분류 코드 : 상품군, 리스크요소, 상품대분류, 상품중분류, 상품소분류 등
- 기타 코드 : 투자구분, 계정코드, 원화/외화 구분, 내부거래 여부 등

은행의 시장리스크 분석을 위한 집계코드는 사용자 정의 Key(User Defined Key)로 관리하며 각각 다음과 같이 설정할 수 있다(예시).

UD Key	구분	설명
User Defined Key 1	계정구분	은행/신탁/자회사
User Defined Key 2	사업본부	사업본부코드
User Defined Key 3	부점(운영팀)코드	부/실/점 코드
User Defined Key 4	데스크구분	데스크 코드
User Defined Key 5	딜러구분	트레이더 코드
...	...	...

5.2 리스크 분석용 hierarchy(계층구조) 설정

FRTB(2019) 체계에서는 모든 은행의 표준방법 사용을 의무화하고 있다. 다만 향후 내부모형 사용을 목표로 하고 있는 은행의 경우에는 내부모형 승인이 트레이딩 데스크 단위로 이루어지며, 적격하다고 승인받지 못한 데스크는 표준방법에 의해 자본량을 산출하여야 하므로 은행은 데스크별 표준방법 산출체계를 구축하는 것이 필요하다[41].

따라서 위에서 정의한 집계코드를 근거로 그룹별 리스크 집계량을 산출하기 위한 hierarchy(계층구조)는 최소한 데스크 단위로 설정하며, 설정된 hierarchy에 따라 분석 결과를 산출, 적재하고 보고서로 출력하는 것이 유용할 수 있다.

트레이딩 데스크의 구분과 관련하여서는 제5장의 3과 4(트레이딩 데스크의 구분과 적격성 확인)를 참조할 것.

41 적격트레이딩 데스크의 요건을 감안하면, 최소한 데스크별로 팀장 트레이더(Head trader)가 있어야 하며 독립적인 보고체계 및 보상체계를 갖추어야 하므로 현행 조직체계에서 트레이딩 부서내 조직규정상 명시된 독립팀을 트레이딩 데스크로 구분할 수 있을 것이다.

6. 표준방법에 의한 상품별 리스크 측정

6.1 현행 기준과 FRTB(2019) 기준의 표준방법 비교

[표 3-7] 현행 기준과 FRTB(2019)의 표준방법 비교

		현행	FRTB(2019)
측정 및 보고주기		-	월별(monthly)
리스크군 (risk class)		일반(금리)	GIRR, CSR(비유동화), CSR(유동화 non-CTP), CSR(유동화 CTP)
		일반(equity, FX, 일반상품), 옵션(Vega, Gamma)	equity, FX, 일반상품, 옵션(Vega, Curvature)
		개별	부도리스크(비유동화), 부도리스크(유동화 non-CTP) 부도리스크(유동화 CTP)
잔여리스크추가분		-	액면금액x(0.1% 또는 1%)
Gold		FX리스크	일반상품(Commodity)리스크
리스크 측정	금리	시가×RW, disallowance 적용	시가의 민감도×RW, 상관관계 적용
	기타	시가×RW	시가의 민감도×RW, 상관관계 적용
RW 부여		동일자산군의 RW는 거의 동일	동일 자산군이라도 상품특성(bucket)별로 RW차별화
상관관계 반영		-	Bucket내, bucket간 상관계수 적용
상계 포지션		파생상품의 경우 leg별로 구분하여 상계 가능	별도 상계규정 없음
옵션리스크 필요 데이터		Delta, gamma, Vega,변동성	Vega, 내재변동성
자본량 추산	GIRR	-	단기 RW상승, 장기 RW하락, disallowance가 없으므로 대체로 증가
	CSR	-	추가부과
	Equity	-	RW의 대폭상승(8%→15~70%)으로 증가
	FX		RW 상승(8%→15%)으로 증가
	일반 상품		RW의 대폭상승(1.5%~15%→20~80%) 으로 증가
	옵션		기초자산 RW의 상승으로 증가
	부도		RW 상승으로 증가

6.2 상품별 측정 대상 리스크 및 리스크 측정 기초금액

1. 시장리스크 표준방법을 사용할 때의 주요한 가정은, 실제손익 보고를 위한 은행의 평가모델이 시장리스크 규제자본량 결정을 위해 적정한 기준을 제공할 것이라는 것이다.

   이를 위해 은행은 Basel Ⅱ의 718(c) 부터 718(cxii)에 있는 건전한 평가를 위한 요구사항을 준수하여야 한다. (별표1참조)

2. FRTB(2019) 기준은 현행 기준과 비교하여 리스크의 종류를 추가하여 세분화 하였으며, 리스크를 측정하는 접근법을 다음과 같이 수정하였다.

   (1) 금리리스크를 GIRR과 CSR로 구분하여 측정대상 포지션의 신용도에 따라 구분하고

   (2) 리스크 측정에 대한 기본 개념은 현행과 동일하다. 현행 방법은 포지션의 시가에 위험가중치를 곱한 후 만기 그룹간 disallowance(%)를 적용하는 방법(금리리스크의 경우)이나, FRTB(2019)는 포지션의 시가에 대한 민감도(금리의 경우 PV01, CS01, 그 외의 경우 1% 변화에 따른 가치변화)를 먼저 산출한 후 위험가중치를 곱한 후 상관관계를 반영한다.

   (3) 모든 상품(옵션 포함)의 민감도는 평가모형에 의해 측정하며, 리스크 측정의 기초금액이 된다.

   (4) 옵션 상품의 민감도 산출시, 기초자산가격의 변화에 대해 내재변동성은 어떻게 변하는가는 아래 2가지 가정 어느 것이라도 가능하다.

      (a) sticky strike: 기초자산 가격이 변할 때, 주어진 행사가격을 가진 옵션의 내재변동성은 변하지 않는다.

      (b) sticky Delta: 기초자산 가격이 변할 때, 주어진 Delta를 가진 옵션의 내재변동성은 변하지 않는다. 예를 들어 지수의 수준이 100에서 ATM옵션의 내재변동성이 30%라고 하자. 지수가 90으로 하락할 때, sticky Delta를 따르면 90의 행사가격을 가진 옵션의 변동성이 30%가 된다.

   (5) 옵션 상품의 경우 측정대상포지션은 다음과 같이 정리한다.

- Delta 민감도는 옵션평가모델에 의해 계산한 옵션의 민감도를 대상으로 한다.
- FX 리스크는 옵션의 공정가치를 대상으로 측정하며, 이종통화옵션의 경우 2가지 통화에 대해 부호를 반대로 하여 FX 리스크를 측정한다.

FRTB(2019) 기준에서 주요 상품의 리스크와 측정대상 포지션은 아래과 같이 정리할 수 있다.

6.2.1 금리 포지션

- 채권(고정채, 변동채) : 시장가치에 기초하여 GIRR, CSR(비유동화), 부도리스크(비유동화)를 측정, 외화표시인 경우 FX리스크 측정
- 금리선물/선도/ FRA : 시장가치에 기초하여 GIRR측정, 외화표시인 경우 FX리스크 측정
- 금리옵션 : 옵션의 금리민감도에 기초하여 GIRR 측정, 공정가치 기준으로 옵션리스크(Vega, Curvature) 측정, 외화표시인 경우 공정가치 기준으로 FX 리스크 측정
- 금리스왑 : 매입leg와 매도leg를 분리 또는 스왑전체에 대하여 각각의 시장가치에 기초하여 GIRR 측정, 외화표시인 경우 스왑의 시장가치에 기초하여 FX리스크 측정
- 스왑션 : 1개의 공정가치 또는 2개의 공정가치(매입leg와 매도leg)에 대해 GIRR을 측정하고 옵션가치를 기준으로 옵션리스크 측정
- 채권선도/선물 : 시장가치에 기초하여 GIRR, CSR(비유동화), 부도리스크(비유동화) 를 측정
- 채권옵션 : 채권옵션인 경우 GIRR, CSR(비유동화), 부도리스크(비유동화) 측정, GIRR과 CSR(비유동화)에 대한 옵션리스크 측정
- RP(Repurchase agrements) : 환매계약 기초자산 매입포지션의 시장가치에 기초하여 GIRR, CSR(비유동화), 부도리스크(비유동화)를 측정

- 역RP(Reverse repurchase agreement) : 환매계약 기초자산 매도포지션의 시장가치에 기초하여 GIRR, CSR(비유동화,) 부도리스크(비유동화)를 측정
- 인플레이션 상품 : 금리상품과 동일하게 GIRR을 측정
- 인플레이션 스왑 : 금리스왑과 동일한 방법으로 처리

6.2.2 주식 포지션

- 주식 : 시장가치에 기초하여 주식리스크와 부도리스크(비유동화)를 측정, 외화표시인 경우 FX리스크 측정
- 우선주 : 주식과 동일하게 처리
- 지수/바스켓 : 지수내 개별구성종목으로 분리하여 처리하거나 지수전체로 처리하는 것 2가지로 주식리스크와 부도리스크(비유동화)를 측정가능(제3장 7.3.11 참조)
- 주식선물/선도 : 주식선물/선도의 시장가치에 기초하여 GIRR, 주식리스크, 부도리스크(비유동화) 측정
- 주식스왑 : 주식leg는 기초자산 주식의 시장가치에 기초하여 GIRR, 주식리스크, 부도리스크(비유동화)를 측정하고, 채권 등 기타 leg가 있는 경우 해당 리스크를 측정
- 주식옵션 : 옵션의 금리민감도에 기초하여 GIRR, 공정가치에 기초하여 주식리스크와 부도리스크(비유동화), 옵션리스크 (Vega, Curvature) 를 측정, 외화표시인 경우 공정가치 기준으로 FX리스크 측정
- 주식펀드 (investment funds) : 은행이 LTA(look through approach)를 사용하는 조건에 합치한다면 기초상품을 직접 보유하고 있는 것처럼 자본을 계산(주식리스크와 부도리스크(비유동화) 측정)하고, LTA 조건에 맞지 않다면 은행계정으로 보유하고 있는 것과 유사하게 MBA(mandate based approach)나 FBA(fall back approach)에 따라 자본을 부과함[42](제3장 7.3.11 참조)

42 Capital requirements for banks' equity investments in funds(BCBS 266, 2013.12)

〈LTA〉

가. 조건

① 펀드의 기초익스포져에 대하여 충분하고 빈번하게 정보 제공(최소한 은행내부의 보고주기와 동일)

② 이 정보는 독립적인 제3자에 의해 검증

나. 방법

- 직접 보유하는 것으로 간주하여 RW 적용
- 파생상품에 대해서도 동일하게 측정하며, CVA측정에 대신하여 거래상대방신용위험(CCR) 계산시에는 CCR익스포져에 1.5를 곱한 후 계산
- 은행이 직접 RW를 계산하지 못하여 제3자에게 의뢰하는 경우 RW는 1.2배로 함

〈MBA〉

가. 방법(자본량이 LTA보다 작아서는 안됨)

- ON B/S 익스포져인 경우 : 가장 높은 RW를 갖는 자산을 펀드계약상 최고투자한도까지 투자한 것으로 가정하며, 나머지 자산은 점진적으로 낮은 RW적용
- Off B/S나 파생상품인 경우: Pillar 1의 위험가중치 적용
- 파생상품의 CCR은 CVA측정에 대신하여 CCR익스포져에 1.5를 곱한 후 계산

〈FBA〉

가. 방법

- 위험가중치 1,250% 적용

LTA(look through approach)를 사용한 RWA 계산예시

예) 주식 index를 복제한 fund를 가정한다.

- 은행은 표준방법을 사용
- 펀드 지분의 20%를 보유
- 단기(1년이내)에 적격의 중앙청산소를 통해 청산하는 주식을 기초자산으로 하는 선도계약(명목금액 $100)을 보유

〈fund의 B/S〉

자산		부채	
현금	$20	지급어음	$5
정부채(AAA)	$30	지분	
증거금(선도)	$50	자본	$95

RW 현금0%, 정부채 0%, 선도계약 2%, 주식 100%

중앙청산소를 통해 거래하므로 CVA부과분은 없음

펀드 leverage는 100/95≒1.05
은행의 펀드지분에 대한 RWA
= 펀드의 평균 RW x 레버리지 x 주식지분
= {(RWA_{cash}+RWA_{bond}+$RWA_{underlying}$+$RWA_{forward}$+RWA_{CCR})/펀드전체 자산} x 레버리지 x 주식지분
= ($20*0%+$30*0%+$100*100%+$50*20%+$100*6%*2%)/$100*1.05 *(20%*$95)
= $20.17

6.2.3 환포지션

- 외환 : 환포지션의 시장가치에 기초하여 FX리스크를 측정
- 외환선도/선물 : 선도/선물의 시장가치에 기초하여 GIRR, FX리스크를 측정 (예, 원/달러 선물의 경우, 달러는 미국채 금리로 할인한 금액, 원화는 달러 계약금액 × 결제환율 금액을 원화국채금리로 할인)
- 통화스왑 : 통화별 leg의 시장가치에 기초하여 GIRR, FX리스크를 측정
- 통화옵션 : 옵션의 금리민감도에 기초하여 GIRR 측정, 공정가치에 기초하여 FX 리스크를 측정하고 옵션리스크 (Vega, Curvature) 측정 (예, KRW/USD옵션의 GIRR은 KRW와 USD 각각의 민감도를 계산)

6.2.4 일반상품(commodity) 포지션

- 상품현물 : 상품의 시장가치에 기초하여 상품리스크 측정
- 상품선도/선물 : 선도/선물의 시장가치에 기초하여 GIRR, 상품리스크 측정
- 상품 스왑 : 상품leg는 기초자산 상품의 시장가치에 기초하여 GIRR, 상품리스크를 측정, 채권 등 기타 leg가 있는 경우 해당리스크를 측정
- 상품옵션 : 옵션의 금리민감도에 기초하여 GIRR 측정, 공정가치에 기초하여 상품리스크를 측정하고 옵션리스크 (Vega, Curvature) 측정, 외화표시인 경우 환율민감도에 기초하여 FX리스크 측정

6.2.5 신용파생(credit derivative) 포지션

- 신용부도스왑(credit default swaps) : CDS 프리미엄의 시장가치에 기초하여 GIRR, CSR(비유동화)측정, CDS 기초자산의 시장가치에 기초하여 부도리스크(비유동화) 측정
- 총수익스왑(total return swap) :총수익스왑의 계약금액과 준거자산의 액면금액에 대해 GIRR, CSR(비유동화) 측정, 준거자산의 액면금액에 기초하여 부도리스크(비유동화) 측정
- 신용연계채권(credit linked note) : CLN액면금액에 대해 GIRR,CSR(비유동화), 부도리스크(비유동화)를 측정

6.2.6 유동화 포지션

- 유동화증권(securitisations) : 시장가치에 기초하여 GIRR, CSR(유동화), 부도리스크(유동화)를 측정

6.2.7 상품별 측정 대상 리스크 요약

주요 상품의 측정 대상 리스크를 요약하면 다음과 같다.

[표 3-8] 주요상품별 측정대상리스크 정리

상품구분	GIRR	CSR (비유동화)	CSR (유동화)	주식	상품	외환	옵션(Vega, Curvature)	부도 (비유동화)	부도 (유동화)
금리포지션									
고정금리채	√ (잔존만기)	√ (잔존만기)						√	
변동금리채	√ (금리재설정일)	√ (금리재설정일)						√ (잔존만기)	
금리선물/선도, FRA	√ (기초금리만기)								
금리옵션	√ (기초금리만기)						√ (옵션만기, 기초자산만기)	√ (채권옵션)	
금리스왑	√ (스왑만기)								
스왑션	√ (스왑만기)						√ (옵션만기, 기초자산만기)		

상품구분	GIRR	CSR (비유동화)	CSR (유동화)	주식	상품	외환	옵션(Vega, Curvature)	부도 (비유동화)	부도 (유동화)
RP	√ (기초자산 만기)	√ (기초자산 만기)						√	
역RP	√ (기초자산 만기)	√ (기초자산 만기)						√	
인플레이션 연동채권	√ (잔존만기)	√ (기초자산 만기)							
인플레이션 연동스왑	√ (스왑만기)	√ (기초자산 만기)							
채권선도/선물	√ (기초채권 만기)	√ (기초채권 만기)						√	
주식포지션									
주식				√				√	
우선주				√				√	
지수/바스켓				√				√	
주식선물/선도	√ (결제일)			√				√	
주식스왑	√ (스왑만기)			√				√	
주식옵션	√ (옵션만기)			√			√ (옵션만기)	√	
전환채권				√				√	
주식펀드				√				√	
환포지션									
외환						√			
외환선도/선물	√ (결제일)					√			
통화스왑	√ (스왑만기)					√			
통화옵션	√ (옵션만기)					√	√ (옵션만기)		
상품(commodity) 포지션									
상품현물					√				
상품선도/선물	√ (결제일)				√				
상품스왑	√ (스왑만기)				√				
상품옵션	√ (옵션만기)				√		√ (옵션만기)		
신용파생 포지션									
CDS	√ (계약만기)	√ (계약만기)						√	
유동화포지션									
유동화증권	√ (잔존만기)		√ (잔존만기)						√

- GIRR, CSR 측정과 금리옵션의 옵션리스크 측정시 만기에 따라 위험가중치(RW)가 다르게 적용되며,
- 위의 표에서 외화표시 상품은 별도 표시가 없더라도 외환리스크 측정 대상이 된다. 즉, USD 채권의 경우 현행 방식과 동일하게 시장가치에 해당하는 달러 포지션은 환포지션으로 집중되어 외환리스크를 측정하여야 한다.

6.3 Offsetting 처리 기준

시장리스크 측정 대상포지션 중 동일한 상품(identical instruments)의 매입과 매도 포지션은 완전히 상계(offsetting)하여 리스크 측정대상에서 제외할 수 있다.

상계를 할 수 있는 기준은 엄격하게 적용되어야 하므로 현행 감독원 기준에서는 상계가능 요건을 명시하고 있다. 다만 FRTB(2019)의 경우는 실무에 적용할 수 있는 명확한 기준을 제시하고 있지 않으므로 상품간, leg간 상계가 적용되지 않는 것으로 보아야 할 것이다.

6.3.1 금융감독원 현행 상계요건

6.3.1.1 금리 관련 포지션 간의 상계

- 동일한 금리관련상품(발행인, 이표금리, 표시통화, 만기 등이 동일)에 대한 매입과 매도포지션은 완전상계하여 산출대상에서 제외
- 선물 또는 선도거래의 포지션과 이와 일치되는 기초자산의 반대포지션은 상계. 다만, 선물 또는 선도거래의 계약이행 조건상 일정 범위의 기초자산을 인도할 수 있는 경우에는 매도자에게 가장 유리한 기초자산(Cheapest-to-Delivery)만 상계
- 기초자산, 통화 및 금액이 일치하는 동일한 범주의 반대포지션은 다음 조건을 충족할 때 상계[43]

43 상품 전체로 상계할 수도 있으나, 매입과 매도 leg로 분리하여 각각 상계할 수도 있음

가. 선물 : 만기차가 7일 이내일 것

나. 스왑 및 FRA : 다음 요건을 충족할 것

A. 변동금리에 대한 기준금리(reference rate)가 동일하고, 이표금리(coupon rate)의 차이가 15베이시스포인트(0.15%p) 이내일 것

B. 차기 금리변경일까지의 기간 또는 잔존만기별로 다음 조건을 충족할 것

a. 잔존만기가 1월 미만인 경우 : 차기 금리변경일 또는 만기가 같을 것

b. 잔존만기가 1월 이상 1년 이하인 경우 : 차기 금리변경일 또는 만기차가 7일 이내일 것

c. 잔존만기가 1년을 초과하는 경우 : 차기 금리변경일 또는 만기차가 30일 이내일 것

다. 선도거래 : 나-B의 요건을 충족할 것

6.3.1.2 신용파생상품을 이용한 금리 개별리스크[44] 상계

- 완전 상계(full allowance) : 헷지대상 포지션과 신용파생상품의 가치변화가 헷지하고자 하는 신용사건의 발생에 대하여 항상 반대방향으로 동일하게 움직이면서 다음 각호의 1에 해당하는 경우 개별리스크를 완전 상계

  가. 헷지대상 포지션과 신용파생상품의 기초자산이 동일한 경우

  나. 헷지대상 포지션이 총수익스왑(total return swap)에 의하여 헷지되고 해당 파생상품의 준거자산(reference obligation)[45]과 헷지대상 포지션이 동일한 경우

- 80% 상계 : 헷지대상 포지션과 신용파생상품의 가치변화가 헷지하고자 하는 신용사건의 발생에 대하여 그 변동금액은 동일하지 않지만 항상 반대방향으로 움직이면서 다음의 조건을 모두 충족하는 경우 개별리스크가 큰

---

44 FRTB(2019) 기준에서 개별리스크는 신용스프레드리스크(CSR)과 부도리스크(default risk)를 말한다.

45 신용파생상품 계약에서 명시되어 신용보장의무 발생 기준이 되는 근거자산

포지션의 개별리스크 중 80%와 다른 포지션의 개별리스크를 서로 상계

가. 헷지대상 포지션이 신용부도스왑(credit default swap) 또는 신용연계채권(credit linked note)으로 헷지되는 경우

나. 신용파생상품과 준거자산의 만기가 일치

다. 신용파생상품의 준거자산과 헷지대상 포지션의 통화가 일치

라. 신용파생상품의 신용사건, 결제방법 등 주요 계약조건으로 인한 신용파생상품의 가격변동이 헷지대상 포지션의 가격변동폭과 큰 차이가 발생하지 않는 경우

- 일방 상계(partial allowance) : 헷지대상 포지션과 신용파생상품의 가치변화가 항상 반대방향으로 움직이면서 다음 각호의 1에 해당하는 경우는 개별리스크가 큰 포지션에 대한 개별리스크만 측정하고 다른 포지션의 개별리스크는 상계

가. 완전상계의 나.에 해당하는 경우로서 헷지대상 포지션이 총수익스왑(total return swap)의 준거자산과 일치하지 않는 경우 (단, 이 경우에도 은행업감독업무시행세칙<별표3>에서 정한 신용위험경감기법의 적격요건[46]을 충족하여야 함)

나. 완전상계의 가. 또는 80% 상계에 해당하는 경우로서 파생상품의 신용보장 부분과 헷지대상 포지션 간의 통화 또는 만기가 불일치하는 경우

다. 80% 상계에 해당하는 경우로서 헷지대상 포지션과 신용파생상품의 기초자산이 불일치한 경우

6.3.1.3 주식 관련 포지션 간의 상계

주식관련 파생상품은 기초자산으로 변환하여 동일한 주식의 반대 포지션을

46 기초자산과 준거자산(reference obligation)이 불일치 하는 경우에는 다음 각호의 요건을 모두 충족하여야 함.

(가) 기초자산의 변제순위가 준거자산의 변제순위보다 우선하거나 동순위일 것

(나) 준거자산과 기초자산의 발행자(채무자)가 동일하고, 법적으로 유효한 교차부도 조항 등이 설정되어 있을 것

상계한 후의 순매도 또는 순매수 포지션에 대하여 개별리스크 및 일반시장리스크를 산출[47]

6.3.2 FRTB(2019) 기준

6.3.2.1 일반 요건

- 현행기준(STANDARDS: Minimum capital requirements for markwt risk, 2019)에는 offset관련하여 명시적인 규정이 없으며 부도리스크 JTD 상계만 인정하고 있다.
- 그러므로 상품간 offsetting은 없으며, 상품의 동일성(통화나 발행인, 만기 등)이 인정되는 경우 위험가중민감도를 netting 함으로써 일부 offsetting이 이루어지는 것으로 볼 수 있다.
  * 과거기준(Instructions for Basel III monitoring(2015.2.13))에는 동일한 리스크요소를 가진 포지션은 완전히 상계한다고 명시(53. Prior to applying the calculations in this section, positions in the same risk factor should be fully offset.)

이하는 CD 1~3에서 언급된 내용임(6.3.2.2~6.3.2.10 내용 포함)

- 동일한 상품(identical instruments)의 반대 포지션은 완전 상계하여 산출대상에서 제외
- 파생상품 또는 repo거래의 기초자산을 포함하여 상품이 동일한 계약파라미터(contractual parameters)를 가지고 있다면 동일포지션으로 간주. 파생상품이나 repo 거래의 거래상대방의 동일여부는 상관하지 않음
- 지수의 경우 구성요소로 분리하여 측정하는 경우 반대 포지션은 상계 가능
- 금리포지션의 경우 현행 기준에서는 leg별로 구분하여 상계 가능한 기준이 있었으나, FRTB(2019)에서는 이에 해당하는 기준이 별도로 존재하지 않음.

47 동일한 주식에 대한 현물매입포지션과 선물매도포지션은 상계하며 상계되지 않은 잔여 포지션(순매수 또는 순매도 포지션)에 대해서는 개별리스크 및 일반시장리스크를 산출한다(그 반대의 경우도 성립한다).

6.3.2.2 GIRR 동일성 요건

- 기초자산, 발행인, 이표금리, 표시통화, 만기가 동일한 경우(<원문> same underlying name, maturity, issue & coupon)

6.3.2.3 CSR(비유동화) 동일성 요건

- 기초자산, 발행인, 이표금리, 표시통화, 만기가 동일한 경우(<원문> same underlying name, maturity, issue & coupon)

> **〈추가사항〉**
> 「Revised standardised approach for market risk (2014.3.10)」에 의하면 채무증권과 신용파생상품간의 CSR(비유동화)을 상계할 수 있는 요건을 다음과 같이 명시하고 있음
>
> 121. 채무증권과 신용파생상품간에는 reference obligation, 이표지급일, 만기, 통화가 완전히 일치하는 경우 offset이 허용된다. reference obligation의 정확한 일치기준은 해당채무증권이 신용파생상품 문서상의 양도가능 obligation에 포함되어 있는 것이다.
> 이표지급일/만기의 일치기준은 채무증권과 신용파생상품간의 이표지급일/만기가 20영업일 이내이면 된다.

6.3.2.4 CSR(유동화) 동일성 요건

- 기초자산, 발행인, 이표금리, 표시통화, 만기, 트랜치(신용등급)가 동일한 경우(<원문> same underlying name, seniority, maturity, issue & coupon)
- 트랜치의 구분은 다음 기준을 적용할 수 있음
  Equity : detachment point가 10% 이하인 트랜치
  Mezzanine : attachment point > 10%, detachment point < 30%인 트랜치
  Senior : attachment point가 30% 이상인 트랜치
  Detachment point와 attachment point가 중복되는 트랜치는 위의 기준에 따라 비례적으로 분해함

6.3.2.5 주식(Equity) 동일성 요건

- 동일한 주식(<원문> same equity name)

6.3.2.6 상품(commodity) 동일성 요건

상품리스크 측정기준 및 상관관계 적용요건 등을 검토하여 동일한 상품의 기준은 다음과 같이 정리할 수 있다.

- 상품(commodity)타입별이 아니라 instruments의 동일성이 확인되어야 하며, 동일 instruments는 기초자산, 만기, 등급, 지역이 완전히 동일하여야 함 (<원문> 별도 요건없이 identical instruments의 매입과 매도 포지션은 상계한다고 규정)

6.3.2.7 FX 동일성 요건

RWA 계산 과정에서 상계 처리

6.3.2.8 옵션(option) 동일성 요건

기초자산, 옵션의 형태(call 또는 put), 만기, 행사가격, barrier 등 기타 옵션 조건이 동일한 경우(<원문> equal contractual parameters(maturity, strike, type of option(call or put), barrier and all other parameters)

6.3.2.9 부도리스크(비유동화) 동일성 요건

RWA 계산 과정에서 상계 처리

6.3.2.10 부도리스크(유동화) 동일성 요건

- 기초자산 pool 또는 index, 지역, 트랜치(equity, mezzanine, senior)가 동일
- 기초자산이 회사(corporate)인 경우 지역을 아울러 트랜치 군내(equity, mezzanine, senior별로)헷지 허용
- 자산군간(RMBS/CMBS, 신용카드 ABS, 자동차 ABS)의 헷지는 불허

6.4 리스크/포지션별 데이터 요구사항 정의

6.4.1 리스크/포지션별 리스크 측정 데이터 요구사항

상품별 리스크군(risk class)별 리스크 측정을 위해 개별 상품별로 요구되는 최소의 데이터를 다음과 같이 정리한다.

FRTB(2019) 기준에서는 자산의 특성에 따라 bucket을 구분하고 RW를 차별화하고 있는바(GIRR은 만기별로 차별), 리스크 측정을 위해 개별상품은 아래의 RW 적용요건과 bucket 내 상관관계 적용을 위한 요건을 구비하여야 한다. Delta, Vega, Curvature 리스크 측정을 위한 bucket 구분 기준은 동일하게 적용된다.

[표 3-9] 리스크 측정 데이터 요구사항 정리

리스크	대상 포지션	리스크 측정 요건 데이터	
		RW 적용 요건	Bucket 내 상관관계 적용 요건
GIRR	금리리스크요소를 포함한 포지션	통화별, 만기(기초자산만기, 상품만기 또는 결제일)	만기(기초자산만기, 상품만기 또는 결제일), 수익률곡선
CSR (비유동화) (유동화CTP)	채권현물, CTP 및 채권을 기초자산으로 하는 파생상품	신용등급, 섹터(표준산업분류코드)	발행인스프레드(또는 name), 만기, 수익률곡선
CSR (유동화 non-CTP)	기초자산이 채권인 유동화증권	트랜치별 seniority, 유동화 섹터(RMBS/CMBS, ABS, CLO, 기타)	트랜치, 만기, 수익률곡선
주식	주식현물 및 기초자산이 주식인 파생상품	시가총액규모(2조원이상, 미만), 발행인 영업지역(emerging, developed), 발행인 표준산업분류코드	발행인, 시가총액규모, 영업지역
일반상품 (commodity)	일반상품 및 기초자산이 일반상품인 파생상품	11개 상품군	상품, 만기, 인도지
FX	외환포지션 및 외환이 기초자산인 파생상품	단일 RW	별도정의되지 않음

<table>
<tr><th colspan="2" rowspan="2">리스크</th><th rowspan="2">대상 포지션</th><th colspan="2">리스크 측정 요건 데이터</th></tr>
<tr><th>RW 적용 요건</th><th>Bucket 내 상관관계 적용 요건</th></tr>
<tr><td rowspan="2">옵션</td><td>Vega</td><td rowspan="2">옵션부 상품</td><td>리스크군별 RW
(유동성기간 반영)</td><td>GIRR은,
옵션만기ρ x 기초자산만기ρ
기타리스크군은 Delta ρ x 옵션만기ρ</td></tr>
<tr><td>Curvature</td><td>•GIRR, CSR, 일반상품은 단일 RW
•주식, FX는 Delta와 동일</td><td>Delta ρ의 제곱</td></tr>
<tr><td colspan="2">부도
(비유동화)</td><td>채권/주식현물(부도채권 포함) 및
채권/주식 파생상품</td><td>•JTD 계산: 명목금액, 시장가치
•Netting : 발행인(동일채무자), senerioty, 만기
•RW부여 : 신용등급
•Bucket : 회사, 국가, 지방자치단체</td><td>-</td></tr>
<tr><td colspan="2">부도
(유동화 non-CTP)</td><td>채권/주식을
기초자산으로하는
유동화증권</td><td>•JTD 계산: 트랜치별 시장가치
•Netting : 기초자산, AP/DP, 만기
•RW부여 : AP/DP, 기초자산 RW, 부실기초자산비율 등
•Bucket : 자산군(회사/기타11개), 지역</td><td>-</td></tr>
<tr><td colspan="2">부도(유동화 CTP)</td><td>CTP</td><td>•JTD 계산: CTP의 시장가치
•Netting : 만기, index상품 (family,series, 트랜치)
•RW부여 : (비트랜치형) CTP의 신용등급
(트랜치형) AP/DP, 기초자산 RW, 부실기초자산비율 등
(NTD) 트랜치형과 동일
•Bucket : 개별 index명</td><td></td></tr>
</table>

7. 리스크 측정 방법

7.1 리스크 산출 요약

7.1.1 총리스크의 개념

총리스크는 민감도기준 리스크와 부도리스크, 잔여리스크 추가분을 단순합산하여 산출한다.

총리스크=민감도기준 리스크+부도리스크+잔여리스크 추가분

여기서 민감도기준리스크= Delta리스크+Vega리스크+Curvature리스크 이며 Delta, Vega, Curvature 리스크 자본량은 단순합산한다..

7.1.2 민감도기준 리스크의 산출 절차

[표 3-10] 민감도기준 리스크 산출 절차

단계	Delta리스크	Vega 리스크	Curvature 리스크
1단계	대상포지션의 risk class 구분	좌동	좌동
2단계	bucket별 배정	좌동	좌동
3단계	리스크요소별 Delta민감도 계산 (tenor 구분)	Vega 민감도 계산	Curvature 민감도(RW 변화치에 대한 변화분 - Delta변화분) 계산
4단계	위험가중리스크 산출(net 민감도× RW)	좌동	Net Curvature자본량 산출
5단계	bucket내 리스크 산출(4단계 산출값에 상관계수 적용)	좌동	좌동
6단계	Delta리스크 : bucket간 리스크 산출(5단계 산출값에 상관계수 적용)	좌동	좌동
7단계	상관계수를 조정하여 5~6단계 반복	좌동	좌동
8단계	3가지 값 중 max값 선택	좌동	좌동

7.1.3 (비유동화)부도리스크의 산출 절차

단계	업무
1단계	익스포져별 gross JTD 계산
2단계	동일 채무자별 net JTD 계산
3단계	부도리스크 자본량 부과
3-1	위험가중 net JTD 계산
3-2	Bucket(회사, 국가, 지방자치단체)별 위험가중 net JTD 배정
3-3	HBR(hedge benefit ratio)계산
3-4	Bucket 내 자본량 계산
3-5	전체 자본량 계산

7.1.4 유동화(non-CTP)부도리스크의 산출 절차

단계	업무
1단계	트랜치별 gross JTD 계산
2단계	동일 트랜치별 net JTD 계산
3단계	부도리스크 자본량 부과
3-1	위험가중 net JTD 계산
3-2	Bucket(자산군)별 위험가중 net JTD 배정
3-3	HBR(hedge benefit ratio)계산
3-4	Bucket 내 자본량 계산
3-5	전체 자본량 계산

7.1.5 유동화(CTP)부도리스크의 산출 절차

단계	업무
1단계	CTP별 gross JTD 계산
2단계	동일 CTP별 net JTD 계산
3단계	부도리스크 자본량 부과
3-1	위험가중 net JTD 계산(트랜치형과 비트랜치형 구분)
3-2	Bucket(index)별 위험가중 net JTD 배정
3-3	HBR(hedge benefit ratio)계산
3-4	Bucket 내 자본량 계산
3-5	전체 자본량 계산

7.2 민감도기준 리스크 측정 방법 요약

7.2.1 Delta와 Vega리스크 측정 방법 요약

Delta리스크와 Vega리스크는 리스크요소의 변화에 따른 평가금액의 1차 민감도를 기준으로 산출한 리스크를 의미한다.

Delta리스크와 Vega리스크는 아래와 같이 동일한 절차에 따라 측정한다.

단, Delta리스크와 Vega리스크는 반드시 분리하여 계산하여야 하며, Delta리스크요소와 Vega리스크요소간에는 어떠한 분산효과도 인정하지 않는다.

[표 3-11] Delta와 Vega리스크 측정방법 정리

<table>
<tr><th colspan="2">구분</th><th>GIRR</th><th>CSR
(비유동화)</th><th>CSR
(유동화)</th><th>주식</th><th>상품</th><th>FX</th></tr>
<tr><td rowspan="2">리스크
요소별
sensiti
-vity측정</td><td>Delta</td><td>$S_{k,r_t} = \frac{V_i(r_t + 0.0001, cs_t) - V_i(r_t, cs_t)}{0.0001}$
r_t:통화별 무위험이자율커브
cs_t : 신용스프레드커브
$V_i(.)$: 무위험이자율과 CSR 커브함수에 의한 상품 i의 시장가치</td><td colspan="2">$S_{k,cs_t} = \frac{V_i(r_t, cs_t + 0.0001) - V_i(r_t, cs_t)}{0.0001}$</td><td colspan="3">$S_k = \frac{V_i(1.01X_k) - V_i(X_k)}{0.01}$
X_K :
주가/상품가격/환율</td></tr>
<tr><td>Vega</td><td colspan="6">Vega x 내재변동성, Vega=$\frac{C(1.01\sigma)-C(\sigma)}{0.01}$</td></tr>
<tr><td colspan="2">리스크요소(risk factor)별 net 민감도 계산</td><td colspan="6">리스크요소 k에 노출된 모든 상품의 순 민감도(net sensitivity)계산(k 리스크요소에 해당되는 모든 민감도를 netting)</td></tr>
<tr><td colspan="2">위험가중민감도 계산</td><td colspan="6">net 민감도별로 위험가중치를 곱한다. $WS_k = RW_k s_k$</td></tr>
<tr><td colspan="2">동일 Bucket내
리스크포지션 계산</td><td colspan="6">$K_b = \sqrt{\max(0, \sum_k WS_k^2 + \sum_k \sum_{k \neq l} \rho_{kl} WS_k WS_l)}$
리스크요소별 위험가중민감도에 미리 정해진 상관계수 을 적용하여 Bucket b의 Delta(또는 Vega)리스크포지션을 계산한다. root안의 값은 0이상으로 한다.</td></tr>
<tr><td colspan="2">Bucket간 리스크포지션을 합산하여 리스크자본량 계산</td><td colspan="6">Delta(또는 Vega) risk charge=$\sqrt{\sum_b K_b^2 + \sum_b \sum_{c \neq b} \gamma_{bc} S_b S_c}$
bucket b의 모든 리스크요소에 대해, $S_b = \sum_k WS_k$
bucket c의 모든 리스크요소에 대해, $S_c = \sum_k WS_k$
다만, 만약 root안의 값($\sum_b K_b^2 + \sum_b \sum_{c \neq b} \gamma_{bc} S_b S_c$)이 (-)가 되는 경우에는
bucket b의 모든 리스크요소에 대해, $S_b = \max[\min(\sum_k WS_k, K_b), -K_b]$
bucket c의 모든 리스크요소에 대해, $S_c = \max[\min(\sum_k WS_k, K_c), -K_c]$로 수정하여 자본량을 계산한다.</td></tr>
</table>

7.2.2 Curvature 리스크 측정방법 요약

- Curvature 리스크자본량은 주어진 리스크요소에 스트레스 시나리오(상향식 충격과 하향식 충격)를 적용하여 계산한다.
- 이 때 이미 계산한 Delta리스크 자본량은 제거한다.
- 2가지 시나리오는 위험가중치 만큼 충격을 주며, 최악의 손실에 대해 상관계수를 적용하여 합산한다.
- 아래의 절차는 리스크군(risk class)별로 분리하여 적용한다.

[표 3-12] Curvature 리스크 측정방법 정리

구분	계산과정
리스크 요소별 Curvature 측정	$\mathrm{CVR}_k^+ = -\sum_i \left\{ \mathrm{V_i}\left(\mathrm{x_k^{RW^{(Curvature)+}}}\right) - \mathrm{V_i(x_k)} - \mathrm{RW_k^{(Curvature)}} \cdot \mathrm{s_{ik}} \right\}$ $\mathrm{CVR}_k^- = -\sum_i \left\{ \mathrm{V_i}\left(\mathrm{x_k^{RW^{(Curvature)-}}}\right) - \mathrm{V_i(x_k)} + \mathrm{RW_k^{(Curvature)}} \cdot \mathrm{s_{ik}} \right\}$ ① GIRR, CSR, 일반상품의 Curvature리스크는, 통화별 수익률곡선 내의 모든 만기구간(all tenors)에 대해 상향(또는 하향) 평행이동한 후의 변화분에 Delta 리스크 포지션을 차감(또는 가산)한 최악의 손실(+의 값으로 표시)로 정의 FX와 주식의 Curvature리스크는 Delta위험가중치를 적용한 변화분을 기준으로 계산 ② 옵션의 가격이 몇 가지 리스크요소에 노출되어 있다면 각 요소별로 구분하여 측정
동일 Bucket내 리스크익스포져 계산	$K_b = \max(K_b^+, K_b^-)$ $K_b^+ = \sqrt{\max\left(0, \sum_k \max(CVR_k^+, 0)^2 + \sum_{k \neq l}\sum_k \rho_{kl} CVR_k^+ CVR_l^+ \Psi(CVR_k^+, CVR_l^+)\right)}$ $K_b^- = \sqrt{\max\left(0, \sum_k \max(CVR_k^-, 0)^2 + \sum_{k \neq l}\sum_k \rho_{kl} CVR_k^- CVR_l^- \Psi(CVR_k^-, CVR_l^-)\right)}$ bucket수준의 자본량 K_b는 상향시나리오 자본량(K_b^+)과 하향시나리오 자본량(K_b^-) 중 큰 값으로 결정한나. K_b^+와 K_b^-는 7.2.3에서 명시한 3가지 시나리오에 따라 달라질 수 있으므로 K_b역시 달라질수 있다. 위식에서 $\Psi(\mathrm{CVR_k}, \mathrm{CVR_l})$은 $\mathrm{CVR_k}, \mathrm{CVR_l}$이 모두 (-)이면 0, 아니면 1의 값을 가진다. 특별히 $K_b^+ = K_b^-$ 인 경우 $\sum_k CVR_k^+ > \sum_k CVR_k^-$이면 상향시나리오를 선택하며, 그렇지 않으면 하향시나리오를 선택한다.
Bucket간 리스크포지션을 합산하여 리스크자본량 계산	Curvature risk=$\sqrt{\max(0, \sum_b \mathrm{K_b^2} + \sum_b \sum_{c \neq b} \gamma_{bc} \mathrm{S_b S_c} \Psi(\mathrm{S_b}, \mathrm{S_c}))}$ 동일 bucket내 계산에서 상향시나리오 자본량(K_b^+)이 선택된 bucket b의 모든 리스크요소에 대해 $\mathrm{S_b} = \sum_\mathrm{k} CVR_k^+$이 되고, 그렇지 않으면 $\mathrm{S_b} = \sum_k CVR_k^-$ 가 된다. $\Psi(\mathrm{S_b}, \mathrm{S_c})$는 $\mathrm{S_b}, \mathrm{S_c}$가 모두 (-)이면 0, 아니면 1의 값을 가진다.

7.2.3 3가지 상관관계 시나리오의 적용과 리스크자본량의 합산

가. 금융경색기에는 정상적인 상황보다 상관계수가 증가 또는 감소하기 때문에 이를 반영하기 위해 7.3.2~7.3.9에서 명시한 기준상관계수를 다음과 같이 조정한다.

[표 3-13] 3가지 상관관계 적용 시나리오

첫번째 시나리오	기준상관계수(ρ_{kl}, γ_{bc}) x 1.25, max는 100%
두번째 시나리오	기준상관계수(ρ_{kl}, γ_{bc})
세번째 시나리오	Max{2 x 기준상관계수(ρ_{kl}, γ_{bc})- 100%; 기준상관계수(ρ_{kl}, γ_{bc}) x 75%}

나. 3가지 상관계수 시나리오를 적용하여 리스크군별로 Delta, Vega, Curvature 리스크를 각각 독립적으로 측정하여 단순합산한다.

다. 가장 큰 값을 민감도 기준 방법의 자본량으로 한다. 내부모형(IMA)을 사용하는 은행 역시 아래와 동일하게 표준방법에 의한 자본량을 계산해야 한다.

- 전사적인 자본량을 계산할 때에는 모든 트레이딩 데스크의 모든 상품에 대해 자본량을 계산하며,
- 개별 트레이딩 데스크별로 자본량을 계산할 때에는 개별 데스크를 독립된 포트폴리오로 보고 개별트레이딩 데스크별 최대값을 자본량으로 한다.

7.3 민감도기준 리스크 측정 방법 상세

7.3.1 민감도의 개념

1. Delta 리스크 민감도 : Delta는 기초자산 1단위 변화에 대한 상품(옵션)가치의 변화로 선형변화를 나타낸다.
옵션상품의 경우, 기초자산 1단위 변화에 대해 옵션평가 모형을 이용하여 가치의 변화를 측정하면 비선형의 형태를 나타낼 수 있으나, 미세한 변화에 대해서는 선형의 변화를 갖는 것으로 볼 수 있다.

Delta리스크 민감도는 대상포지션별 노출된 리스크에 부합하는 리스크요소에 대해 다음과 같이 3가지 방법으로 정의할 수 있으며 은행이 구현하기 적합한 방식을 선택할 수 있다.

	GIRR/CSR	FX/주식/상품
Forward difference	$s=\frac{V(x+1bp)-V(x)}{1bp}$	$s=\frac{V(1.01x)-V(x)}{0.01x}$
Central difference	$s=\frac{V(x+0.5bp)-V(x-0.5bp)}{1bp}$	$s=\frac{V(1.005x)-V(0.995x)}{0.01x}$
Backward difference	$s=\frac{V(x)-V(x-1bp)}{1bp}$	$s=\frac{V(x)-V(0.99x)}{0.01x}$

아래에서는 forward difference 방식을 사용하여 설명한다.

2. Vega 리스크 민감도 : Vega는 기초자산의 변동성이 1단위 변할 때 옵션가치의 변화로 선형변화를 나타낸다. 옵션의 Vega리스크 민감도는 Vega x 옵션의 내재변동성으로 나타낸다.
3. Curvature 리스크 민감도 : Curvature 는 기초자산 1단위 변화에 대한 Delta 가치의 변화로 비선형 변화를 나타낸다. 스트레스 시나리오를 적용한 옵션의 가치변화에 선형의 Delta리스크 민감도를 차감하여 산출한다.

7.3.2 GIRR의 Delta민감도 기준 리스크

7.3.2.1 GIRR의 Delta민감도(절대치 변화)

GIRR의 민감도는 일반적으로 PV01을 사용한다. 특정상품 i의 적정만기가 t인 경우 해당 리스크요소를 적용한 PV01은 다음과 같다.

$$S_{k,r_t}=\frac{V_i(r_t+0.0001,cs_t)-V_i(r_t,cs_t)}{0.0001}$$

여기에서 r_t는 통화별 t기의 무위험수익률 곡선, cs_t는 통화별 t기의 신용스프레드곡선, V_i는 무위험수익률곡선과 신용스프레드곡선의 함수인 상품 i의 시장가격이다.

- GIRR 민감도 측정을 위해 모든 대상 포지션에 대해 통화별로 bucket을 구분하며
- 통화별로 구분한 포지션은 리스크요소별(만기별)로 민감도를 측정한다.
- 인플레이션상품의 경우에는 금리변화에 대한 리스크와 인플레이션에 대한 리스크를 모두 측정한다.

〈실무처리〉 tenor와 민감도의 배분

가. 현황

- FRTB에서는 금리리스크요소를 만기별(0.25y, 0.5y, 1y, 2y, 3y, 5y, 10y, 15y, 20y, 30y)로 설정하고, 각 리스크요소에 대해 위험가중치를 배정하고 있으나,
- 은행이 실제 입수하여 사용하는 금리 데이터의 만기구간은 FRTB에서 정한 금리요소와 상이할 수 있으며, 이로 인해 민감도가 정확하게 측정되지 못하는 경우가 발생함 예를 들어 실제 은행에서 사용하는 금리요소가 6,9,12월 임에도 불구하고 FRTB 기준의 리스크요소는 6,12월이므로 만기가 10월인 상품의 6월 민감도는 부정확할 수 있음

나. 평가 및 민감도 측정 방안

- 입수가능한 금리데이터의 구간간격이 FRTB 기준보다 짧은 경우, 실제 입수데이터를 평가와 민감도 측정에 사용
- FRTB 구간에 해당하는 데이터가 없는 경우에는 interpolation 또는 extrapolation함

다. 민감도의 배분

FRTB 기준 리스크요소인 금리데이터는 해당리스크요소에 민감도를 배정하고 리스크요소가 아닌 금리데이터는 가까운 만기의 리스크요소에 비례적으로 민감도를 배정(예: 9개월 만기 금리의 민감도는 6개월과 12개월에 0.5의 가중치로 배정)

7.3.2.2 GIRR의 위험가중민감도 산출

7.3.2.1에 따라 산출한 Delta 리스크 민감도는 상품구분없이 각 리스크요소(통화,만기)별로 net 민감도를 계산한다. 예를 들면, 3개월 Euribor 스왑 커브의 1년 구간에 책정되는 모든 민감도는 상품에 상관없이 offset된다.

따라서 동일한 고정금리와 동일한 액면금액을 가지면서 부호가 반대인 3개월 Euribor 금리스왑 2개의 GIRR은 0이 된다.

이렇게 산출한 net 민감도에 위험가중치를 곱하여 위험가중 민감도를 산출한다.

$$WS_k = RW_k s_K$$

여기서 RW_k는 리스크요소 k에 적용할 위험가중치, s_k는 리스크요소 k의 net 민감도이다.

통화구분 없이 만기별로 아래의 위험가중치를 적용한다.

[표 3-14] GIRR Delta 위험가중치(일반통화)

0.25Y	0.5Y	1Y	2Y	3Y	5Y	10Y	15Y	20Y	30Y	인플레이션, Cross currency basis
1.7%	1.7%	1.6%	1.3%	1.2%	1.1%	1.1%	1.1%	1.1%	1.1%	1.6%

다음 통화에 대해서는 기준위험가중치를 경감적용할 수 있다.

[표 3-15] GIRR Delta 위험가중치(자국통화와 주요통화)

대상통화 : 자국통화, EUR, USD, GBP, AUD, JPY,SEK,CAD
적용위험가중치= 기준위험가중치/ $\sqrt{2}$

0.25Y	0.5Y	1Y	2Y	3Y	5Y	10Y	15Y	20Y	30Y	인플레이션, Cross currency basis
1.2%	1.2%	1.13%	0.92%	0.85%	0.78%	0.78%	0.78%	0.78%	0.78%	1.13%

7.3.2.3 동일 bucket내 계산

동일 bucket내의 리스크요소별 위험가중익스포져는 다음과 같이 리스크요소별 상관관계를 감안하여 산출한다. 단, root안의 값은 0이상으로 한다.

$$K_b = \sqrt{\sum_k WS_k^2 + \sum_k \sum_{k \neq l} \rho_{kl} WS_k WS_l}$$

여기서 ρ_{kl}은 리스크요소별 위험가중익스포져 WS_k와 WS_l간에 적용하는 상관계수이다.

동일 bucket(동일 currency) 내 위험가중익스포져간에 적용하는 ρ_{kl}은 다음과 같다.

구분	상관계수
동일 tenor, 다른 커브에서의 민감도간[48]	99.9%
다른 tenor, 동일 커브에서의 민감도간	$\max\left[e^{\left(-\theta\cdot\frac{\lvert T_k-T_l\rvert}{\min\{T_k;T_l\}}\right)};40\%\right]$[49] T_k, T_l은 WS_k, Ws_l의 tenor, θ는 3%
다른 tenor, 다른 커브에서의 민감도간	위의 (다른 tenor, 동일커브)의 상관계수 x99.9%
인플레이션 커브 민감도와 수익률커브 tenor민감도간	40%
Cross currency basis curve 민감도와 다른 민감도간[50]	0%

7.3.2.4 bucket 간 통합과 GIRR Delta 리스크 자본량 계산

마지막 단계로 bucket간의 상관관계를 감안하여 전단계에서 산출한 리스크 익스포져를 통합함으로써 리스크군별 Delta 리스크를 산출한다.

$$\text{Delta risk charge} = \sqrt{\sum_b K_b^2 + \sum_b \sum_{c\neq b} \gamma_{bc} S_b S_c}$$

여기서 bucket b의 모든 리스크요소에 대해, $S_b = \sum_k WS_k$, bucket c의 모든 리스크요소에 대해 $S_c = \sum_k WS_k$이며 γ_{bc}는 bucket간 적용할 상관계수이다.

다만, 만약 root안의 값($\sum_b K_b^2 + \sum_b \sum_{c\neq b} \gamma_{bc} S_b S_c$)이 (-)가 되는 경우에는

bucket b의 모든 리스크요소에 대해, $S_b = \max[\min(\sum_k WS_k, K_b), -K_b]$ bucket c의 모든 리스크요소에 대해, $S_c = \max[\min(\sum_k WS_k, K_c), -K_c]$로 수정하여 자본량을 계산한다.

Bucket(서로 다른 통화) 간을 통합할 때는 단일상관계수 50%를 적용한다.

48 동일통화의 2가지 다른 인플레이션 커브(예, Euro통화의 German과 French)간 상관계수는 99.9%로 한다.

49 예를 들면, 동일통화에서 Eonia 스왑커브의 1년 tenor 민감도와 Eonia 스왑커브의 5년 Tenor 민감도간에 적용하는 상관계수는 $\max\left[e^{\left(-3\ \frac{\lvert 1-5\rvert}{\min 1\,5}\right)};40\%\right] = 88.69\%$이다.

50 다른 민감도는 주어진 tenor의 수익률곡선, 인플레이션 커브, 다른 cross-currency basis curve의 민감도를 말한다.

7.3.3 CSR(비유동화)의 Delta민감도 기준 리스크

7.3.3.1 CSR(비유동화)의 Delta민감도(절대치 변화)

CSR(비유동화)의 민감도는 CS01으로 표시하며, 특정상품 i의 적정만기가 t인 경우 해당 리스크요소를 적용한 CS01은 다음과 같이 계산한다.

$$S_{k\,cs_t} = \frac{V_i(r_t, cs_t + 0.0001) - V_i(r_t, cs_t)}{0.0001}$$

7.3.3.2 CSR(비유동화)의 위험가중민감도 산출

7.3.3.1에 따라 산출한 Delta 리스크 민감도는 각 리스크요소(발행자신용스프레드, 만기)별로 net 민감도를 계산한다.

이렇게 산출한 net 민감도에 위험가중치를 곱하여 위험가중 민감도를 산출한다.

$$WS_k = RW_k s_K$$

여기서 RW_k는 리스크요소 k에 적용할 위험가중치, s_K는 리스크요소 k의 net 민감도이다.

bucket내에서 만기에 상관없이 아래의 위험가중치를 적용하며,

일반적으로 IG는 신용등급 BBB이상, HY는 BBB미만을 의미한다.

Non-tranched MBS의 경우 CSR(비유동화)로 분류하여 처리한다.

참고 복수신용등급의 처리

〈은행업감독업무시행세칙〉(별표3)

17. (복수 신용등급일 경우의 위험가중치)

가. 은행이 선택한 적격외부신용평가기관의 신용등급이 두 개이며, 해당 신용등급들의 위험가중치가 상이한 경우에는 그 중 높은 위험가중치를 적용한다.

나. 은행이 선택한 적격외부신용평가기관의 신용등급이 세 개 이상이며, 해당신용등급들의 위험가중치가 상이한 경우에는 그 중 낮은 위험가중치 중 높은 위험가중치를 적용

한다. 다만, 복수의 신용등급이 가장 낮은 위험가중치에 해당할 때에는 해당 위험가중치를 적용한다.

상기 규정은 위험가중치 적용을 위한 규정이므로 CSR측정과 DRC측정을 위한 신용등급에 직접 적용할 수는 없다. 왜냐하면 신용리스크 측정시에는 동일 위험가중치에 여러 개의 신용등급이 존재(예를 들어, 국가익스포져의 경우 A+~A-의 위험가중치는 20%, BBB+~BBB-의 위험가중치는 20%임)하기 때문이다.

〈은행의 적용방법〉 그러나 상기 규정을 준용하여, 복수의 신용등급(각각 다른 신용등급을 전제로 함)을 가진 경우 상이한 상위신용등급 2개를 선택한 후 낮은 신용등급을 선택하는 것이 바람직할 것으로 판단한다.(예를 들어, AA,A+,BBB+의 등급을 가진 경우, AA와 A+를 선택한 후, 낮은 신용등급 A+를 최종선택한다. AA, AA, A+, BBB+의 경우에도 A+를 선택하게 된다)

[표 3-16] CSR(비유동화) Delta 위험가중치

<table>
<tr><th rowspan="2">섹터</th><th rowspan="2">표준산업분류코드</th><th colspan="5">신용등급</th></tr>
<tr><th>GICS</th><th>IG bucket</th><th>위험 가중치</th><th>HY & NR bucket</th><th>위험 가중치</th></tr>
<tr><td>국가(중앙은행 포함),
국제개발은행</td><td>84(84114):국채
64110: 통안증권
99: 국제개발은행
해외국채</td><td>BCLASS등급 이용</td><td>1</td><td>0.5%</td><td>9</td><td>2.0%</td></tr>
<tr><td>지방자치단체, 공사(정부보증비금융),
교육, 공공행정</td><td>지방채,정부출자기업체,
84113:지방행정집행기관
66110 : 금융시장관리업
66191 : 증권발행,보관
85 : 교육서비스업</td><td>BCLASS등급 이용</td><td>2</td><td>1.0%</td><td>10</td><td>4.0%</td></tr>
<tr><td>금융기관
(정부보증금융기관 포함)</td><td>64~66:금융채
(64110 통안증권 제외)</td><td>40</td><td>3</td><td>5.0%</td><td>11</td><td>12.0%</td></tr>
<tr><td>기초원자재, 에너지,
광업과 채석</td><td>19-20/05,35/06~08</td><td>151010/10/151040</td><td rowspan="2">4</td><td rowspan="2">3.0%</td><td rowspan="2">12</td><td rowspan="2">7.0%</td></tr>
<tr><td>농업</td><td>01</td><td>302020</td></tr>
</table>

섹터	표준산업분류코드	신용등급				
		GICS	IG bucket	위험 가중치	HY & NR bucket	위험 가중치
제조업	10~18,22~25,28-34, 41-42	151020-151030,151050,2010,2510-2520, 301010-302010, 3030				
소비재와 서비스	45~47,55~56,70~76, 90~91,95~96	2020,2530~2550	**5**	3.0%	**13**	8.5%
운수보관	49~52	10102040,2030				
행정지원서비스	87	-				
정보기술, 통신	58~63	45,50	**6**	2.0%	**14**	5.5%
헬쓰케어	86	3510	**7**	1.5%	**15**	5.0%
수도/가스	35~39	55				
전문기술	21,26-27	3520				
커버드본드	커버드본드		**8**	2.5%[51]	-	
기타부문	02~03,68,94,97~98	302030	**16**			12.0%
IG indices						1.5%
HY indices						5.0%

7.3.3.3 동일 bucket내 계산

동일 bucket내의 리스크요소별 위험가중익스포져는 다음과 같이 리스크요소별 상관관계를 감안하여 산출한다. 단, root안의 값은 0이상으로 한다.

$$K_b = \sqrt{\sum_k WS_k^2 + \sum_k \sum_{k \neq l} \rho_{kl} WS_k WS_l}$$

여기서 ρ_{kl}은 리스크요소별 위험가중익스포져 WS_k와 WS_l간에 적용하는 상관계수이다.

51 AA-등급 이상의 커버드본드는 은행의 재량으로 1.5% 가중치를 적용할 수 있다.

Bucket 1~15에 대해, 동일 bucket 내 위험가중익스포져간에 적용하는 ρ_{kl}은 자산종류(name), 만기(tenor), 커브의 동일성(basis)를 반영하여 다음과 같이 적용한다.

$$\rho_{kl} = \rho_{kl}^{(name)} \cdot \rho_{kl}^{(tenor)} \cdot \rho_{kl}^{(basis)}$$

$\rho_{kl}^{(name)}$	동일 상품[52]인 경우 1	아니면 35%
$\rho_{kl}^{(tenor)}$	동일 tenors인 경우 1	아니면 65%
$\rho_{kl}^{(basis)}$	동일 커브인 경우 1	아니면 99.9%

인 경우 1예) 5년 Apple채권 커브 민감도와 10년 Google CDS커브 민감도간의 상관계수는 다른 상품, 다른 tenor, 다른 커브이므로 22.73%(=35% × 65% × 99.9%)이다.

Bucket 17과 18에 대해 동일 bucket 내 위험가중익스포져간에 적용하는 ρ_{kl}은 자산종류(name), 만기(tenor), 커브의 동일성(basis)를 반영하여 다음과 같이 적용한다.

$\rho_{kl}^{(name)}$	동일 상품인 경우 1	아니면 80%
$\rho_{kl}^{(tenor)}$	동일 tenors인 경우 1	아니면 65%
$\rho_{kl}^{(basis)}$	동일 커브인 경우 1	아니면 99.9%

기타부문(16 bucket)에는 상관계수를 적용하지 않는다. 따라서 기타부문 bucket 내의 Delta 리스크는 순위험가중민감도의 절대값을 단순합한다.

$$K_{b(other\ bucket)} = \sum_k |WS_k|$$

52 발행인이 동일한 동종의 상품으로 보는 것이 합당하다(A회사가 발행한 주식과 채권은 동일상품이 아님).

7.3.3.4 bucket 간 통합과 CSR(비유동화) Delta 리스크 자본량 계산

마지막 단계로 bucket간의 상관관계를 감안하여 전단계에서 산출한 리스크 익스포져를 통합함으로써 리스크군별 Delta 리스크를 산출한다.

$$\underline{\text{Delta risk charge}} = \sqrt{\sum_b K_b^2 + \sum_b \sum_{c \neq b} \gamma_{bc} S_b S_c}$$

여기서 bucket b의 모든 리스크요소에 대해, $S_b = \sum_k WS_k$, bucket c의 모든 리스크요소에 대해 $S_c = \sum_k WS_k$이며 γ_{bc}는 bucket간 적용할 상관계수이다.

기타 조건은 GIRR과 동일하다.

Bucket 간 통합을 위한 상관계수는 다음을 따른다.

$$\gamma_{bc} = \gamma_{bc}^{(rating)} \cdot \gamma_{bc}^{(sector)}$$

Bucket 1~16에 대해 상관계수는 다음과 같이 적용한다.

(1) $\gamma_{bc}^{(rating)}$: 1~15 bucket 에 해당하는 두개의 bucket이 서로 다른 등급범주(IG 또는 HY/NR)이면 50%, 그렇지 않으면 1

(2) $\gamma_{bc}^{(sector)}$: 두개의 bucket이 동일 sector이면 1(등급범주는 다르지만 동일 sector인 경우임), 그렇지 않으면 아래표를 적용

bucket	1,9	2,10	3,11	4,12	5,13	6,14	7,15	8	16	17	18
1,9		75%	10%	20%	25%	20%	15%	10%	0%	45%	45%
2,10			5%	15%	20%	15%	10%	10%	0%	45%	45%
3,11				5%	15%	20%	5%	20%	0%	45%	45%
4,12					20%	25%	5%	5%	0%	45%	45%
5,13						25%	5%	15%	0%	45%	45%
6,14							5%	20%	0%	45%	45%
7,15								5%	0%	45%	45%
8									0%	45%	45%
16										0%	0%
17											75%
18											

7.3.4 CSR(유동화 non-CTP)의 Delta민감도 기준 리스크

7.3.4.1 CSR(유동화 non-CTP)의 Delta민감도(절대치 변화)

CSR(비유동화)의 민감도와 동일한 방식으로 계산한다.

7.3.4.2 CSR(유동화 non-CTP)의 위험가중민감도 산출

7.3.4.1에 따라 산출한 Delta 리스크 민감도는 각 리스크요소(트랜치 신용스프레드, 만기)별로 net 민감도를 계산한다.

이렇게 산출한 net 민감도에 위험가중치를 곱하여 위험가중 민감도를 산출한다.

$$WS_k = RW_k s_K$$

여기서 RW_k는 리스크요소 k에 적용할 위험가중치, s_K는 리스크요소 k의 net 민감도이다.

은행은 반드시 아래의 섹터 중 하나에 트랜치를 배정하여야 하며, 배정할 수 없는 포지션은 기타부문(bucket 25)에 배정함

Non-Senior IG 위험가중치는 Senior IG 위험가중치 × 1.25를 적용한 것이며

High yield & Non-rated 위험가중치는 Senior IG 위험가중치 × 1.75를 적용한 것이다.

[표 3-17] CSR(유동화 non-CTP) Delta 위험가중치

섹터	신용등급					
	Senior IG bucket	위험 가중치	Non-Senior IG bucket	위험 가중치	HY& NR bucket	위험 가중치
RMBS(Residential MBS)-Prime	1	0.9%	9	1.125%	17	1.575%
RMBS-Mid-prime	2	1.5%	10	1.875%	18	2.625%
RMBS-Sub-prime	3	2.0%	11	2.5%	19	3.5%
CMBS(Commercial MBS)	4	2.0%	12	2.5%	20	3.5%
ABS-Student loans	5	0.8%	13	1.0%	21	1.4%
ABS-Credit cards	6	1.2%	14	1.5%	22	2.1%
ABS-Auto	7	1.2%	15	1.5%	23	2.1%

섹터	신용등급					
	Senior IG bucket	위험 가중치	Non-Senior IG bucket	위험 가중치	HY& NR bucket	위험 가중치
CLO non-CTP	8	1.4%	16	1.75%	24	2.45%
기타부문					25	3.5%

7.3.4.3 동일 bucket내 계산

동일 bucket내의 리스크요소별 위험가중익스포져는 다음과 같이 리스크요소별 상관관계를 감안하여 산출한다. 단, root안의 값은 0이상으로 한다.

$$K_b = \sqrt{\sum_k WS_k^2 + \sum_k \sum_{k \neq l} \rho_{kl} WS_k WS_l}$$

여기서 ρ_{kl}은 리스크요소별 위험가중익스포져 WS_k와 WS_l 간에 적용하는 상관계수이다.

동일 bucket 내 위험가중익스포져간에 적용하는 ρ_{kl} 은 트랜치종류(tranch), 만기(tenor), 커브의 동일성(basis)를 반영하여 다음과 같이 적용한다.

$$\rho_{kl} = \rho_{kl}^{(tranch)} \cdot \rho_{kl}^{(tenor)} \cdot \rho_{kl}^{(basis)}$$

$\rho_{kl}^{(tranch)}$	동일 유동화트랜치(형식상조건의 80% 이상 중복)인 경우 1	아니면(동일발행자, 다른 tranch포함) 40%
$\rho_{kl}^{(tenor)}$	동일 tenors인 경우 1	아니면 80%
$\rho_{kl}^{(basis)}$	동일 커브인 경우 1	아니면 99.9%

기타부문(25 bucket)에는 상관계수를 적용하지 않는다. 따라서 기타부문 bucket 내의 Delta 리스크는 순위험가중민감도의 절대값을 단순합한다.

$$K_{b(other\ bucket)} = \sum_k |WS_k|$$

7.3.4.4 bucket 간 통합과 CSR(유동화 non-CTP) Delta 리스크 자본량 계산

마지막 단계로 bucket간의 상관관계를 감안하여 전단계에서 산출한 리스크 익스포져를 통합함으로써 리스크군별 Delta 리스크를 산출한다.

$$\underline{\text{Delta risk charge}} = \sqrt{\sum_b K_b^2 + \sum_b \sum_{c \neq b} \gamma_{bc} S_b S_c}$$

여기서 bucket b의 모든 리스크요소에 대해, $S_b = \sum_k WS_k$, bucket c의 모든 리스크요소에 대해 $S_c = \sum_k WS_k$이며 γ_{bc}는 bucket간 적용할 상관계수이다.

기타 조건은 GIRR과 동일하다.

Bucket 간 상관계수는 0%를 적용한다.

단, 기타부문(25 bucket)의 자본은 다른 bucket(1~24)과 분산효과를 인정하지 않는다(상관계수 1로 적용).

7.3.5 CSR(유동화 CTP)의 Delta민감도 기준 리스크

7.3.5.1 CSR(유동화 CTP) 의 Delta민감도(절대치 변화)

CSR(비유동화)의 민감도와 동일한 방식으로 계산한다.

7.3.5.2 CSR(유동화 CTP) 의 위험가중민감도 산출

7.3.5.1에 따라 산출한 Delta 리스크 민감도는 각 리스크요소(기초자산 신용스프레드, 만기)별로 net 민감도를 계산한다.

이렇게 산출한 net 민감도에 위험가중치를 곱하여 위험가중 민감도를 산출한다.

$$WS_k = RW_k s_K$$

여기서 RW_k는 리스크요소 k에 적용할 위험가중치, s_K는 리스크요소 k의 net 민감도이다.

유동화 자산(CTP)는 CSR(비유동화)와 동일한 bucket체제(index buckets은 제외)를 가지며, 개별 bucket의 모든 만기(0.5y,1y,3y,5y,10y)에 대해 다음의 위험가중치를 적용한다.

[표 3-18] CSR(유동화 CTP) Delta 위험가중치

bucket	위험가중치
1	4.0%
2	4.0%
3	8.0%
4	5.0%
5	4.0%
6	3.0%
7	2.0%
8	6.0%
9	13.0%
10	13.0%
11	16.0%
12	10.0%
13	12.0%
14	12.0%
15	12.0%
16	13.0%

7.3.5.3 동일 bucket내 계산

동일 bucket내의 리스크요소별 위험가중익스포져는 다음과 같이 리스크요소별 상관관계를 감안하여 산출한다. 단, root안의 값은 0이상으로 한다.

$$K_b = \sqrt{\sum_k WS_k^2 + \sum_k \sum_{k \neq l} \rho_{kl} WS_k WS_l}$$

여기서 ρ_{kl}은 리스크요소별 위험가중익스포져 WS_k와 WS_l 간에 적용하는 상관계수이다.

동일 bucket 내 위험가중익스포져간에 적용하는 ρ_{kl}은 자산종류(name), 만기(tenor), 커브의 동일성(basis)를 반영하여 다음과 같이 적용한다.

$$\rho_{kl} = \rho_{kl}^{(name)} \cdot \rho_{kl}^{(tenor)} \cdot \rho_{kl}^{(basis)}$$

Bucket 1~15에 대해서는 다음과 같이 적용한다.

$\rho_{kl}^{(name)}$	동일 상품인 경우 1	아니면 35%
$\rho_{kl}^{(tenor)}$	동일 tenors인 경우 1	아니면 65%
$\rho_{kl}^{(basis)}$	동일 커브인 경우 1	아니면 99.0%

기타부문(16 bucket)에는 상관계수를 적용하지 않는다. 따라서 기타부문 bucket 내의 Delta 리스크는 순위험가중민감도의 절대값을 단순합한다.

$$K_{b(\text{other bucket})} = \sum_k |WS_k|$$

7.3.5.4 bucket 간 통합과 CSR(유동화 CTP) Delta 리스크 자본량 계산

마지막 단계로 bucket간의 상관관계를 감안하여 전단계에서 산출한 리스크 익스포져를 통합함으로써 리스크군별 Delta 리스크를 산출한다.

$$\text{Delta risk charge} = \sqrt{\sum_b K_b^2 + \sum_b \sum_{c \neq b} \gamma_{bc} S_b S_c}$$

여기서 bucket b의 모든 리스크요소에 대해, $S_b = \sum_k WS_k$, bucket c의 모든 리스크요소에 대해 $S_c = \sum_k WS_k$이며 γ_{bc}는 bucket간 적용할 상관계수이다.

기타 조건은 GIRR과 동일하다.

Bucket간 상관계수의 적용은 CSR(비유동화)와 동일하게 적용한다.

7.3.6 주식의 Delta민감도 기준 리스크

7.3.6.1 주식의 Delta민감도(상대치 변화)

주식리스크는 주식현물가격 1% point 변화에 따른 민감도를 측정한다. 민감도 계산식은 다음과 같다.

$$S_k = \frac{V_i(1.01EQ_k) - V_i(EQ_k)}{0.01}$$

여기서 EQ_k는 주식 k의 시장가치이며, V_i는 k주식가격의 함수인 상품i의 시장가격이다.

Equity repo rates의 민감도는 다음과 같이 계산한다(절대치 변화).

$$s_k = \frac{V_i(RTS_k + 0.0001) - V_i(RTS_k)}{0.0001}$$

여기서 RTS_k는 k주식의 repo 기간구조이며, V_i는 k주식의 repo기간구조 함수인 상품i의 시장가격이다.

7.3.6.2 주식의 위험가중민감도 산출

7.3.6.1에 따라 산출한 Delta 리스크 민감도는 각 리스크요소(주식 현가)별로 net 민감도를 계산한다.

이렇게 산출한 net 민감도에 위험가중치를 곱하여 위험가중민감도를 산출한다.

$$WS_k = RW_k s_K$$

여기서 RW_k는 리스크요소 k에 적용할 위험가중치, s_K는 리스크요소 k의 net 민감도이다.

[표 3-19] 주식 Delta 위험가중치

bucket	규모	신용등급	섹터	표준산업분류코드	GICS	주식 위험가중치	Repo rate 위험가중치
1	대형	Emerging Market economy	소비재와 서비스, 운수보관, 행정지원 서비스, 헬쓰케어, 수도/가스	45-47, 55-56, 70-76, 90-91, 95~96 / 49-52/ 84,85,87/86/35-39	2020,2530-2550/1010,2040,2030/-/3510/55	55%	0.55%
2			통신, 제조업(industrial)	58-61,24-25,28-29,34,41-42	50/2010	60%	0.60%
3			기초원자재, 에너지, 농업, 제조(manufacturing), 광업과 채석	19-20/ 05,35/01/10-18, 22-23, 30-33/ 06-08	151010/10/302020/ 151020-151030,151050,2510-2520, 301010-302010,	45%	0.45%

bucket	규모	신용등급	섹터	표준산업분류코드	GICS	주식 위험가중치	Repo rate 위험가중치
					3030/151040		
4			금융(financial, 정부보증), 부동산, 전문기술(technology)	64~66/68/ 21,26-27,62-63	40/60/3520,45	55%	0.55%
5		Advanced economy	상동	상동	상동	30%	0.30%
6			상동	상동	상동	35%	0.35%
7			상동	상동	상동	40%	0.40%
8			상동	상동	상동	50%	0.50%
9	소형	Emerging market economy	모든 섹터	전체	전체	70%	0.70%
10		Advanced economy	모든 섹터	전체	전체	50%	0.50%
11	기타부문			02-03.94,97-99	302030	70%	0.70%
12	대형종목, advanced 국가의 주가지수(모든섹터)					15%	0.15%
13	기타주가지수(모든 섹터)					25%	0.25%

7.3.6.3 동일 bucket내 계산

동일 bucket내의 리스크요소별 위험가중익스포져는 다음과 같이 리스크요소별 상관관계를 감안하여 산출한다. 단, root안의 값은 0이상으로 한다.

$$K_b = \sqrt{\sum_k WS_k^2 + \sum_k \sum_{k \neq l} \rho_{kl} WS_k WS_l}$$

여기서 ρ_{kl}은 리스크요소별 위험가중익스포져 WS_k와 WS_l 간에 적용하는 상관계수이다.

동일 bucket내 위험가중익스포져간에 적용하는 ρ_{kl}은 다음과 같다.

〈동일주식〉 spot price민감도와 equity repo rate 민감도간		99.9%
〈다른주식〉 1) Spot price 민감도간, 2) Equity repo rate민감도간	대형,Emerging market (bucket 1,2,3,4)	15%
	대형,Advanced market (bucket 5,6,7,8)	25%
	소형, Emerging market (bucket 9)	7.5%
	소형, Advanced market (bucket 10)	12.5%
	Index bucket(bucket 12,13)	80%
〈다른주식〉 spot price민감도와 equity repo rate 민감도간	대형, Emerging market (bucket 1,2,3,4)	14.985%(=15% x 99.9%)
	대형,Advanced market (bucket 5,6,7,8)	24.975%(=25% x 99.9%)
	소형, Emerging market (bucket 9)	7.4925%(=7.5% x 99.9%)
	소형, Advanced market (bucket 10)	12.4987%(=12.5% x 99.9%)
	Index bucket(bucket 12,13)	79.92%(=80% x 99.9%)

기타부문(11 bucket)에는 상관계수를 적용하지 않는다. 따라서 기타부문 bucket 내의 Delta 리스크는 순위험가중민감도의 절대값을 단순합한다.

$$K_{b(\text{other bucket})} = \sum_k |WS_k|$$

7.3.6.4 bucket 간 통합과 주식Delta 리스크 자본량 계산

마지막 단계로 bucket간의 상관관계를 감안하여 전단계에서 산출한 리스크 익스포져를 통합함으로써 리스크군별 Delta 리스크를 산출한다.

$$\text{Delta risk charge} = \sqrt{\sum_b K_b^2 + \sum_b \sum_{c \neq b} \gamma_{bc} S_b S_c}$$

여기서 bucket b의 모든 리스크요소에 대해, $S_b = \sum_k WS_k$, bucket c의 모든 리스크요소에 대해 $S_c = \sum_k WS_k$이며 γ_{bc}는 bucket간 적용할 상관계수이다.

기타 조건은 GIRR과 동일하다.

Bucket 간	상관계수
Bucket 1~10 간	15%
Bucket11(기타부문)과 다른 bucket간	0%
Bucket 12와 bucket 13간	75%
그외	45%

7.3.7 일반상품의 Delta민감도 기준 리스크

7.3.7.1 일반상품의 Delta민감도(상대치 변화)

일반상품리스크는 상품현물가격 1% point 상대적 변화에 따른 민감도를 측정한다. 민감도 계산식은 다음과 같다.

$$S_k = \frac{V_i(1.01CTY_k) - V_i(CTY_k)}{0.01}$$

여기서 CTY_k는 상품 k의 시장가격이며, Vi는 k상품 현물가격의 함수인 상품i의 시장가격이다.

7.3.7.2 일반상품의 위험가중민감도 산출

7.3.7.1에 따라 산출한 Delta 리스크 민감도는 각 리스크요소(상품현가, 인도지, 만기)별로 net 민감도를 계산한다.

이렇게 산출한 net 민감도에 위험가중치를 곱하여 위험가중 민감도를 산출한다.

$$WS_k = RW_k s_K$$

여기서 RW_k는 리스크요소 k에 적용할 위험가중치, s_K는 리스크요소 k의 net 민감도이다.

[표 3-20] 일반상품 Delta 위험가중치

Bucket	상품	위험가중치
1	에너지-고체연료	30%
2	에너지-액체연료	35%
3	에너지-전기와 탄소거래	60%
4	화물운임	80%
5	일반금속	40%
6	천연가스	45%
7	귀금속(금 포함)	20%
8	곡물과 오일시드	35%
9	가축과 낙농제품	25%
10	softs, 기타 곡물	35%
11	기타상품	50%

7.3.7.3 동일 bucket내 계산

동일 bucket내의 리스크요소별 위험가중익스포져는 다음과 같이 리스크요소별 상관관계를 감안하여 산출한다. 단, root안의 값은 0이상으로 한다.

$$K_b = \sqrt{\sum_k WS_k^2 + \sum_k \sum_{k \neq l} \rho_{kl} WS_k WS_l}$$

여기서 ρ_{kl}은 리스크요소별 위험가중익스포져 WS_k와 WS_l 간에 적용하는 상관계수이다.

일반상품의 상관계수를 적용할 때 상품의 구분은, 인도되는 기초상품에 따라 시장에서 2개의 계약으로 존재한다면 다른 상품으로 구분한다.

예컨대 bucket2 에너지-액체연료에서 WTI와 브렌트유는 서로 다른 상품으로 구분한다.

〈인도시점(delivery time)에 대한 추가사항〉

bucket 3(에너지-전기와 탄소거래)관련 사항 :

- 금융시장에서 이루어진 계약에 따른, 전기를 인도할 수 있는 개별시간간격(each time interval)은 별도 구분되어야 하는 전기상품으로 보아야 함(금과 은을 다른상품으로 구분하듯이).
- Electricity NE, Electricity SE, Electricity North처럼 여러지역에서 생산되는 전기 역시 구분되는 전기상품으로 간주될 수 있으며, 아래의 서로 다른 상품의 상관계수를 적용하여야 함.
- 전기리스크요소는 선도가격거래가 현물가격거래 보다 훨씬 빈번하므로 현물가격이든 선물가격이든 리스크요소로 할 수 있음.

bucket4(화물운임)관련 사항 :

운임타입(freight type)과 경로(route)의 결합, 상품이 인도되어야 하는 시기(each week)는 다른 상품으로 구분하는 기준이 됨.

동일 bucket 내 위험가중익스포져간에 적용하는 ρ_{kl}은 상품종류(cty), 만기(tenor), 인도지의 동일성(basis)를 반영하여 다음과 같이 적용한다.

$$\rho_{kl} = \rho_{kl}^{(cty)} \cdot \rho_{kl}^{(tenor)} \cdot \rho_{kl}^{(basis)}$$

$\rho_{kl}^{(cty)}$	동일 상품인 경우 1	아니면 〈아래표〉
$\rho_{kl}^{(tenor)}$	동일 tenors인 경우 1	아니면 99%
$\rho_{kl}^{(basis)}$	동일 인도지인 경우 1	아니면 99.9%

bucket	상품 bucket	상관계수
1	에너지-고체연료	55%
2	에너지-액체연료	95%
3	에너지-전기와 탄소거래	40%
4	화물운임	80%
5	일반금속	60%
6	천연가스	65%
7	귀금속(금 포함)	55%
8	곡물과 오일시드	45%
9	가축과 낙농제품	15%
10	Soft, 기타곡물	40%
11	기타상품	15%

7.3.7.4 bucket 간 통합과 일반상품 Delta 리스크 자본량 계산

마지막 단계로 bucket간의 상관관계를 감안하여 전단계에서 산출한 리스크 익스포저를 통합함으로써 리스크군별 Delta 리스크를 산출한다.

$$\text{Delta risk charge} = \sqrt{\sum_b K_b^2 + \sum_b \sum_{c \neq b} \gamma_{bc} S_b S_c}$$

여기서 bucket b의 모든 리스크요소에 대해, $S_b = \sum_k WS_k$, bucket c의 모든 리스크요소에 대해 $S_c = \sum_k WS_k$이며 γ_{bc}는 bucket간 적용할 상관계수이다.

기타 조건은 GIRR과 동일하다.

Bucket 1~10의 bucket간 적용할 상관계수는 20%이다.

단, 기타상품 bucket(11)과 다른 bucket간의 상관계수는 0%를 적용한다.

7.3.8 FX의 Delta민감도 기준 리스크

7.3.8.1 FX의 Delta민감도(상대치 변화)

FX 리스크는 개별 환율 1% point 변화에 따른 민감도를 측정하며, 민감도 계산식은 다음과 같다.

$$S_k = \frac{V_i(1.01FX_k) - V_i(FX_k)}{0.01}$$

여기서 FX_k는 통화 k와 보고통화(reporting currency)간의 환율(exchange rate)(보고통화 한 단위당 기타통화의 시장가격)이며, V_i는 환율 k의 함수인 상품 i의 시장가격이다

7.3.8.2 FX의 위험가중민감도 산출

7.3.8.1에 따라 산출한 Delta 리스크 민감도는 각 리스크요소(통화별 환율)별로 net 민감도를 계산한다.

이렇게 산출한 net 민감도에 위험가중치를 곱하여 위험가중 민감도를 산출한다.

$$WS_k = RW_k s_K$$

여기서 RW_k는 리스크요소 k에 적용할 위험가중치, s_K는 리스크요소 k의 net 민감도이다.

모든 FX민감도에 대한 위험가중치는 15%의 단일수치를 적용한다.

다만 아래의 통화짝 및 아래의 짝과 1차 크로스(first order crosses)[53]된 통화짝에 대해서는 위험가중치를 경감할 수 있다.

대상통화짝	USD/EUR, USD/JYP, USD/GBP, USD/AUD, USD/CAD, USD/CHF, USD/MXN, USD/CNY, USD/NZD, USD/RUB, USD/HKD, USD/SGD, USD/TRY, USD/KRW, USD/SEK, USD/ZAR, USD/INR, USD/NOK, USD/BRL, 상기 언급된 통화의 1차교차환율(예, EUR/AUD)
위험가중치	10.6%(=15%/ $\sqrt{2}$)

53 예를 들어 USD/EUR, USD/AUD의 1차 크로스 EUR/AUD는 경감할 수 있다.

7.3.8.3 동일 bucket내 계산

동일 bucket내의 리스크요소별 위험가중익스포져는 다음과 같이 리스크요소별 상관관계를 감안하여 산출한다. 단, root안의 값은 0이상으로 한다.

$$K_b = \sqrt{\sum_k WS_k^2 + \sum_k \sum_{k \neq l} \rho_{kl} WS_k WS_l}$$

여기서 ρ_{kl}은 리스크요소별 위험가중익스포져 WS_k와 WS_l 간에 적용하는 상관계수이다.

통화별로 bucket을 정의하고 단일의 위험가중치를 적용하므로 동일 bucket내 계산은 별도로 정의하지 않는다.

7.3.8.4 bucket 간 통합과 FX Delta 리스크 자본량 계산

마지막 단계로 bucket간의 상관관계를 감안하여 전단계에서 산출한 리스크익스포져를 통합함으로써 리스크군별 Delta 리스크를 산출한다.

$$\text{Delta risk charge} = \sqrt{\sum_b K_b^2 + \sum_b \sum_{c \neq b} \gamma_{bc} S_b S_c}$$

여기서 bucket b의 모든 리스크요소에 대해, $S_b = \sum_k WS_k$, bucket c의 모든 리스크요소에 대해 $S_c = \sum_k WS_k$이며 γ_{bc}는 bucket간 적용할 상관계수이다.

기타 조건은 GIRR과 동일하다.

서로 다른 bucket간 통합을 위한 상관계수는 60%의 단일상관계수를 적용한다.

7.3.9 Vega 리스크

7.3.9.1 Vega 리스크 민감도

1. 옵션의 Vega리스크 민감도는 Vega x 옵션의 내재변동성[54]으로 계산된다. 주어진 하나의 Vega리스크요소에 대한 포트폴리오 Vega리스크 민감도는,

54 4.3에서 설명한대로 옵션의 내재변동성은 하나 또는 그 이상의 만기구간에 매핑되어야 한다.

포트폴리오내의 모든 옵션상품에 대한 해당리스크요소의 Vega리스크 민감도를 단순합한 것이다. 모든 Vega 리스크 민감도는 CVA를 무시하고 계산하여야 한다.

$$\text{Vega 리스크 민감도}(S_k) = \text{Vega} \times \text{내재변동성} = \frac{dV_i}{d\sigma_{ik}} \cdot \sigma_{ik}$$

Vega는 변동성 1%(상대치 변화) 또는 변동성 1% point(절대치 변화) 변동에 대한 옵션가치의 변화분으로 정의한다.

$$\text{Vega} = \frac{V\left(\sigma_{ik} \times 1.01\right) - V(\sigma_{ik}}{0\ 01} \text{ 또는 } \text{Vega} = \frac{V(\sigma_{ik} + 0.01) - V(\sigma_{ik})}{0.01} \text{으로 하며**}$$

여기서 σ_{ik}는 옵션상품 i의 k리스크요소 변동성이다.

** 일반적으로 리스크요소에 따라 주식, 상품, FX리스크요소의 베가는 상대적 변동치, 금리리스크 요소의 베가는 절대적 변동치를 적용한다.
참고로 SA-CVA방법에서는 Vega리스크 산출시 민감도는 1% 상대적 변화에 의해 구하며 (제2장 7.3.6.1의 5 참조),
ISDA의 SIMM(Standard Initial Margin Model)은 절대적 변화치
($\frac{\partial V_i}{\partial \sigma} = V(\sigma_{ik} + 0.01) - V(\sigma_{ik})$)를 적용하고 있다.

예시1) 상기식에 따라 산출된 Vega 값이 95이고 내재변동성이 30%라면 Vega리스크 민감도는 28.5가 된다.

예시2) Vega값이 100이고 옵션만기가 4.5년인 경우, 산출기준이 되는 tenors가 0.5, 1,3,5,10이므로 Vega값은 3년과 5년에 배분한다. 3년 vertics에 25=100*{(5-4.5)/(5-3)}를, 5년 vertics에 75=100*[1-{(5-4.5)/(5-3)}]를 배정한다.

Vega리스크 민감도값은 (25*3년 내재변동성)+(75*5년 내재변동성)으로 산출한다.

2. 아래와 같은 특수한 경우 Vega리스크 계산은 다음과 같다.
   - 만기가 없는 옵션은 만기구간에서 명시한 가장 긴 만기에 옵션을 배정하고, 잔여리스크 추가분 계산대상이 된다.

• 하나의 행사가격이나 barrier를 가지지 않은 옵션과 복수의 행사가나 barrier을 가진 옵션은, 가치평가를 위해 은행내부적으로 사용하는 행사가와 만기를 적용하며, 잔여리스크추가분 계산대상이 된다.
• 내재변동성을 가지고 있지 않은 CTP유동화 트랜치는 Vega리스크를 측정하지 않으며 Delta와 Curvature리스크만 측정한다.

3. Vega민감도 계산시 모형에서 사용하는 분포의 가정은 다음을 따른다.
   • GIRR이나 CSR Vega 민감도 계산시, normal 분포와 log-normal 분포의 값이 동일하므로 어느 것도 가정할 수 있으나,
   • 주식, 상품, FX Vega 민감도 계산시에는 반드시 log-normal 분포 가정만 한다.[55]

(1) GIRR의 Vega 리스크민감도 배정

옵션만기	기초자산만기					
	0.5	1.0	3.0	5.0	10.0	계
0.5						
1.0						
3.0						
5.0						
10.0						
계						

(2) 기타 리스크요소의 Vega 리스크민감도 배정

옵션만기	0.5	1.0	3.0	5.0	10.0	계

7.3.9.2 Vega 리스크 위험가중민감도 산출

7.3.9.1에 따라 산출한 Vega 리스크 민감도는 각 리스크요소별로 net 민감도

55 Vega리스크는 Vega($\frac{dV_i}{d\sigma_i}$)에 내재변동성(σ_i)을 곱하여 계산하므로 GIRR과 CSR에 대해서는 normal과 log-normal가정하에서 동일한 값이 나오지만, 기타 리스크군은 값이 달라지며 일반적으로 실무에서 log-normal을 가정하므로 이를 따른다.

를 계산한다.

이렇게 산출한 net 민감도에 위험가중치를 곱하여 위험가중 민감도를 산출한다.

$$WS_k = RW_k s_K$$

여기서 RW_k는 리스크요소 k에 적용할 위험가중치, s_K는 리스크요소 k의 net 민감도이다.

Vega리스크요소 k에 대한 위험가중치는 리스크군(risk class)별 유동성 기간(liquidity horizon)이 서로 다르다는 점을 반영하여 다음의 함수에 따라 정한다.

$$RW_k = \min\left[RW_\sigma \cdot \frac{\sqrt{LH_{\text{risk class}}}}{\sqrt{10}}; 100\%\right]$$

여기서 RW_σ는 55%로 고정, $LH_{\text{risk class}}$는 개별 Vega리스크요소 k에 대해 미리 정해진 유동성 기간이다.

[표 3-21] 리스크요소별 Vega 리스크 위험가중치

Risk class	$LH_{\text{risk class}}$	위험가중치
GIRR	60	100%
CSR(비유동화)	120	100%
CSR(유동화 non-CTP)	120	100%
CSR(유동화 CTP)	120	100%
주식(대형 및 지수)	20	77.78%
주식(소형 및 기타)	60	100%
일반상품	120	100%
FX	40	100%

7.3.9.3 동일 bucket내 계산

$$K_b = \sqrt{\sum_k WS_k^2 + \sum_k \sum_{k \neq l} \rho_{kl} WS_k WS_l}$$

가. GIRR 리스크군에 있어, 동일 bucket 내 Vega리스크민감도 간의 상관계수

는 다음과 같다.

$$\rho_{kl} = \min[\rho_{kl}^{(option\ maturity)} \cdot \rho_{kl}^{(underlying\ maturity)}; 1]$$

여기서 $\rho_{kl}^{(option\ maturity)} = e^{-\alpha \cdot \frac{|T_k - T_l|}{\min\{T_k; T_l\}}}$, α는 1%로 고정, $T_k(T_l)$은 Vega민감도 $VR_k(VR_l)$이 도출되는 옵션의 만기이며 '년'으로 표시

$\rho_{kl}^{(underlying\ maturity)} = e^{-\alpha \cdot \frac{|T_k^U - T_l^U|}{\min\{T_k^U; T_l^U\}}}$, α는 1%로 고정, $T_k^U(T_l^U)$은 Vega민감도 $VR_k(VR_l)$이 도출되는 옵션의 기초자산 만기이며 옵션만기 이후의 '년'으로 표시

나. 다른 리스크군에 있어 동일 bucket 내 Vega리스크민감도 간의 상관계수는 다음과 같다.

$$\rho_{kl} = \min[\rho_{kl}^{(DELTA)} \cdot \rho_{kl}^{(option\ maturity)}; 1]$$

$\rho_{kl}^{(DELTA)}$는 Vega리스크요소 k, l과 일치하는 Delta리스크요소간에 적용하는 상관계수이다(예를 들어 k가 주식옵션 X의 Vega리스크요소이고 l이 주식옵션 Y의 Vega리스크요소라면, $\rho_{kl}^{(DELTA)}$는 X와 Y간에 적용하는 Delta 상관계수이다).

$\rho_{kl}^{(option\ maturity)} = e^{-\alpha \cdot \frac{|T_k - T_l|}{\min\{T_k; T_l\}}}$, α 는 1%로 고정, $T_k(T_l)$은 Vega민감도 $VR_k(VR_l)$를 도출하는 옵션의 만기이며 '년'으로 표시

여기에서 CSR과 일반상품의 Delta상관계수는 여러 차원(dimemsion)으로 이루어지므로 $\rho_{kl}^{(DELTA)}$는 다음을 적용한다.

CSR(비유동화)	CSR(유동화 CTP)	CSR(유동화non-CTP)	일반상품
$\rho_{kl}^{(name)}$	$\rho_{kl}^{(name)}$	$\rho_{kl}^{(tranche)}$	$\rho_{kl}^{(cty)}$

CSR(비유동화 bucket 16), 유동화 non-CTP(bucket 25), 유동화 CTP(bucket 16), 주식(bucket11)에 대해서는 아래사항을 적용한다.

기타부문 bucket 내의 Vega 리스크는 순위험가중민감도의 절대값을 단순합

한다.

$$K_{b(\text{other bucket})} = \sum_k |WS_k|$$

7.3.9.4 bucket 간 통합과 Vega 리스크 자본량 계산

마지막 단계로 bucket간의 상관관계를 감안하여 전단계에서 산출한 리스크 익스포져를 통합함으로써 리스크군별 Vega 리스크를 산출한다.

$$\text{Vega risk charge} = \sqrt{\sum_b K_b^2 + \sum_b \sum_{c \neq b} \gamma_{bc} S_b S_c}$$

여기서 bucket b의 모든 리스크요소에 대해, $S_b = \sum_k WS_k$, bucket c의 모든 리스크요소에 대해 $S_c = \sum_k WS_k$이며 γ_{bc}는 bucket간 적용할 상관계수이다.

기타 조건은 GIRR과 동일하다.

서로 다른 bucket간의 Vega리스크 민감도 통합을 위한 상관계수는 각 리스크군의 Delta상관계수 γ_{bc}와 동일하게 적용한다.

7.3.10 Curvature 리스크

7.3.10.1 Curvature 리스크민감도

옵션의 Curvature 리스크자본량은 주어진 리스크요소에 스트레스 시나리오(상향식 충격과 하향식 충격)를 적용하여 계산하므로 별도의 민감도 개념은 필요하지 않다.

7.3.10.2 Curvature 리스크 포지션 계산

$$CVR_k^+ = -\sum_i \left\{ V_i\left(x_k^{RW(\text{Curvature})+}\right) - V_i(x_k) - RW_k^{(\text{Curvature})} \cdot s_{ik} \right\}$$

$$CVR_k^- = -\sum_i \left\{ V_i\left(x_k^{RW(\text{Curvature})-}\right) - V_i(x_k) + RW_k^{(\text{Curvature})} \cdot s_{ik} \right\}$$

여기서,

i : 리스크요소 k와 관련된 Curvature risk를 갖는 상품

x_k : 리스크요소 k의 현재수준

$V_i(x_k)$: 리스크요소 k의 현재수준에 따른 상품 i의 가격

$V_i\left(x_k^{(RW^{(Curvature)+}}\right)$ 와 $V_i\left(x_k^{(RW^{(Curvature)-}}\right)$: x_k: 가 상향(하향)이동후 상품i의 가격

$RW_k^{(Curvature)}$: 상품 i에 대해 Curvature risk 요소 k에 대한 위험가중치

(1) GIRR, CSR, 상품리스크군(risk class)

$RW_k^{(Curvature)}$: 각 리스크군에서 가장 높은 Delta위험가중치를 따르며, 개별수익률곡선의 모든 만기점(all tenors)에서 평행이동 적용

[표 3-22] Curvature 리스크 위험가중치(FX와 주식은 (2) 참조)

Risk class(bucket과 risk factor)	위험가중치
GIRR	1.7%(자국통화와 중요통화는 1.2%)
CSR(비유동화)	12%
CSR(유동화 non-CTP)	3.5%
CSR(유동화 CTP)	16%
일반상품	80%

s_{ik}: Curvature 리스크요소 k에 대해, 상품 i의 해당 수익률곡선의 모든 기간에 대한 Delta민감도의 합계

(2) FX와 주식리스크군(risk class)

FX와 주식리스크군의 리스크요소 k에 대한 net Curvature 리스크 자본량를 계산하기 위한 Curvature 리스크 위험가중치-리스크요소에 대한 충격크기-는 Delta 리스크위험 가중치와 동일한 상대적 변화치(relative shift)이다.

$RW_k^{(Curvature)}$: Delta위험가중치와 동일한 위험가중치

s_{ik}: Curvature 리스크요소 k와 일치하는 Delta리스크요소에 대한 상품 i의 Delta 민감도

다만, 기초자산으로 은행의 보고통화(또는 기초통화)에 기반하지 않은 옵션의 FX Curvature에 대해서, net Curvature 리스크자본량(CVR_k^+와 CVR_k^-)은 1.5 scalar로 나눈다.

이는 이종통화옵션의 경우 이중계산의 우려가 있기 때문에 이를 반영한 것이다.

7.3.10.3 동일 bucket내 계산

$$K_b = \max(K_b^+, K_b^-)$$

$$K_b^+ = \sqrt{\max\left(0, \sum_k \max(CVR_k^+, 0)^2 + \sum_{k \neq l} \sum_k \rho_{kl} CVR_k^+ CVR_l^+ \Psi(CVR_k^+, CVR_l^+)\right)}$$

$$K_b^- = \sqrt{\max\left(0, \sum_k \max(CVR_k^-, 0)^2 + \sum_{k \neq l} \sum_k \rho_{kl} CVR_k^- CVR_l^- \Psi(CVR_k^-, CVR_l^-)\right)}$$

여기에서 $\Psi(CVR_k, CVR_l)$은 CVR_k, CVR_l이 모두 (−)이면 0, 아니면 1의 값을 가짐

$K_b = K_b^+$는 상향 시나리오이며, $K_b = K_b^-$는 하향시나리오이다. 특별히 $K_b^+ = K_b^-$인 경우 $\sum_k CVR_k^+ > \sum_k CVR_k^-$이면 상향시나리오가 선택되며, 그렇지 않으면 하향시나리오가 선택될 것이다.

Bucket 내의 Curvature 리스크 포지션을 합하기 위한 상관계수 ρ_{kl}은 대응하는 Delta상관계수 ρ_{kl}을 제곱하여 결정한다.

여기에서 CSR과 일반상품의 Delta상관계수는 여러 차원(dimemsion)으로 이루어지므로 다음을 적용한다.

CSR(비유동화)	CSR(유동화 CTP)	CSR(유동화non-CTP)	일반상품
$\rho_{kl}^{(name)}$	$\rho_{kl}^{(name)}$	$\rho_{kl}^{(tranche)}$	$\rho_{kl}^{(cty)}$

CSR(비유동화 bucket 16), 유동화 non-CTP(bucket 25), 유동화 CTP(bucket 16), 주식(bucket11)에 대해서는 아래사항을 적용한다.

$$K_{b(\text{other bucket})} = \max\left(\sum_k \max(CVR_k^+, 0), \sum_k \max(CVR_k^-, 0)\right)$$

7.3.10.4 bucket 간 통합과 Curvature 리스크 자본량 계산

마지막 단계로 bucket간의 상관관계를 감안하여 전단계에서 산출한 리스크 익스포져를 통합함으로써 리스크군별 Curvature 리스크를 산출한다.

$$\text{Curvature risk} = \sqrt{\max\left(0, \sum_b K_b^2 + \sum_b \sum_{c \neq b} \gamma_{bc} S_b S_c \Psi(S_b, S_c)\right)}$$

bucket b에 대해 상향시나리오가 선택되면, bucket b의 모든 리스크요소에 대해, $S_b = \sum_k CVR_k^+$이며, 그렇지 않으면 $S_b = \sum_k CVR_k^-$가 된다.

S_b와 S_c 모두 (−)이면 $\Psi(S_b, S_c)$는 0의 값을 가지며, 그렇지 않으면 1의 값을 가진다.

서로 다른 bucket간의 Curvature 리스크 민감도 통합을 위한 상관계수는 각 리스크군의 Delta 상관계수 γ_{bc}를 제곱하여 적용한다.

7.3.11 Index 상품과 다수기초자산옵션의 처리

7.3.11.1 Delta와 Curvature리스크 부문

1. index상품과 다수기초자산을 가진 옵션은 LTA(look-through 접근법)를 사용해야 한다. 그러나 아래의 조건에 따라 상장되고 널리 인정된 주식지수나 채권지수상품에 대해서는 look-through 접근법을 적용하지 않을 수 있다.
   (1) look-through 접근법을 적용할 수 있다(즉, 구성요소와 각각의 비중이 알려져 있다)
   (2) 지수는 최소한 20개의 구성종목을 포함한다.
   (3) 지수에 포함된 어떤 한가지 구성종목도 전체 지수의 25%를 넘지 않는다.
   (4) 구성종목 중 상위 10%(the largest 10% of constituents) 는 전체지수의

60% 미만이다.

(5) 지수 전체 구성종목의 시장가격은 USD 40bil(약 40조원)을 넘는다.

〈LTA〉
가. 조건
① 펀드의 기초익스포져에 대하여 은행에 충분하고 빈번하게 정보 제공(최소한 은행내부의 보고주기와 동일)
② 이 정보는 독립적인 제3자에 의해 검증
나. 방법
- 직접 보유하는 것으로 간주하여 RW 적용
- 파생상품에 대해서도 동일하게 측정하며, CVA측정에 대신하여 거래상대방신용위험(CCR) 계산시에는 CCR익스포져에 1.5를 곱한 후 계산
- 은행이 직접 RW를 계산하지 못하여 제3자에게 의뢰하는 경우 RW는 1.2배로 함

2. 위의 상품에 대해 look-through 접근법을 채택하든 않든 Delta와 Curvature 리스크 계산을 위해 사용되는 민감도 입력값은 일관성을 가져야 한다.

3. 은행이 look-through 접근법을 선택하지 않는 경우, 널리 인정되는 개별지수에 대해 단일의 민감도를 계산한다. 지수의 민감도는 다음과 같이 관련 Delta 리스크 bucket에 할당하여야 한다.

(1) 지수구성종목의 75% 이상(지수내의 비중을 고려하여)이 특정 섹터(주식리스크의 경우 bucket 1~11, CSR의 경우 bucket 1~16)의 bucket에 매핑되는 경우, 그 지수의 민감도는 단일의 특정 섹터 bucket에 매핑하며 single name의 민감도처럼 처리한다.

(2) 그외 나머지의 경우, "index" bucket(주식리스크의 경우 bucket 12~13, CSR의 경우 bucket 17~18)에 매핑할 수 있다.

- 주식리스크에 대해, 지수 구성종목의 75%(가중평균)가 대형이고 advanced economy이면 bucket 12(대형, advanced market)를 적용하며, 그렇지 않으면 bucket 13을 적용한다.
- CSR에 대해, 지수 구성종목의 75%(가중평균)가 투자등급이면 bucket 17(투자등급지수)을 적용하며, 그렇지 않으면 bucket 18(high yield 지수)을 적용한다.

4. 위 1의 (2)~(5)조건을 충족하지 못하는 지수와 맞춤형(bespoke)의 주식이나 채권포지션으로 구성한 다수 기초자산 상품에 대해서는 반드시 look-through 접근법을 사용하여야 한다.
   (1) CTP 이외의 지수상품과 다수 기초자산옵션에 대해 look-through 접근법을 사용하는 경우, 이를 구성하는 리스크요소의 민감도는 아무 제약없이 single-name상품의 민감도와 netting을 허용한다.
   (2) 지수 CTP 상품은 구성 종목으로 분해할 수 없으며(즉 지수CTP는 전체로 하나의 리스크요소로 본다) 위에서 언급한 발행자 수준의 netting은 적용하지 않는다.
   (3) look-through 접근법을 사용하는 경우, 시간에 따라 일관되게 적용하며[56] 동일지수를 참조하는 모든 동일한 상품에 적용한다.

7.3.11.2 다수기초자산을 가진 상품의 Vega리스크

1. 다수기초자산옵션(지수옵션 포함)은 일반적으로 기초자산 구성종목의 내재변동성 보다는 옵션의 내재변동성에 기초하여 평가하며, look-through 접근법 적용은 필요하지 않다.
2. 다수기초자산옵션의 내재변동성과 관련하여 Vega리스크는 특정섹터 bucket이나 지수 bucket을 사용하여 계산한다.
   (1) 지수 구성종목의 75% 이상(지수내의 비중을 고려하여)이 특정섹터(주식리스크의 경우 bucket 1~11, CSR의 경우 bucket 1~16)의 bucket에 매핑되는 경우, 그 지수의 민감도는 단일의 특정 섹터 bucket에 매핑하여 single name의 민감도처럼 처리한다.
   (2) 그외 나머지의 경우, "index" bucket(주식리스크의 경우 bucket 12~13, CSR의 경우 bucket 17~18)에 매핑할 수 있다.

56 은행은 최초에는 look-through접근법을 적용하지 않다가 나중에 적용할 수 있다. 그러나 일단 한번 적용하면 "no look-through"접근법으로 돌아가기 위해서는 감독당국의 승인을 받아야 한다.

7.3.11.3 지분투자펀드의 처리

1. 제2장 3.3의 4.(5)(a)를 만족하여 시장리스크 측정 대상으로 분류한 지분투자펀드에 대해서는 반드시 look-through 접근법을 사용하며 펀드의 기초자산은 은행이 그 포지션을 직접 보유하고 있는 것처럼 처리한다(펀드내의 주식지분과 펀드구조상 레버리지 고려). 다만 아래 조건을 만족하는 경우에는 그러하지 않다
   (1) 위 7.3.11.1 1.의 (1)~(5)의 조건을 만족하는 지수상품을 포함한 펀드는 마찬가지로 look-through 접근법을 사용하며 펀드의 기초자산은 은행이 그 포지션을 직접 보유하고 있는 것처럼 처리한다. 그러나 은행은 위의 7.3.11.1 3.에서 처럼 해당지수상품에 대해서는 "look-through" 접근법을 적용하지 않을 수 있다.
   (2) 벤치마크 지수를 추종하는 펀드에 대해서는 look-through 접근법을 선택하지 않을 수 있고, 아래의 경우 추종하는 지수내의 한 개 포지션이라고 가정하여 리스크를 측정할 수 있다.
      (a) 펀드는 추종차이 절대값이 1% 이내(수수료는 무시)이다.
      (b) 추종차이는 최소한 매년 체크하며, 직전 12개월간(데이터가 부족한 경우 짧은 기간도 가능)펀드와 추종 벤치마크와의 차이를 연환산한 것으로 정의한다.
2. look-through 접근법을 사용할 수 없는 지분투자펀드이지만(독립된 제3의 기관으로부터 펀드내의 개별 구성종목에 대한 충분한 정보가 제공되지 못하는 경우)펀드에 대한 일별 고시가격을 얻을 수 있고 법적으로 펀드에 강제된 정보에 접근할 수 있는 경우 다음의 3가지 방법 중 한 가지를 선택할 수 있다.
   (1) 펀드가 지수벤치마크를 추종하고 위 1. (2)의 (a)~(b)를 충족한다면 그 펀드는 추종지수내의 포지션으로 가정하고 펀드의 민감도는 7.3.11.1 3.과 같이 관련 섹터의 bucket이나 지수 bucket에 배정한다.
   (2) 감독당국의 승인하에서, 펀드를 가상의 포트폴리오-민감도 기준 방법에

서 가장 높은 자본요구량을 갖는 자산에 펀드 약정상 최고한도로 투자하고 그 다음부터 점진적으로 낮은 자본요구량의 다른 자산에 투자하는 포트폴리오-로 간주한다.

만약 민감도 기준 방법하에서 주어진 익스포져에 하나 이상의 위험가중치가 적용될 수 있다면 최고의 위험가중치를 적용하여야 한다.

(a) 이 가상 포트폴리오는 펀드내의 모든 포지션에 대해 단독기준(시장리스크 자본요구량에 따르는 기타 다른 포지션과는 분리하여)의 시장리스크 자본량을 따라야 한다.

(b) 가상포트폴리오내 파생상품에 대한 거래상대방 신용리스크와 CVA 리스크는『Capital requirements for banks' equity investments in funds(2013.12)』80(vii)(c)에서 명시한 간편법을 사용하여 계산하여야 한다.

(3) 은행은 지분투자펀드를 무등급 주식익스포져로 간주하고 "기타섹터(bucket 11)"로 배정하여 처리한다. 이 방법을 적용할 때는 펀드의 규약사항, 펀드의 부도리스크 자본요구량이 충분히 건전한지, 잔여리스크 추가분을 적용하여야 하는지를 고려하여야 한다.

(4) 제2장 3.3의 4.(5)의 요구사항*을 충족하지 못하거나 look-through 접근법을 사용할 수 없는 펀드내 net long포지션은 반드시 은행계정에 배정하며, 동일한 상황의 펀드내 net short 포지션은 트레이딩 계정에서 동 기준과는 별개로 100% 자본량을 부과한다.

* 독립된 제3의 기관으로부터 펀드내 개별구성종목에 대한 충분한 정보를 입수, 펀드에 대한 일별고시가격을 얻고 법적으로 강제된 정보에 접근가능

7.3.12 LAT 적용 업무 프로세스

[그림 3-3] LTA 적용 절차

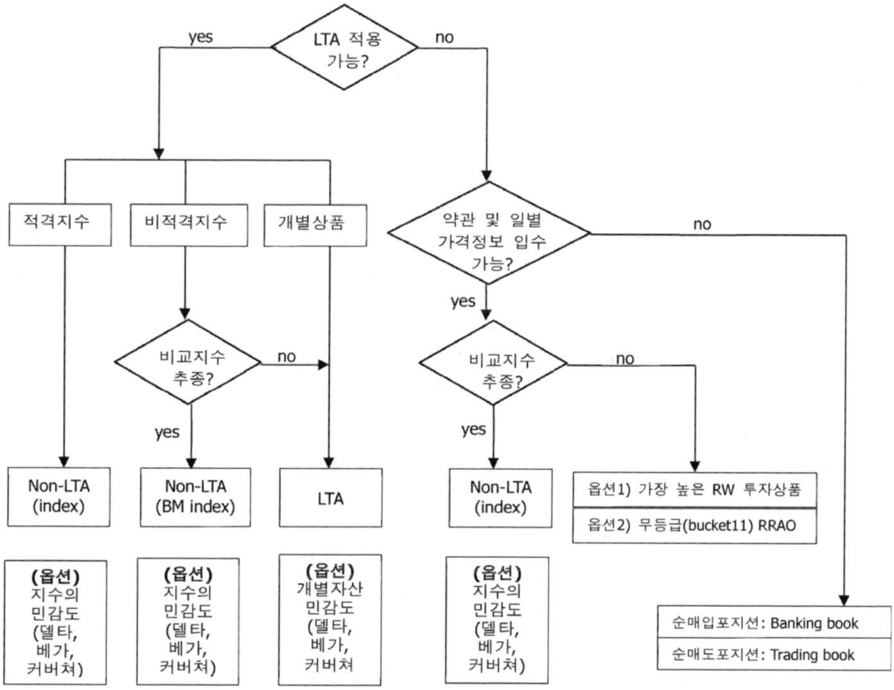

7.4 부도리스크

1. 부도리스크의 의미

- 부도리스크는 일반적인 시장가격의 변동을 초과한 부도사건에 의한 리스크를 말하며 MtM loss(신용스프레드와 migration의 변화로 인한 손실)를 초과하는 JTD(Jump to default) 손실을 의미한다.
- 부도리스크는 신용스프레드의 변화에 의한 mark-to-market에서 포착될 수 없는 분포의 꼬리부분에 나타나는 스트레스 사건을 포착하기 위한 것이다. 신용스프레드는 부도로부터의 예상손실(expected loss)을 의미하며, JTD손실은 별도의 부도리스크를 인식함으로써 분포의 꼬리부분에 해당하는 부도손실을 포착할 수 있다. (마찬가지로 채권옵션의 경우 부도리스크 산출을

위한 포지션으로 Delta등가포지션을 사용하는 것은 부도시 손실을 과소평가할 수 있는데 옵션Delta의 정의는 전체 부도의 분포에서 평균값 계산에 적용되기 때문이다.)

- offsetting은 동일채무자의 long 포지션과 short 포지션을 차감하여 상계하는 것을 의미하고, hedging은 long 포지션과 short 포지션간에 basis나 correlation risk가 있으므로 일부 헷지 효익만 인정하는 것을 의미한다.

2. 부도리스크 측정대상

- 부도리스크는 비유동화 포트폴리오, 유동화 포트폴리오(non-CTP), 유동화(CTP)를 대상으로 한다
- 특히 주식과 채권(부도채권도 포함함) 및 이를 기초자산으로 하는 파생상품은 반드시 대상으로 측정한다.

3. 부도리스크 측정시 고려사항

- 비유동화부도리스크, 유동화(non-CTP)부도리스크, 유동화(CTP)부도리스크 간에는 분산효과를 적용하지 않는다.
- 거래되는 비유동화 채권과 주식 파생상품(traded non-securitisation credit and equity derivatives)에 대해서는, LTA(look-through approach)에 의해 개별 구성발행자의 JTD금액을 결정한다.
- 감독당국 재량으로 국가/공공기관/국제개발은행에 대한 채권은 바젤Ⅲ의 체계와 동일하게 부도위험가중치를 0으로 할 수 있다. 또한 감독당국재량으로 외국정부에서 발행한 채권(발행국 통화 이외의 통화로 발행한 채권 포함)은 부도위험가중치를 부과할 수 있다.
- 주식 bucket 11(기타부문)으로 처리된 지분투자펀드에 대한 채권은 무등급주식투자로 처리한다. 펀드가 high-yield나 자금경색 상태의 회사에 투자하는 것이 허용되는 경우, 은행은 [표 3-23]의 가장 높은 위험가중치를 적용한다(먼저 부도난 채권에 가능한 금액을 투자하고 그 다음에는 CCC등급채권

에 가능한 금액, 그다음에는 B등급, 그 다음에는 BB등급에 투자하는 것으로 가정하여 펀드의 유효평균 위험가중치를 계산하여 적용한다).

- 이러한 익스포져 간의 상계는 허용하지 않는다.

4. 부도리스크 계산과정 요약

1단계	개별상품의 JTD 손실금액 산출
2단계	채무자별 net long JTD, net short JTD 손실금액 산출(매입과 매도 JTD 손실금액을 offsetting)
3단계	Bucket내 HBR(Hedge Benefit Ratio)계산
4단계	부도위험가중치를 적용하여 bucket내 자본량 계산
5단계	전체 위험자본량 계산

7.4.1 (비유동화)부도리스크 측정

단계	업무
1단계	익스포져별 gross JTD 계산
2단계	동일 채무자별 net JTD 계산
3단계	부도리스크 자본량 부과
3-1	위험가중 net JTD 계산
3-2	Bucket(회사, 국가, 지방자치단체)별 위험가중 net JTD 배정
3-3	HBR 계산
3-4	Bucket 내 자본량 계산
3-5	전체 자본량 계산

7.4.1.1 총 JTD포지션(gross JTD) 계산

1. 익스포져별로 gross JTD 계산

예) 은행이 long Apple채권, short Apple채권을 가지고 있으면 2개의 JTD를 계산하여야 한다.

- long과 short의 방향은 부도시 신용익스포져에 손실이 발생하는지 이익이 발생하는지에 의해 결정되는데, long포지션은 부도시 손실이 발생하는 신용익스포져이다.

- 파생상품계약도 마찬가지로 부도시 손실이 발생하는 경우 long 포지션이다. 즉, 옵션의 bought/sold, CDS의 bought/sold에 따르지 않는다. (예, 채권에 대한 풋옵션 매도는 부도시 옵션매도자에게 손실이 발생하므로 long익스포져가 된다)
- Gross JTD는 LGD, 명목금액(또는 액면금액), 포지션에 이미 반영되어 있는 누적 P&L의 함수이며, 부도시의 가치(회복율은 0)와 정상인 상태의 가치의 차이이다. 만약 파생상품의 계약상, 부도리스크에 노출되는 익스포져 없이 상환되는 파생상품이라면 JTD는 0가 된다.

JTD(long)=Max[LGD x 명목금액 + P&L, 0]

* long 익스포져상품의 명목금액은 (+)값, P&L loss은 (-)값, P&L gain은(+)값

JTD(short)=Max[LGD x 명목금액 + P&L , 0]

* short 익스포져상품의 명목금액은 (-)값, P&L loss은 (-)값, P&L gain은(+)값

여기서 명목금액은 채권등가명목금액(또는 액면금액)이며, P&L은 익스포져에 반영된 누적 손실(또는 이익)이다.

P&L=시장가치-명목금액

여기서 시장가치는 포지션의 현재시장가치이다.

- LGD의 적용

  주식과 non-senior 채권은 LGD 100%, senior 채권은 LGD 75%, 커버드본드는 LGD25%를 적용한다.

  Non-tranched MBS의 경우, senior 채권으로 간주하여 LGD 75%를 적용하며, 무등급으로 bucket 11에 할당하는 지분투자펀드는 LGD 100%를 적용한다.

부도리스크의 LGD적용시, senior 채권과 non-senior채권의 구분은 상환순서에 따라 결정되며 해당정보는 시장데이터를 통해 입수할 수 있다. 만약 seniority정보가 주어지지 않아 신용등급을 감안하는 경우 적용하는 신용등급은 CSR 측정시의 기준과 다르게 적용하는 것이 적합할 것이다. 왜냐하면, CSR의 경우 non-senior 아래 HY 등급이 있기 때문이다. 예를 들어 LGD 적용시 AA이상은 senior, AA미만은 non-senior로 구분할 수 있을 것이다.

단, 상품의 가격이 부도채무자의 회복률과 연결되지 않은 경우에는 명목금액에 LGD를 곱하지 않는데 이는 LGD를 0으로 간주하는 셈이다(예, FX신용하이브리드 옵션 : EUR 쿠폰 수취와 USD쿠폰 지급이 교환되며, 특정채무자가 부도가 나는 경우 현금흐름은 종결).

- 액면금액(notional amount)과 포지션에 이미 반영된 손실(MtM loss: mark-to-market loss)의 인식

  액면금액은 부도시 원금손실금액을 결정하며, MtM loss는 포지션의 싯가에 이미 반영된(recorded) MtM loss를 이중계산하지 않고 순손실금액을 결정하기 위함이다.

  이에 따라 부도리스크 산출 대상 포지션의 JTD 손실금액 산출을 위한 구성요소를 정리하면 다음과 같다.

- 매입 포지션 : 기초자산 부도시 손실

상품	명목금액(A)	채권등가 시장가치(B)	P&L(B-A)
주식 매입	시장가*	시장가	0
채권 매입	액면가	시장가	시장가-액면가
주식선물(선도)매입	계약금액	시장가	시장가-계약금액
주가지수선물 매입	계약금액	시장가	시장가-계약금액
채권call 매입	0	｜옵션의 MtM｜	｜옵션의 MtM｜
주식call 매입	0	｜옵션의 MtM｜	｜옵션의 MtM｜
채권put 매도	옵션명목금액	행사금액[57]-｜옵션의 MtM｜	(행사금액- ｜옵션의 MtM｜)-옵션명목금액[58]
주식put 매도	0**	행사금액-｜옵션의 MtM｜	행사금액-｜옵션의 MtM｜
CDS 매도	CDS명목금액	CDS 명목금액- CDS시장가	- CDS 시장가
주식스왑(주식매입leg)	계약금액	시장가	시장가-계약금액

* 현물주식의 명목금액은 공정가치로 함

** 주식의 LGD를 100%로 간주하므로 명목금액은 0으로 함

57 행사금액은 채권가격 또는 주식가격으로 표시

58 옵션기초자산채권의 액면금액

• 매도 포지션 : 기초자산 부도시 이익

상품	명목금액(A)	시장가치(B)	P&L(B-A)
주식 매도	-시장가	-시장가	0
채권 매도	-액면가	- 시장가	-시장가+액면가
주식선물(선도)매도	-계약금액	- 시장가	-시장가+계약금액
주가지수선물 매도	-계약금액	- 시장가	-시장가+계약금액
채권call 매도	0	-|옵션의 MtM|	-|옵션의 MtM|
주식call 매도	0	-|옵션의 MtM|	-|옵션의 MtM|
채권put 매입	-옵션명목금액	-행사금액+|옵션의 MtM|	(-행사금액+|옵션의 MtM|)+옵션명목금액
주식put 매입	0	-행사금액+|옵션의 MtM|	-행사금액+|옵션의 MtM|
CDS 매입	-CDS명목금액	-CDS명목금액+CDS시장가	CDS 시장가
주식스왑(주식매도leg)	-계약금액	- |시장가|	-|시장가|+계약금액

2. 익스포져의 잔존만기별 JTD의 조정

자본보유기간은 1년이므로 만기가 1년보다 짧은 모든 익스포져와 헷지상품의 JTD는 1년으로 조정작업이 필요하다[59](예, 6개월 만기 포지션의 JTD는 1/2로 가중한다). 1년 이상의 익스포져에 대한 조정작업은 별도 하지 않는다.

현물주식 포지션은 은행의 재량으로 1년 이상 또는 3개월의 만기에 할당할 수 있다.

파생상품에 대한 offsetting기준의 적용은 파생상품계약의 만기를 적용하며 기초자산의 만기가 아니다.

만기 3개월미만의 상품은 3개월 잔존만기로 한다.

> 예시) 주가지수선물 KRW 10백만 매도(만기1개월)와 주가지수현물 KRW 10백만 매입포지션을 가진 경우, 주가지수선물 매도는 3개월로, 주가지수현물매입도 3개월만기로 보아 포트폴리오 포지션은 0이 된다.

59 이 조정작업은 gross JTD에 적용하며, net JTD에 적용하는 것이 아니다.

7.4.1.2 순 JTD포지션 (net JTD) 계산

전 단계에서 산출한 JTD 포지션을 동일 채무자(same obligor) 별로 offsetting 하여 net JTD(long) 또는 net JTD(short)을 계산한다.

JTD 포지션의 offsetting은 다음과 같이 수행한다.

1. Short 포지션은 long 포지션에 비해 동일순위 또는 후순위(same or lower seniority)이어야 한다. 예를 들어, 주식의 short 포지션은 채권의 long 포지션과 offsetting 할 수 있으나, 반대의 경우는 offsetting 할 수 없다.

> 〈Offsetting을 위한 상품별 순위〉
> **주식 〈 non-senior채권 〈 senior채권 〈 covered bond**
> Non-senior채권과 senior 채권은 발행자의 신용등급, CDS는 보장매도자의 신용등급별로 순위를 결정할 수 있음.

2. 보증 채권이 기초자산 발행자의 익스포져인지 보증제공자의 익스포져인지 결정할 목적의 신용리스크 경감요구량은 [CRE22.71]과 [CRE22.73]를 적용한다.

> **[CRE 22.71]** 상계조항을 가진 거래에 대한 자본요구량 계산은 [CRE22.40]의 공식을 적용한다.
> CER 22.40 담보된 거래의 리스크 경감 후 익스포져는 다음 공식을 사용하여 계산한다.
>
> $$E^* = \max\{0,\ E\cdot(1+He) - C\cdot(1 - Hc - H_{fx})\}$$
>
> E^* : 리스크 경감 후 익스포져 E : 익스포져의 현재가치
> H_e : 익스포져의 적정 haircut C : 수취담보의 현재가치
> H_c : 담보의 적정 haircut
> H_{fx} : 담보와 익스포져간 통화불일치에 따른 적정 haircut
>
> **[CRE 22.73]** haircut 관련 사항은 [CRE22.40]~[CRE22.68]을 따른다.

3. 만기가 1년보다 긴 포지션은 전액 offsetting 대상이며, 만기가 1년보다 짧은 포지션은 1년 만기의 비율로 조정한다. 예를 들어, 만기가 3개월인 short 포지션 100이 있다면, 포지션 금액을 25로 조정한다. 또한 long과 short 포지션 모두 1년 이내인 경우 양쪽 포지션 모두 조정한다. 따라서 net 포지션을

산출하기 위해 모든 포지션에 대해 1년 기준으로 포지션 금액을 조정하여야 한다.

4. 동일채무자의 1년 만기기준 조정 포지션의 netting 방법
   <1단계> long포지션과 short포지션을 모두 가진 동일채무자 인식
   <2단계> seniority기준으로 long포지션과 short포지션 정열
   <3단계>
   short 포지션의 가장 후순위 포지션(주식)을, long포지션의 seniority에 따라 가장 후순위 포지션(주식)과 순차적으로 netting
   가장 먼저 주식에 대한 short position이 있는 경우, netting을 시작하여 가장 마지막에 covered bond short position과 covered bond long position을 netting을 하며, 물론 부도채권에 대한 short position이 있는 경우 이것이 가장 우선한다.

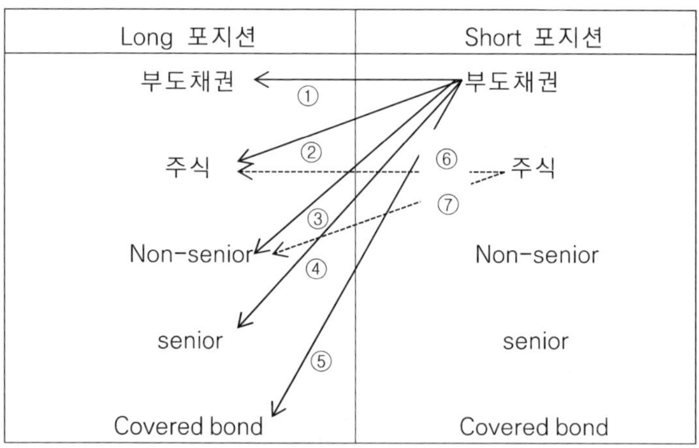

7.4.1.3 비유동화의 부도리스크 자본량 부과

1. 거래상대방의 타입에 상관없이 채무자의 신용등급범주에 따라 구분한 부도리스크 위험가중치를 net JTD에 적용한다.

[표 3-23] 비유동화 부도위험가중치

신용등급범주	부도위험가중치
AAA	0.5%
AA	2%
A	3%
BBB	6%
BB	15%
B	30%
CCC	50%
무등급	15%
부도	100%

참고 우리나라 국채(통안채 포함)의 신용등급 부여

국채의 경우 원칙적으로 해당국의 국가신용등급을 적용하여야 한다. 그러나 FRTB BIS 기준에서는 국채와 지방채에 대해 감독당국 재량으로 0%의 부도리스크를 부과할 수 있다고 규정(MAR 22.7)하고 있으며, 〈은행업감독업무시행세칙(별표3)〉의 29(중앙정부 및 중앙은행 익스포져)에서는 우리나라 국채와 지방채는 위험가중치 0%를 적용한다고 규정하고 있다.
이에 따라 국내은행이 투자한 국채(통안채 포함)와 지방채는 별도의 신용등급이 없더라도 0%의 위험가중치를 적용하는 것이 적합하다고 판단된다.

1-1. 국내신용등급의 매핑

『은행업감독업무시행세칙』 <별표3 신용 · 운영리스크 위험가중자산에 대한 자기자본비율 산출기준 (바젤Ⅲ 기준)> 제2절 제2장 28에 의해 금감원에서 제시한 적격외부신용평가기관의 신용등급 매핑기준에 따라 국내평가기관의 신용등급은 다음과 같이 매핑한다.

〈외부등급 매핑 기준표 2018.1월 기준〉

(1) 기업 익스포져 (장기등급)

표준신용등급	AAA ~ AA-	A+ ~ A-	BBB+ ~ BB-	BB- 미만	무등급
국내 ECAI 등급	AAA	AA+ ~ AA-	A+ ~ BBB-	BBB- 미만	무등급

(2) 기업 이외 여타 익스포져

① 정부 및 중앙은행

표준신용등급	AAA ~ AA-	A+ ~ A-	BBB+ ~ BBB-	BB+ ~ B-	B- 미만	무등급
국내 ECAI 등급	AAA	AA+ ~ AA-	A+ ~ BBB-	N/A	BBB- 미만	무등급

② 국제개발은행

표준신용등급	AAA ~ AA-	A+ ~ A-	BBB+ ~ BBB-	BB+ ~ B-	B- 미만	무등급
국내 ECAI 등급	AAA	AA+ ~ AA-	A+ ~ BBB-	N/A	BBB- 미만	무등급

③ 은행

표준신용등급	AAA ~ AA-	A+ ~ A-	BBB+ ~ BBB-	BB+ ~ B-	B- 미만	무등급
국내 ECAI 등급	AAA	AA+ ~ AA-	A+ ~ BBB-	N/A	BBB- 미만	무등급

2. 3가지 bucket에 위험가중 net JTD를 배정

회사 (corporates)	국가 (sovereigns)	지방자치단체 (local gov./municipalities)

3. HBR(Hedge Benefit Ratio) 계산: bucket 내의 long 포지션과 short 포지션간의 헷지를 위한 비율 계산
   - 신용등급범주 전체에 걸쳐 위험가중전(not risk-weighted) net long JTD 단순합 계산

- 신용등급범주 전체에 걸쳐 위험가중전(not risk-weighted) net short JTD 단순합 계산
- $\text{HBR} = \frac{\sum \text{net JTD}_{\text{long}}}{\sum \text{net JTD}_{\text{long}} + \sum |\text{net JTD}_{\text{short}}|}$

4. bucket내 자본량 계산

   Bucket b의 부도리스크 자본량

$$\text{DRC}_b = \left[\left(\sum_{i \in \text{Long}} \text{RW}_i \cdot \text{net JTD}_i \right) - \text{HBR} \cdot \left(\sum_{i \in \text{Short}} \text{RW}_i \cdot |\text{net JTD}_i| \right); 0 \right]$$

5. 전체(bucket 간) 자본량 계산

   서로 다른 bucket간의 헷지는 인정하지 않고 bucket 수준의 자본량을 단순합 한다.

7.4.2 유동화(non-CTP)부도리스크 측정

단계	업무
1단계	트랜치별 gross JTD 계산
2단계	동일 트랜치별 net JTD 계산
3단계	부도리스크 자본량 부과
3-1	위험가중 net JTD 계산
3-2	Bucket(자산군)별 위험가중 net JTD 배정
3-3	HBR(hedge benefit ratio)계산
3-4	Bucket 내 자본량 계산
3-5	선제 자본량 계산

7.4.2.1 총 JTD포지션(gross JTD) 계산

1. 익스포져별로 gross JTD 계산
   - 비유동화에 대한 부도리스크 측정과정과 동일하지만, LGD는 적용하지 않는다(왜냐하면 유동화 부도리스크 산출을 위한 위험가중치에 LGD는 이미 반영되어 있기 때문이다).

- 유동화 포지션에 대한 JTD는 유동화 익스포져의 시장가치(market value)로 하며(즉, 트랜치 포지션에 대한 JTD는 이에 대한 시장가치이다)
- offsetting이나 hedging을 위해, 다수의 기초자산을 가진 포지션 또는 트랜치 구분없는 지수포지션(non-tranched index position)은 전체 트랜치 구조를 가지는 동등한 복제트랜치를 만들어 비례적으로 분해하여 계산한다.

7.4.2.2 순 JTD포지션 (net JTD) 계산

비유동화 부도리스크의 경우처럼, long과 short 유동화 익스포져(트랜치 단위의 익스포져를 의미, 이하 같음)는 기초자산의 신용을 long 또는 short 했느냐에 의해 결정되는데, 유동화된 포트폴리오의 부도가 발생하는 경우 long익스포져를 가진 은행은 손실을 보는 것이다.

1. Offsetting은 특정 유동화 익스포져(동일 기초자산 pool을 가진 트랜치)에 제한되므로 아래의 경우에는 offsetting이 안된다.
   - AP(attachment point)와 DP(detachment point)가 동일해도 서로 다른 기초자산의 유동화된 포트폴리오는 offsetting 안되며
   - 동일한 포트폴리오를 가진 서로 다른 트랜치의 유동화 익스포져간에도 offsetting 안된다.
2. 만기를 제외하고 모두 동일한 유동화 익스포져는 offsetting 가능하다(단, 1년 이내 포지션은 비유동화 에서 명시한대로 만기 조정).
3. 분해를 통해 완전히 복제된 포지션은 offsetting 가능하다.
   - 특히 short 유동화 익스포져의 집합(2)으로 long 유동화 익스포져의 집합(1)을 복제하였다면 offsetting 가능하다.

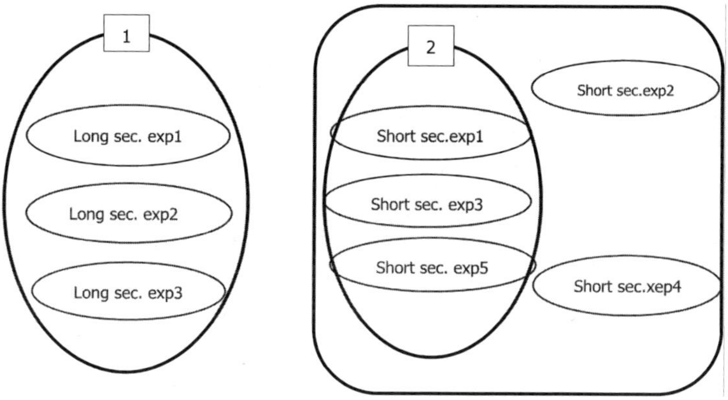

- 서로 다른 포트폴리오를 가진 short 유동화 익스포져의 집합(2)으로 단일의 long 유동화 익스포져(1)를 복제할 수 있다면 offsetting가능

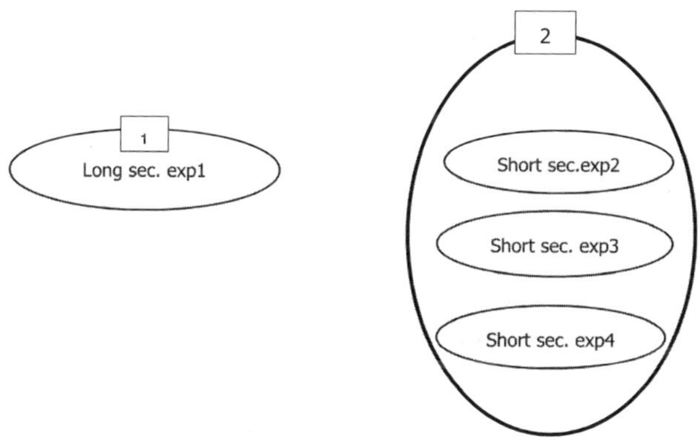

4. 분해후에는 비유동화와 동일하게 offsetting 규칙 적용

7.4.2.3 유동화(non-CTP)의 부도리스크 자본량 부과

유동화에 대한 부도리스크 부과는 비유동화 부도리스크와 동일한 접근법을 사용한다.

단, 유동화 익스포져는 트랜치에 의해 구분한다.

1. 유동화포지션에 대한 부도위험가중치

Basel Ⅲ document Revisions to the securitisation framework(BCBS 2014. 12.11, 2016.7 개정)에 의해 다음과 같이 트랜치별 RW를 적용한다.

- 위험가중치를 결정하는 방법은 기초자산 pool 수준에 따른다.

pool수준	정의	측정방법
IRB pool	모든 기초자산에 대해 승인받은 모든 IRB파라미터(parameters)를 이용하여 자본량을 계산할 수 있는 유동화 pool	SEC-IRBA
SA pool	기초자산에 대한 IRB파라미터를 승인받지 못하였거나, 승인받았으나 데이터부족으로 IRB파라미터를 계산하지 못하는 유동화 pool	SEC-ERBA IAA SEC-SA
Mixed pool	일부기초자산에 대해 승인받은 IRB파라미터를 이용하여 자본량을 계산할 수 있는 유동화 pool	SEC-IRBA 수정

- 트레이딩계정에서 migration risk는 CSR에 의해 포착하므로, 은행계정 유동화 처리방법에서 만기 조정으로 인한 리스크의 이중계산을 피하기 위해 만기는 1년으로 가정한다.

  ** 따라서 SEC-IRBA, SEC-ERBA, IAA 방법을 사용하는 경우 산출된 RW의 만기는 1년 만기로 조정하여 계산하여야 함

- 개별 현물 유동화포지션에 대한 SA자본부과량의 상한은 거래상의 공정가치(fair value of the transaction)이다.

SEC-SA RW 부여 공식

1) $D \le K_A$이면 RW는 1,250%

2) $A \ge K_A$ 이면 $K_{SSFA(K_A)} \times 12.5$

3) $A < K_A$이고 $D > K_A$이면, 1,250%와 $K_{SSFA(K_A)} \times 12.5$ 범위안에서 다음식을 적용 RW의 하한은 15%로 한다.

$$RW = \left[\left(\frac{K_A - A}{D - A}\right) \cdot 12.5\right] + \left[\left(\frac{D - K_A}{D - A}\right) \cdot 12.5 \cdot K_{SSFA(K_A)}\right]$$

〈설명자료〉

A : attachment point

D : detachment point

$K_A = (1 - W) \cdot K_{SA} + W \cdot 0.5$

$K_{SA}(= \frac{\sum 기초자산\ RWA \times 8\%}{\sum 기초자산\ 익스포져})$: 기초자산이 유동화되지 않았다고 가정한 경우 표준방법 자본량 비율

$W = (\frac{\sum 부실기초자산}{\sum 기초자산\ 익스포져})$: 부실기초자산(90일이상 연체나 부도자산) 비율

※ 은행이 W를 정확하게 알지 못하는 경우,

- 전체 기초자산 익스포져의 5% 이내에 대해 부실내역을 모르는 경우

$$K_A = \left(\frac{EAD_{subpool\ 1\ where\ W\ known}}{EAD\ Total} \times K_A^{subpool\ 1\ where\ W\ known}\right) + \frac{EAD_{subpool\ 2\ where\ W\ unknown}}{EAD\ Total}$$

- 전체 기초자산의 5%를 초과하여 부실내역을 모르는 경우 1,250%의 RW 적용

$K_{SSFA(K_A)} = \frac{e^{a \cdot u} - e^{a \cdot l}}{a(u-l)}$ 는 유동화 익스포져 1단위당 자본요구량

$a = -(\frac{1}{p \times K_A})$ p=1

$u = D - K_A$

$l = \max(A - K_A, 0)$

〈계산예시〉

A	0.05
D	0.15
W	0.04
기초자산익스포져 합	500
기초자산 RWA	300
K_{SA}	0.048
K_A	0.06608
a	-15.1332
u	0.084

I	0.000
$K_{SSFA(KA)}$	0.56628
$K_{SSFA(KA)}$*12.5	7.078497
RW	7.950275

2. 유동화(non-CTP) 부도리스크에 대한 bucket 구분과 배정

<table>
<tr><th>Bucket</th><th>자산군(Asset class)</th><th>지역</th></tr>
<tr><td>회사
Corporate(중소기업제외)</td><td>회사</td><td>지역무관</td></tr>
<tr><td rowspan="11">기타
The other
(11개 자산군 x 4개 지역)</td><td>ABCP</td><td rowspan="11">Asia
Europe
North America
All others</td></tr>
<tr><td>Auto loans/leases</td></tr>
<tr><td>RMBS</td></tr>
<tr><td>Credit Cards</td></tr>
<tr><td>CMBS</td></tr>
<tr><td>CLO</td></tr>
<tr><td>CDO-squared</td></tr>
<tr><td>Small &Medium Enterprise</td></tr>
<tr><td>Student loans</td></tr>
<tr><td>Other retail</td></tr>
<tr><td>Other wholesale</td></tr>
</table>

- 유동화 익스포져의 bucket 배정은 기초자산의 타입과 지역에 따라 시장에서 일반적으로 사용하는 분류에 따른다
- 개별 유동화 익스포져는 반드시 1개의 bucket에 배정되어야 하며 기초자산의 타입과 지역이 동일한 유동화 상품은 동일한 bucket에 배정되어야 한다.
- 이러한 식으로 배정할 수 없는 유동화 상품은 “other” bucket에 배정한다.

3. bucket 내 자본량 계산

비유동화 접근법과 동일하다.

HBR를 계산하고,

$$DRC_b = \max\left[\left(\sum_{i\in Long} RW_i \cdot \text{net JTD}_i\right) - HBR \cdot \left(\sum_{i\in Short} RW_i \cdot |\text{net JTD}_i|\right); 0\right]$$

에 의해 bucket내 부도자본량을 계산한다.

4. 전체(bucket 간) 자본량 계산

서로 다른 bucket간의 헷지는 인정하지 않으며 bucket 수준의 자본량을 단순 합산한다.

7.4.3 유동화(CTP)부도리스크 측정 요약

단계	업무
1단계	CTP별 gross JTD 계산
2단계	동일 CTP별 net JTD 계산
3단계	부도리스크 자본량 부과
3-1	위험가중 net JTD 계산(트랜치형과 비트랜치형 구분)
3-2	Bucket(index)별 위험가중 net JTD 배정
3-3	HBR(hedge benefit ratio)계산
3-4	Bucket 내 자본량 계산
3-5	전체 자본량 계산

7.4.3.1 총 JTD(gross JTD) 계산

유동화(non-CTP)의 총 JTD 계산과 동일한 접근법을 따른다.

비유동화 CTP(즉, 단일기초자산과 지수헷지상품)의 총 JTD금액은 포지션의 시장가치(market value)로 정의한다.

Nth-to-default 상품은 다음과 같은 AP(attachment point)와 DP(detachment point)를 갖는 트랜치 상품으로 취급한다.

AP=(N-1)/total names

DP=N/total names

여기서 total names은 기초바스켓이나 pool내의 전체 자산수(total number

of names)를 의미한다.

7.4.3.2 순 JTD 포지션(net JTD) 계산

만기를 제외한 나머지가 동일한 익스포져는 (비유동화)에서 명시한대로 만기를 조정하여 offsetting할 수 있다. 만기가 1년 이상인 익스포져는 완전히 offsetting되며, 1년이상인 익스포져와 1년 미만인 익스포져의 offsetting의 경우, 1년 미만 익스포져의 기간을 조정함으로써 offset효과는 감소되어야 한다.

1. index 상품의 경우, 완전히 동일한 index family(예, CDX.NA.IG), series(예, series 18), 트랜치(예, 0~3%)인 경우 만기에 상관없이(위에서 설명한 만기조정은 필요) offsetting 한다.
   (1) 분해를 통해 완벽히 복제한 매입과 매도 익프로져는 다음의 경우 상쇄될 수 있다. 분해한 단일의 등가익스포져(single name equivalent exposures)를 상쇄항목에 포함할 때는 다음과 같은 경우, 가치평가모델을 이용한 분해가 허용될 수 있다.
   분해는 기초자산인 단일차주의 부도에 대한 증권가치의 민감도이며 가치평가 모델에 의한 분해는 다음과 같이 정의한다.
   가치평가모델에 의해 가치가 결정된다고 할 때, 유동화 포지션(트랜치 포지션)의 단일자산 등가부분(single name equivalent constituent)은, 유동화증권의 무조건부 가치와 단일자산의 부도(회복율은 0)를 가정한 유동화증권의 조건부 가치의 차이이다.
   이 경우 단일등가 익스포져로 분해하는 것은 유동화증권내의 단일차주 부도의 한계효과(marginal effect)를 설명할 수 있어야 하며, 특히 분해된 단일 자산 금액의 합은 분해되기 전 유동화증권의 가치와 일관성을 가져야 한다. 그러한 분해는 vanilla 유동화상품(예, vanilla CDOs, 지수트랜치, bespokes)에 국한되며, 이색유동화상품(예, CDO-squared)의 분해는 금지한다.

2. long/short포지션의 index 트랜치와 비트랜치형 index에 대해, 그 익스포져가 정확하게 동일한 series의 index라면, 복제와 분해에 의한 offsetting이 허용된다. 예를 들어 동일한 index/시리즈의 10~15%트랜치의 long 유동화 익스포져와 10~12%와 12~15%의 결합 short 유동화 익스포져는 offsetting 할 수 있다.

   (1) index 시리즈(비트랜치형)의 포지션을 복제하고 완벽하게 결합된 여러 트랜치의 long 유동화 익스포져(1)는, 모든 포지션이 정확하게 동일한 index/시리즈(예, CDX. NA. IG 시리즈 18)의 short 유동화 익스포져(2)와 offsetting할 수 있다.

   동일한 index series(예, index1-xx)에서

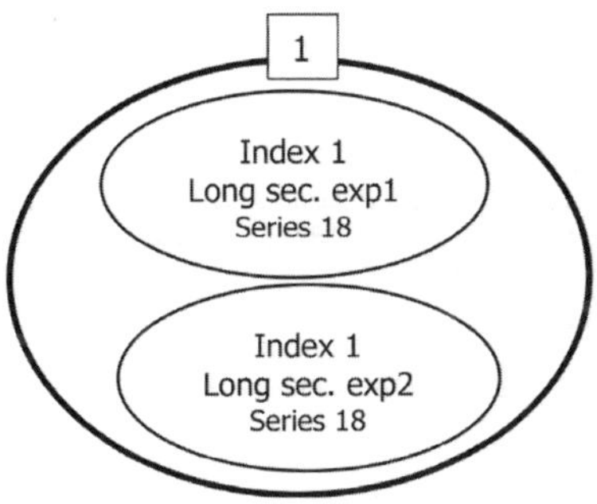

   (2) indices의 long/short 포지션과 단일자산 구성분 index는 분해에 의해 offsetting할 수 있다. 예를 들어 index를 완벽히 복제한 단일자산 long유동화 익스포져(1)는 index short 유동화 익스포져(2)와 offsetting할 수 있다.

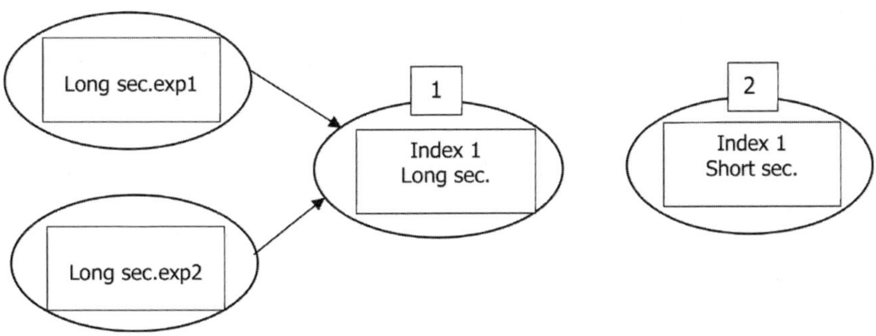

(3) 잔여요소(residual component)를 제외하면 long/short유동화 익스포져가 등가인 경우, 순액(net amount)은 반드시 잔여(residual)익스포져로 처리한다. 예를 들어 125개의 자산으로 구성된 index long포지션과 동일한 자산으로 복제한 124개의 short 포지션이 있는 경우, index의 누락된 125번째 포지션은 net long유동화 익스포져로 남게 된다.

(4) 동일index 또는 동일 시리즈의 서로 다른 트랜치, 동일 index의 서로 다른 시리즈, 서로 다른 index family는 offsetting 하지 않는다.

7.4.3.3 부도리스크 자본량 부과

1. 유동화포지션(CTP)에 대한 부도위험가중치

- 비트랜치 상품

[표 3-24] 유동화(CTP)비트랜치형 부도위험가중치

신용등급범주	부도위험가중치
AAA	0.5%
AA	2%
A	3%
BBB	6%
BB	15%
B	30%
CCC	50%
무등급	15%
부도	100%

〈외부등급 매핑기준(2018.1.8일 기준)

표준신용등급	국내 ECAI 등급	표준신용등급	국내 ECAI 등급
AAA	N/A	BBB-	A-
AA+	N/A	BB+	BBB+
AA	AAA	BB	BBB
AA-	N/A	BB-	BBB-
A+	AA+	B+	BB+
A	AA	B	BB

표준신용등급	국내 ECAI 등급	표준신용등급	국내 ECAI 등급
A-	AA-	B-	BB-
BBB+	A+	CCC+/CCC/CCC-	B
BBB	A	CCC미만	B 미만

- 트랜치 상품

  Basel Ⅲ document Revisions to the securitisation framework(BCBS 2014.12.11, 2016.7 개정) 78~87에 의해 트랜치별 RW를 적용한다.
- 트레이딩계정에서 migration risk는 CSR에 의해 포착되므로 은행계정 접근법에서 만기 조정부분은 리스크의 이중계산을 피하기 위해 은행계정 유동화 체계의 만기요소는 0으로 본다(즉 1년의 만기를 가정)

2. bucket의 정의

- 개별index는 그 자체를 하나의 bucket으로 간주한다

  (예, CDX North America IG, iTraxx Europe IG, CDX HY, iTraxx XO, LCDX(loan index), iTraxx LevX(loan index), Asia Corp, Latin America Corp, Other Regions Corp, Major Sovereign(G7 and Western Europe), Other Sovereign)
- bespoke유동화 익스포져는 해당 index의 bucket으로 한다(예, 해당 index의 5%~8% bespoke 트랜치는 그 index bucket으로 한다).

3. bucket내 자본량 계산

- 유동화(CTP)의 bucket 내 자본량은 (비유동화)의 방법과 유사하다.
- HBR는 CTP의 모든 index에 걸쳐 결합 long 포지션과 short포지션을 이용하여 결정한다.
- 비유동화 접근법과의 차이점은 bucket 수준에서는 0의 하한선이 없다는 점이며, 따라서 index 수준의 부도리스크 자본량(DRC_b)는 (-)일 수 있다.

  Bucket b의 부도리스크 자본량

$$\mathrm{DRC_b} = \left[\left(\sum_{i\in \mathrm{Long}} \mathrm{RW_i} \cdot \mathrm{net\ JTD_i}\right) - \mathrm{HBR_{ctp}} \cdot \left(\sum_{i\in \mathrm{Short}} \mathrm{RW_i} \cdot |\mathrm{net\ JTD_i}|\right)\right]$$

위 식에서 위험가중금액의 합계는 해당 index와 관련되는 모든 익스포져(예, index 트랜치, bespoke, 비트랜치 index, 단일자산)를 망라한 것이다.

$\mathrm{HBR_{ctp}}$의 ctp 표시는 동 비율을 계산할 때 특정 bucket의 포지션만 대상으로 하는 것이 아니라 CTP의 모든 indices에 걸쳐 long포지션과 short 포지션을 사용하여 계산함을 의미한다(즉 HBR는 1개의 숫자만 나옴).

4. 전체(bucket 간) 자본량 계산

- Bucket 수준의 자본량은 다음과 같이 합계한다.

$$\mathrm{DRC_{CTP}} = \max\left[\sum_b (\max[\mathrm{DRC_b}, 0] + 0.5 \times \min[\mathrm{DRC_b}, 0])\,, 0\right]$$

예를 들어 index CDX North America IG의 부도리스크 자본량이 +100이고, index Major Sovereign(G7 and Western Europe)의 부도리스크 자본량이 -100이라면, CTP 전체 부도리스크 자본량은

CDX NA 100(=100+0.5 × 0), MS－50(=0+0.5×(－100)이며

Max[100+(－50),0]에 의해 50이 된다.

7.5 FRTB 간편법(simplified standardised approach)

FRTB 표준방법에 대한 대용으로 다음의 간편 표준방법을 제안하고 있다.

1. 대상은행

소규모 또는 단순한 트레이딩계정을 가지고 있는 은행으로 아래의 은행은 제외한다.

- G-SIB
- 트레이딩 데스크 중 어느 하나라도 내부모형을 사용하는 은행

• CTP를 보유한 은행

2. 간편법을 사용하기 위해서는 감독당국의 승인과 감독을 받아야 하는데, 감독당국은 위의 대상조건을 만족하더라도 특정 리스크 class 에 상당히 복잡하고 규모가 큰 리스크를 가진 은행은 간편법 대신에 full 표준방법을 사용하도록 강제할 수 있다.

3. 자본량 계산

   바젤 Ⅱ의 4가지 리스크 class(금리,주식, FX, 일반상품)에 승수를 곱한다.

[표 3-25] FRTB 간편법 자본량 산출요약

바젤 II 기준 자본량		승수
CR_{IRR}	금리리스크(일반, 개별)+금리옵션리스크	SF_{IRR} 1.30
CR_{EQ}	주식리스크(일반, 개별)+주식옵션리스크	SF_{EQ} 3.50
CR_{FX}	FX+통화옵션리스크	SF_{FX} 1.90
CR_{COMM}	일반상품리스크+상품옵션리스크	SF_{COMM} 1.20

자본요구량 = $CR_{IRR} * SF_{IRR} + CR_{EQ} * SF_{EQ} + CR_{FX} * SF_{FX} + CR_{COMM} * SF_{COMM}$

제4장

시장리스크 자본량 계산 예시

계산기준일 : 2016.10.1

知天命(50세) 하늘의 뜻을 깨닫는 시기

예제를 통해 표준방법에 의한 자본량을 직접 계산함으로써 표준방법을 정복하자

九仞(구인)의 功(공)을 一簣(일궤)로 하여 잃다-書經

구인*의 높은 산을 쌓는데 한 삼태기 흙이 모자라 완성을 못한다고 하니, 다 된 일이 조그마한 사고나 실수로 애쓴 보람이 허사로 돌아간다는 의미이다.

*구인은 아홉길이며 한 길은 약 3m임

曲突徙薪(곡돌사신): 굴뚝을 곧게 만들고 굴뚝 근처에 땔나무를 두면 화재위험이 있으므로, 굴뚝은 구부리고 나뭇단은 다른 곳으로 옮기라는 것이다. 사고가 난 뒤에 수습하는 비용과 비교하면, 예방에 드는 비용은 비교할 수 없을 정도로 작다. 예방은 가치있는 투자로 보아야 한다.

〈고전에서 길을 찾다/이현구〉

1. 기초데이터

계산기준일 : 2016.10.1

1.1 시장데이터

- 통화별 수익률 곡선(YTM)

		0.25Y	0.5Y	1Y	2Y	3Y	5Y	10Y	15Y	20Y	30Y	inf
KRW		2.05	2.08	2.11	2.15	2.21	2.39	2.72	2.82	2.92	3.01	3.3
spread	AAA			0.11	0.13	0.18	0.19	0.25				
	AA+			0.14	0.15	0.22	0.22	0.44				
	A-			0.89	0.98	1.32	1.81	2.57				
	BBB+			2.18	3.11	3.82	3.87	4.2				
	BB-			3.83	5.19	6.24	6.35	6.74				
USD		0	0.05	0.1	0.37	0.73	1.46	2.24	2.44	2.63	3.02	1.1
EUR		0.05	0.15	0.35	0.66	0.95	1.52	2.24	2.42	2.60	2.96	1.9
JPY		0	0	0	0.01	0.05	0.11	0.46	0.78	1.12	1.61	0.2

- 통화별 환율

KRW/USD	1,125원
KRW/EUR	1,204원
KRW/JPY(100엔)	1,080원
EUR/USD	0.93유로

1.2 sample 포트폴리오

* 본 예제에서 명시한 상품별 공정가치, tenor별 민감도는 특정 상품평가모델을 통해 산출된 것이므로 평가모델의 setting에 따라 tenor 구분과 민감도값이 다를수 있음.

** 주식에 대한 equity repo rates에 대한 리스크 산출은 자료의 제약으로 생략함.

- 채권

	발행일	상환일	잔존만기	쿠폰	액면 금액	등급	공정가치	CSR bucket
국고채	06.10.1	26.10.1	10년	5.75%	350억	-	45,516,164,742	1
통안증권	16.5.8	16.11.6	1개월	2.59%	310억	-	30,937,383,872	1
K공사	16.4.29	17.4.29	8개월	3.43%	120억	AA+	12,152,099,378	2
S상사 (매도)	14.5.8	17.5.8	8개월	2%	70억	BB-	-6,857,739,489	13
K자동차	13.11.24	19.11.24	3년2개월	4.18%	110억	AA+	11,622,980,692	4
H캐피탈 (매도)	13.2.17	17.2.17	5개월	4.9%	250억	AA+	-25,395,703,901	3
C전기	15.10.4	16.10.4	1개월	CD금리	115억	A-	11,332,585,598	4

- 유동화채권(non-CTP)

종목	액면 금액	잔존 만기	등급	쿠폰 트랜치	공정가치	기초자산	CSR bucket
MBS1	75억	10년	AAA-	3.67%	7,618,058,737	주택	1
MBS2 (매도)	80억	5년	BBB+	3.37%	-6,835,724,183	주택	9
CDO1 (매도)	35억	4년	BBB+	f(10,15)	-3,164,398,432	대출채권	16
CDO2	100억	5년	A+	f(15,30)	9,777,512,372	대출채권	16

- 국채선물(표면금리 5%, 6개월 이자지급의 가상채권)

	결제월	액면금액	공정가치
3년 국채선물 매입	3월	340억	36,658,058,583
5년 국채선물 매입	3월	230억	25,739,361,131
10년 국채선물 매도	7월	410억	-49,176,269,467

- FRA(Forward Rate Agreement)

종목	조건	액면금액	금리	공정가치
FRA1 매입	3월×6월	USD 10 백만	5%	USD-122,134
FRA2 매도	1년×2년	USD 100백만	5.2%	USD4,524,343

- 금리스왑

종목	액면금액	잔존만기	공정가치	기타
금리스왑1	200억	변동3개월	2,234,765,464	변동수취
		고정5년(2.45%)	- 2,310,294,134	고정지급
금리스왑2	450억	변동3개월	- 3,926,340,426	변동지급
		고정4년(2.35%)	4,037,715,459	고정수취

- 금리옵션

종목	만기	기준 금리	액면 금액	행사 금리	변동성	Delta등가포지션	Vega	공정가치
Cap 매입	3년	12개월 LIBOR	USD 10백만	0.7%	12%	USD-289,075,035	USD1,078	USD75,541
Floor 매입	2년	6개월 LIBOR	USD 15백만	0.5%	12%	USD 1,151,571,984	USD734	USD54,148

- 스왑션

종목	스왑 액면 금액	기간	변동성	Delta 등가포지션	Vega	스왑션가치
Payer swaption 매도	USD 30백만	2년만기옵션 3년 만기스왑 (금리 4%)	12% (2 x 3)	USD55,148	USD-361	USD-305
Receiver swaption 매입	USD 20백만	2년만기옵션 3년 만기스왑 (금리 4.5%)	12% (2 x 3)	USD-19,995,673	USD26	USD1,959,423

* Delta등가액을 액면금액으로 하는 쿠폰 4% 채권을 가정

- 주식

종목	등급	공정가치	sector	bucket
주식1	A-	234억	대형/소비재/emerging	1
주식2	A-	-130억	대형/헬쓰케어/emerging	1
주식3	AA+	50억	대형/제조/ emerging	2
주식4	BBB+	250억	대형/금융/ emerging	4
주식5	BB-	35억	소형/금융/emerging	9

- 주가지수선물

	결제월	계약수 (계약지수)	KOSPI200 현재지수	시장가격	bucket
KOSPI200 선물1 매입	5월	70계약(260)	254	8,890,000,000	13
KOSPI200 선물2 매도	7월	50계약(255)	254	-6,350,000,000	13

* KOSPI200은 BBB+ 등급으로 가정

- 주가지수옵션

종목	계약수	만기	상품내역	공정가치	bucket
KOSPI200 콜1 매입	10계약	7월	현재가 255, 변동성(0.5년)11.5%, (1년)12%, 승수 50만, 매입행사가 265 (Delta0.26 ,Vega 4,689,092) 매도행사가255(Delta-0.5, Vega -16,496)	72,071,895	13
KOSPI200 콜2 매도	5계약	12월		-33,157,113	13
KOSPI200 풋1 매입	10계약	12월	현재가 255, 변동성 (0.5년)11.5%, (1년)12%, 승수 50만,매입행사가 265 (Delta -0.68, Vega 1,226,189) 매도행사가 265 (Delta 0.68, Vega -1,839,284)	8,733,533	13
KOSPI200 풋2 매도	15계약	12월		-13,100,299	13

* KOSPI200은 BBB+ 등급으로 가정

- 주식옵션

종목	계약	만기	상품내역	공정가치	bucket
주식3 옵션 콜매입	120계약 (10주단위)	8월	현재가290,000, 변동성(0.5년) 22%, (1년)25.71%, 행사가 240,000, Delta 0.96, Vega 784,250	71,458,044	2
주식5 옵션 풋매입	100계약 (10주단위)	8월	현재가 36,700, 변동성(0.5년) 21%, (1년)24.18%, 행사가 31,000 Delta -0.05, Vega 86,367	850,325	9

- 달러선물

	결제월	액면금액	결제가격	공정가치
달러선물1 매입	7월	USD 150,000	1,030	USD150,000
달러선물2 매도	12월	USD 220,000	1,040	USD-219,945

- 통화스왑

종목	액면금액	만기	공정가치
통화스왑1 KRW수취, USD지급	KRW100억	3년	9,358,500,672
	USD9.4백만		USD-9,196,378
통화스왑2 USD수취, JPY지급	USD10백만	2년	USD9,926,273
	JPY10.1억		JPY-1,009,798,020

- 통화옵션

종목	계약	만기	상품내역	공정가치
KRW/USD 콜매입	10계약 (USD10,000단위)	12월	현재가 1,025,행사가 1,010, 변동성(0.5년) 7.6%, Delta 0.71, Vega KRW 98,297	USD2,501
KRW/USD 풋매입	20계약 (USD 10,000단위)	12월	현재가 1,025,행사가 1,010, 변동성(0.5년) 7.6%, Delta -0.29, Vega KRW196,595	USD1,247
USD/EUR 콜매입	EUR 1,000,000	12월	현재가 1.37,행사가 1.25, 변동성(0.5년) 8.96%, Delta 0.99, Vega USD734.14	EUR87,487
USD/EUR 풋매도	EUR 1,000,000	12월	현재가 1.37,행사가 1.27, 변동성(0.5년) 8.78%, Delta 0.027, VegaUSD-505.45	EUR-426

※ USD/EUR 통화옵션의 경우 Delta리스크는 EUR long포지션, USD의 short포지션으로 나타나며, Curvature리스크와 Vega리스크는 원화(KRW)로 표시됨

- 상품선물

종목	액면금액	만기	계약수	단가	공정가치	인도지	bucket
금선물 매입	USD 200천	12월만기	160	USD1,250/oz	USD199,800	A port	7
백금선물 매입	JPY 300.16백만	3월만기	2,240	JPY134,000/oz	JPY300,160,000	B port	7
구리선물 1매입	USD 323.04천	3월만기	48	USD6,730/ton	USD323,040	C port	5
구리선물 2매도	USD 709.65천	3월만기	105	USD6,730/ton	USD-709,650	D port	5

1.3 상품별 대상리스크 확인

	GIRR	CSR (비유동화)	CSR (유동화)	주식	일반상품	FX	옵션(Vega, Curvature)	부도 (비유동화)	부도 (유동화)
국고채	√	√						√	
통안증권	√	√						√	
K공사	√	√						√	
S상사(매도)	√	√						√	
K자동차	√	√						√	
H캐피탈(매도)	√	√						√	
C전기	√	√						√	
MBS 1	√		√						√
MBS 2	√		√						√
CDO 1	√		√						√
CDO 2	√		√						√
3년국채선물	√								
5년국채선물	√								
10년국채선물	√								
FRA1	√								
FRA2	√								
금리스왑1	√								
금리스왑2	√								
cap	√						√		
floor	√						√		
Payer 스왑션	√						√		
receiver스왑션	√						√		
주식1				√				√	
주식2(매도)				√				√	
주식3				√				√	
주식4				√				√	
주식5				√				√	
KOSPI200선물1	√			√				√	
KOSPI200선물2	√			√				√	
KOSPI200콜1	√			√			√	√	
KOSPI200콜2	√			√			√	√	
KOSPI200풋1	√			√			√	√	

	GIRR	CSR (비유동화)	CSR (유동화)	주식	일반상품	FX	옵션(Vega, Curvature)	부도 (비유동화)	부도 (유동화)
KOSPI200풋2	√			√			√	√	
주식3옵션	√			√			√	√	
주식5옵션	√			√			√	√	
달러선물 1	√					√			
달러선물 2	√					√			
통화스왑 1	√					√			
통화스왑 2	√					√			
KRW/USD 콜	√					√	√		
KRW/USD 풋	√					√	√		
USD/EUR 콜	√					√	√		
USD/EUR 풋	√					√	√		
금선물	√				√	√			
백금선물	√				√	√			
구리선물1	√				√	√			
구리선물2	√				√	√			

2. 상품별 리스크 계산

2.1 기준상관계수 적용

2.1.1 금리리스크(GIRR)상품의 자본량 계산

GIRR(KRW)

	C	D	E	F	G	H
2	GIRR 민감도 산출을 위해서는 통화별로 하나의 수익률곡선을 사용하는 것이 원칙이나, 여기서는 편의상 등급별 수익률곡선을 사용하였음					
3			tenor	민감도	수익률곡선	
4		국고채	10	- 290,968,410,000	KTB	
5			15	- 115,034,020,000	KTB	
6		통안증권	0.25	- 3,051,340,000	KTB	
7		K공사	0.5	- 5,762,510,000	AA+	
8			1	- 1,152,500,000	AA+	
9		S상사(매도)	0.5	2,725,950,000	BB-	
10			1	1,362,970,000	BB-	
11		K자동차	3	- 32,992,890,000	AA+	
12			5	- 1,434,470,000	AA+	
13		H캐피탈(매도)	0.25	3,198,030,000	AA+	
14			0.5	6,396,060,000	AA+	
15		C전기	0.25	- 22,259,240,000	A-	
16		MBS1	10	- 68,562,528,630	AAA-	
17		MBS2	5	30,760,758,820	BBB+	
18		CDO1	3	6,191,211,323	BBB+	
19			5	8,048,581,621	BBB+	
20		CDO2	5	- 43,998,805,670	A+	
21		3년국채선물	0.5	177,958,200,000	KTB	
22			1	7,190,960,000	KTB	
23			2	- 3,292,010,000	KTB	
24			3	- 88,245,640,000	KTB	
25			5	- 33,314,070,000	KTB	
26		5년국채선물	0.5	12,585,680,000	KTB	
27			1	5,129,120,000	KTB	
28			2	- 2,226,950,000	KTB	
29			3	- 5,468,360,000	KTB	
30			5	- 111,669,270,000	KTB	
31			10	- 13,441,270,000	KTB	
32		10년국채선물	0.5	- 15,276,170,000	KTB	
33			1	- 29,416,200,000	KTB	
34			2	3,980,610,000	KTB	
35			3	9,787,530,000	KTB	
36			5	38,337,800,000	KTB	
37			10	349,963,270,000	KTB	
38			15	60,026,390,000	KTB	
39		금리스왑1	0.25	81,460,000	KTB	
40			0.5	- 600,000	KTB	
41			1	465,370,000	KTB	
42			2	936,730,000	KTB	
43			3	2,402,190,000	KTB	
44			5	92,328,820,000	KTB	
45			10	98,530,000	KTB	
46		금리스왑2	0.25	- 180,610,000	KTB	
47			0.5	10,860,000	KTB	
48			1	- 1,006,000,000	KTB	
49			2	- 2,021,630,000	KTB	
50			3	- 86,652,410,000	KTB	
51			5	- 84,561,350,000	KTB	
52		주가지수선물1	0.5	4,475,970,000	KTB	
53			1	2,401,030,000	KTB	
54		주가지수선물2	0.5	- 1,858,580,000	KTB	
55			1	- 4,295,430,000	KTB	
56		지수옵션콜1	0.5	203,510,000	KTB	
57			1	470,380,000	KTB	
58		지수옵션콜2	0.25	- 37,870,000	KTB	
59		지수옵션풋1	0.25	14,230,000	KTB	
60		지수옵션풋2	0.25	- 7,115,000	KTB	
61		주식3옵션 콜	0.5	60,140,000	KTB	
62			1	139,000,000	KTB	
63		주식5옵션 풋	0.5	- 1,990,000	KTB	
64			1	- 4,610,000	KTB	
65		통화스왑1	0.25	- 18,350,000	KTB	
66			0.5	31,970,000	KTB	
67			1	129,530,000	KTB	
68			2	291,200,000	KTB	
69			3	28,994,450,000	KTB	
70			5	119,090,000	KTB	
71		통화옵션1	0.25	52,810,000	KTB	
72		통화옵션2	0.25	- 5,860,000	KTB	

	C	D	E	F	G	H	I	J
74	수익률곡선	tenor	상품	민감도	요소별민감도	RW	위험가중민감도	
75			통안증권	- 3,051,340,000				
76			금리스왑1	81,460,000				
77			금리스왑2	- 180,610,000				
78			지수옵션콜2	- 37,870,000				
79		0.25	지수옵션풋1	14,230,000	- 3,152,645,000	1.20%	- 37,831,740	
80			지수옵션풋2	- 7,115,000				
81			통화스왑1	- 18,350,000				
82			통화옵션1	52,810,000				
83			통화옵션2	- 5,860,000				
84			3년국채선물	177,958,200,000				
85			5년국채선물	12,585,680,000				
86			10년국채선물	- 15,276,170,000				
87			금리스왑1	- 600,000				
88			금리스왑2	10,860,000				
89		0.5	주가지수선물1	4,475,970,000	178,188,990,000	1.20%	2,138,267,880	
90			주가지수선물2	- 1,858,580,000				
91			지수옵션콜1	203,510,000				
92			주식3옵션콜	60,140,000				
93			주식5옵션풋	- 1,990,000				
94			통화스왑1	31,970,000				
95			3년국채선물	7,190,960,000				
96			5년국채선물	5,129,120,000				
97			10년국채선물	- 29,416,200,000				
98			금리스왑1	465,370,000				
99			금리스왑2	- 1,006,000,000				
100		1	주가지수선물1	2,401,030,000	- 18,796,850,000	1.13%	- 212,404,405	
101			주가지수선물2	- 4,295,430,000				
102	KTB		지수옵션콜1	470,380,000				
103			주식3옵션콜	139,000,000				
104			주식5옵션풋	- 4,610,000				
105			통화스왑1	129,530,000				
106			3년국채선물	- 3,292,010,000				
107			5년국채선물	- 2,226,950,000				
108		2	10년국채선물	3,980,610,000	- 2,332,050,000	0.92%	- 21,454,860	
109			금리스왑1	936,730,000				
110			금리스왑2	- 2,021,630,000				
111			통화스왑1	291,200,000				
112			3년국채선물	- 88,245,640,000				
113			5년국채선물	- 5,468,360,000				
114		3	10년국채선물	9,787,530,000	- 139,182,240,000	0.85%	- 1,183,049,040	
115			금리스왑1	2,402,190,000				
116			금리스왑2	- 86,652,410,000				
117			통화스왑1	28,994,450,000				
118			3년국채선물	- 33,314,070,000				
119			5년국채선물	- 111,669,270,000				
120		5	10년국채선물	38,337,800,000	- 98,758,980,000	0.78%	- 770,320,044	
121			금리스왑1	92,328,820,000				
122			금리스왑2	- 84,561,350,000				
123			통화스왑1	119,090,000				
124			국고채	- 290,968,410,000				
125		10	5년국채선물	- 13,441,270,000	45,652,120,000	0.78%	356,086,536	
126			10년국채선물	349,963,270,000				
127			금리스왑1	98,530,000				
128		15	국고채	- 115,034,020,000	- 55,007,630,000	0.78%	- 429,059,514	
129			10년국채선물	60,026,390,000				
130	AAA-	10	MBS1	- 68,562,528,630	- 68,562,528,630	0.78%	- 534,787,723	
131		0.25	H캐피탈	3,198,030,000	3,198,030,000	1.20%	38,376,360	
132		0.5	K공사	- 5,762,510,000	633,550,000	1.20%	7,602,600	
133	AA+		H캐피탈	6,396,060,000				
134		1	K공사	- 1,152,500,000	- 1,152,500,000	1.13%	- 13,023,250	
135		3	K자동차	- 32,992,890,000	- 32,992,890,000	0.85%	- 280,439,565	
136		5	K자동차	- 1,434,470,000	- 1,434,470,000	0.78%	- 11,188,866	
137	A+	5	CDO2	- 43,998,805,670	- 43,998,805,670	0.78%	- 343,190,684	
138	A-	0.25	C전기	- 22,259,240,000	- 22,259,240,000	1.20%	- 267,110,880	
139		3	CDO1	6,191,211,323	6,191,211,323	0.85%	52,625,296	
140	BBB+	5	MBS2	30,760,758,820	38,809,340,441	0.78%	302,712,855	
141			CDO1	8,048,581,621				
142	BB-	0.5	S상사	2,725,950,000	2,725,950,000	1.20%	32,711,400	SUM(I75:I143)
143		1	S상사	1,362,970,000	1,362,970,000	1.13%	15,401,561	
144						위험가중민감도 합(WS k)	- 1,160,076,082.85	

	B	C	D	E	F	G	H	I	J	K	L
145	(1) 상관계수 적용										
146											
147				동일tenor, 다른커브	다른 tenor, 동일커브	다른tenor, 다른커브					
148	tenor			0.25	0.50	1	2	3	5	10	15
149		커브		KTB	KTB	KTB	KTB	KTB	KTB	KTB	KTB
150			리스크량	- 37,831,740	2,138,267,880	- 212,404,405	-21,454,860	-1,183,049,040	-770,320,044	356,086,536	-429,059,514
151	0.25	KTB	- 37,831,740	100%	97.04%	91.39%	81.06%	71.89%	56.55%	40.00%	40.00%
152	0.50	KTB	2,138,267,880		100%	97.04%	91.39%	86.07%	76.34%	56.55%	41.90%
153	1	KTB	- 212,404,405			100%	97.04%	94.18%	88.69%	76.34%	65.70%
154	2	KTB	-21,454,860				100%	98.51%	95.60%	88.69%	82.28%
155	3	KTB	-1,183,049,040					100%	98.02%	93.24%	88.69%
156	5	KTB	-770,320,044						100%	97.04%	94.18%
157	10	KTB	356,086,536							100%	98.51%
158	15	KTB	-429,059,514								100%
159	10	AAA-	-534,787,723								
160	0.25	AA+	38,376,360								
161	0.5	AA+	7,602,600								
162	1	AA+	-13,023,250								
163	3	AA+	-280,439,565								
164	5	AA+	-11,188,866								
165	5	A+	-343,190,684								
166	0.25	A-	-267,110,880								
167	3	BBB+	52,625,296								
168	5	BBB+	302,712,855								
169	0.5	BB-	32,711,400								
170	1	BB-	15,401,561								

MAX(EXP(-3%*(ABS(F148-$B$151))/(MIN(F148,$B$151))),40%)

	M	N	O	P	Q	R	S	T	U	V	W	X
148	10	0.25	0.5	1	3	5	5	0.25	3	5	0.5	1
149	AAA-	AA+	AA+	AA+	AA+	AA+	A+	A-	BBB+	BBB+	BB-	BB-
150	-534,787,723	38,376,360	7,602,600	-13,023,250	-280,439,565	-11,188,866	-343,190,684	-267,110,880	52,625,296	302,712,855	32,711,400	15,401,561
151	39.96%	99.90%	96.95%	91.30%	71.82%	56.50%	56.50%	99.90%	71.82%	56.50%	96.95%	91.30%
152	56.50%	96.95%	99.90%	96.95%	85.98%	76.26%	76.26%	96.95%	85.98%	76.26%	99.90%	96.95%
153	76.26%	91.30%	96.95%	99.90%	94.08%	88.60%	88.60%	91.30%	94.08%	88.60%	96.95%	99.90%
154	88.60%	80.98%	91.30%	96.95%	98.41%	95.50%	95.50%	80.98%	98.41%	95.50%	91.30%	96.95%
155	93.15%	71.82%	85.98%	94.08%	99.90%	97.92%	97.92%	71.82%	99.90%	97.92%	85.98%	94.08%
156	96.95%	56.50%	76.26%	88.60%	97.92%	99.90%	99.90%	56.50%	97.92%	99.90%	76.26%	88.60%
157	99.90%	39.96%	56.50%	76.26%	93.15%	96.95%	96.95%	39.96%	93.15%	96.95%	56.50%	76.26%
158	98.41%	39.96%	41.85%	65.64%	88.60%	94.08%	94.08%	39.96%	88.60%	94.08%	41.85%	65.64%
159	100%	39.96%	56.50%	76.26%	93.15%	96.95%	96.95%	39.96%	93.15%	96.95%	56.50%	76.26%
160		100%	97.04%	91.39%	71.89%	56.55%	56.50%	99.90%	71.82%	56.50%	96.95%	91.30%
161			100%	97.04%	86.07%	76.34%	76.26%	96.95%	85.98%	76.26%	99.90%	96.95%
162				100%	94.18%	88.69%	88.60%	91.30%	94.08%	88.60%	96.95%	99.90%
163			99.9%		100%	98.02%	97.92%	71.82%	99.90%	97.92%	85.98%	94.08%
164						100%	99.90%	56.50%	97.92%	99.90%	76.26%	88.60%
165							100%	56.50%	97.92%	99.90%	76.26%	88.60%
166								100%	71.82%	56.50%	96.95%	91.30%
167									100%	98.02%	85.98%	94.08%
168										100%	76.26%	88.60%
169											100%	97.04%
170												100%

MAX(EXP(-3%*(ABS(M148-$B$151))/(MIN(M148,$B$151))),40%)*99.9%

	B	C	D	E	F	G	H	I	J	K	L
173	(2) 포트폴리오 표준편차										
174	tenor			0.25	0.50	1	2	3	5	10	15
175		커브		KTB	KTB	KTB	KTB	KTB	KTB	KTB	KTB
176			리스크량	- 37,831,740	2,138,267,880	- 212,404,405	-21,454,860	-1,183,049,040	-770,320,044	356,086,536	-429,059,514
177	0.25	KTB	- 37,831,740	1,431,240,551,427,600	- 78,503,603,818,545,900	7,344,011,227,903,830	657,930,712,721,648	32,176,728,404,237,500	16,480,852,028,412,400	- 5,388,549,298,981,060	6,492,827,191,269,740
178	0.50	KTB	2,138,267,880		4,572,189,526,639,690,000	-440,754,542,599,256,000	-41,927,724,578,342,100	-2,177,312,106,722,310,000	-1,257,400,997,777,760,000	430,595,820,813,323,000	-384,364,659,467,698,000
179	1	KTB	- 212,404,405			45,115,631,263,404,000	4,422,423,913,429,900	236,651,138,298,607,000	145,117,363,632,722,000	-57,737,710,947,236,000	59,879,390,806,107,300
180	2	KTB	-21,454,860				460,311,017,619,600	25,004,260,521,406,100	15,799,874,298,430,400	-6,775,883,025,361,260	7,574,531,874,451,890
181	3	KTB	-1,183,049,040					1,399,605,031,044,920,000	893,280,917,003,165,000	-392,787,525,479,838,000	450,199,435,527,942,000
182	5	KTB	-770,320,044						593,392,970,188,162,000	-266,193,788,314,877,000	311,265,556,623,012,000
183	10	KTB	356,086,536							126,797,621,120,479,000	-150,507,683,728,749,000
184	15	KTB	-429,059,514								184,092,066,553,916,000
185	10	AAA-	-534,787,723								
186	0.25	AA+	38,376,360								
187	0.5	AA+	7,602,600								
188	1	AA+	-13,023,250								
189	3	AA+	-280,439,565								
190	5	AA+	-11,188,866								
191	5	A+	-343,190,684								
192	0.25	A-	-267,110,880								
193	3	BBB+	52,625,296								
194	5	BBB+	302,712,855								
195	0.5	BB-	32,711,400								
196	1	BB-	15,401,561								

E176*D177*E151

F176*D177*F151

	M	N	O	P	Q	R	S	T	U	V	W	X
174	10	0.25	0.5	1	3	5	5	0.25	3	5	0.5	1
175	AAA-	AA+	AA+	AA+	AA+	AA+	A+	A-	BBB+	BBB+	BB-	BB-
176	-534,787,723	38,376,360	7,602,600	-13,023,250	-280,439,565	-11,188,866	-343,190,684	-267,110,880	52,625,296	302,712,855	32,711,400	15,401,561
177	8,084,687,261,401,430	- 1,450,392,629,192,730	- 278,840,023,960,181	449,836,486,816,621	7,619,805,928,831,740	239,144,293,727,898	7,335,157,449,666,550	10,095,164,093,967,900	- 1,429,878,641,902,710	- 6,470,007,954,023,780	- 1,199,753,710,542,590	- 531,985,801,680,217
178	-646,042,627,465,698,000	79,554,096,081,133,300	16,240,138,989,103,500	-26,997,163,925,620,300	-515,611,639,918,460,000	-18,245,432,519,381,900	-559,633,341,781,552,000	-553,720,170,746,680,000	96,756,016,927,700,700	493,627,055,384,905,000	69,875,790,193,902,200	31,927,396,542,909,100
179	86,626,531,613,223,800	-7,442,284,766,900,850	-1,565,533,316,190,270	2,763,429,471,748,830	56,041,612,559,809,900	2,105,715,734,464,060	64,587,601,969,330,400	51,800,515,559,513,200	-10,516,370,837,458,400	-56,969,778,950,264,500	-6,735,956,977,774,230	-3,268,088,040,875,930
180	10,166,167,578,766,200	-666,734,781,444,789	-148,924,726,475,536	270,882,978,619,702	5,921,286,035,468,180	229,263,012,226,174	7,032,073,673,383,400	4,640,672,387,853,490	-1,111,146,466,693,650	-6,202,671,573,483,410	-640,772,406,496,705	-320,351,733,942,989
181	589,317,110,689,647,000	-32,607,299,773,956,500	-7,733,680,117,546,570	14,495,391,326,326,200	331,441,984,393,116,000	12,961,892,602,946,200	397,573,873,104,660,000	226,956,504,917,228,000	-62,196,047,896,751,400	-350,681,786,853,277,000	-33,275,393,128,286,700	-17,142,545,350,145,700
182	399,382,729,941,883,000	-16,701,389,770,561,400	-4,466,211,833,514,300	3,888,750,712,227,090	211,538,822,156,841,000	8,610,388,741,680,670	264,102,296,310,389,000	116,246,640,349,362,000	-39,695,872,383,156,400	-232,952,594,341,631,000	-19,216,589,294,559,700	-10,512,017,837,955,900
183	-190,240,277,182,318,000	5,460,655,916,636,910	1,529,450,154,546,610	-3,536,559,006,153,840	-93,016,439,639,906,400	-3,862,587,042,925,290	-118,475,267,300,905,000	-38,007,789,359,649,800	17,454,804,181,256,500	104,501,631,635,296,000	6,580,703,415,336,330	4,182,406,792,726,680
184	225,813,569,825,731,000	-6,579,710,651,327,340	-1,365,239,882,530,080	3,667,741,504,886,970	106,612,216,285,505,000	4,516,597,902,347,750	138,535,426,600,018,000	45,796,743,157,022,200	-20,006,091,028,610,800	-122,195,783,548,851,000	-5,874,162,509,325,040	-4,337,545,890,599,380
185	285,997,909,007,371,000	-8,201,073,194,913,990	-2,297,001,103,327,950	5,311,372,793,007,360	139,696,520,246,415,000	5,801,017,230,227,900	177,931,800,456,698,000	57,081,908,707,284,600	-26,214,456,446,019,200	-156,945,528,726,304,000	-9,883,213,886,223,380	-6,281,337,766,321,250
186		1,472,745,006,849,600	283,137,300,019,062	-456,769,033,793,752	-7,737,236,737,817,630	-242,829,808,574,223	-7,440,753,265,514,240	-10,240,492,547,506,000	1,450,462,958,298,230	6,563,149,208,745,880	1,217,025,183,275,160	539,644,188,720,070
187			57,799,526,760,000	-96,084,356,162,837	-1,835,089,514,888,420	-64,936,474,118,810	-1,989,773,350,675,050	-1,968,749,102,717,060	344,015,500,197,542	1,755,088,352,760,220	248,442,997,950,360	113,517,687,483,161
188				169,605,040,562,500	3,439,544,981,540,370	129,237,965,436,786	3,960,089,657,025,150	3,176,069,085,104,100	-644,795,132,704,195	-3,493,014,533,827,730	-413,004,860,755,116	-200,377,800,913,957
189					78,646,349,617,389,200	3,075,668,096,849,390	94,244,143,952,676,900	53,799,615,536,569,700	-14,743,456,971,897,100	-83,128,462,501,060,600	-7,887,869,782,727,450	-4,063,608,353,029,580
190						125,190,722,365,956	3,836,074,663,674,770	1,688,477,525,607,790	-576,580,864,418,267	-3,383,626,562,417,300	-279,120,145,280,632	-152,686,613,693,383
191							117,779,845,739,510,000	51,789,855,854,343,200	-17,685,186,449,754,900	-103,784,343,750,409,000	-8,561,317,441,831,970	-4,683,282,776,430,000
192								71,348,222,214,374,400	-10,095,653,605,460,400	-45,681,470,590,733,900	-8,470,857,259,176,970	-3,756,084,061,539,550
193									2,769,421,804,926,640	15,614,911,556,990,200	1,480,181,600,131,780	762,547,871,602,461
194										91,635,072,848,517,200	7,551,547,778,717,880	4,130,910,211,862,200
195											1,070,035,689,960,000	488,916,886,572,820
196												237,208,081,236,721
197												
198									대각선	7,574,393,803,679,450,000		
199									윗변	-2,034,507,298,714,020,000		
200									포트폴리오분산	3,505,379,206,251,410,000		
201									포트폴리오 표준편차(Kh)	1,872,265,795		
202									WSk합	- 1,160,076,083		

V198+V199*2

SQRT(V200)

	B	C	D	E	F	G	H
1			GIRR(USD)				
2					tenor	민감도	수익률곡선
3				FRA1	0.25	- 2,737,640,000	TB
4					0.5	5,585,880,000	TB
5					1	30,360,000	TB
6				FRA2	1	110,879,010,000	TB
7					2	- 228,712,910,000	TB
8				CAP	1	- 7,302,840,000	TB
9					2	- 4,807,720,000	TB
10					3	29,974,270,000	TB
11				FLOOR	0.5	- 1,623,740,000	TB
12					1	- 11,512,650,000	TB
13					2	- 3,269,040,000	TB
14				payer swaption	2	153,870,000	TB
15					3	- 9,140,000	TB
16					5	- 320,580,000	TB
17					10	- 203,460,000	TB
18				receiver swaption	2	41,927,920,000	TB
19					3	- 4,754,790,000	TB
20					5	- 89,553,330,000	TB
21					10	- 55,294,370,000	TB
22				달러선물1	0.5	45,690,000	TB
23					1	94,330,000	TB
24				달러선물2	0.25	- 15,710,000	TB
25				통화스왑1	0.25	400,000	TB
26					2	-220,140,000	TB
27					3	-68,510,000	TB
28				통화스왑2	0.25	-420,000	TB
29					2	297,180,000	TB
30					3	810,000	TB
31				통화옵션1	0.25	-49,350,000	TB
32				통화옵션2	0.25	5,600,000	TB
33				통화옵션3	0.25	21,850,000	TB
34				통화옵션4	0.25	765,590,000	TB
35				금선물	0.25	55,030,000	TB
36				구리선물1	0.5	180,180,000	TB
37				구리선물2	0.5	-803,740,000	TB
38							

	B	C	D	E	F	G	H
39	수익률곡선	tenor	상품	민감도	요소별민감도	RW	위험가중민감도
40	TB	0.25	FRA1	- 2,737,640,000	- 1,954,650,000	1.20%	- 23,455,800
41			달러선물2	- 15,710,000			
42			통화스왑1	400,000			
43			통화스왑2	- 420,000			
44			통화옵션1	-49,350,000			
45			통화옵션2	5,600,000			
46			통화옵션3	21,850,000			
47			통화옵션4	765,590,000			
48			금선물	55,030,000			
49		0.5	FRA1	5,585,880,000	3,384,270,000	1.20%	40,611,240
50			FLOOR	- 1,623,740,000			
51			달러선물1	45,690,000			
52			구리선물1	180,180,000			
53			구리선물2	- 803,740,000			
54		1	FRA1	30,360,000	92,188,210,000	1.13%	1,041,726,773
55			FRA2	110,879,010,000			
56			CAP	- 7,302,840,000			
57			FLOOR	- 11,512,650,000			
58			달러선물1	94,330,000			
59		2	FRA2	- 228,712,910,000	- 194,630,840,000	0.92%	- 1,790,603,728
60			CAP	- 4,807,720,000			
61			FLOOR	- 3,269,040,000			
62			payer swaption	153,870,000			
63			receiver swaption	41,927,920,000			
64			통화스왑1	- 220,140,000			
65			통화스왑2	297,180,000			
66		3	CAP	29,974,270,000	25,142,640,000	0.85%	213,712,440
67			payer swaption	- 9,140,000			
68			receiver swaption	- 4,754,790,000			
69			통화스왑1	- 68,510,000			
70			통화스왑2	810,000			
71		5	payer swaption	- 320,580,000	- 89,873,910,000	0.78%	- 701,016,498
72			receiver swaption	- 89,553,330,000			
73		10	payer swaption	- 203,460,000	- 55,497,830,000	0.78%	- 432,883,074
74			receiver swaption	- 55,294,370,000			
75						WS k	- 1,651,908,647

	B	C	D	E	F	G	H	I	J	K
77			(1) 상관계수 적용							
78				동일tenor, 다른커브	다른 tenor, 동일커브	다른tenor, 다른커브				
79	tenor			0.25	0.50	1	2	3	5	10
80		커브		TB	TB	TB	TB	TB	TB	TB
81			리스크량	- 23,455,800	40,611,240	1,041,726,773	- 1,790,603,728	213,712,440	- 701,016,498	- 432,883,074
82	0.25	TB	- 23,455,800	100%	97.04%	91.39%	81.06%	71.89%	56.55%	40.00%
83	0.50	TB	40,611,240		100%	97.04%	91.39%	86.07%	76.34%	56.55%
84	1	TB	1,041,726,773			100%	97.04%	94.18%	88.69%	76.34%
85	2	TB	- 1,790,603,728				100%	98.51%	95.60%	88.69%
86	3	TB	213,712,440					100%	98.02%	93.24%
87	5	TB	- 701,016,498						100%	97.04%
88	10	TB	- 432,883,074							100%
89										
90										
91										
92			(2) 포트폴리오 표준편차							
93	tenor			0.25	0.50	1	2	3	5	10
94		커브		TB	TB	TB	TB	TB	TB	TB
95			리스크량	- 23,455,800	40,611,240	1,041,726,773	- 1,790,603,728	213,712,440	- 701,016,498	- 432,883,074
96	0.25	TB	- 23,455,800	550,174,553,640,000	- 924,416,450,997,895	- 22,331,483,389,822,100	34,044,573,123,635,700	- 3,603,818,195,092,840	9,298,879,804,640,520	4,061,447,522,851,680
97	0.50	TB	40,611,240		1,649,272,814,337,600	41,055,490,173,268,400	- 66,459,830,783,497,400	7,470,194,002,411,910	- 21,732,764,754,266,400	- 9,941,891,071,203,140
98	1	TB	1,041,726,773			1,085,194,669,584,990,000	- 1,810,191,310,561,360,000	209,665,010,302,643,000	- 647,689,306,855,586,000	- 344,242,843,774,825,000
99	2	TB	- 1,790,603,728				3,206,261,710,727,500,000	- 376,977,013,815,541,000	1,200,008,912,590,380,000	687,471,583,629,457,000
100	3	TB	213,712,440					45,673,007,010,753,600	- 146,849,391,771,928,000	- 86,258,081,379,905,400
101	5	TB	- 701,016,498						491,424,130,468,184,000	294,489,632,079,821,000
102	10	TB	- 432,883,074							187,387,755,755,689,000
103										
104									대각선	5,018,140,720,915,100,000
105									윗변	-1,049,636,429,574,910,000
106									포트폴리오분산	2,918,867,861,765,270,000
107									포트폴리오 표준편차(Kb)	1,708,469,450
108									WSk합	- 1,651,908,647

	B	C	D	E	F	G	H
1	GIRR(JPY)						
2		tenor	민감도	수익률곡선			
3	통화스왑2	0.25	- 2,474,920,000	일본국채			
4		2	- 190,700,000	일본국채			
5		3	- 390,000	일본국채			
6	백금선물	0.5	1,483,010,000	일본국채			
7							
8	수익률곡선	tenor	상품	민감도	요소별민감도	RW	위험가중민감도
9	일본국채	0.25	통화스왑2	- 2,474,920,000	- 2,474,920,000	1.20%	- 29,699,040
10		0.5	백금선물	1,483,010,000	1,483,010,000	1.20%	17,796,120
11		2	통화스왑2	- 190,700,000	- 190,700,000	0.92%	- 1,754,440
12		3	통화스왑2	- 390,000	- 390,000	0.85%	- 3,315
13						WS k	- 13,660,675
14	(1) 상관계수 적용						
15			동일tenor, 다른커브	다른 tenor, 동일커브	다른tenor, 다른커브		
16	tenor			0.25	0.50	2	3
17		커브		TB	TB	TB	TB
18			리스크량	- 29,699,040	17,796,120	- 1,754,440	- 3,315
19	0.25	TB	- 29,699,040	100%	97.04%	81.06%	71.89%
20	0.50	TB	17,796,120		100%	91.39%	86.07%
21	2	TB	- 1,754,440			100%	98.51%
22	3	TB	- 3,315				100%
23							
24	(2) 포트폴리오 표준편차						
25	tenor			0.25	0.50	2	3
26		커브		TB	TB	TB	TB
27			리스크량	- 29,699,040	17,796,120	- 1,754,440	- 3,315
28	0.25	TB	- 29,699,040	882,032,976,921,600	- 512,907,326,145,689	42,235,641,071,081	70,779,707,734
29	0.50	TB	17,796,120		316,701,887,054,400	-28,534,964,893,410	-50,776,724,967
30	2	TB	- 1,754,440			3,078,059,713,600	5,729,380,108
31	3	TB	- 3,315				10,989,225
32							
33						대각선	1,201,812,934,678,820
34						윗변	-499,180,917,605,142
35						포트폴리오분산	203,451,099,468,540
36						포트폴리오 표준편차(Kb)	14,263,629
37						WSk합	- 13,660,675

	A	B	C	D	E	F
1		GIRR(EUR)				
2			tenor	민감도	수익률곡선	
3		통화옵션3	0.25	- 17,360,000	EUR 수익률	
4		통화옵션4	0.25	- 743,120,000	EUR 수익률	
5						
6	tenor	상품	민감도	요소별민감도	RW	위험가중민감도
7	0.25	통화옵션3	- 17,360,000	- 760,480,000	1.20%	- 9,125,760.00
8		통화옵션4	- 743,120,000			
9					WS k	- 9,125,760.00
10						
11				포트폴리오분산	83,279,495,577,600	
12				포트폴리오 표준편차(Kb)	9,125,760	
13				WSk합	- 9,125,760	

GIRR 자본량 총계

	B	C	D	E	F	G
2		원화	달러	JPY	EUR	
3	K b	1,872,265,795	1,708,469,450	14,263,629	9,125,760	
4	WS k	-1,160,076,083	-1,651,908,647	-13,660,675	-9,125,760	
5						
6	상관계수표					
7			원화	달러	JPY	EUR
8		S b	-1,160,076,083	-1,651,908,647	-13,660,675	-9,125,760
9	원화	-1,160,076,083	kb^2	50%	50%	50%
10	달러	-1,651,908,647		kb^2	50%	50%
11	JPY	-13,660,675			kb^2	50%
12	EUR	-9,125,760				kb^2
13						
14	포트폴리오 자본량					
15			원화	달러	JPY	EUR
16		S b	-1,160,076,083	-1,651,908,647	-13,660,675	-9,125,760
17	원화	-1,160,076,083	3,505,379,206,251,410,000	958,169,856,222,784,000	7,923,711,171,575,560	5,293,287,956,936,050
18	달러	-1,651,908,647		2,918,867,861,765,270,000	11,283,093,578,178,400	7,537,460,927,223,360
19	JPY	-13,660,675			203,451,099,468,540	62,332,020,744,000
20	EUR	-9,125,760				83,279,495,577,600
21						
22		대각선	6,424,533,798,611,730,000.00			
23		윗변	990,269,741,877,441,000			
24		총계	8,405,073,282,366,620,000.00			
25		최종자본량	2,899,150,441			

2.1.2 금리리스크(CSR)상품의 자본량 계산

CSR(비유동화)

	A	B	C	D	E	F
1	bucket 1 : 만기가 다르므로 netting 안됨					
2		tenor	발행인커브	민감도		
3	통안증권	0.5	KTB	- 3,051,340,000		
4	국고채	10	KTB	- 403,002,400,000		
5						
6						
7	상품	tenor	민감도	요소별민감도	RW	위험가중민감도
8	통안증권	0.5	- 3,051,340,000	- 3,051,340,000	0.50%	- 15,256,700
9	국고채	10	- 403,002,400,000	- 403,002,400,000	0.50%	- 2,015,012,000
10						
11						
12	(1) 상관계수 적용					
13						
14	tenor				0.5	10
15		발행인커브			KTB	KTB
16			상품		통안증권	국고채
17				위험가중민감도	- 15,256,700	- 2,015,012,000
18	0.5	KTB	통안증권	- 15,256,700	100%	22.75%
19	10	KTB	국고채	- 2,015,012,000		100.00%
20						
21	(2) 포트폴리오 표준편차(Kb)					
22	tenor			0.5	10	
23		발행인커브		KTB	KTB	
24			위험가중민감도	- 15,256,700	- 2,015,012,000	
25	0.5	KTB	- 15,256,700	232,766,894,890,000	6,993,903,639,541,000	
26	10	KTB	- 2,015,012,000	6,993,903,639,541,000	4,060,273,360,144,000,000	
27						
28			포트폴리오분산	4,074,493,934,317,970,000		
29			포트폴리오 표준편차(Kb)	2,018,537,573		
30			WS k	- 2,030,268,700		
31						
32						
33	bucket 2: 만기가 다르므로 netting 안됨					
34		tenor	민감도			
35	K공사	0.5	- 5,762,510,000			
36		1	- 1,152,500,000			
37						
38	상품	tenor	민감도	요소별민감도	RW	위험가중민감도
39	K공사	0.5	- 5,762,510,000	- 5,762,510,000	1.00%	- 57,625,100
40	K공사	1	- 1,152,500,000	- 1,152,500,000	1.00%	- 11,525,000
41						
42	(1) 상관계수 적용					
43	tenor			0.5	1	
44		발행인커브		AA+	AA+	
45			상품	K공사	K공사	
46			위험가중민감도	- 57,625,100	- 11,525,000	
47	0.5	AA+	- 57,625,100	100%	65.00%	
48	1	AA+	- 11,525,000		100.00%	
49						
50	(2) 포트폴리오 표준편차(Kb)					
51	tenor			0.5	1	
52		발행인커브		AA+	AA+	
53			위험가중민감도	- 57,625,100	- 11,525,000	
54	0.5	AA+	- 57,625,100	3,320,652,150,010,000	431,684,030,375,000	
55	1	AA+	- 11,525,000	431,684,030,375,000	132,825,625,000,000	
56						
57			포트폴리오분산	4,316,845,835,760,000		
58			포트폴리오 표준편차(Kb)	65,702,708		
59			WS k	- 69,150,100		

다른상품(35%)*다른 tenor(65%)* 동일커브(1)

D24^2

E24*C25*F18

E24^2

SUM(D25:E26)

SQRT(D28)

SUM(F8:F9)

동일상품(1)*다른 tenor(65%)*동일 커브(1)

	A	B	C	D	E	F	G
61	**bucket 3**						
62		tenor	민감도				
63	H캐피탈(매도)	0.5	9,594,090,000				
64							
65	상품	tenor	민감도	요소별민감도	RW	위험가중민감도	
66	H캐피탈(매도)	0.5	9,594,090,000	9,594,090,000	5.00%	479,704,500	
67							
68	(1) 상관계수 적용						
69	tenor			0.5			
70		발행인커브		AA+			
71			상품	H캐피탈			
72			위험가중민감도	479,704,500	동일상품*동일tenor*동일커브		
73	0.5	AA+	479,704,500	100%			
74							
75	(2) 포트폴리오 표준편차(Kb)						
76	tenor			0.5			
77		발행인커브		AA+			
78			위험가중민감도	479,704,500			
79	0.5	AA+	479,704,500	230,116,407,320,250,000			
80							
81			포트폴리오분산	230,116,407,320,250,000			
82			포트폴리오 표준편차(Kb)	479,704,500			
83			WS k	479,704,500			
84							
85	**bucket 4: 발행인 스프레드커브, 만기가 다르므로 netting안됨**						
86		tenor	민감도				
87	K자동차	3	- 32,992,890,000				
88		5	- 1,434,470,000				
89	C전기	0.5	- 22,259,240,000				
90							
91	상품	tenor	민감도	요소별민감도	RW	위험가중민감도	
92	C전기	0.5	- 22,259,240,000	- 22,259,240,000	3%	- 667,777,200	
93	K자동차	3	- 32,992,890,000	- 32,992,890,000	3%	- 989,786,700	다른상품(35%)*다른tenor(65%)*다른커브(99.9%)
94	K자동차	5	- 1,434,470,000	- 1,434,470,000	3%	- 43,034,100	
95					다른상품(35%)*다른tenor(65%)*다른커브(99.9%)		
96	(1) 상관계수 적용						
97	tenor			0.5	3	5	
98		발행인커브		A-	AA+	AA+	
99			상품	C전기	K 자동차	K자동차	
100			위험가중민감도	- 667,777,200	- 989,786,700	- 43,034,100	동일상품(1)*다른tenor(65%)*동일커브(1)
101	0.5	A-	- 667,777,200	100%	22.73%	22.73%	
102	3	AA+	- 989,786,700		100.00%	65%	
103	5	AA+	- 43,034,100			100%	
104							
105	(2) 포트폴리오 표준편차(Kb)						
106	tenor			0.5	3	5	
107		발행인커브		A-	AA+	AA+	
108			위험가중민감도	- 667,777,200	- 989,786,700	- 43,034,100	
109	0.5	A-	- 667,777,200	445,926,388,839,840,000	150,217,347,765,057,000	6,531,173,196,665,730	
110	3	AA+	- 989,786,700	150,217,347,765,057,000	979,677,711,496,890,000	27,686,476,887,205,500	
111	5	AA+	- 43,034,100	6,531,173,196,665,730	27,686,476,887,205,500	1,851,933,762,810,000	
112							
113			포트폴리오분산	1,796,326,029,797,400,000			
114			포트폴리오 표준편차(Kb)	1,340,270,879			
115			WS k	-1,700,598,000			
116							
117	**bucket 13:만기가 다르므로 netting 안됨**						
118		tenor	민감도				
119	S상사(매도)	0.5	2,725,950,000				
120		1	1,362,970,000				
121							
122	상품	tenor	민감도	요소별민감도	RW	위험가중민감도	
123	S상사(매도)	0.5	2,725,950,000	2,725,950,000	8.5%	231,705,750	
124	S상사(매도)	1	1,362,970,000	1,362,970,000	8.5%	115,852,450	
125							
126	(1) 상관계수 적용						
127	tenor			0.5	1		
128		발행인커브		BB-	BB-	동일상품(1)*다른tenor(65%)*동일커브(1)	
129			상품	S상사	S상사		
130			위험가중민감도	231,705,750	115,852,450		
131	0.5	BB-	231,705,750	100%	65.00%		
132	1	BB-	115,852,450		100.00%		
133							
134	(2) 포트폴리오 표준편차(Kb)						
135	tenor			0.5	1		
136		발행인커브		BB-	BB-		
137			위험가중민감도	231,705,750	115,852,450		
138	0.5	BB-	231,705,750	53,687,554,583,062,500	17,448,391,230,781,900		
139	1	BB-	115,852,450	17,448,391,230,781,900	13,421,790,171,002,500		
140							
141			포트폴리오분산	102,006,127,215,629,000			
142			포트폴리오 표준편차(Kb)	319,383,981			
143			WS k	347,558,200			

	B	C	D	E	F	G	H	I	J	K
2	bucket 1		bucket2		bucket3		bucket4		bucket 13	
3	IG		IG		IG		IG		HY/NR	
4	국가		지방정부		금융기관		제조업		소비재와 서비스	
5	kb	2,018,537,573	kb	65,702,708	kb	479,704,500	kb	1,340,270,879	kb	319,383,981
6	WS k	-2,030,268,700	WS k	-69,150,100	WS k	479,704,500	WS k	-1,700,598,000	WS k	347,558,200
7										
8	상관계수표									
9		동일등급, 다른섹터								
10		다른등급, 다른섹터								
11			bucket1	bucket2	bucket3	bucket4	bucket13			
12		S b	-2,030,268,700	-69,150,100	479,704,500	-1,700,598,000	347,558,200			
13	bucket1	-2,030,268,700	kb^2	75.0%	10.0%	20.0%	12.5%			
14	bucket2	-69,150,100		kb^2	5.0%	15.0%	10.0%			
15	bucket3	479,704,500			kb^2	5.0%	7.5%			
16	bucket4	-1,700,598,000				kb^2	10.0%			
17	bucket13	347,558,200					kb^2			
18										
19	포트폴리오 자본량									
20			bucket1	bucket2	bucket3	bucket4	bucket13			
21		S b	-2,030,268,700	-69,150,100	479,704,500	-1,700,598,000	347,558,200			
22	bucket1	-2,030,268,700	4,074,493,934,317,970,000	105,294,962,723,902,000	-97,392,903,159,915,000	690,534,178,136,520,000	-88,204,566,861,042,500			
23	bucket2	-69,150,100		4,316,845,835,760,000	-1,658,580,707,272,500	17,639,478,263,970,000	-2,403,368,428,582,000			
24	bucket3	479,704,500			230,116,407,320,250,000	-40,789,225,664,550,000	12,504,392,441,392,500			
25	bucket4	-1,700,598,000				1,796,326,029,797,400,000	-59,105,677,980,360,000			
26	bucket13	347,558,200					102,006,127,215,629,000			
27										
28					대각선	6,207,259,344,487,010,000				
29					윗변	536,418,688,764,063,000				
30					총계	7,280,096,722,015,130,000				
31					최종자본량	2,698,165,436				

CSR(유동화 non-CTP)

	A	B	C	D	E	F
2	**bucket1**					
3		tenor	수익률곡선	민감도		
4	MBS1	10	AAA-	- 68,562,528,630		
5						
6	상품	tenor	민감도	요소별민감도	RW	위험가중민감도
7	MBS1	10	- 68,562,528,630	- 68,562,528,630	0.90%	- 617,062,758
8						
9	(1) 상관계수 적용					
10	tenor			0.5		
11		트랜치커브		AA+		
12			상품	MBS1		
13			위험가중민감도	- 617,062,758		
14	10	AAA-	- 617,062,758	100%		
15					동일트랜치*동일tenor*동일커브	
16	(2) 포트폴리오 표준편차(Kb)					
17	tenor			0.5		
18		트랜치커브		AA+		
19			위험가중민감도	- 617,062,758		
20	10	AAA-	- 617,062,758	380,766,446,903,305,000		
21						
22			포트폴리오분산	380,766,446,903,305,000		
23			포트폴리오 표준편차(Kb)	617,062,758		
24			WS k	-617,062,758		
25						
26	**bucket 9**					
27		tenor	수익률곡선	민감도		
28	MBS2	5	BBB+	30,760,758,820		
29						
30	상품	tenor	민감도	요소별민감도	RW	위험가중민감도
31	MBS2	5	30,760,758,820	30,760,758,820	1.125%	346,058,537
32						
33	(1) 상관계수 적용					
34	tenor			5		
35		트랜치커브		BBB+		
36			상품	MBS2		
37			위험가중민감도	346,058,537		
38	5	BBB+	346,058,537	100%		
39					동일트랜치*동일tenor*동일커브	
40	(2) 포트폴리오 표준편차(Kb)					
41	tenor			0.5		
42		트랜치커브		BBB+		
43			위험가중민감도	346,058,537		
44	5	BBB+	346,058,537	119,756,510,840,248,000		
45						
46			포트폴리오분산	119,756,510,840,248,000		
47			포트폴리오 표준편차(Kb)	346,058,537		
48			WS k	346,058,537		

	A	B	C	D	E	F	G
50	**bucket 16 : 다른 트랜치커브, 다른 만기이므로 netting 안됨**						
51		tenor	수익률곡선	민감도	트랜치		
52	CDO1	4	BBB+	14,149,792,940	f(10,15)		
53	CDO2	5	A+	- 43,998,805,670	f(15,30)		
54							
55	상품	tenor	민감도	요소별민감도	RW	위험가중민감도	
56	CDO1	3	6,191,211,323	6,191,211,323	1.75%	108,346,198	
57		5	8,048,581,621	8,048,581,621	1.75%	140,850,178	
58	CDO2	5	- 43,998,805,670	- 43,998,805,670	1.75%	- 769,979,099	
59							
60	(1) 상관계수 적용						**동일트랜치(1)*다른 tenor(80%)%동일커브(1)**
61	tenor			3	5	5	
62		트랜치커브		BBB+	BBB+	A+	
63			상품	CDO1	CDO1	CDO2	**다른 트랜치(40%)*다른 tenor(80%)*다른커브(99.9%)**
64			위험가중민감도	108,346,198	140,850,178	- 769,979,099	
65	3	BBB+	108,346,198	100%	80%	31.97%	
66	5	BBB+	140,850,178		100%	39.96%	**다른 트랜치(40%)*동일 tenor(1)*다른커브(99.9%)**
67	5	A+	- 769,979,099			100%	
68							
69	(2) 포트폴리오 표준편차(Kb)						
70	tenor			3	5	5	
71		트랜치커브		BBB+	BBB+	A+	
72			위험가중민감도	108,346,198	140,850,178	- 769,979,099	
73	4	BBB+	108,346,198	11,738,898,654,100,800	12,208,465,068,176,100	-26,669,082,799,954,400	
74		BBB+	140,850,178	12,208,465,068,176,100	19,838,772,746,156,600	-43,337,296,708,649,300	
75	5	A+	- 769,979,099	-26,669,082,799,954,400	-43,337,296,708,649,300	592,867,813,243,342,000	
76							
77			포트폴리오분산	508,849,655,762,745,000			
78			포트폴리오 표준편차(Kb)	713,336,986			
79			WS k	-520,782,723			
80							
81	bucket 1		bucket9		bucket16		
82	kb	617,062,758	kb	346,058,537	kb	713,336,986	
83	WS k	- 617,062,758	WS k	346,058,537	WS k	- 520,782,723	
84							
85	상관계수표						
86			bucket1	bucket9	bucket16		
87		S b	- 617,062,758	346,058,537	- 520,782,723		
88	bucket1	- 617,062,758	kb^2	0	0		
89	bucket9	346,058,537		kb^2	0		
90	bucket16	- 520,782,723			kb^2		
91							
92	포트폴리오 자본량						
93			bucket1	bucket9	bucket16		
94		S b	- 617,062,758	346,058,537	- 520,782,723		
95	bucket1	- 617,062,758	380,766,446,903,305,000	0	0		
96	bucket9	346,058,537		119,756,510,840,248,000	0		
97	bucket16	- 520,782,723			508,849,655,762,745,000		
98							
99				대각선	1,009,372,613,506,300,000		
100				윗변	0		
101				총계	1,009,372,613,506,300,000		
102				최종자본량	1,004,675,377		

2.1.3 주식리스크 상품의 자본량 계산

	B	C	D	E	F
2	bucket 1				
3	상품	민감도	요소별민감도	위험가중치	위험가중민감도
4	주식1	23,400,000,000	23,400,000,000	55%	12,870,000,000
5	주식2	- 13,000,000,000	- 13,000,000,000	55%	- 7,150,000,000
6					
7	bucket 내 계산				
8	(1) 상관계수 적용				
9			주식1	주식2	
10		위험가중민감도	12,870,000,000	- 7,150,000,000	
11	주식1	12,870,000,000	1	15%	
12	주식2	- 7,150,000,000		1	
13					
14	(2) 포트폴리오 표준편차(Kb)				
15			주식1	주식2	
16		위험가중민감도	12,870,000,000	- 7,150,000,000	
17	주식1	12,870,000,000	165,636,900,000,000,000,000.00	13,803,075,000,000,000,000	
18	주식2	- 7,150,000,000	- 13,803,075,000,000,000,000	51,122,500,000,000,000,000	
19		포트폴리오 분산	189,153,250,000,000,000,000		
20		포트폴리오 표준편차	13,753,299,604		
21					
22	K b	13,753,299,604			
23	WS k 합	5,720,000,000			
24					
25					
26	bucket2				
27	상품	민감도	요소별민감도	위험가중치	위험가중민감도
28	주식3	5,000,000,000	5,292,702,900	60%	3,175,621,740
29	주식3콜	292,702,900			
30					
31	K b	3,175,621,740			
32	WS k 합	3,175,621,740			
33					
34	bucket4				
35	상품	민감도	요소별민감도	위험가중치	위험가중민감도
36	주식4	25,000,000,000	25,000,000,000	55%	13,750,000,000
37					
38	K b	13,750,000,000			
39	WS k 합	13,750,000,000			
40					
41	bucket9				
42	상품	민감도	요소별민감도	위험가중치	위험가중민감도
43	주식5	3,500,000,000	3,493,768,600	70%	2,445,638,020
44	주식5풋	- 6,231,400			
45					
46	K b	2,445,638,020			
47	WS k 합	2,445,638,020			
48					
49	bucket13				
50	상품	민감도	요소별민감도	위험가중치	위험가중민감도
51	kospi200선물1	8,890,000,000	2,542,282,800	25%	635,570,700
52	kospi200선물2	- 6,350,000,000			
53	kospi200콜1	838,764,200			
54	kospi200콜2	- 651,358,700			
55	kospi200풋1	- 555,368,100			
56	kospi200풋2	370,245,400			
57					
58	K b	635,570,700			
59	WS k 합	635,570,700			

- E11: 대형, emerging market, bucket1
- E16: E16*C17*E11
- E18: E16^2
- D17: D16^2
- D20: =SQRT(D19)
- C22: =D20
- C23: F4+F5

	B	C	D	E	F	G	H
62							
63	상관계수표						
64			bucket1	bucket2	bucket4	bucket9	bucket13
65		S b	5,720,000,000	3,175,621,740	13,750,000,000	2,445,638,020	635,570,700
66	bucket1	5,720,000,000	Kb^2	15%	15%	15%	45%
67	bucket2	3,175,621,740		Kb^2	15%	15%	45%
68	bucket4	13,750,000,000			Kb^2	15%	45%
69	bucket9	2,445,638,020				Kb^2	45%
70	bucket13	635,570,700					Kb^2
71							
72	포트폴리오 자본량						
73			bucket1	bucket2	bucket4	bucket9	bucket13
74		S b	5,720,000,000	3,175,621,740	13,750,000,000	2,445,638,020	635,570,700
75	bucket1	5,720,000,000	189,153,250,000,000,000,000	2,724,683,452,920,000,000	11,797,500,000,000,000,000	2,098,357,421,160,000,000	1,635,958,981,800,000,000
76	bucket2	3,175,621,740		10,084,573,435,560,600,000	6,549,719,838,750,000,000	1,164,963,189,672,380,000	908,249,459,502,158,000
77	bucket4	13,750,000,000			189,062,500,000,000,000,000	5,044,128,416,250,000,000	3,932,593,706,250,000,000
78	bucket9	2,445,638,020				5,981,145,324,869,520,000	699,469,140,743,106,000
79	bucket13	635,570,700					403,950,114,698,490,000
80							
81			대각선	394,685,418,875,129,000,000.00			
82			윗변	36,555,623,607,047,700,000			
83			총계	467,796,666,089,224,000,000.00			
84			최종자본량	21,628,607,586			
85							
86							
87							

C23

C32

C22^2

C31^2

E74*C75*E66

F74*C75*F66

D75+E76+F77+G78+H79

SUM(E75:H75,F76:H76,G77:H77,H78)

SQRT(E83)

2.1.4 일반상품리스크 상품의 자본량 계산

	A	B	C	D	E	F	G
3	**BUCKET5: 인도지가 다르므로 netting 할 수 없음**						
4	상품	tenor	인도지	민감도	요소별민감도	RW	위험가중민감도
5	구리선물1	0.5	C port	369,488,600	369,488,600	40.00%	147,795,440
6	구리선물2	0.5	D port	- 814,006,800	- 814,006,800	40.00%	- 325,602,720
7							
8	(1) 상관계수 적용						
9	인도지				C port	D port	
10		tenor			0.5	0.5	
11			상품		구리선물1	구리선물2	
12				위험가중민감도	147,795,440	- 325,602,720	
13	C port	0.5	구리선물1	147,795,440	100%	99.9%	
14	D port	1	구리선물2	- 325,602,720		100.00%	
15							
16	(2) 포트폴리오 표준편차(Kb)						
17	상품		구리선물1	구리선물2			
18		위험가중민감도	147,795,440	- 325,602,720			
19	구리선물1	147,795,440	21,843,492,084,793,600	-48,074,474,670,329,200			
20	구리선물2	- 325,602,720	-48,074,474,670,329,200	106,017,131,271,398,000			
21							
22		분산	31,711,674,015,533,600				
23		표준편차(Kb)	178,077,719				
24		WS k 합	- 177,807,280				
25							
26	**BUCKET7: 상품, tenor, 인도지가 다르므로 netting 할 수 없음**						
27	상품	tenor	인도지	민감도	요소별민감도	RW	위험가중민감도
28	금선물	0.25	A port	228,056,400	228,056,400	20.00%	45,611,280
29	백금선물	0.5	B port	3,007,624,300	3,007,624,300	20.00%	601,524,860
30					WS k	647,136,140	
31	(1) 상관계수 적용						
32	인도지				A port	B port	
33		tenor			0.25	0.5	
34			상품		금선물	백금선물	
35				위험가중민감도	45,611,280	601,524,860	
36	A port	0.25	금선물	45,611,280	100%	54.3956%	
37	B port	0.5	백금선물	601,524,860		100.00%	
38							
39							
40	(2) 포트폴리오 표준편차(Kb)						
41			금선물	백금선물			
42		위험가중민감도	45,611,280	601,524,860			
43	금선물	45,611,280	2,080,388,863,238,400	14,924,136,519,945,600			
44	백금선물	601,524,860	14,924,136,519,945,600	361,832,157,198,020,000			
45							
46		분산	393,760,819,101,149,000				
47		Kb	627,503,641				
48		WS k 합	647,136,140				
49							
50							
51	상관계수표						
52			bucket5	bucket7			
53		S b	-177,807,280	647,136,140			
54	bucket5	-177,807,280	kb^2	20%			
55	bucket7	647,136,140		kb^2			
56							
57							
58	포트폴리오 자본량						
59			bucket5	bucket7			
60		S b	-177,807,280	647,136,140			
61	bucket5	-177,807,280	31,711,674,015,533,600	-23,013,103,368,619,800			
62	bucket7	647,136,140		393,760,819,101,149,000			
63							
64		대각선	425,472,493,116,683,000.00	**C61+D62**			
65		윗변	-23,013,103,368,619,800	**D61**			
66		총계	379,446,286,379,443,000.00	**C64+C65*2**			
67		최종자본량	615,992,116	**SQRT(C66)**			
68							
69							
70							

동일상품(1)*동일 tenor(1)*다른인도지(99.9%) (F13 설명)

다른상품(55%)*다른 tenor(99%)*다른인도지(99.9%) (F36 설명)

2.1.5 FX리스크 상품의 자본량 계산

	A	B	C	D	E	F
3	USD/KRW					
4	상품	민감도	요소별민감도	위험가중치	위험가중민감도	
5	FRA1	-				
6	FRA2	-			=15%/SQRT(2)	
7	CAP	-				
8	FLOOR	-				
9	Payer swap	-				
10	receiver swap	-				
11	달러선물1	168,750,000				
12	달러선물2	- 247,438,125	536,499,005	10.6%	56,868,895	
13	통화스왑1	- 10,345,925,250				
14	통화스왑2	11,167,057,130				
15	통화옵션콜	2,813,625				
16	통화옵션풋	1,402,875				
17	금선물	224,775,000				
18	구리선물1	363,420,000				
19	구리선물2	- 798,356,250				
20				K b	56,868,895	
21				WS k	56,868,895	
22						ABS(E25)
23	JPY/KRW					
24	상품	민감도	요소별민감도	위험가중치	위험가중민감도	
25	통화스왑2	- 10,905,818,620	- 7,664,090,620	10.6%	- 812,393,606	
26	백금선물	3,241,728,000				
27				K b	812,393,606	
28				WS k	- 812,393,606	
29						E25
30	EUR/KRW					
31	상품	민감도	요소별민감도	위험가중치	위험가중민감도	
32	통화옵션콜	105,334,348	104,821,444	10.6%	11,111,073	
33	통화옵션풋	- 512,904				
34				K b	11,111,073	
35				WS k	11,111,073	
36						
37						
38						
39	상관계수표					
40			USD	JPY	EUR	
41		S b	56,868,895	-812,393,606	11,111,073	
42	USD	56,868,895	kb^2	60%	60%	
43	JPY	-812,393,606		kb^2	60%	
44	EUR	11,111,073			kb^2	
45						
46	포트폴리오 자본량					
47			USD	JPY	EUR	
48		S b	56,868,895	-812,393,606	11,111,073	
49	USD	56,868,895	659,983,370,614,743,000	-27,719,955,768,322,300	379,124,665,315,044	
50	JPY	-812,393,606		659,983,370,614,743,000	-5,415,938,825,928,800	
51	EUR	11,111,073			123,455,944,633,546	
52						
53			대각선	1,320,090,197,174,120,000		
54			윗변	-32,756,769,928,936,000		
55			총계	1,254,576,657,316,250,000		
56			자본량	1,120,078,862		

2.1.6 옵션리스크(Vega, Curvature)상품의 자본량 계산

GIRR Vega

GIRR Vega 리스크(USD bucket)

A	B Vega(USD)	C Vega(KRW)	D Vega 민감도	E 세부상품	F 옵션상품 원만기 옵션만기	G 옵션상품 원만기 기초자산만기	H 변동성 tenor 옵션만기	I 변동성 tenor 기초자산만기	J 민감도배분	K 변동성	L Vega 민감도
Cap	1,078	1,212,750	145,530	caplet1	1.0	1.0	1.0	1.0	72,765	12.0%	8,732
				caplet2	2.0	1.0	1.0	1.0	36,383	12.0%	4,366
							3.0	1.0	36,383	12.5%	4,548
Floor	734	825,750	99,090	floorlet1	0.5	0.5	0.5	0.5	33,030	11.0%	3,633
				floorlet2	1.0	0.5	1.0	0.5	33,030	11.5%	3,798
				floorlet3	1.5	0.5	1.0	0.5	24,773	11.5%	2,849
							3.0	0.5	8,258	12.5%	1,032
Payer swaption	-361	-406,125	-48,735	Payer swaption	2.0	3.0	1.0	3.0	-24,368	12.5%	-3,046
							3.0	3.0	-24,368	11.5%	-2,802
Receiver swaption	26	29,250	3,510	Receiver swaption	2.0	3.0	1.0	3.0	1,755	12.5%	219
							3.0	3.0	1,755	11.5%	202

Vega 리스크 민감도 배정 (L9+L10, L5+L6, L12+L14)

옵션만기 \ 기초자산만기	0.5	1	3	5	10
0.5	3,633				
1	6,647	13,098	-2,827		
3	1,032	4,548	-2,600		
5					
10					

위험가중민감도 계산 (C20*$C$27)

위험가중치 100%

옵션만기 \ 기초자산만기	0.5	1	3	5	10
0.5	3,633	-	-	-	-
1	6,647	13,098	-2,827	-	-
3	1,032	4,548	-2,600	-	-
5	-	-	-	-	-
10	-	-	-	-	-

	B	C	D	E	F	G	H	I	J
36	(1) 상관계수 적용								
37	옵션_기초자산만기		0.5_0.5	1_0.5	1_1	1_3	3_0.5	3_1	3_3
38		위험가중민감도	3,633	6,647	13,098	- 2,827	1,032	4,548	- 2,600
39	0.5_0.5	3,633	100%	99%	98%	94%	95%	94%	90%
40	1_0.5	6,647	99%	100%	99%	95%	98%	97%	93%
41	1_1	13,098	98%	99%	100%	98%	97%	98%	96%
42	1_3	- 2,827	94%	95%	98%	100%	93%	96%	98%
43	3_0.5	1,032	95%	98%	97%	93%	100%	99%	95%
44	3_1	4,548	94%	97%	98%	96%	99%	100%	98%
45	3_3	- 2,600	90%	93%	96%	98%	95%	98%	100%
46									
47	(2)포트폴리오 표준편차								
48	옵션_기초자산만기		0.5_0.5	1_0.5	1_1	1_3	3_0.5	3_1	3_3
49		위험가중민감도	3,633	6,647	13,098	- 2,827	1,032	4,548	- 2,600
50	0.5_0.5	3,633	13,200,869	23,911,277	46,645,570	- 9,671,686	3,567,345	15,561,310	- 8,549,057
51	1_0.5	6,647	23,911,277	44,186,431	86,197,874	- 17,872,625	6,725,385	29,337,167	- 16,117,225
52	1_1	13,098	46,645,570	86,197,874	171,549,745	- 36,288,393	13,119,727	58,386,400	- 32,724,248
53	1_3	- 2,827	- 9,671,686	- 17,872,625	- 36,288,393	7,989,456	- 2,720,299	- 12,350,637	7,204,753
54	3_0.5	1,032	3,567,345	6,725,385	13,119,727	- 2,720,299	1,065,411	4,647,487	- 2,553,232
55	3_1	4,548	15,561,310	29,337,167	58,386,400	- 12,350,637	4,647,487	20,682,599	- 11,592,126
56	3_3	- 2,600	- 8,549,057	- 16,117,225	- 32,724,248	7,204,753	- 2,553,232	- 11,592,126	6,762,275
57									
58				포트폴리오 분산		555,166,324			
59				포트폴리오 표준편차(Kb)		23,562			
60				Wsk		23,531			
61			USD단일 bucket	최종자본량		23,562			

참고 Vega GIRR bucket내 상관계수 행렬

EXP(−1%*ABS(E$7−$B$9)/MIN(E$7,$B$9))*EXP(−1%*ABS(E$8−$C$9)/MIN(E$8,$C$9))

EXP(−1%*ABS(E$7−$B$10)/MIN(E$7,$B$10))*EXP(−1%*ABS(E$8−$C$10)/MIN(E$8,$C$10))

상품1(옵션만기0.5,기초자산만기10)과 상품2(옵션만기0.5,기초자산만기0.5)의 상관계수

Vega GIRR bucket 내 상관계수 행렬

	B	C	D	E	F	G	H	I	J	K	L	M	N	O	P	Q	R	S	T	U	V	W	X	Y	Z	AA	AB	AC
6			상품1	0.5_0.5	0.5_1	0.5_3	0.5_5	0.5_10	1_0.5	1_1	1_3	1_5	1_10	3_0.5	3_1	3_3	3_5	3_10	5_0.5	5_1	5_3	5_5	5_10	1-_0.5	10_1	10_3	10_5	10_10
7	상품2		옵션만기	0.5	0.5	0.5	0.5	0.5	1	1	1	1	1	3	3	3	3	3	5	5	5	5	5	10	10	10	10	10
8	옵션만기	기초만기	기초만기	0.5	1	3	5	10	0.5	1	3	5	10	0.5	1	3	5	10	0.5	1	3	5	10	0.5	1	3	5	10
9	0.5	0.5	0.5_0.5	100%	99%	95%	91%	83%	99%	98%	94%	90%	82%	95%	94%	90%	87%	79%	91%	90%	87%	84%	76%	83%	82%	79%	76%	68%
10	0.5	1	0.5_1	99%	100%	98%	96%	91%	98%	99%	97%	95%	90%	94%	95%	93%	91%	87%	90%	91%	90%	88%	84%	82%	83%	81%	79%	76%
11	0.5	3	0.5_3	95%	98%	100%	99%	98%	94%	97%	99%	98%	97%	90%	93%	95%	94%	93%	87%	90%	91%	91%	89%	79%	81%	83%	82%	81%
12	0.5	5	0.5_5	91%	96%	99%	100%	99%	90%	95%	98%	99%	98%	87%	91%	94%	95%	94%	84%	88%	91%	91%	90%	76%	79%	82%	83%	82%
13	0.5	10	0.5_10	83%	91%	98%	99%	100%	82%	90%	97%	98%	99%	79%	87%	93%	94%	95%	76%	84%	89%	90%	91%	68%	76%	81%	82%	83%
14	1	0.5	1_0.5	99%	98%	94%	90%	82%	100%	99%	95%	91%	83%	98%	97%	93%	90%	81%	96%	95%	91%	88%	79%	91%	90%	87%	84%	76%
15	1	1	1_1	98%	99%	97%	95%	90%	99%	100%	98%	96%	91%	97%	98%	96%	94%	90%	95%	96%	94%	92%	88%	90%	91%	90%	88%	84%
16	1	3	1_3	94%	97%	99%	98%	97%	95%	98%	100%	99%	98%	93%	96%	98%	97%	96%	91%	94%	96%	95%	94%	87%	90%	91%	91%	89%
17	1	5	1_5	90%	95%	98%	99%	98%	91%	96%	99%	100%	99%	90%	94%	97%	98%	97%	88%	92%	95%	96%	95%	84%	88%	91%	91%	90%
18	1	10	1_10	82%	90%	97%	98%	99%	83%	91%	98%	99%	100%	81%	90%	96%	97%	98%	79%	88%	94%	95%	96%	76%	84%	89%	90%	91%
19	3	0.5	3_0.5	95%	94%	90%	87%	79%	98%	97%	93%	90%	81%	100%	99%	95%	91%	83%	99%	98%	94%	91%	82%	98%	97%	93%	89%	81%
20	3	1	3_1	94%	95%	93%	91%	87%	97%	98%	96%	94%	90%	99%	100%	98%	96%	91%	98%	99%	97%	95%	91%	97%	98%	96%	94%	89%
21	3	3	3_3	90%	93%	95%	94%	93%	93%	96%	98%	97%	96%	95%	98%	100%	99%	98%	94%	97%	99%	99%	97%	93%	96%	98%	97%	95%
22	3	5	3_5	87%	91%	94%	95%	94%	90%	94%	97%	98%	97%	91%	96%	99%	100%	99%	91%	95%	99%	99%	98%	89%	94%	97%	98%	97%
23	3	10	3_10	79%	87%	93%	94%	95%	81%	90%	96%	97%	98%	83%	91%	98%	99%	100%	82%	91%	97%	98%	99%	81%	89%	95%	97%	98%
24	5	0.5	5_0.5	91%	90%	87%	84%	76%	96%	95%	91%	88%	79%	99%	98%	94%	91%	82%	100%	99%	95%	91%	83%	99%	98%	94%	90%	82%
25	5	1	5_1	90%	91%	90%	88%	84%	95%	96%	94%	92%	88%	98%	99%	97%	95%	91%	99%	100%	98%	96%	91%	98%	99%	97%	95%	90%
26	5	3	5_3	87%	90%	91%	91%	89%	91%	94%	96%	95%	94%	94%	97%	99%	99%	97%	95%	98%	100%	99%	98%	94%	97%	99%	98%	97%
27	5	5	5_5	84%	88%	91%	91%	90%	88%	92%	95%	96%	95%	91%	95%	99%	99%	98%	91%	96%	99%	100%	99%	90%	95%	98%	99%	98%
28	5	10	5_10	76%	84%	89%	90%	91%	79%	88%	94%	95%	96%	82%	91%	97%	98%	99%	83%	91%	98%	99%	100%	82%	90%	97%	98%	99%
29	10	0.5	10_0.5	83%	82%	79%	76%	68%	91%	90%	87%	84%	76%	98%	97%	93%	89%	81%	99%	98%	94%	90%	82%	100%	99%	95%	91%	83%
30	10	1	10_1	82%	83%	81%	79%	76%	90%	91%	90%	88%	84%	97%	98%	96%	94%	89%	98%	99%	97%	95%	90%	99%	100%	98%	96%	91%
31	10	3	10_3	79%	81%	83%	82%	81%	87%	90%	91%	91%	89%	93%	96%	98%	97%	95%	94%	97%	99%	98%	97%	95%	98%	100%	99%	98%
32	10	5	10_5	76%	79%	82%	83%	82%	84%	88%	91%	91%	90%	89%	94%	97%	98%	97%	90%	95%	98%	99%	98%	91%	96%	99%	100%	99%
33	10	10	10_10	68%	76%	81%	82%	83%	76%	84%	89%	90%	91%	81%	89%	95%	97%	98%	82%	90%	97%	98%	99%	83%	91%	98%	99%	100%

표시부분은 GIRR이외 리스크군에 적용할 상관계수 행렬임

주식 Vega

	A	B	C	D	E	F	G	H
1			주식 Vega 리스크	F4*(1-0.83)/(1-0.5)			E4*G4	
2								
3	상품	bucket	옵션만기	변동성(tenor)	변동성	Vega(KRW)	Vega배정	Vega민감도
4	kospi200콜1	13	0.83	0.5	11.50%	4,689,092	1,563,031	179,749
5				1	12%		3,126,061	375,127
6	kospi200콜2		0.25	0.5	11.50%	- 143,445	- 143,445	- 16,496
7	kospi200풋1		0.25	0.5	11.50%	1,226,189	1,226,189	141,012
8	kospi200풋2		0.25	0.5	11.50%	- 1,839,284	- 1,839,284	- 211,518
9	주식3콜	2	0.92	0.5	22%	784,250	125,480	27,606
10				1	25.71%		658,770	169,370
11	주식5풋	9	0.92	0.5	21%	86,367	13,819	2,902
12				1	24.18%		72,548	17,542
13					F4*(0.83-0.5)/(1-0.5)			
14	상품별 net위험가중민감도와 Kb계산							
15								
16	상품	kospi200	옵션만기					
17	bucket	13	0.5	1	3	5	10	
18	Vega 민감도		179,749	375,127				
19			- 16,496					
20			141,012					
21			- 211,518					
22	net Vega민감도		92,746	375,127	-	-	-	
23	위험가중치기준	지수						
24	위험가중치		77.78%	77.78%	77.78%	77.78%	77.78%	
25	위험가중민감도		72,138	291,774	-	-	-	
26								
27	bucket 13							
28	(1) 상관계수 적용			=MIN(F32*F33,1)				
29	변동성 tenor		0.5	1		EXP(-1%*ABS(D29-A32)/MIN(D29,A32))		
30		상품	kospi200	kospi200				
31		위험가중민감도	72,138	291,774				
32	0.5	72,138	100%	99%	동일지수 Delta	100%		
33	1	291,774		100%	옵션만기 Delta	99%		
34								
35	(2) 포트폴리오 표준편차(Kb)							
36	변동성 tenor		0.5	1				
37		위험가중민감도	72,138	291,774				
38	0.5	72,138	5,203,915,666	20,838,615,412				
39	1	291,774	20,838,615,412	85,132,102,444				
40								
41		포트폴리오 분산	132,013,248,934	C25+D25				
42		포트폴리오표준편차(Kb)	363,336					
43		Wsk	363,912					
44								
45								
46	상품	주식3	옵션만기					
47	bucket	2	0.5	1	3	5	10	
48	Vega 민감도		27,606	169,370				
49	net Vega민감도		27,606	169,370	-	-	-	
50	위험가중치기준	대형						
51	위험가중치		77.78%	77.78%	77.78%	77.78%	77.78%	
52	위험가중민감도		21,472	131,736	-	-	-	
53								
54	bucket 2							
55	(1) 상관계수 적용				=MIN(F59*F60,1)			
56	변동성 tenor		0.5	1				
57		상품	주식3	주식3		EXP(-1%*ABS(D56-A59)/MIN(D56,A59))		
58		위험가중민감도	21,472	131,736				
59	0.5	21,472	100%	99%	동일주식 Delta	100%		
60	1	131,736		100%	옵션만기 Delta	99%		
61								
62	(2) 포트폴리오 표준편차(Kb)							
63	변동성 tenor		0.5	1				
64		위험가중민감도	21,472	131,736				
65	0.5	21,472	461,031,139	2,800,438,333				
66	1	131,736	2,800,438,333	17,354,322,259				
67								
68		포트폴리오 분산	23,416,230,064					
69		포트폴리오표준편차(Kb)	153,024	C58+D58				
70		Wsk	153,207					

	A	B	C	D	E	F	G
73	상품	주식5	옵션만기				
74	bucket	9	0.5	1	3	5	10
75	Vega 민감도		2,902	17,542			
76	net Vega민감도		2,902	17,542	-	-	-
77	위험가중치기준	소형					
78	위험가중치		100.00%	100.00%	100.00%	100.00%	100.00%
79	위험가중민감도		2,902	17,542	-	-	-
80							
81	bucket 9				=MIN(F86*F87,1)		
82	(1) 상관계수 적용						
83	변동성 tenor		0.5	1		EXP(-1%*ABS(D83-A86)/MIN(D83,A86))	
84		상품	주식5	주식5			
85		위험가중민감도	2,902	17,542			
86	0.5	2,902	100%	99%	동일지수 Delta	100%	
87	1	17,542		100%	옵션만기 Delta	99%	
88							
89	(2) 포트폴리오 표준편차(Kb)						
90	변동성 tenor		0.5	1			
91		위험가중민감도	2,902	17,542			
92	0.5	2,902	8,421,205	50,399,657			
93	1	17,542	50,399,657	307,727,872			
94							
95		포트폴리오 분산	416,948,392				
96		포트폴리오표준편차(Kb)	20,419	C79+D79			
97		Wsk	20,444				
98							
99							
100		bucket13	bucket2	bucket9			
101	Kb	363,336	153,024	20,419			
102	Wsk	363,912	153,207	20,444			
103							
104	상관계수표						
105			bucket13	bucket2	bucket9		
106		Sb(Wsk)	363,912	153,207	20,444		
107	bucket13	363,912	Kb^2	45%	45%		
108	bucket2	153,207		Kb^2	15%		
109	bucket9	20,444			Kb^2		
110	bucket간 적용할 상관계수는 Delta 리스크 산출시 적용하는 상관계수와 동일						
111							
112	포트폴리오 자본량						
113			bucket13	bucket2	bucket9		
114		Sb(Wsk)	363,912	153,207	20,444		
115	bucket13	363,912	132,013,248,934	25,089,327,676	3,347,936,990		
116	bucket2	153,207		23,416,230,064	469,828,357		
117	bucket9	20,444			416,948,392		
118			대각선	155,846,427,389			
119			윗변	28,907,093,023			
120			총계	213,660,613,435			
121			최종자본량	462,234			

FX 베가

	B	C	D	E	F	G	H	I	J	K	L	M
1		FX Vega리스크										
2	상품	bucket	옵션잔존만기	변동성tenor	변동성	Vega(KRW)	Vega민감도	요소별 net민감도*	위험가중치기준	위험가중치	위험가중민감도	
3	KRW/USD(콜)	KRW/USD	0.25	0.5	7.60%	98,297	7,471	22,412	FX	100%	22,412	
4	KRW/USD(풋)	KRW/USD	0.25	0.5	7.60%	196,595	14,941					
5			*기초자산별 변동성 tenor기준으로 net 민감도 산출									
6												
7			1USD=1125KRW									
8	상품	bucket	옵션잔존만기	변동성tenor	변동성	Vega(USD)	Vega(KRW)	Vega민감도	요소별 net민감도*	위험가중치기준	위험가중치	위험가중민감도
9	USD/EUR(콜)	USD/EUR	0.5	0.5	8.96%	734.14	825,908	74,001	23,052	FX	100%	23,052
10	USD/EUR(풋)	USD/EUR	0.5	0.5	8.96%	-505.45	- 568,631	- 50,949				
11			*기초자산별 변동성 tenor기준으로 net 민감도 산출									
12												
13			KRW/USD	USD/EUR								
14		Kb	22,412	23,052								
15		Wsk	22,412	23,052								
16												
17	상관계수표											
18			KRW/USD	USD/EUR								
19		Sb(Wsk)	22,412	23,052								
20	KRW/USD	22,412	Kb^2	60%								
21	USD/EUR	23,052	60%	Kb^2								
22	bucket간 적용할 상관계수는 Delta 리스크 산출시 적용하는 상관계수와 동일											
23												
24	포트폴리오자본량											
25			KRW/USD	USD/EUR								
26		Sb(Wsk)	22,412	23,052								
27	KRW/USD	22,412	502,288,421	309,981,332								
28	USD/EUR	23,052	309,981,332	531,392,491								
29												
30			대각선	1,033,680,912								
31			윗변	309,981,332								
32			총계	1,653,643,575.76								
33			최종자본량	40,665								

Curvature 리스크

	A	B	C	D	E	F	G	H
2	리스크군	상품		리스크요소	bucket	CVR+	CVR-	
3	금리	Cap매입	caplet1	USD수익률곡선	USD통화	187,054	-37,821	
4			caplet2	USD수익률곡선	USD통화	187,054	-37,821	
5		Floor매입	floorlet1	USD수익률곡선	USD통화	-9,370	29,063	
6			floorlet2	USD수익률곡선	USD통화	-9,370	29,063	
7			floorlet3	USD수익률곡선	USD통화	-9,370	29,063	
8		Payer swaption매도		USD수익률곡선	USD통화	363,681	-305	
9		Receiver swaption 매입		USD수익률곡선	USD통화	-1,441,330	-1,724,040	
10	계					-731,651	-1,712,798	
11	주식	kospi200콜1매입		kospi200지수	13	-299,302,995	-3,473,128	
12		kospi200콜2매도		kospi200지수	13	161,656,873	-8,018,018	
13		kospi200풋1매입		kospi200지수	13	65,698,082	-93,111,899	
14		kospi200풋2매도		kospi200지수	13	-45,988,658	65,178,329	
15	계					-117,936,698	-39,424,716	
16	주식	주식3콜매입		주식3	2	-208,152,075	-61,794,088	이종통화이므로 1.5를 나눔 (F22/1.5)
17	계					-208,152,075	-61,794,088	
18	주식	주식5풋매입		주식5	9	79,475	-19,787,153	
19	계					79,475	-19,787,153	
20	FX	KRW/USD콜매입		USD	USD	-14,377	-2,501	
21		KRW/USD풋매입		USD	USD	1,247	-24,998	이종통화이므로 1.5를 나눔 (G22/1.5)
22		~~USD/EUR콜매입~~		~~USD~~	~~USD~~	~~149,816~~	~~86,911~~	
23		USD/EUR콜매입(CVR조정)		USD	USD	99,877	-57,941	
24		~~USD/EUR풋매도~~		~~USD~~	~~USD~~	~~426~~	~~77,011~~	
25		USD/EUR풋매도(CVR조정)		USD	USD	284	-51,341	
26	계					87,031	-136,780	
27	FX	~~USD/EUR콜매입~~		~~EUR~~	~~EUR~~	~~149,816~~	~~86,911~~	
28		USD/EUR콜매입(CVR조정)		EUR	EUR	-99,877	-57,941	
29		~~USD/EUR풋매도~~		~~EUR~~	~~EUR~~	~~426~~	~~77,011~~	
30		USD/EUR풋매도(CVR조정)		EUR	EUR	-284	51,341	
31	계					-100,161	-6,600	

32 GIRR은 만기구분이 없으므로 bucket내 계산 없음

33 상기예시에서는 주식과 FX 모두 개별 bucket상품이므로 bucket내 계산없음

34

35

36 동일 bucket내 계산 (ABS(F10), ABS(G10), MAX(Kb+,Kb-))

		USD 수익률곡선	kospi200주가지수	주식3	주식5	USD	EUR
37		USD 수익률곡선	kospi200주가지수	주식3	주식5	USD	EUR
38	bucket	USD 통화	13	2	9	USD	EUR
39	Kb+	731,651	117,936,698	208,152,075	79,475	87,031	100,161
40	Kb-	1,712,798	39,424,716	61,794,088	19,787,153	136,780	6,600
41	Kb	1,712,798	117,936,698	208,152,075	19,787,153	136,780	100,161
42	선택시나리오	하향	상향	상향	하향	하향	상향
43	Sb	-1,712,798	-117,936,698	-208,152,075	-19,787,153	-136,780	-100,161
44		G10	F15	F17	G19	G26	F31
45							

	A	B	C	D	E	F
47	bucket간 계산					
48	**금리(단일) 최종자본량**		1,712,798			
49						
50	**주식**					
51	상관계수표					
52			bucket13	bucket2	bucket9	
53		Sb	- 117,936,698	- 208,152,075	- 19,787,153	
54	bucket13	- 117,936,698	Kb^2	20.25%	20.25%	
55	bucket2	- 208,152,075		Kb^2	2.25%	
56	bucket9	- 19,787,153			Kb^2	
57	bucket간 적용할 상관계수는 Delta 리스크 산출시 적용하는 상관계수의 제곱					
58						
59						
60	포트폴리오 자본량					
61			bucket13	bucket2	bucket9	
62		Sb	- 117,936,698	- 208,152,075	- 19,787,153	
63	bucket13	- 117,936,698	13,909,064,735,143,200	0	0	
64	bucket2	- 208,152,075		43,327,286,326,805,600	0	
65	bucket9	- 19,787,153			391,531,423,845,409	
66						
67			대각선	57,627,882,485,794,200		
68			윗변	0		
69			총계	57,627,882,485,794,200		
70			주식최종자본량	240,058,081		
71						
72						
73	**FX**					
74	상관계수표					
75			USD	EUR		
76		Sb	- 136,780	- 100,161		
77	USD	- 136,780	Kb^2	36.00%		
78	EUR	- 100,161		Kb^2		
79	bucket간 적용할 상관계수는 Delta 리스크 산출시 적용하는 상관계수의 제곱					
80						
81	포트폴리오 자본량					
82						
83			USD	EUR		
84		Sb	- 136,780	- 100,161		
85	USD	- 136,780	18,708,859,586.78	0		
86	EUR	- 100,161		10,032,292,695.11		
87						
88			대각선	28,741,152,282		
89			윗변	0		
90			총계	28,741,152,282		
91			FX 최종자본량	169,532		

(45%)^2=bucket2와 bucket13 간의 상관계수 제곱

(45%)^2=bucket9와 bucket13 간의 상관계수 제곱

(15%)^2=bucket9와 bucket2간의 상관계수 제곱

D62*B63*D54*0 두 Sb(D62와 B63)가 모두 (-)이면 0을 곱한다

(60%)^2=bucket 간의 상관계수 60% 제곱

D84*B85*D77*0 두 Sb(D84와 B85)가 모두 (-)이면 0을 곱한다

2.1.7 부도리스크의 자본량 계산

부도리스크(비유동화)

	B	C	D	E	F	G	H	I	J	K	L	M	N
2	비유동화 부도리스크						MIN(J5*D5+F5,0)		MAX(J6*D6+F6,0)		L5*M5		
3	1. Gross JTD계산												
4	bucket	상품	명목금액	시장가치	P&L	신용등급	표준신용등급	우선순위	LGD	포지션	JTD	잔존만기	1년기준 조정 JTD
5	회사	S 상사(매도)	- 7,000,000,000	- 6,857,739,489	142,260,511	BB-	B	non-senior	100%	short	- 6,857,739,489	0.67	- 4,571,826,326
6	회사	K자동차	11,000,000,000	11,622,980,692	622,980,692	AA+	A+	non-senior	100%	long	11,622,980,692	3.17	11,622,980,692
7	회사	H캐피탈(매도)	- 25,000,000,000	- 25,395,703,901	- 395,703,901	AA+	A+	non-senior	100%	short	- 25,395,703,901	0.42	- 10,581,543,292
8	회사	C전기	11,500,000,000	11,332,585,598	- 167,414,402	A-	BBB-	non-senior	100%	long	11,332,585,598	0.08	944,382,133
9	회사	주식1	23,400,000,000	23,400,000,000	-	A-	BBB-		100%	long	23,400,000,000	0.25	5,850,000,000
10	회사	주식2(매도)	- 13,000,000,000	- 13,000,000,000	-	A-	BBB-		100%	short	- 13,000,000,000	0.25	- 3,250,000,000
11	회사	주식3	5,000,000,000	5,000,000,000	-	AA+	A+		100%	long	5,000,000,000	0.25	1,250,000,000
12	회사	주식4	25,000,000,000	25,000,000,000	-	BBB+	BB+		100%	long	25,000,000,000	0.25	6,250,000,000
13	회사	주식5	3,500,000,000	3,500,000,000	-	BB-	B		100%	long	3,500,000,000	0.25	875,000,000
14	회사	kospi200선물1매입	9,100,000,000	8,890,000,000	- 210,000,000	BBB+	BB+		100%	long	8,890,000,000	0.67	5,926,666,667
15	회사	kospi200선물2매도	- 6,375,000,000	- 6,350,000,000	25,000,000	BBB+	BB+		100%	short	- 6,350,000,000	0.83	- 5,291,666,667
16	회사	kospi200콜1매입	-	72,071,895	72,071,895	BBB+	BB+		100%	long	72,071,895	0.83	60,059,913
17	회사	kospi200콜2매도	-	- 33,157,113	- 33,157,113	BBB+	BB+		100%	short	- 33,157,113	0.25	- 8,289,278
18	회사	kospi200풋1매입	- 1,275,000,000	- 1,333,733,533	- 58,733,533	BBB+	BB+		100%	short	- 1,333,733,533	0.25	- 333,433,383
19	회사	kospi200풋2매도	1,912,500,000	2,000,600,299	88,100,299	BBB+	BB+		100%	long	2,000,600,299	0.25	500,150,075
20	회사	주식3옵션콜매입	-	71,458,044	71,458,044	AA+	A+		100%	long	71,458,044	0.92	65,503,207
21	회사	주식5옵션풋매입	- 36,700,000	- 32,550,325	4,149,675	BB-	B		100%	short	- 32,550,325	0.92	- 29,837,798
22	국가	국공채	35,000,000,000	45,516,164,742	10,516,164,742	국가(AA-)	AA-	senior	75%	long	36,766,164,742	10.00	36,766,164,742
23	국가	통안증권	31,000,000,000	30,937,383,872	- 62,616,128	국가(AA-)	AA-	senior	75%	long	23,187,383,872	0.08	1,932,281,989
24	국가	K공사	12,000,000,000	12,152,099,378	152,099,378	국가(AA-)	AA-	senior	75%	long	9,152,099,378	0.67	6,101,399,585
25													

2. bucket 별 부도리스크 계산

(1) 회사 bucket

	bucket	상품	1년기준 조정 JTD	net JTD*	등급	위험가중치	net 위험가중JTD	포지션
29	회사	S 상사(매도)	- 4,571,826,326	- 4,571,826,326	B	30%	- 1,371,547,897.80	short
30	회사	K자동차	11,622,980,692	11,622,980,692	A+	3%	348,689,420.76	long
31	회사	H캐피탈(매도)	- 10,581,543,292	- 10,581,543,292	A+	3%	- 317,446,298.76	short
32	회사	C전기	944,382,133	944,382,133	BBB-	6%	56,662,927.99	long
33	회사	주식1	5,850,000,000	5,850,000,000	BBB-	6%	351,000,000.00	long
34	회사	주식2(매도)	- 3,250,000,000	- 3,250,000,000	BBB-	6%	- 195,000,000.00	short
35	회사	주식3	1,250,000,000	1,315,503,207	A+	3%	39,465,096.21	long
36	회사	주식3옵션콜매입	65,503,207					
37	회사	주식4	6,250,000,000	6,250,000,000	BB+	15%	937,500,000.00	long
38	회사	주식5	875,000,000	845,162,202	B	30%	253,548,660.63	long
39	회사	주식5옵션풋매입	- 29,837,798					
40	회사	kospi200선물1매입	5,926,666,667	853,487,326	BB+	15%	128,023,098.86	long
41	회사	kospi200선물2매도	- 5,291,666,667					
42	회사	kospi200콜1매입	60,059,913					
43	회사	kospi200콜2매도	- 8,289,278					
44	회사	kospi200풋1매입	- 333,433,383					
45	회사	kospi200풋2매도	500,150,075					

* 동일채무자, 동일상품에 대한 netting실시

long 포지션		short 포지션	
net JTD 계	net위험가중민감도	net JTD 계	net위험가중민감도
27,681,515,560	2,114,889,204	- 18,403,369,618	- 1,883,994,197

E30+E32+E33+E35+E37+E38+E40

H30+H32+H33+H35+H37+H38+H40

HBR	0.601
DRC	983,242,365

C50/(C50+ABS(E50))

MAX(D50-D54*ABS(F50),0)

(2) 국가 bucket : 감독당국재량으로 0% 위험가중치를 적용할 수 있으므로 자본량계산에서 제외

	bucket	상품	1년기준 조정 JTD	net JTD*	등급	위험가중치	net 위험가중민감도	포지션
60	국가	국공채	36,766,164,742	36,766,164,742	AA-	2%	735,323,295	long
61	국가	통안증권	1,932,281,989	1,932,281,989	AA-	2%	38,645,640	long
62	국가	K공사	6,101,399,585	6,101,399,585	AA-	2%	122,027,992	long

HBR	1.00
DRC	895,996,926

부도리스크(비유동화) 자본량	983,242,365

부도리스크(유동화)

	B	C	D	E	F	G	H	I
2	* 예제에서 제시한 MBS는 모두 3개의 tranche로 구성되어 있으며, 위험가중치는 SEC-SA방법에 따라 별도 계산한 것으로 가정함							
3	RMBS*Asia bucket							
4	상품	tranche	만기	시장가	JTD	net JTD	위험가중치	net 위험가중 JTD
5	MBS1	1	10	761,805,874	761,805,874	761,805,874	1.20%	9,141,670
6		2	10	4,570,835,242	4,570,835,242	4,570,835,242	2.30%	105,129,211
7		3	10	2,285,417,621	2,285,417,621	2,285,417,621	3.20%	73,133,364
8	MBS2	1	5	- 683,572,418	- 683,572,418	- 683,572,418	1.50%	- 10,253,586
9		2	5	- 4,101,434,510	- 4,101,434,510	- 4,101,434,510	4.50%	- 184,564,553
10		3	5	- 2,050,717,255	- 2,050,717,255	- 2,050,717,255	7.60%	- 155,854,511
11								
12			long 포지션		short 포지션			
13			net JTD 계	net위험가중민감도	net JTD 계	net위험가중민감도		
14			7,618,058,737	187,404,245	- 6,835,724,183	- 350,672,651		
15						D14/(D14+ABS(F14))		
16			HBR	0.527				
17			DRC	2,577,555				
18				MAX(E14-E16*ABS(G14),0)				
19								
20								
21	RMBS*Asia bucket							
22	상품	tranche	만기	시장가	JTD	net JTD	위험가중치	net 위험가중 JTD
23	CDO1	f(10,15)	4	- 3,164,398,432	- 3,164,398,432	- 3,164,398,432	3.20%	- 101,260,750
24	CDO2	f(15,30)	5	9,777,512,371	9,777,512,371	9,777,512,371	3.20%	312,880,396
25								
26			long 포지션		short 포지션			
27			net JTD 계	net위험가중민감도	net JTD 계	net위험가중민감도		
28			9,777,512,371	312,880,395.87	- 3,164,398,432	- 101,260,749.82		
29					D28/(D28+ABS(F28))			
30			HBR	0.755				
31			DRC	236,378,692				
32								
33				MAX(E28-E30*ABS(G28),0)				
34								
35			부도리스크(유동화)자본량		238,956,247			

2.1.8 기준상관계수 적용 자본량

기준상관계수 적용

구분	델타	베가	커베이쳐
GIRR	2,899,150,441	23,562	1,712,798
(KRW)	1,872,265,795		
(USD)	1,708,469,450	23,562	1,712,798
(JPY)	14,263,629		
(EUR)	9,125,760		
주식리스크	21,628,607,586	462,234	240,058,081
일반상품리스크	615,992,116		
FX리스크	1,120,078,862	40,665	169,532
CSR(비유동화)	2,698,165,436		
CSR(유동화 non CTP))	1,004,675,377		
CSR(유동화 CTP)	-		
부도(비유동화)	983,242,365		
부도(유동화 non CTP)	238,956,247		
부도(유동화 CTP)	-		
잔여리스크	-		
총계	31,188,868,430	526,461	241,940,412
자본량 총계			31,431,335,303

2.2 상승상관계수 적용 : IF(기준상관계수*1.25〉100%,100%, 기준상관계수*1.25)

2.2.1 상승상관계수 적용 자본량 계산

1. 금리리스크(GIRR)상품의 자본량 계산

GIRR(KRW)

	C	D	E	F	G	H
2	GIRR 민감도 산출을 위해서는 통화별로 하나의 수익률곡선을 사용하는 것이 원칙이나, 여기서는 편의상 등급별 수익률곡선을 사용하였음					
3			tenor	민감도	수익률곡선	
4		국고채	10	- 290,968,410,000	KTB	
5			15	- 115,034,020,000	KTB	
6		통안증권	0.25	- 3,051,340,000	KTB	
7		K공사	0.5	- 5,762,510,000	AA+	
8			1	- 1,152,500,000	AA+	
9		S상사(매도)	0.5	2,725,950,000	BB-	
10			1	1,362,970,000	BB-	
11		K자동차	3	- 32,992,890,000	AA+	
12			5	- 1,434,470,000	AA+	
13		H캐피탈(매도)	0.25	3,198,030,000	AA+	
14			0.5	6,396,060,000	AA+	
15		C전기	0.25	- 22,259,240,000	A-	
16		MBS1	10	- 68,562,528,630	AAA-	
17		MBS2	5	30,760,758,820	BBB+	
18		CDO1	3	6,191,211,323	BBB+	
19			5	8,048,581,621	BBB+	
20		CDO2	5	- 43,998,805,670	A+	
21		3년국채선물	0.5	177,958,200,000	KTB	
22			1	7,190,960,000	KTB	
23			2	- 3,292,010,000	KTB	
24			3	- 88,245,640,000	KTB	
25			5	- 33,314,070,000	KTB	
26		5년국채선물	0.5	12,585,680,000	KTB	
27			1	5,129,120,000	KTB	
28			2	- 2,226,950,000	KTB	
29			3	- 5,468,360,000	KTB	
30			5	- 111,669,270,000	KTB	
31			10	- 13,441,270,000	KTB	
32		10년국채선물	0.5	- 15,276,170,000	KTB	
33			1	- 29,416,200,000	KTB	
34			2	3,980,610,000	KTB	
35			3	9,787,530,000	KTB	
36			5	38,337,800,000	KTB	
37			10	349,963,270,000	KTB	
38			15	60,026,390,000	KTB	
39		금리스왑1	0.25	81,460,000	KTB	
40			0.5	- 600,000	KTB	
41			1	465,370,000	KTB	
42			2	936,730,000	KTB	
43			3	2,402,190,000	KTB	
44			5	92,328,820,000	KTB	
45			10	98,530,000	KTB	
46		금리스왑2	0.25	- 180,610,000	KTB	
47			0.5	10,860,000	KTB	
48			1	- 1,006,000,000	KTB	
49			2	- 2,021,630,000	KTB	
50			3	- 86,652,410,000	KTB	
51			5	- 84,561,350,000	KTB	
52		주가지수선물1	0.5	4,475,970,000	KTB	
53			1	2,401,030,000	KTB	
54		주가지수선물2	0.5	- 1,858,580,000	KTB	
55			1	- 4,295,430,000	KTB	
56		지수옵션콜1	0.5	203,510,000	KTB	
57			1	470,380,000	KTB	
58		지수옵션콜2	0.25	- 37,870,000	KTB	
59		지수옵션풋1	0.25	14,230,000	KTB	
60		지수옵션풋2	0.25	- 7,115,000	KTB	
61		주식3옵션 콜	0.5	60,140,000	KTB	
62			1	139,000,000	KTB	
63		주식5옵션 풋	0.5	- 1,990,000	KTB	
64			1	- 4,610,000	KTB	
65		통화스왑1	0.25	- 18,350,000	KTB	
66			0.5	31,970,000	KTB	
67			1	129,530,000	KTB	
68			2	291,200,000	KTB	
69			3	28,994,450,000	KTB	
70			5	119,090,000	KTB	
71		통화옵션1	0.25	52,810,000	KTB	
72		통화옵션2	0.25	- 5,860,000	KTB	

	C	D	E	F	G	H	I	J
74	수익률곡선	tenor	상품	민감도	요소별민감도	RW	위험가중민감도	
75			통안증권	- 3,051,340,000				
76			금리스왑1	81,460,000				
77			금리스왑2	- 180,610,000				
78			지수옵션콜2	- 37,870,000				
79		0.25	지수옵션풋1	14,230,000	- 3,152,645,000	1.20%	- 37,831,740	
80			지수옵션풋2	- 7,115,000				
81			통화스왑1	- 18,350,000				
82			통화옵션1	52,810,000				
83			통화옵션2	- 5,860,000				
84			3년국채선물	177,958,200,000				
85			5년국채선물	12,585,680,000				
86			10년국채선물	- 15,276,170,000				
87			금리스왑1	- 600,000				
88			금리스왑2	10,860,000				
89		0.5	주가지수선물1	4,475,970,000	178,188,990,000	1.20%	2,138,267,880	
90			주가지수선물2	- 1,858,580,000				
91			지수옵션콜1	203,510,000				
92			주식3옵션콜	60,140,000				
93			주식5옵션풋	- 1,990,000				
94			통화스왑1	31,970,000				
95			3년국채선물	7,190,960,000				
96			5년국채선물	5,129,120,000				
97			10년국채선물	- 29,416,200,000				
98			금리스왑1	465,370,000				
99			금리스왑2	- 1,006,000,000				
100		1	주가지수선물1	2,401,030,000	- 18,796,850,000	1.13%	- 212,404,405	
101			주가지수선물2	- 4,295,430,000				
102	KTB		지수옵션콜1	470,380,000				
103			주식3옵션콜	139,000,000				
104			주식5옵션풋	- 4,610,000				
105			통화스왑1	129,530,000				
106			3년국채선물	- 3,292,010,000				
107			5년국채선물	- 2,226,950,000				
108		2	10년국채선물	3,980,610,000	- 2,332,050,000	0.92%	- 21,454,860	
109			금리스왑1	936,730,000				
110			금리스왑2	- 2,021,630,000				
111			통화스왑1	291,200,000				
112			3년국채선물	- 88,245,640,000				
113			5년국채선물	- 5,468,360,000				
114		3	10년국채선물	9,787,530,000	- 139,182,240,000	0.85%	- 1,183,049,040	
115			금리스왑1	2,402,190,000				
116			금리스왑2	- 86,652,410,000				
117			통화스왑1	28,994,450,000				
118			3년국채선물	- 33,314,070,000				
119			5년국채선물	- 111,669,270,000				
120		5	10년국채선물	38,337,800,000	- 98,758,980,000	0.78%	- 770,320,044	
121			금리스왑1	92,328,820,000				
122			금리스왑2	- 84,561,350,000				
123			통화스왑1	119,090,000				
124			국고채	- 290,968,410,000				
125		10	5년국채선물	- 13,441,270,000	45,652,120,000	0.78%	356,086,536	
126			10년국채선물	349,963,270,000				
127			금리스왑1	98,530,000				
128		15	국고채	- 115,034,020,000	- 55,007,630,000	0.78%	- 429,059,514	
129			10년국채선물	60,026,390,000				
130	AAA-	10	MBS1	- 68,562,528,630	- 68,562,528,630	0.78%	- 534,787,723	
131		0.25	H캐피탈	3,198,030,000	3,198,030,000	1.20%	38,376,360	
132		0.5	K공사	- 5,762,510,000	633,550,000	1.20%	7,602,600	
133	AA+		H캐피탈	6,396,060,000				
134		1	K공사	- 1,152,500,000	- 1,152,500,000	1.13%	- 13,023,250	
135		3	K자동차	- 32,992,890,000	- 32,992,890,000	0.85%	- 280,439,565	
136		5	K자동차	- 1,434,470,000	- 1,434,470,000	0.78%	- 11,188,866	
137	A+	5	CDO2	- 43,998,805,670	- 43,998,805,670	0.78%	- 343,190,684	
138	A-	0.25	C전기	- 22,259,240,000	- 22,259,240,000	1.20%	- 267,110,880	
139		3	CDO1	6,191,211,323	6,191,211,323	0.85%	52,625,296	
140	BBB+	5	MBS2	30,760,758,820	38,809,340,441	0.78%	302,712,855	
141			CDO1	8,048,581,621				
142	BB-	0.5	S상사	2,725,950,000	2,725,950,000	1.20%	32,711,400	SUM(I75:I143)
143		1	S상사	1,362,970,000	1,362,970,000	1.13%	15,401,561	
144						위험가중민감도 합(WS k)	- 1,160,076,082.85	

	B	C	D	E	F	G	H	I	J	K	L
145	(1) 상관계수 적용										
146											
147				동일tenor, 다른커브	다른 tenor, 동일커브	다른tenor, 다른커브					
148	tenor			0.25	0.50	1	2	3	5	10	15
149		커브		KTB	KTB	KTB	KTB	KTB	KTB	KTB	KTB
150			리스크량	- 37,831,740	2,138,267,880	- 212,404,405	-21,454,860	· -1,183,049,040	-770,320,044	356,086,536	-429,059,514
151	0.25	KTB	- 37,831,740	100%	100.00%	100.00%	100.00%	89.87%	70.69%	50.00%	50.00%
152	0.50	KTB	2,138,267,880		100%	100.00%	100.00%	100.00%	95.42%	70.69%	52.37%
153	1	KTB	- 212,404,405			100%	100.00%	100.00%	100.00%	95.42%	82.13%
154	2	KTB	-21,454,860				100%	100.00%	100.00%	100.00%	100.00%
155	3	KTB	-1,183,049,040					100%	100.00%	100.00%	100.00%
156	5	KTB	-770,320,044						100%	100.00%	100.00%
157	10	KTB	356,086,536							100%	100.00%
158	15	KTB	-429,059,514								100%
159	10	AAA-	-534,787,723								
160	0.25	AA+	38,376,360								
161	0.5	AA+	7,602,600								
162	1	AA+	-13,023,250								
163	3	AA+	-280,439,565								
164	5	AA+	-11,188,866								
165	5	A+	-343,190,684								
166	0.25	A-	-267,110,880								
167	3	BBB+	52,625,296								
168	5	BBB+	302,712,855								
169	0.5	BB-	32,711,400								
170	1	BB-	15,401,561								

	M	N	O	P	Q	R	S	T	U	V	W	X
148	10	0.25	0.5	1	3	5	5	0.25	3	5	0.5	1
149	AAA-	AA+	AA+	AA+	AA+	AA+	A+	A-	BBB+	BBB+	BB-	BB-
150	-534,787,723	38,376,360	7,602,600	-13,023,250	-280,439,565	-11,188,866	-343,190,684	-267,110,880	52,625,296	302,712,855	32,711,400	15,401,561
151	49.95%	100.00%	100.00%	100.00%	89.78%	70.62%	70.62%	100.00%	89.78%	70.62%	100.00%	100.00%
152	70.62%	100.00%	100.00%	100.00%	100.00%	95.33%	95.33%	100.00%	100.00%	95.33%	100.00%	100.00%
153	95.33%	100.00%	100.00%	100.00%	100.00%	100.00%	100.00%	100.00%	100.00%	100.00%	100.00%	100.00%
154	100.00%	100.00%	100.00%	100.00%	100.00%	100.00%	100.00%	100.00%	100.00%	100.00%	100.00%	100.00%
155	100.00%	89.78%	100.00%	100.00%	100.00%	100.00%	100.00%	89.78%	100.00%	100.00%	100.00%	100.00%
156	100.00%	70.62%	95.33%	100.00%	100.00%	100.00%	100.00%	70.62%	100.00%	100.00%	95.33%	100.00%
157	100.00%	49.95%	70.62%	95.33%	100.00%	100.00%	100.00%	49.95%	100.00%	100.00%	70.62%	95.33%
158	100.00%	49.95%	52.32%	82.05%	100.00%	100.00%	100.00%	49.95%	100.00%	100.00%	52.32%	82.05%
159	100%	49.95%	70.62%	95.33%	100.00%	100.00%	100.00%	49.95%	100.00%	100.00%	70.62%	95.33%
160		100%	100.00%	100.00%	89.87%	70.69%	70.62%	100.00%	89.78%	70.62%	100.00%	100.00%
161			100%	100.00%	100.00%	95.42%	95.33%	100.00%	100.00%	95.33%	100.00%	100.00%
162				100%	100.00%	100.00%	100.00%	100.00%	100.00%	100.00%	100.00%	100.00%
163					100%	100.00%	100.00%	89.78%	100.00%	100.00%	100.00%	100.00%
164						100%	100.00%	70.62%	100.00%	100.00%	95.33%	100.00%
165							100%	70.62%	100.00%	100.00%	95.33%	100.00%
166								100%	89.78%	70.62%	100.00%	100.00%
167									100%	100.00%	100.00%	100.00%
168										100%	95.33%	100.00%
169											100%	100.00%
170												100%

	B	C	D	E	F	G	H	I	J	K	L
173	(2) 포트폴리오 표준편차										
174	tenor			0.25	0.50	1	2	3	5	10	15
175		커브		KTB	KTB	KTB	KTB	KTB	KTB	KTB	KTB
176			리스크량	- 37,831,740	2,138,267,880	- 212,404,405	-21,454,860	-1,183,049,040	-770,320,044	356,086,536	-429,059,514
177	0.25	KTB	- 37,831,740	1,431,240,551,427,600	- 80,894,394,486,511,200	8,035,628,224,814,700	811,674,685,256,400	40,220,910,505,296,900	20,601,065,035,515,600	- 6,735,686,623,726,320	8,116,033,989,087,180
178	0.50	KTB	2,138,267,880		4,572,189,526,639,690,000	-454,177,516,782,011,000	-45,876,238,007,896,800	-2,529,675,762,696,840,000	-1,571,751,247,222,210,000	538,244,776,016,654,000	-480,455,824,334,622,000
179	1	KTB	- 212,404,405			45,115,631,263,404,000	4,557,106,772,658,300	251,284,827,427,021,000	163,619,370,605,394,000	-72,172,138,684,045,100	74,849,238,507,634,100
180	2	KTB	-21,454,860				460,311,017,619,600	25,382,151,526,334,400	16,527,108,699,213,800	-7,639,786,777,764,960	9,205,411,804,538,040
181	3	KTB	-1,183,049,040					1,399,605,031,044,920,000	911,326,388,546,958,000	-421,267,834,571,725,000	507,598,446,140,567,000
182	5	KTB	-770,320,044						593,392,970,188,162,000	-274,300,596,079,328,000	330,513,143,703,099,000
183	10	KTB	356,086,536							126,797,621,120,479,000	-152,782,316,078,103,000
184	15	KTB	-429,059,514								184,092,066,553,916,000
185	10	AAA-	-534,787,723								
186	0.25	AA+	38,376,360								
187	0.5	AA+	7,602,600								
188	1	AA+	-13,023,250								
189	3	AA+	-280,439,565								
190	5	AA+	-11,188,866								
191	5	A+	-343,190,684								
192	0.25	A-	-267,110,880								
193	3	BBB+	52,625,296								
194	5	BBB+	302,712,855								
195	0.5	BB-	32,711,400								
196	1	BB-	15,401,561								

	M	N	O	P	Q	R
174	10	0.25	0.5	1	3	5
175	AAA-	AA+	AA+	AA+	AA+	AA+
176	-534,787,723	38,376,360	7,602,600	-13,023,250	-280,439,565	-11,188,866
177	10,105,859,076,751,800	- 1,451,844,473,666,400	- 287,619,586,524,000	492,692,207,955,000	9,524,757,411,039,680	298,930,367,159,872
178	-807,553,284,332,122,000	82,058,937,939,316,800	16,256,395,384,488,000	-27,847,197,168,210,000	-599,654,914,120,672,000	-22,806,790,649,227,400
179	108,283,164,516,530,000	-8,151,307,911,865,800	-1,614,825,729,453,000	2,766,195,667,416,250	59,566,598,942,283,800	2,376,564,425,354,730
180	11,473,795,733,420,600	-823,359,431,109,600	-163,112,718,636,000	279,412,005,495,000	6,016,791,605,535,900	240,055,553,588,760
181	632,680,102,670,413,000	-40,759,124,717,445,600	-8,994,248,631,504,000	15,407,143,410,180,000	331,773,758,151,268,000	13,236,977,179,988,600
182	411,957,702,553,900,000	-20,876,737,213,201,700	-5,582,764,791,892,870	10,032,070,513,023,000	216,028,218,050,141,000	8,619,007,749,430,100
183	-190,430,707,890,209,000	6,825,819,895,796,140	1,911,812,693,183,260	-4,420,698,757,692,300	-99,860,753,258,196,800	-3,984,204,535,708,180
184	229,455,760,658,271,000	-8,224,638,314,159,180	-1,706,549,853,162,600	4,584,676,881,108,710	120,325,263,465,271,000	4,800,689,408,171,120
185	285,997,909,007,371,000	-10,251,341,493,642,500	-2,871,251,379,159,940	6,639,215,991,259,200	149,975,636,493,518,000	5,983,668,174,605,420
186		1,472,745,006,849,600	291,760,114,536,000	-499,784,930,370,000	-9,671,545,922,272,040	-303,537,260,717,779
187			57,799,526,760,000	-99,010,560,450,000	-2,132,069,836,869,000	-81,170,592,648,512
188				169,605,040,562,500	3,652,234,564,886,250	145,715,399,134,500
189					78,646,349,617,389,200	3,137,800,713,883,290
190						125,190,722,365,956
191						
192						
193						
194						
195						
196						

	S	T	U	V	W	X
174	5	0.25	3	5	0.5	1
175	A+	A-	BBB+	BBB+	BB-	BB-
176	-343,190,684	-267,110,880	52,625,296	302,712,855	32,711,400	15,401,561
177	9,168,946,812,083,190	10,105,269,363,331,200	- 1,787,348,302,378,390	- 8,087,509,942,529,720	- 1,237,529,179,836,000	- 582,667,851,346,140
178	-699,541,677,226,940,000	-571,154,615,102,534,000	112,526,980,637,237,000	617,033,819,231,131,000	69,945,735,929,832,000	32,932,663,188,160,700
179	72,895,213,084,566,400	56,735,527,535,426,400	-11,177,844,736,974,200	-64,297,543,945,541,700	-6,948,045,453,717,000	-3,271,359,400,276,200
180	7,363,108,083,373,040	5,730,826,534,876,800	-1,129,068,363,405,730	-6,494,661,933,661,150	-701,818,507,404,000	-330,438,335,036,460
181	406,011,409,510,512,000	283,695,631,146,535,000	-62,258,306,202,954,400	-358,124,153,023,714,000	-38,699,190,367,056,000	-18,220,801,955,551,400
182	264,366,662,973,362,000	145,308,300,436,703,000	-40,538,320,519,346,600	-233,185,780,121,752,000	-24,020,736,618,199,600	-11,864,131,147,188,700
183	-122,205,581,933,506,000	-47,509,736,699,562,300	18,739,159,446,033,900	107,791,972,096,227,000	8,225,879,269,170,420	5,228,008,490,908,350
184	147,249,228,183,335,000	57,245,928,946,277,700	-22,579,384,031,200,300	-129,881,830,636,553,000	-7,342,703,136,656,300	-5,421,932,363,249,230
185	183,534,164,679,796,000	71,352,385,884,105,700	-28,143,362,367,855,700	-161,887,118,778,531,000	-12,354,017,357,779,200	-7,851,672,207,901,560
186	-9,300,941,581,892,800	-10,250,743,290,796,800	1,813,078,697,872,790	8,203,936,510,932,360	1,255,344,462,504,000	591,055,849,497,960
187	-2,487,216,688,343,810	-2,030,737,176,288,000	400,089,077,236,038	2,193,860,440,950,270	248,691,689,640,000	117,091,907,658,600
188	4,469,458,078,346,250	3,478,651,767,960,000	-685,352,389,329,208	-3,942,305,194,606,370	-426,008,740,050,000	-200,578,379,293,250
189	96,244,246,196,391,800	67,249,519,420,712,100	-14,758,215,187,084,200	-84,892,661,499,445,400	-9,173,570,786,541,000	-4,319,207,067,160,960
190	3,839,914,578,253,030	2,110,596,907,009,740	-588,817,387,901,203	-3,387,013,575,993,290	-348,900,181,600,790	-172,326,002,219,826
191	117,779,845,739,510,000	64,737,319,817,929,000	-18,060,511,426,089,100	-103,888,231,982,391,000	-10,701,646,802,290,000	-5,285,672,257,738,480
192		71,348,222,214,374,400	-12,619,567,006,825,400	-57,101,838,238,417,400	-8,737,570,840,032,000	-4,113,924,512,083,680
193			2,769,421,804,926,640	15,930,353,694,840,700	1,721,447,115,605,050	810,511,710,268,139
194				91,635,072,848,517,200	9,439,434,723,397,350	4,662,250,508,540,260
195					1,070,035,689,960,000	503,806,622,495,400
196						237,208,081,236,721

GIRR(USD)

	상품	tenor	민감도	수익률곡선
3	FRA1	0.25	- 2,737,640,000	TB
4		0.5	5,585,880,000	TB
5		1	30,360,000	TB
6	FRA2	1	110,879,010,000	TB
7		2	- 228,712,910,000	TB
8	CAP	1	- 7,302,840,000	TB
9		2	- 4,807,720,000	TB
10		3	29,974,270,000	TB
11	FLOOR	0.5	- 1,623,740,000	TB
12		1	- 11,512,650,000	TB
13		2	- 3,269,040,000	TB
14	payer swaption	2	153,870,000	TB
15		3	- 9,140,000	TB
16		5	- 320,580,000	TB
17		10	- 203,460,000	TB
18	receiver swaption	2	41,927,920,000	TB
19		3	- 4,754,790,000	TB
20		5	- 89,553,330,000	TB
21		10	- 55,294,370,000	TB
22	달러선물1	0.5	45,690,000	TB
23		1	94,330,000	TB
24	달러선물2	0.25	- 15,710,000	TB
25	통화스왑1	0.25	400,000	TB
26		2	-220,140,000	TB
27		3	-68,510,000	TB
28	통화스왑2	0.25	-420,000	TB
29		2	297,180,000	TB
30		3	810,000	TB
31	통화옵션1	0.25	-49,350,000	TB
32	통화옵션2	0.25	5,600,000	TB
33	통화옵션3	0.25	21,850,000	TB
34	통화옵션4	0.25	765,590,000	TB
35	금선물	0.25	55,030,000	TB
36	구리선물1	0.5	180,180,000	TB
37	구리선물2	0.5	-803,740,000	TB

	수익률곡선	tenor	상품	민감도	요소별민감도	RW	위험가중민감도
40	TB	0.25	FRA1	- 2,737,640,000	- 1,954,650,000	1.20%	- 23,455,800
41			달러선물2	- 15,710,000			
42			통화스왑1	400,000			
43			통화스왑2	- 420,000			
44			통화옵션1	-49,350,000			
45			통화옵션2	5,600,000			
46			통화옵션3	21,850,000			
47			통화옵션4	765,590,000			
48			금선물	55,030,000			
49		0.5	FRA1	5,585,880,000	3,384,270,000	1.20%	40,611,240
50			FLOOR	- 1,623,740,000			
51			달러선물1	45,690,000			
52			구리선물1	180,180,000			
53			구리선물2	- 803,740,000			
54		1	FRA1	30,360,000	92,188,210,000	1.13%	1,041,726,773
55			FRA2	110,879,010,000			
56			CAP	- 7,302,840,000			
57			FLOOR	- 11,512,650,000			
58			달러선물1	94,330,000			
59		2	FRA2	- 228,712,910,000	- 194,630,840,000	0.92%	- 1,790,603,728
60			CAP	- 4,807,720,000			
61			FLOOR	- 3,269,040,000			
62			payer swaption	153,870,000			
63			receiver swaption	41,927,920,000			
64			통화스왑1	- 220,140,000			
65			통화스왑2	297,180,000			
66		3	CAP	29,974,270,000	25,142,640,000	0.85%	213,712,440
67			payer swaption	- 9,140,000			
68			receiver swaption	- 4,754,790,000			
69			통화스왑1	- 68,510,000			
70			통화스왑2	810,000			
71		5	payer swaption	- 320,580,000	- 89,873,910,000	0.78%	- 701,016,498
72			receiver swaption	- 89,553,330,000			
73		10	payer swaption	- 203,460,000	- 55,497,830,000	0.78%	- 432,883,074
74			receiver swaption	- 55,294,370,000			
75						WS k	- 1,651,908,647

	D	E	F	G	H	I	J	K
77	(1) 상관계수 적용							
78		동일tenor, 다른커브	다른 tenor, 동일커브	다른tenor, 다른커브				
79		0.25	0.50	1	2	3	5	10
80		TB	TB	TB	TB	TB	TB	TB
81	리스크량	- 23,455,800	40,611,240	1,041,726,773	- 1,790,603,728	213,712,440	- 701,016,498	- 432,883,074
82	- 23,455,800	100.00%	100.00%	100.00%	100.00%	89.87%	70.69%	50.00%
83	40,611,240		100.00%	100.00%	100.00%	100.00%	95.42%	70.69%
84	1,041,726,773			100.00%	100.00%	100.00%	100.00%	95.42%
85	- 1,790,603,728				100.00%	100.00%	100.00%	100.00%
86	213,712,440					100.00%	100.00%	100.00%
87	- 701,016,498						100.00%	100.00%
88	- 432,883,074							100.00%
89								
90								
91								
92	(2) 포트폴리오 표준편차							
93		0.25	0.50	1	2	3	5	10
94		TB	TB	TB	TB	TB	TB	TB
95	리스크량	- 23,455,800	40,611,240	1,041,726,773	- 1,790,603,728	213,712,440	- 701,016,498	- 432,883,074
96	- 23,455,800	550,174,553,640,000	- 952,569,123,192,000	- 24,434,534,842,133,400	42,000,042,923,222,400	- 4,504,772,743,866,040	11,623,599,755,800,600	5,076,809,403,564,600
97	40,611,240		1,649,272,814,337,600	42,305,815,992,728,500	- 72,718,637,742,702,700	8,679,127,191,825,600	- 27,165,955,942,833,100	- 12,427,363,839,003,900
98	1,041,726,773			1,085,194,669,584,990,000	- 1,865,319,843,291,210,000	222,629,970,471,156,000	- 730,267,654,281,301,000	- 430,303,554,718,532,000
99	- 1,790,603,728				3,206,261,710,727,500,000	- 382,674,291,783,976,000	1,255,242,754,708,300,000	775,122,046,092,500,000
100	213,712,440					45,673,007,010,753,600	- 149,815,946,267,835,000	- 92,512,497,979,240,600
101	- 701,016,498						491,424,130,468,184,000	303,458,176,578,955,000
102	- 432,883,074							187,387,755,755,689,000
103								
104							대각선	5,018,140,720,915,100,000
105							윗변	-1,126,959,279,437,770,000
106							포트폴리오분산	2,764,222,162,039,560,000
107							포트폴리오 표준편차(Kb)	1,662,595,008
108							WSk합	- 1,651,908,647

	B	C	D	E	F	G	H
1	GIRR(JPY)						
2		tenor	민감도	수익률곡선			
3	통화스왑2	0.25	-2,474,920,000	일본국채			
4		2	-190,700,000	일본국채			
5		3	-390,000	일본국채			
6	백금선물	0.5	1,483,010,000	일본국채			
7							
8	수익률곡선	tenor	상품	민감도	요소별민감도	RW	위험가중민감도
9	일본국채	0.25	통화스왑2	-2,474,920,000	-2,474,920,000	1.20%	-29,699,040
10		0.5	백금선물	1,483,010,000	1,483,010,000	1.20%	17,796,120
11		2	통화스왑2	-190,700,000	-190,700,000	0.92%	-1,754,440
12		3	통화스왑2	-390,000	-390,000	0.85%	-3,315
13						WS k	-13,660,675
14	(1) 상관계수 적용						
15			동일tenor, 다른커브	다른 tenor, 동일커브	다른tenor, 다른커브		
16	tenor			0.25	0.50	2	3
17		커브		TB	TB	TB	TB
18			리스크량	-29,699,040	17,796,120	-1,754,440	-3,315
19	0.25	TB	-29,699,040	100%	100.00%	100.00%	89.87%
20	0.50	TB	17,796,120		100%	100.00%	100.00%
21	2	TB	-1,754,440			100%	100.00%
22	3	TB	-3,315				100%
23							
24	(2) 포트폴리오 표준편차						
25	tenor			0.25	0.50	2	3
26		커브		TB	TB	TB	TB
27			리스크량	-29,699,040	17,796,120	-1,754,440	-3,315
28	0.25	TB	-29,699,040	882,032,976,921,600	-528,527,679,724,800	52,105,183,737,600	88,474,634,668
29	0.50	TB	17,796,120		316,701,887,054,400	-31,222,224,772,800	-58,994,137,800
30	2	TB	-1,754,440			3,078,059,713,600	5,815,968,600
31	3	TB	-3,315				10,989,225
32							
33						대각선	1,201,812,934,678,820
34						윗변	-507,609,424,294,532
35						포트폴리오분산	186,594,086,089,760
36						포트폴리오 표준편차(Kb)	13,659,945
37						WSk합	-13,660,675

	A	B	C	D	E	F
1		GIRR(EUR)				
2			tenor	민감도	수익률곡선	
3		통화옵션3	0.25	-17,360,000	EUR 수익률	
4		통화옵션4	0.25	-743,120,000	EUR 수익률	
5						
6	tenor	상품	민감도	요소별민감도	RW	위험가중민감도
7	0.25	통화옵션3	-17,360,000	-760,480,000	1.20%	-9,125,760.00
8		통화옵션4	-743,120,000			
9					WS k	-9,125,760.00
10						
11				포트폴리오분산	83,279,495,577,600	
12				포트폴리오 표준편차(Kb)	9,125,760	
13				WSk합	-9,125,760	

GIRR 자본량 총계

	B	C	D	E	F	G
2		원화	달러	JPY	EUR	
3	K b	1,492,222,950	1,662,595,008	13,659,945	9,125,760	
4	WS k	-1,160,076,083	-1,651,908,647	-13,660,675	-9,125,760	
5						
6	상관계수표					
7			원화	달러	JPY	EUR
8		S b	-1,160,076,083	-1,651,908,647	-13,660,675	-9,125,760
9	원화	-1,160,076,083	kb^2	62.50%	62.50%	62.50%
10	달러	-1,651,908,647		kb^2	62.50%	62.50%
11	JPY	-13,660,675			kb^2	62.50%
12	EUR	-9,125,760				kb^2
13						
14	포트폴리오 자본량					
15			원화	달러	JPY	EUR
16		S b	-1,160,076,083	-1,651,908,647	-13,660,675	-9,125,760
17	원화	-1,160,076,083	2,226,729,332,977,950,000	1,197,712,320,278,480,000	9,904,638,964,469,450	6,616,609,946,170,070
18	달러	-1,651,908,647		2,764,222,162,039,560,000	14,103,866,972,723,000	9,421,826,159,029,200
19	JPY	-13,660,675			186,594,086,089,760	77,915,025,930,000
20	EUR	-9,125,760				83,279,495,577,600
21						
22		대각선	4,991,221,368,599,180,000.00			
23		윗변	1,237,837,177,346,800,000			
24		총계	7,466,895,723,292,780,000.00			
25		최종자본량	2,732,562,117			

2. 금리리스크(CSR)상품의 자본량 계산

CSR(비유동화)

	A	B	C	D	E	F
1	**bucket 1 : 만기가 다르므로 netting 안됨**					
2		tenor	발행인커브	민감도		
3	통안증권	0.5	KTB	- 3,051,340,000		
4	국고채	10	KTB	- 403,002,400,000		
5						
6						
7	상품	tenor	민감도	요소별민감도	RW	위험가중민감도
8	통안증권	0.5	- 3,051,340,000	- 3,051,340,000	0.50%	- 15,256,700
9	국고채	10	- 403,002,400,000	- 403,002,400,000	0.50%	- 2,015,012,000
10						
11						
12	(1) 상관계수 적용					
13						
14	tenor				0.5	10
15		발행인커브			KTB	KTB
16			상품		통안증권	국고채
17				위험가중민감도	- 15,256,700	- 2,015,012,000
18	0.5	KTB	통안증권	- 15,256,700	100%	28.44%
19	10	KTB	국고채	- 2,015,012,000		100.00%
20						
21	(2) 포트폴리오 표준편차(Kb)					
22	tenor			0.5	10	
23		발행인커브		KTB	KTB	
24			위험가중민감도	- 15,256,700	- 2,015,012,000	
25	0.5	KTB	- 15,256,700	232,766,894,890,000	8,742,379,549,426,250	
26	10	KTB	- 2,015,012,000	8,742,379,549,426,250	4,060,273,360,144,000,000	
27						
28			포트폴리오분산	4,077,990,886,137,740,000		
29			포트폴리오 표준편차(Kb)	2,019,403,597		
30			WS k	- 2,030,268,700		
31						
32						
33	**bucket 2: 만기가 다르므로 netting 안됨**					
34		tenor	민감도			
35	K공사	0.5	- 5,762,510,000			
36		1	- 1,152,500,000			
37						
38	상품	tenor	민감도	요소별민감도	RW	위험가중민감도
39	K공사	0.5	- 5,762,510,000	- 5,762,510,000	1.00%	- 57,625,100
40	K공사	1	- 1,152,500,000	- 1,152,500,000	1.00%	- 11,525,000
41						
42	(1) 상관계수 적용					
43	tenor			0.5	1	
44		발행인커브		AA+	AA+	
45			상품	K공사	K공사	
46			위험가중민감도	- 57,625,100	- 11,525,000	
47	0.5	AA+	- 57,625,100	100%	81.25%	
48	1	AA+	- 11,525,000		100.00%	
49						
50	(2) 포트폴리오 표준편차(Kb)					
51	tenor			0.5	1	
52		발행인커브		AA+	AA+	
53			위험가중민감도	- 57,625,100	- 11,525,000	
54	0.5	AA+	- 57,625,100	3,320,652,150,010,000	539,605,037,968,750	
55	1	AA+	- 11,525,000	539,605,037,968,750	132,825,625,000,000	
56						
57			포트폴리오분산	4,532,687,850,947,500		
58			포트폴리오 표준편차(Kb)	67,325,239		
59			WS k	- 69,150,100		

	A	B	C	D	E	F
61	**bucket 3**					
62		tenor	민감도			
63	H캐피탈(매도)	0.5	9,594,090,000			
64						
65	상품	tenor	민감도	요소별민감도	RW	위험가중민감도
66	H캐피탈(매도)	0.5	9,594,090,000	9,594,090,000	5.00%	479,704,500
67						
68	(1) 상관계수 적용					
69	tenor			0.5		
70		발행인커브		AA+		
71			상품	H캐피탈		
72			위험가중민감도	479,704,500		
73	0.5	AA+	479,704,500	100%		
74						
75	(2) 포트폴리오 표준편차(Kb)					
76	tenor			0.5		
77		발행인커브		AA+		
78			위험가중민감도	479,704,500		
79	0.5	AA+	479,704,500	230,116,407,320,250,000		
80						
81			포트폴리오분산	230,116,407,320,250,000		
82			포트폴리오 표준편차(Kb)	479,704,500		
83			WS k	479,704,500		
84						
85	**bucket 4: 발행인 스프레드커브, 만기가 다르므로 netting안됨**					
86		tenor	민감도			
87	K자동차	3	- 32,992,890,000			
88		5	- 1,434,470,000			
89	C전기	0.5	- 22,259,240,000			
90						
91	상품	tenor	민감도	요소별민감도	RW	위험가중민감도
92	C전기	0.5	- 22,259,240,000	- 22,259,240,000	3%	- 667,777,200
93	K자동차	3	- 32,992,890,000	- 32,992,890,000	3%	- 989,786,700
94	K자동차	5	- 1,434,470,000	- 1,434,470,000	3%	- 43,034,100
95						
96	(1) 상관계수 적용					
97	tenor			0.5	3	5
98		발행인커브		A-	AA+	AA+
99			상품	C전기	K 자동차	K자동차
100			위험가중민감도	- 667,777,200	- 989,786,700	- 43,034,100
101	0.5	A-	- 667,777,200	100%	28.41%	28.41%
102	3	AA+	- 989,786,700		100.00%	81.25%
103	5	AA+	- 43,034,100			100%
104						
105	(2) 포트폴리오 표준편차(Kb)					
106	tenor			0.5	3	5
107		발행인커브		A-	AA+	AA+
108			위험가중민감도	- 667,777,200	- 989,786,700	- 43,034,100
109	0.5	A-	- 667,777,200	445,926,388,839,840,000	187,771,684,706,321,000	8,163,966,495,832,160
110	3	AA+	- 989,786,700	187,771,684,706,321,000	979,677,711,496,890,000	34,608,096,109,006,900
111	5	AA+	- 43,034,100	8,163,966,495,832,160	34,608,096,109,006,900	1,851,933,762,810,000
112						
113			포트폴리오분산	1,888,543,528,721,860,000		
114			포트폴리오 표준편차(Kb)	1,374,242,893		
115			WS k	-1,700,598,000		
116						
117	**bucket 13:만기가 다르므로 netting 안됨**					
118		tenor	민감도			
119	S상사(매도)	0.5	2,725,950,000			
120		1	1,362,970,000			
121						
122	상품	tenor	민감도	요소별민감도	RW	위험가중민감도
123	S상사(매도)	0.5	2,725,950,000	2,725,950,000	8.5%	231,705,750
124	S상사(매도)	1	1,362,970,000	1,362,970,000	8.5%	115,852,450
125						
126	(1) 상관계수 적용					
127	tenor			0.5	1	
128		발행인커브		BB-	BB-	
129			상품	S상사	S상사	
130			위험가중민감도	231,705,750	115,852,450	
131	0.5	BB-	231,705,750	100%	81.25%	
132	1	BB-	115,852,450		100.00%	
133						
134	(2) 포트폴리오 표준편차(Kb)					
135	tenor			0.5	1	
136		발행인커브		BB-	BB-	
137			위험가중민감도	231,705,750	115,852,450	
138	0.5	BB-	231,705,750	53,687,554,583,062,500	21,810,489,038,477,400	
139	1	BB-	115,852,450	21,810,489,038,477,400	13,421,790,171,002,500	
140						
141			포트폴리오분산	110,730,322,831,020,000		
142			포트폴리오 표준편차(Kb)	332,761,661		
143			WS k	347,558,200		

	B	C	D	E	F	G	H	I	J	K
2	bucket 1		bucket2		bucket3		bucket4		bucket 13	
3	IG		IG		IG		IG		HY/NR	
4	국가		지방정부		금융기관		제조업		소비재와 서비스	
5	kb	2,019,403,597	kb	67,325,239	kb	479,704,500	kb	1,374,242,893	kb	332,761,661
6	WS k	-2,030,268,700	WS k	-69,150,100	WS k	479,704,500	WS k	-1,700,598,000	WS k	347,558,200
7										
8	상관계수표									
9		동일등급, 다른섹터								
10		다른등급, 다른섹터								
11			bucket1	bucket2	bucket3	bucket4	bucket13			
12		S b	-2,030,268,700	-69,150,100	479,704,500	-1,700,598,000	347,558,200			
13	bucket1	-2,030,268,700	kb^2	93.8%	12.5%	25.0%	15.6%			
14	bucket2	-69,150,100		kb^2	6.3%	18.8%	12.5%			
15	bucket3	479,704,500			kb^2	6.3%	9.4%			
16	bucket4	-1,700,598,000				kb^2	12.5%			
17	bucket13	347,558,200					kb^2			
18										
19	포트폴리오 자본량									
20			bucket1	bucket2	bucket3	bucket4	bucket13			
21		S b	-2,030,268,700	-69,150,100	479,704,500	-1,700,598,000	347,558,200			
22	bucket1	-2,030,268,700	4,077,990,886,137,740,000	131,618,703,404,878,000	-121,741,128,949,894,000	863,167,722,670,650,000	-110,255,708,576,303,000			
23	bucket2	-69,150,100		4,532,687,850,947,500	-2,073,225,884,090,620	22,049,347,829,962,500	-3,004,210,535,727,500			
24	bucket3	479,704,500			230,116,407,320,250,000	-50,986,532,080,687,500	15,630,490,551,740,600			
25	bucket4	-1,700,598,000				1,888,543,528,721,860,000	-73,882,097,475,450,000			
26	bucket13	347,558,200					110,730,322,831,020,000			
27										
28					대각선	6,311,913,832,861,820,000				
29					윗변	670,523,360,955,079,000				
30					총계	7,652,960,554,771,980,000				
31					최종자본량	2,766,398,481				

CSR(유동화 non-CTP)

	A	B	C	D	E	F
2	**bucket1**					
3		tenor	수익률곡선	민감도		
4	MBS1	10	AAA-	- 68,562,528,630		
5						
6	상품	tenor	민감도	요소별민감도	RW	위험가중민감도
7	MBS1	10	- 68,562,528,630	- 68,562,528,630	0.90%	- 617,062,758
8						
9	(1) 상관계수 적용					
10	tenor			0.5		
11		트랜치커브		AA+		
12			상품	MBS1		
13			위험가중민감도	- 617,062,758		
14	10	AAA-	- 617,062,758	100%		
15						
16	(2) 포트폴리오 표준편차(Kb)					
17	tenor			0.5		
18		트랜치커브		AA+		
19			위험가중민감도	- 617,062,758		
20	10	AAA-	- 617,062,758	380,766,446,903,305,000		
21						
22			포트폴리오분산	380,766,446,903,305,000		
23			포트폴리오 표준편차(Kb)	617,062,758		
24			WS k	-617,062,758		
25						
26	**bucket 9**					
27		tenor	수익률곡선	민감도		
28	MBS2	5	BBB+	30,760,758,820		
29						
30	상품	tenor	민감도	요소별민감도	RW	위험가중민감도
31	MBS2	5	30,760,758,820	30,760,758,820	1.125%	346,058,537
32						
33	(1) 상관계수 적용					
34	tenor			5		
35		트랜치커브		BBB+		
36			상품	MBS2		
37			위험가중민감도	346,058,537		
38	5	BBB+	346,058,537	100%		
39						
40	(2) 포트폴리오 표준편차(Kb)					
41	tenor			0.5		
42		트랜치커브		BBB+		
43			위험가중민감도	346,058,537		
44	5	BBB+	346,058,537	119,756,510,840,248,000		
45						
46			포트폴리오분산	119,756,510,840,248,000		
47			포트폴리오 표준편차(Kb)	346,058,537		
48			WS k	346,058,537		

	A	B	C	D	E	F
50	**bucket 16 : 다른 트랜치커브, 다른 만기이므로 netting 안됨**					
51		tenor	수익률곡선	민감도	트랜치	
52	CDO1	4	BBB+	14,149,792,940	f(10,15)	
53	CDO2	5	A+	- 43,998,805,670	f(15,30)	
54						
55	상품	tenor	민감도	요소별민감도	RW	위험가중민감도
56	CDO1	3	6,191,211,323	6,191,211,323	1.75%	108,346,198
57		5	8,048,581,621	8,048,581,621	1.75%	140,850,178
58	CDO2	5	- 43,998,805,670	- 43,998,805,670	1.75%	- 769,979,099
59						
60	(1) 상관계수 적용					
61	tenor			3	5	5
62		트랜치커브		BBB+	BBB+	A+
63			상품	CDO1	CDO1	CDO2
64			위험가중민감도	108,346,198	140,850,178	- 769,979,099
65	3	BBB+	108,346,198	100%	100%	39.96%
66	5	BBB+	140,850,178		100%	49.95%
67	5	A+	- 769,979,099		0%	100%
68						
69	(2) 포트폴리오 표준편차(Kb)					
70	tenor			3	5	5
71		트랜치커브		BBB+	BBB+	A+
72			위험가중민감도	108,346,198	140,850,178	- 769,979,099
73	4	BBB+	108,346,198	11,738,898,654,100,800	15,260,581,335,220,100	-33,336,353,499,943,000
74		BBB+	140,850,178	15,260,581,335,220,100	19,838,772,746,156,600	-54,171,620,885,811,600
75	5	A+	- 769,979,099	-33,336,353,499,943,000	-54,171,620,885,811,600	592,867,813,243,342,000
76						
77			포트폴리오분산	479,950,698,542,531,000		
78			포트폴리오 표준편차(Kb)	692,784,742		
79			WS k	-520,782,723		
80						
81	bucket 1		bucket9		bucket16	
82	kb	617,062,758	kb	346,058,537	kb	692,784,742
83	WS k	- 617,062,758	WS k	346,058,537	WS k	- 520,782,723
84						
85	상관계수표					
86			bucket1	bucket9	bucket16	
87		S b	- 617,062,758	346,058,537	- 520,782,723	
88	bucket1	- 617,062,758	kb^2	0	0	
89	bucket9	346,058,537		kb^2	0	
90	bucket16	- 520,782,723			kb^2	
91						
92	포트폴리오 자본량					
93			bucket1	bucket9	bucket16	
94		S b	- 617,062,758	346,058,537	- 520,782,723	
95	bucket1	- 617,062,758	380,766,446,903,305,000	0	0	
96	bucket9	346,058,537		119,756,510,840,248,000	0	
97	bucket16	- 520,782,723			479,950,698,542,531,000	
98						
99				대각선	980,473,656,286,084,000	
100				윗변	0	
101				총계	980,473,656,286,084,000	
102				최종자본량	990,188,697	

3. 주식리스크 상품의 자본량 계산

	B	C	D	E	F
2	bucket 1				
3	상품	민감도	요소별민감도	위험가중치	위험가중민감도
4	주식1	23,400,000,000	23,400,000,000	55%	12,870,000,000
5	주식2	- 13,000,000,000	- 13,000,000,000	55%	- 7,150,000,000
6					
7	bucket 내 계산				
8	(1) 상관계수 적용				
9			주식1	주식2	
10		위험가중민감도	12,870,000,000	- 7,150,000,000	
11	주식1	12,870,000,000	1	15%	
12	주식2	- 7,150,000,000		1	대형, emerging market, bucket1
13					
14	(2) 포트폴리오 표준편차(Kb)				
15			주식1	주식2	
16		위험가중민감도	12,870,000,000	- 7,150,000,000	
17	주식1	12,870,000,000	165,636,900,000,000,000,000.00	- 13,803,075,000,000,000,000	E16*C17*E11
18	주식2	- 7,150,000,000	- 13,803,075,000,000,000,000	51,122,500,000,000,000,000	
19		포트폴리오 분산	189,153,250,000,000,000,000	D16^2	E16^2
20		포트폴리오 표준편차	13,753,299,604		
21					
22	K b	13,753,299,604	=D20	=SQRT(D19)	
23	WS k 합	5,720,000,000			
24			F4+F5		
25					
26	bucket2				
27	상품	민감도	요소별민감도	위험가중치	위험가중민감도
28	주식3	5,000,000,000	5,292,702,900	60%	3,175,621,740
29	주식3콜	292,702,900			
30					
31	K b	3,175,621,740			
32	WS k 합	3,175,621,740			
33					
34	bucket4				
35	상품	민감도	요소별민감도	위험가중치	위험가중민감도
36	주식4	25,000,000,000	25,000,000,000	55%	13,750,000,000
37					
38	K b	13,750,000,000			
39	WS k 합	13,750,000,000			
40					
41	bucket9				
42	상품	민감도	요소별민감도	위험가중치	위험가중민감도
43	주식5	3,500,000,000	3,493,768,600	70%	2,445,638,020
44	주식5풋	- 6,231,400			
45					
46	K b	2,445,638,020			
47	WS k 합	2,445,638,020			
48					
49	bucket13				
50	상품	민감도	요소별민감도	위험가중치	위험가중민감도
51	kospi200선물1	8,890,000,000	2,542,282,800	25%	635,570,700
52	kospi200선물2	- 6,350,000,000			
53	kospi200콜1	838,764,200			
54	kospi200콜2	- 651,358,700			
55	kospi200풋1	- 555,368,100			
56	kospi200풋2	370,245,400			
57					
58	K b	635,570,700			
59	WS k 합	635,570,700			

	B	C	D	E	F	G	H
63	상관계수표						
64			bucket1	bucket2	bucket4	bucket9	bucket13
65		S b	5,720,000,000	3,175,621,740	13,750,000,000	2,445,638,020	635,570,700
66	bucket1	5,720,000,000	Kb^2	18.75%	18.75%	18.75%	56.25%
67	bucket2	3,175,621,740		Kb^2	18.75%	18.75%	56.25%
68	bucket4	13,750,000,000			Kb^2	18.75%	56.25%
69	bucket9	2,445,638,020				Kb^2	56.25%
70	bucket13	635,570,700					Kb^2
71							
72	포트폴리오 자본량						
73			bucket1	bucket2	bucket4	bucket9	bucket13
74		S b	5,720,000,000	3,175,621,740	13,750,000,000	2,445,638,020	635,570,700
75	bucket1	5,720,000,000	182,251,712,500,000,000,000	3,405,854,316,150,000,000	14,746,875,000,000,000,000	2,622,946,776,450,000,000	2,044,948,727,250,000,000
76	bucket2	3,175,621,740		10,084,573,435,560,600,000	8,187,149,798,437,500,000	1,456,203,987,090,480,000	1,135,311,824,377,700,000
77	bucket4	13,750,000,000			189,062,500,000,000,000,000	6,305,160,520,312,500,000	4,915,742,132,812,500,000
78	bucket9	2,445,638,020				5,981,145,324,869,520,000	874,336,425,928,883,000
79	bucket13	635,570,700					403,950,114,698,490,000
80							
81			대각선	387,783,881,375,129,000,000.00			
82			윗변	45,694,529,508,809,600,000			
83			총계	479,172,940,392,748,000,000.00			
84			최종자본량	21,890,019,196			

4. 일반상품리스크 상품의 자본량 계산

	A	B	C	D	E	F	G
3	**BUCKET5: 인도지가 다르므로 netting 할 수 없음**						
4	상품	tenor	인도지	민감도	요소별민감도	RW	위험가중민감도
5	구리선물1	0.5	C port	369,488,600	369,488,600	40.00%	147,795,440
6	구리선물2	0.5	D port	- 814,006,800	- 814,006,800	40.00%	- 325,602,720
7							
8	(1) 상관계수 적용						
9	인도지				C port	D port	
10		tenor			0.5	0.5	
11			상품		구리선물1	구리선물2	
12				위험가중민감도	147,795,440	- 325,602,720	
13	C port	0.5	구리선물1	147,795,440	100%	100.0%	
14	D port	1	구리선물2	- 325,602,720		100.00%	
15							
16	(2) 포트폴리오 표준편차(Kb)						
17	상품		구리선물1	구리선물2			
18		위험가중민감도	147,795,440	- 325,602,720			
19	구리선물1	147,795,440	21,843,492,084,793,600	-48,122,597,267,596,800			
20	구리선물2	- 325,602,720	-48,122,597,267,596,800	106,017,131,271,398,000			
21							
22		분산	31,615,428,820,998,400				
23		표준편차(Kb)	177,807,280				
24		WS k 합	- 177,807,280				
25							
26	**BUCKET7: 상품, tenor, 인도지가 다르므로 netting 할 수 없음**						
27	상품	tenor	인도지	민감도	요소별민감도	RW	위험가중민감도
28	금선물	0.25	A port	228,056,400	228,056,400	20.00%	45,611,280
29	백금선물	0.5	B port	3,007,624,300	3,007,624,300	20.00%	601,524,860
30					WS k	647,136,140	
31	(1) 상관계수 적용						
32	인도지				A port	B port	
33		tenor			0.25	0.5	
34			상품		금선물	백금선물	
35				위험가중민감도	45,611,280	601,524,860	
36	A port	0.25	금선물	45,611,280	100%	67.99%	
37	B port	0.5	백금선물	601,524,860		100.00%	
38							
39							
40	(2) 포트폴리오 표준편차(Kb)						
41			금선물	백금선물			
42		위험가중민감도	45,611,280	601,524,860			
43	금선물	45,611,280	2,080,388,863,238,400	18,655,170,649,932,000			
44	백금선물	601,524,860	18,655,170,649,932,000	361,832,157,198,020,000			
45							
46		분산	401,222,887,361,122,000				
47		Kb	633,421,572				
48		WS k 합	647,136,140				
49							
50							
51	상관계수표						
52			bucket5	bucket7			
53		S b	-177,807,280	647,136,140			
54	bucket5	-177,807,280	kb^2	25%			
55	bucket7	647,136,140		kb^2			
56							
57							
58	포트폴리오 자본량						
59			bucket5	bucket7			
60		S b	-177,807,280	647,136,140			
61	bucket5	-177,807,280	31,615,428,820,998,400	-28,766,379,210,774,800			
62	bucket7	647,136,140		401,222,887,361,122,000			
63							
64		대각선	432,838,316,182,120,000.00				
65		윗변	-28,766,379,210,774,800				
66		총계	375,305,557,760,571,000.00				
67		최종자본량	612,621,872				

5. FX리스크 상품의 자본량 계산

	A	B	C	D	E	F
3	USD/KRW					
4	상품	민감도	요소별민감도	위험가중치	위험가중민감도	
5	FRA1	-				
6	FRA2	-				
7	CAP	-				
8	FLOOR	-				
9	Payer swap	-				
10	receiver swap	-				
11	달러선물1	168,750,000				
12	달러선물2	- 247,438,125	536,499,005	10.6%	56,868,895	
13	통화스왑1	- 10,345,925,250				
14	통화스왑2	11,167,057,130				
15	통화옵션콜	2,813,625				
16	통화옵션풋	1,402,875				
17	금선물	224,775,000				
18	구리선물1	363,420,000				
19	구리선물2	- 798,356,250				
20				K b	56,868,895	
21				WS k	56,868,895	
22						
23	JPY/KRW					ABS(E25)
24	상품	민감도	요소별민감도	위험가중치	위험가중민감도	
25	통화스왑2	- 10,905,818,620	- 7,664,090,620	10.6%	- 812,393,606	
26	백금선물	3,241,728,000				
27				K b	812,393,606	
28				WS k	- 812,393,606	E25
29						
30	EUR/KRW					
31	상품	민감도	요소별민감도	위험가중치	위험가중민감도	
32	통화옵션콜	105,334,348	104,821,444	10.6%	11,111,073	
33	통화옵션풋	- 512,904				
34				K b	11,111,073	
35				WS k	11,111,073	
36						
37						
38						
39	상관계수표					
40			USD	JPY	EUR	
41		S b	56,868,895	-812,393,606	11,111,073	
42	USD	56,868,895	kb^2	75%	75%	
43	JPY	-812,393,606		kb^2	75%	
44	EUR	11,111,073			kb^2	
45						
46	포트폴리오 자본량					
47			USD	JPY	EUR	
48		S b	56,868,895	-812,393,606	11,111,073	
49	USD	56,868,895	659,983,370,614,743,000	-34,649,944,710,402,800	473,905,831,643,805	
50	JPY	-812,393,606		659,983,370,614,743,000	-6,769,923,532,411,000	
51	EUR	11,111,073			123,455,944,633,546	
52						
53			대각선	1,320,090,197,174,120,000		
54			윗변	-40,945,962,411,170,000		
55			총계	1,238,198,272,351,780,000		
56			자본량	1,112,743,579		

6. 옵션리스크(Vega, Curvature)상품의 자본량 계산

GIRR Vega

	A	B	C	D	E	F	G	H	I	J	K	L
2	GIRR Vega 리스크(USD bucket)											
3						옵션상품 원만기		변동성 tenor				
4		Vega(USD)	Vega(KRW)	Vega 민감도	세부상품	옵션만기	기초자산만기	옵션만기	기초자산만기	민감도배분	변동성	Vega 민감도
5	Cap	1,078	1,212,750	145,530	caplet1	1.0	1.0	1.0	1.0	72,765	12.0%	8,732
6					caplet2	2.0	1.0	1.0	1.0	36,383	12.0%	4,366
7								3.0	1.0	36,383	12.5%	4,548
8	Floor	734	825,750	99,090	floorlet1	0.5	0.5	0.5	0.5	33,030	11.0%	3,633
9					floorlet2	1.0	0.5	1.0	0.5	33,030	11.5%	3,798
10					floorlet3	1.5	0.5	1.0	0.5	24,773	11.5%	2,849
11								3.0	0.5	8,258	12.5%	1,032
12	Payer swaption	- 361	- 406,125	- 48,735	Payer swaption	2.0	3.0	1.0	3.0	- 24,368	12.5%	- 3,046
13								3.0	3.0	- 24,368	11.5%	- 2,802
14	Receiver swaption	26	29,250	3,510	Receiver swaption	2.0	3.0	1.0	3.0	1,755	12.5%	219
15								3.0	3.0	1,755	11.5%	202

Vega 리스크 민감도 배정 (L9+L10, L5+L6, L12+L14)

	기초자산만기				
옵션만기	0.5	1	3	5	10
0.5	3,633				
1	6,647	13,098	- 2,827		
3	1,032	4,548	- 2,600		
5					
10					

위험가중민감도 계산 (C20*$C$27)

위험가중치 100%

	기초자산만기				
옵션만기	0.5	1	3	5	10
0.5	3,633	-	-	-	-
1	6,647	13,098	- 2,827	-	-
3	1,032	4,548	- 2,600	-	-
5	-	-	-	-	-
10	-	-	-	-	-

	B	C	D	E	F	G	H	I	J
36	(1) 상관계수 적용								
37	옵션_기초자산만기		0.5_0.5	1_0.5	1_1	1_3	3_0.5	3_1	3_3
38		위험가중민감도	3,633	6,647	13,098	- 2,827	1,032	4,548	- 2,600
39	0.5_0.5	3,633	100%	100%	100%	100%	100%	100%	100%
40	1_0.5	6,647	100%	100%	100%	100%	100%	100%	100%
41	1_1	13,098	100%	100%	100%	100%	100%	100%	100%
42	1_3	- 2,827	100%	100%	100%	100%	100%	100%	100%
43	3_0.5	1,032	100%	100%	100%	100%	100%	100%	100%
44	3_1	4,548	100%	100%	100%	100%	100%	100%	100%
45	3_3	- 2,600	100%	100%	100%	100%	100%	100%	100%
46									
47	(2)포트폴리오 표준편차								
48	옵션_기초자산만기		0.5_0.5	1_0.5	1_1	1_3	3_0.5	3_1	3_3
49		위험가중민감도	3,633	6,647	13,098	- 2,827	1,032	4,548	- 2,600
50	0.5_0.5	3,633	13,200,869	24,151,590	47,587,873	- 10,269,750	3,750,247	16,523,567	- 9,448,170
51	1_0.5	6,647	24,151,590	44,186,431	87,064,177	- 18,788,974	6,861,247	30,230,617	- 17,285,856
52	1_1	13,098	47,587,873	87,064,177	171,549,745	- 37,021,468	13,519,282	59,565,884	- 34,059,750
53	1_3	- 2,827	- 10,269,750	- 18,788,974	- 37,021,468	7,989,456	- 2,917,542	- 12,854,676	7,350,299
54	3_0.5	1,032	3,750,247	6,861,247	13,519,282	- 2,917,542	1,065,411	4,694,195	- 2,684,139
55	3_1	4,548	16,523,567	30,230,617	59,565,884	- 12,854,676	4,694,195	20,682,599	- 11,826,302
56	3_3	- 2,600	- 9,448,170	- 17,285,856	- 34,059,750	7,350,299	- 2,684,139	- 11,826,302	6,762,275
57									
58				포트폴리오 분산		553,721,491			
59				포트폴리오 표준편차(Kb)		23,531			
60				Wsk		23,531			
61			USD단일 bucket	최종자본량		23,531			

참고 Vega GIRR bucket내 상관계수 행렬

Vega GIRR bucket 내 상관계수 행렬

	B	C	D	E	F	G	H	I	J	K	L	M	N	O	P	Q	R	S	T	U	V	W	X	Y	Z	AA	AB	AC
6			상품1	0.5_0.5	0.5_1	0.5_3	0.5_5	0.5_10	1_0.5	1_1	1_3	1_5	1_10	3_0.5	3_1	3_3	3_5	3_10	5_0.5	5_1	5_3	5_5	5_10	1-_0.5	10_1	10_3	10_5	10_10
7	상품2		옵션만기	0.5	0.5	0.5	0.5	0.5	1	1	1	1	1	3	3	3	3	3	5	5	5	5	5	10	10	10	10	10
8	옵션만기	기초만기	기초만기	0.5	1	3	5	10	0.5	1	3	5	10	0.5	1	3	5	10	0.5	1	3	5	10	0.5	1	3	5	10
9	0.5	0.5	0.5_0.5	100%	100%	100%	100%	100%	100%	100%	100%	100%	100%	100%	100%	100%	100%	98%	100%	100%	100%	100%	94%	100%	100%	98%	94%	85%
10	0.5	1	0.5_1	100%	100%	100%	100%	100%	100%	100%	100%	100%	100%	100%	100%	100%	100%	100%	100%	100%	100%	100%	100%	100%	100%	100%	99%	94%
11	0.5	3	0.5_3	100%	100%	100%	100%	100%	100%	100%	100%	100%	100%	100%	100%	100%	100%	100%	100%	100%	100%	100%	100%	98%	100%	100%	100%	100%
12	0.5	5	0.5_5	100%	100%	100%	100%	100%	100%	100%	100%	100%	100%	100%	100%	100%	100%	100%	100%	100%	100%	100%	100%	94%	99%	100%	100%	100%
13	0.5	10	0.5_10	100%	100%	100%	100%	100%	100%	100%	100%	100%	100%	98%	100%	100%	100%	100%	94%	100%	100%	100%	100%	85%	94%	100%	100%	100%
14	1	0.5	1_0.5	100%	100%	100%	100%	100%	100%	100%	100%	100%	100%	100%	100%	100%	100%	100%	100%	100%	100%	100%	99%	100%	100%	100%	100%	94%
15	1	1	1_1	100%	100%	100%	100%	100%	100%	100%	100%	100%	100%	100%	100%	100%	100%	100%	100%	100%	100%	100%	100%	100%	100%	100%	100%	100%
16	1	3	1_3	100%	100%	100%	100%	100%	100%	100%	100%	100%	100%	100%	100%	100%	100%	100%	100%	100%	100%	100%	100%	100%	100%	100%	100%	100%
17	1	5	1_5	100%	100%	100%	100%	100%	100%	100%	100%	100%	100%	100%	100%	100%	100%	100%	100%	100%	100%	100%	100%	100%	100%	100%	100%	100%
18	1	10	1_10	100%	100%	100%	100%	100%	100%	100%	100%	100%	100%	100%	100%	100%	100%	100%	100%	100%	100%	100%	100%	100%	100%	100%	100%	100%
19	3	0.5	3_0.5	100%	100%	100%	100%	98%	100%	100%	100%	100%	100%	100%	100%	100%	100%	100%	99%	100%	100%	100%	100%	94%	100%	100%	100%	100%
20	3	1	3_1	100%	100%	100%	100%	100%	100%	100%	100%	100%	100%	100%	100%	100%	100%	100%	100%	100%	100%	100%	100%	100%	100%	100%	100%	100%
21	3	3	3_3	100%	100%	100%	100%	100%	100%	100%	100%	100%	100%	100%	100%	100%	100%	100%	100%	100%	100%	100%	100%	100%	100%	100%	100%	100%
22	3	5	3_5	100%	100%	100%	100%	100%	100%	100%	100%	100%	100%	100%	100%	100%	100%	100%	100%	100%	100%	100%	100%	100%	100%	100%	100%	100%
23	3	10	3_10	98%	100%	100%	100%	100%	100%	100%	100%	100%	100%	100%	100%	100%	100%	100%	100%	100%	100%	100%	100%	100%	100%	100%	100%	100%
24	5	0.5	5_0.5	100%	100%	100%	100%	94%	100%	100%	100%	100%	99%	100%	100%	100%	100%	100%	100%	100%	100%	100%	100%	100%	100%	100%	100%	100%
25	5	1	5_1	100%	100%	100%	100%	100%	100%	100%	100%	100%	100%	100%	100%	100%	100%	100%	100%	100%	100%	100%	100%	100%	100%	100%	100%	100%
26	5	3	5_3	100%	100%	100%	100%	100%	100%	100%	100%	100%	100%	100%	100%	100%	100%	100%	100%	100%	100%	100%	100%	100%	100%	100%	100%	100%
27	5	5	5_5	100%	100%	100%	100%	100%	100%	100%	100%	100%	100%	100%	100%	100%	100%	100%	100%	100%	100%	100%	100%	100%	100%	100%	100%	100%
28	5	10	5_10	94%	100%	100%	100%	100%	99%	100%	100%	100%	100%	100%	100%	100%	100%	100%	100%	100%	100%	100%	100%	100%	100%	100%	100%	100%
29	10	0.5	10_0.5	100%	100%	98%	94%	85%	100%	100%	100%	100%	94%	100%	100%	100%	100%	100%	100%	100%	100%	100%	100%	100%	100%	100%	100%	100%
30	10	1	10_1	100%	100%	100%	99%	94%	100%	100%	100%	100%	100%	100%	100%	100%	100%	100%	100%	100%	100%	100%	100%	100%	100%	100%	100%	100%
31	10	3	10_3	98%	100%	100%	100%	100%	100%	100%	100%	100%	100%	100%	100%	100%	100%	100%	100%	100%	100%	100%	100%	100%	100%	100%	100%	100%
32	10	5	10_5	94%	99%	100%	100%	100%	100%	100%	100%	100%	100%	100%	100%	100%	100%	100%	100%	100%	100%	100%	100%	100%	100%	100%	100%	100%
33	10	10	10_10	85%	94%	100%	100%	100%	94%	100%	100%	100%	100%	100%	100%	100%	100%	100%	100%	100%	100%	100%	100%	100%	100%	100%	100%	100%

표시부분은 GIRR이외 리스크군에 적용할 상관계수 행렬임

주식 Vega

	A	B	C	D	E	F	G	H
1			주식 Vega 리스크					
2								
3	상품	bucket	옵션만기	변동성(tenor)	변동성	Vega(KRW)	Vega배정	Vega민감도
4	kospi200콜1	13	0.83	0.5	11.50%	4,689,092	1,563,031	179,749
5				1	12%		3,126,061	375,127
6	kospi200콜2		0.25	0.5	11.50%	- 143,445	- 143,445	- 16,496
7	kospi200풋1		0.25	0.5	11.50%	1,226,189	1,226,189	141,012
8	kospi200풋2		0.25	0.5	11.50%	- 1,839,284	- 1,839,284	- 211,518
9	주식3콜	2	0.92	0.5	22%	784,250	125,480	27,606
10				1	25.71%		658,770	169,370
11	주식5풋	9	0.92	0.5	21%	86,367	13,819	2,902
12				1	24.18%		72,548	17,542
13								
14	상품별 net위험가중민감도와 Kb계산							
15								
16	상품	kospi200	옵션만기					
17	bucket	13	0.5	1	3	5	10	
18	Vega 민감도		179,749	375,127				
19			- 16,496					
20			141,012					
21			- 211,518					
22	net Vega민감도		92,746	375,127	-	-	-	
23	위험가중치기준	지수						
24	위험가중치		77.78%	77.78%	77.78%	77.78%	77.78%	
25	위험가중민감도		72,138	291,774	-	-	-	
26								
27	bucket 13							
28	(1) 상관계수 적용							
29	변동성 tenor		0.5	1				
30		상품	kospi200	kospi200				
31		위험가중민감도	72,138	291,774				
32	0.5	72,138	100%	100%	동일지수 Delta	100%		
33	1	291,774		100%	옵션만기 Delta	100%		1
34								
35	(2) 포트폴리오 표준편차(Kb)							
36	변동성 tenor		0.5	1				
37		위험가중민감도	72,138	291,774				
38	0.5	72,138	5,203,915,666	21,048,046,979				
39	1	291,774	21,048,046,979	85,132,102,444				
40								
41		포트폴리오 분산	132,432,112,067					
42		포트폴리오표준편차(Kb)	363,912					
43		Wsk	363,912					
44								
45								
46	상품	주식3	옵션만기					
47	bucket	2	0.5	1	3	5	10	
48	Vega 민감도		27,606	169,370				
49	net Vega민감도		27,606	169,370	-	-	-	
50	위험가중치기준	대형						
51	위험가중치		77.78%	77.78%	77.78%	77.78%	77.78%	
52	위험가중민감도		21,472	131,736	-	-	-	
53								
54	bucket 2							
55	(1) 상관계수 적용							
56	변동성 tenor		0.5	1				
57		상품	주식3	주식3				
58		위험가중민감도	21,472	131,736				
59	0.5	21,472	100%	100%	동일주식 Delta	100%		
60	1	131,736		100%	옵션만기 Delta	100%		
61								
62	(2) 포트폴리오 표준편차(Kb)							
63	변동성 tenor		0.5	1				
64		위험가중민감도	21,472	131,736				
65	0.5	21,472	461,031,139	2,828,583,206				
66	1	131,736	2,828,583,206	17,354,322,259				
67								
68		포트폴리오 분산	23,472,519,810					
69		포트폴리오표준편차(Kb)	153,207					
70		Wsk	153,207					

	A	B	C	D	E	F	G
73	상품	주식5	옵션만기				
74	bucket	9	0.5	1	3	5	10
75	Vega 민감도		2,902	17,542			
76	net Vega민감도		2,902	17,542	-	-	-
77	위험가중치기준	소형					
78	위험가중치		100.00%	100.00%	100.00%	100.00%	100.00%
79	위험가중민감도		2,902	17,542	-	-	-
80							
81	bucket 9						
82	(1) 상관계수 적용						
83	변동성 tenor		0.5	1			
84		상품	주식5	주식5			
85		위험가중민감도	2,902	17,542			
86	0.5	2,902	100%	100%	동일지수 Delta	100%	
87	1	17,542		100%	옵션만기 Delta	100%	
88							
89	(2) 포트폴리오 표준편차(Kb)						
90	변동성 tenor		0.5	1			
91		위험가중민감도	2,902	17,542			
92	0.5	2,902	8,421,205	50,906,182			
93	1	17,542	50,906,182	307,727,872			
94							
95		포트폴리오 분산	417,961,442				
96		포트폴리오표준편차(Kb)	20,444				
97		Wsk	20,444				
98							
99							
100		bucket13	bucket2	bucket9			
101	Kb	363,912	153,207	20,444			
102	Wsk	363,912	153,207	20,444			
103							
104	상관계수표						
105			bucket13	bucket2	bucket9		
106		Sb(Wsk)	363,912	153,207	20,444		
107	bucket13	363,912	Kb^2	56%	56%		
108	bucket2	153,207		Kb^2	19%		
109	bucket9	20,444			Kb^2		
110	bucket간 적용할 상관계수는 Delta 리스크 산출시 적용하는 상관계수와 동일						
111							
112	포트폴리오 자본량						
113			bucket13	bucket2	bucket9		
114		Sb(Wsk)	363,912	153,207	20,444		
115	bucket13	363,912	132,432,112,067	31,361,659,595	4,184,921,237		
116	bucket2	153,207		23,472,519,810	587,285,446		
117	bucket9	20,444			417,961,442		
118			대각선	156,322,593,319			
119			윗변	36,133,866,278			
120			총계	228,590,325,876			
121			최종자본량	478,111			

FX 베가

	B	C	D	E	F	G	H	I	J	K	L	M
1		FX Vega리스크										
2	상품	bucket	옵션잔존만기	변동성tenor	변동성	Vega(KRW)	Vega민감도	요소별 net민감도*	위험가중치기준	위험가중치	위험가중민감도	
3	KRW/USD(콜)	KRW/USD	0.25	0.5	7.60%	98,297	7,471	22,412	FX	100%	22,412	
4	KRW/USD(풋)	KRW/USD	0.25	0.5	7.60%	196,595	14,941					
5			*기초자산별 변동성 tenor기준으로 net 민감도 산출									
6												
7			1USD=1125KRW									
8	상품	bucket	옵션잔존만기	변동성tenor	변동성	Vega(USD)	Vega(KRW)	Vega민감도	요소별 net민감도*	위험가중치기준	위험가중치	위험가중민감도
9	USD/EUR(콜)	USD/EUR	0.5	0.5	8.96%	734.14	825,908	74,001	23,052	FX	100%	23,052
10	USD/EUR(풋)	USD/EUR	0.5	0.5	8.96%	-505.45	- 568,631	- 50,949				
11			*기초자산별 변동성 tenor기준으로 net 민감도 산출									
12												
13			KRW/USD	USD/EUR								
14		Kb	22,412	23,052								
15		Wsk	22,412	23,052								
16												
17	상관계수표											
18			KRW/USD	USD/EUR								
19		Sb(Wsk)	22,412	23,052								
20	KRW/USD	22,412	Kb^2	75%								
21	USD/EUR	23,052	75%	Kb^2								
22	bucket간 적용할 상관계수는 Delta 리스크 산출시 적용하는 상관계수와 동일											
23												
24	포트폴리오자본량											
25			KRW/USD	USD/EUR								
26		Sb(Wsk)	22,412	23,052								
27	KRW/USD	22,412	502,288,421	387,476,665								
28	USD/EUR	23,052	387,476,665	531,392,491								
29												
30			대각선	1,033,680,912								
31			윗변	387,476,665								
32			총계	1,808,634,241.79								
33			최종자본량	42,528								

Curvature 리스크

	A	B	C	D	E	F	G	H
2	리스크군	상품		리스크요소	bucket	CVR+	CVR-	
3	금리	Cap매입	caplet1	USD수익률곡선	USD통화	187,054	- 37,821	
4			caplet2	USD수익률곡선	USD통화	187,054	- 37,821	
5		Floor매입	floorlet1	USD수익률곡선	USD통화	- 9,370	29,063	
6			floorlet2	USD수익률곡선	USD통화	- 9,370	29,063	
7			floorlet3	USD수익률곡선	USD통화	- 9,370	29,063	
8		Payer swaption매도		USD수익률곡선	USD통화	363,681	- 305	
9		Receiver swaption 매입		USD수익률곡선	USD통화	- 1,441,330	- 1,724,040	
10	계					- 731,651	- 1,712,798	
11	주식	kospi200콜1매입		kospi200지수	13	- 299,302,995	- 3,473,128	
12		kospi200콜2매도		kospi200지수	13	161,656,873	- 8,018,018	
13		kospi200풋1매입		kospi200지수	13	65,698,082	- 93,111,899	
14		kospi200풋2매도		kospi200지수	13	- 45,988,658	65,178,329	
15	계					- 117,936,698	- 39,424,716	
16	주식	주식3콜매입		주식3	2	- 208,152,075	- 61,794,088	이종통화이므로 1.5를 나눔 (F22/1.5)
17	계					- 208,152,075	- 61,794,088	
18	주식	주식5풋매입		주식5	9	79,475	- 19,787,153	
19	계					79,475	- 19,787,153	
20	FX	KRW/USD콜매입		USD	USD	- 14,377	- 2,501	
21		KRW/USD풋매입		USD	USD	1,247	- 24,998	이종통화이므로 1.5를 나눔 (G22/1.5)
22		~~USD/EUR콜매입~~		~~USD~~	~~USD~~	~~149,816~~	~~86,911~~	
23		USD/EUR콜매입(CVR조정)		USD	USD	99,877	- 57,941	
24		~~USD/EUR풋매도~~		~~USD~~	~~USD~~	~~426~~	~~77,011~~	
25		USD/EUR풋매도(CVR조정)		USD	USD	284	- 51,341	
26	계					87,031	- 136,780	
27	FX	~~USD/EUR콜매입~~		~~EUR~~	~~EUR~~	~~149,816~~	~~86,911~~	
28		USD/EUR콜매입(CVR조정)		EUR	EUR	- 99,877	- 57,941	
29		~~USD/EUR풋매도~~		~~EUR~~	~~EUR~~	~~426~~	~~77,011~~	
30		USD/EUR풋매도(CVR조정)		EUR	EUR	- 284	51,341	
31	계					- 100,161	- 6,600	

32 GIRR은 만기구분이 없으므로 bucket내 계산 없음

33 상기예시에서는 주식과 FX 모두 개별 bucket상품이므로 bucket내 계산없음

34

35

36 동일 bucket내 계산 (ABS(F10), ABS(G10), MAX(Kb+,Kb-))

		USD 수익률곡선	kospi200주가지수	주식3	주식5	USD	EUR
37		USD 수익률곡선	kospi200주가지수	주식3	주식5	USD	EUR
38	bucket	USD 통화	13	2	9	USD	EUR
39	Kb+	731,651	117,936,698	208,152,075	79,475	87,031	100,161
40	Kb-	1,712,798	39,424,716	61,794,088	19,787,153	136,780	6,600
41	Kb	1,712,798	117,936,698	208,152,075	19,787,153	136,780	100,161
42	선택시나리오	하향	상향	상향	하향	하향	상향
43	Sb	- 1,712,798	- 117,936,698	- 208,152,075	- 19,787,153	- 136,780	- 100,161
44–45		G10	F15	F17	G19	G26	F31

	A	B	C	D	E	F
47	bucket간 계산					
48	**금리(단일) 최종자본량**		1,712,798			
49						
50	**주식**					
51	상관계수표					
52			bucket13	bucket2	bucket9	
53		Sb	- 117,936,698	- 208,152,075	- 19,787,153	
54	bucket13	-117,936,698	Kb^2	25.31%	25.31%	
55	bucket2	-208,152,075		Kb^2	2.81%	
56	bucket9	- 19,787,153			Kb^2	
57	bucket간 적용할 상관계수는 Delta 리스크 산출시 적용하는 상관계수의 제곱					
58						
59						
60	포트폴리오 자본량					
61			bucket13	bucket2	bucket9	
62		Sb	- 117,936,698	- 208,152,075	- 19,787,153	
63	bucket13	-117,936,698	13,909,064,735,143,200	0	0	
64	bucket2	-208,152,075		43,327,286,326,805,600	0	
65	bucket9	- 19,787,153			391,531,423,845,409	
66						
67			대각선	57,627,882,485,794,200		
68			윗변	0		
69			총계	57,627,882,485,794,200		
70			주식최종자본량	240,058,081		
71						
72						
73	**FX**					
74	상관계수표					
75			USD	EUR		
76		Sb	- 136,780	- 100,161		
77	USD	- 136,780	Kb^2	45.00%		
78	EUR	- 100,161		Kb^2		
79	bucket간 적용할 상관계수는 Delta 리스크 산출시 적용하는 상관계수의 제곱					
80						
81	포트폴리오 자본량					
82						
83			USD	EUR		
84		Sb	- 136,780	- 100,161		
85	USD	- 136,780	18,708,859,586.78	0		
86	EUR	- 100,161		10,032,292,695.11		
87						
88			대각선	28,741,152,282		
89			윗변	0		
90			총계	28,741,152,282		
91			FX 최종자본량	169,532		

7. 부도리스크의 자본량 계산

부도리스크(비유동화)

	B	C	D	E	F	G	H	I	J	K	L	M	N
2	비유동화 부도리스크						MIN(J5*D5+F5,0)		MAX(J6*D6+F6,0)		L5*M5		
3	1. Gross JTD계산												
4	bucket	상품	명목금액	시장가치	P&L	신용등급	표준신용등급	우선순위	LGD	포지션	JTD	잔존만기	1년기준 조정 JTD
5	회사	S 상사(매도)	- 7,000,000,000	- 6,857,739,489	142,260,511	BB-	B	non-senior	100%	short	- 6,857,739,489	0.67	- 4,571,826,326
6	회사	K자동차	11,000,000,000	11,622,980,692	622,980,692	AA+	A+	non-senior	100%	long	11,622,980,692	3.17	11,622,980,692
7	회사	H캐피탈(매도)	- 25,000,000,000	- 25,395,703,901	- 395,703,901	AA+	A+	non-senior	100%	short	- 25,395,703,901	0.42	- 10,581,543,292
8	회사	C전기	11,500,000,000	11,332,585,598	- 167,414,402	A-	BBB-	non-senior	100%	long	11,332,585,598	0.08	944,382,133
9	회사	주식1	23,400,000,000	23,400,000,000	-	A-	BBB-		100%	long	23,400,000,000	0.25	5,850,000,000
10	회사	주식2(매도)	- 13,000,000,000	- 13,000,000,000	-	A-	BBB-		100%	short	- 13,000,000,000	0.25	- 3,250,000,000
11	회사	주식3	5,000,000,000	5,000,000,000	-	AA+	A+		100%	long	5,000,000,000	0.25	1,250,000,000
12	회사	주식4	25,000,000,000	25,000,000,000	-	BBB+	BB+		100%	long	25,000,000,000	0.25	6,250,000,000
13	회사	주식5	3,500,000,000	3,500,000,000	-	BB-	B		100%	long	3,500,000,000	0.25	875,000,000
14	회사	kospi200선물1매입	9,100,000,000	8,890,000,000	- 210,000,000	BBB+	BB+		100%	long	8,890,000,000	0.67	5,926,666,667
15	회사	kospi200선물2매도	- 6,375,000,000	- 6,350,000,000	25,000,000	BBB+	BB+		100%	short	- 6,350,000,000	0.83	- 5,291,666,667
16	회사	kospi200콜1매입	-	72,071,895	72,071,895	BBB+	BB+		100%	long	72,071,895	0.83	60,059,913
17	회사	kospi200콜2매도	-	- 33,157,113	- 33,157,113	BBB+	BB+		100%	short	- 33,157,113	0.25	- 8,289,278
18	회사	kospi200풋1매입	- 1,275,000,000	- 1,333,733,533	- 58,733,533	BBB+	BB+		100%	short	- 1,333,733,533	0.25	- 333,433,383
19	회사	kospi200풋2매도	1,912,500,000	2,000,600,299	88,100,299	BBB+	BB+		100%	long	2,000,600,299	0.25	500,150,075
20	회사	주식3옵션콜매입	-	71,458,044	71,458,044	AA+	A+		100%	long	71,458,044	0.92	65,503,207
21	회사	주식5옵션풋매입	- 36,700,000	- 32,550,325	4,149,675	BB-	B		100%	short	- 32,550,325	0.92	- 29,837,798
22	국가	국공채	35,000,000,000	45,516,164,742	10,516,164,742	국가(AA-)	AA-	senior	75%	long	36,766,164,742	10.00	36,766,164,742
23	국가	통안증권	31,000,000,000	30,937,383,872	- 62,616,128	국가(AA-)	AA-	senior	75%	long	23,187,383,872	0.08	1,932,281,989
24	국가	K공사	12,000,000,000	12,152,099,378	152,099,378	국가(AA-)	AA-	senior	75%	long	9,152,099,378	0.67	6,101,399,585
25													

	B	C	D	E	F	G	H	I
26	2. bucket 별 부도리스크 계산							
27	(1) 회사 bucket							
28	bucket	상품	1년기준 조정 JTD	net JTD*	등급	위험가중치	net 위험가중JTD	포지션
29	회사	S 상사(매도)	- 4,571,826,326	- 4,571,826,326	B	30%	- 1,371,547,897.80	short
30	회사	K자동차	11,622,980,692	11,622,980,692	A+	3%	348,689,420.76	long
31	회사	H캐피탈(매도)	- 10,581,543,292	- 10,581,543,292	A+	3%	- 317,446,298.76	short
32	회사	C전기	944,382,133	944,382,133	BBB-	6%	56,662,927.99	long
33	회사	주식1	5,850,000,000	5,850,000,000	BBB-	6%	351,000,000.00	long
34	회사	주식2(매도)	- 3,250,000,000	- 3,250,000,000	BBB-	6%	- 195,000,000.00	short
35	회사	주식3	1,250,000,000	1,315,503,207	A+	3%	39,465,096.21	long
36	회사	주식3옵션콜매입	65,503,207					
37	회사	주식4	6,250,000,000	6,250,000,000	BB+	15%	937,500,000.00	long
38	회사	주식5	875,000,000	845,162,202	B	30%	253,548,660.63	long
39	회사	주식5옵션풋매입	- 29,837,798					
40	회사	kospi200선물1매입	5,926,666,667	853,487,326	BB+	15%	128,023,098.86	long
41	회사	kospi200선물2매도	- 5,291,666,667					
42	회사	kospi200콜1매입	60,059,913					
43	회사	kospi200콜2매도	- 8,289,278					
44	회사	kospi200풋1매입	- 333,433,383					
45	회사	kospi200풋2매도	500,150,075					
46		* 동일채무자, 동일상품에 대한 netting실시						
47								
48		long 포지션		short 포지션				
49		net JTD 계	net위험가중민감도	net JTD 계	net위험가중민감도			
50		27,681,515,560	2,114,889,204	- 18,403,369,618	- 1,883,994,197			
51		E30+E32+E33+E35+	H30+H32+H33+H35					
52		E37+E38+E40	+H37+H38+H40					
53								
54		HBR	0.601	C50/(C50+ABS(E50))				
55		DRC	983,242,365	MAX(D50-D54*ABS(F50),0)				
56								
57								
58	**(2) 국가 bucket : 감독당국재량으로 0% 위험가중치를 적용할 수 있으므로 자본량계산에서 제외**							
59	bucket	상품	1년기준 조정 JTD	net JTD*	등급	위험가중치	net 위험가중민감도	포지션
60	국가	국공채	36,766,164,742	36,766,164,742	AA-	2%	735,323,295	long
61	국가	통안증권	1,932,281,989	1,932,281,989	AA-	2%	38,645,640	long
62	국가	K공사	6,101,399,585	6,101,399,585	AA-	2%	122,027,992	long
63								
64		HBR	1.00					
65		DRC	895,996,926					
66								
67		부도리스크(비유동화) 자본량		983,242,365				

부도리스크(유동화)

	B	C	D	E	F	G	H	I
2	* 예제에서 제시한 MBS는 모두 3개의 tranche로 구성되어 있으며, 위험가중치는 SEC-SA방법에 따라 별도 계산한 것으로 가정함							
3	RMBS*Asia bucket							
4	상품	tranche	만기	시장가	JTD	net JTD	위험가중치	net 위험가중 JTD
5	MBS1	1	10	761,805,874	761,805,874	761,805,874	1.20%	9,141,670
6		2	10	4,570,835,242	4,570,835,242	4,570,835,242	2.30%	105,129,211
7		3	10	2,285,417,621	2,285,417,621	2,285,417,621	3.20%	73,133,364
8	MBS2	1	5	-683,572,418	-683,572,418	-683,572,418	1.50%	-10,253,586
9		2	5	-4,101,434,510	-4,101,434,510	-4,101,434,510	4.50%	-184,564,553
10		3	5	-2,050,717,255	-2,050,717,255	-2,050,717,255	7.60%	-155,854,511
11								
12			long 포지션		short 포지션			
13			net JTD 계	net위험가중민감도	net JTD 계	net위험가중민감도		
14			7,618,058,737	187,404,245	-6,835,724,183	-350,672,651		
15					D14/(D14+ABS(F14))			
16			HBR	0.527				
17			DRC	2,577,555				
18				MAX(E14-E16*ABS(G14),0)				
19								
20								
21	RMBS*Asia bucket							
22	상품	tranche	만기	시장가	JTD	net JTD	위험가중치	net 위험가중 JTD
23	CDO1	f(10,15)	4	-3,164,398,432	-3,164,398,432	-3,164,398,432	3.20%	-101,260,750
24	CDO2	f(15,30)	5	9,777,512,371	9,777,512,371	9,777,512,371	3.20%	312,880,396
25								
26			long 포지션		short 포지션			
27			net JTD 계	net위험가중민감도	net JTD 계	net위험가중민감도		
28			9,777,512,371	312,880,395.87	-3,164,398,432	-101,260,749.82		
29					D28/(D28+ABS(F28))			
30			HBR	0.755				
31			DRC	236,378,692				
32								
33				MAX(E28-E30*ABS(G28),0)				
34								
35			부도리스크(유동화)자본량		238,956,247			

2.2.2 상승상관계수 적용 자본량

상승상관계수 적용

구분	델타	베가	커베이쳐
GIRR	2,732,562,117	23,531	1,712,798
(KRW)	1,492,222,950		
(USD)	1,662,595,008	23,531	1,712,798
(JPY)	13,659,945		
(EUR)	9,125,760		
주식리스크	21,890,019,196	478,111	240,058,081
일반상품리스크	612,621,872		
FX리스크	1,112,743,579	42,528	169,532
CSR(비유동화)	2,766,398,481		
CSR(유동화 non CTP))	990,188,697		
CSR(유동화 CTP)	-		
부도(비유동화)	983,242,365		
부도(유동화 non CTP)	238,956,247		
부도(유동화 CTP)	-		
잔여리스크	-		
총계	31,326,732,553	544,171	241,940,412
자본량 총계			31,569,217,135

2.3 하락상관계수 적용 : MAX(기준상관계수*2-100%, 기준상관계수*75%)

2.3.1 하락상관계수 적용 자본량 계산

1. 금리리스크(GIRR)상품의 자본량 계산

GIRR(KRW)

	C	D	E	F	G	H
2	GIRR 민감도 산출을 위해서는 통화별로 하나의 수익률곡선을 사용하는 것이 원칙이나, 여기서는 편의상 등급별 수익률곡선을 사용하였음					
3			tenor	민감도	수익률곡선	
4		국고채	10	- 290,968,410,000	KTB	
5			15	- 115,034,020,000	KTB	
6		통안증권	0.25	- 3,051,340,000	KTB	
7		K공사	0.5	- 5,762,510,000	AA+	
8			1	- 1,152,500,000	AA+	
9		S상사(매도)	0.5	2,725,950,000	BB-	
10			1	1,362,970,000	BB-	
11		K자동차	3	- 32,992,890,000	AA+	
12			5	- 1,434,470,000	AA+	
13		H캐피탈(매도)	0.25	3,198,030,000	AA+	
14			0.5	6,396,060,000	AA+	
15		C전기	0.25	- 22,259,240,000	A-	
16		MBS1	10	- 68,562,528,630	AAA-	
17		MBS2	5	30,760,758,820	BBB+	
18		CDO1	3	6,191,211,323	BBB+	
19			5	8,048,581,621	BBB+	
20		CDO2	5	- 43,998,805,670	A+	
21		3년국채선물	0.5	177,958,200,000	KTB	
22			1	7,190,960,000	KTB	
23			2	- 3,292,010,000	KTB	
24			3	- 88,245,640,000	KTB	
25			5	- 33,314,070,000	KTB	
26		5년국채선물	0.5	12,585,680,000	KTB	
27			1	5,129,120,000	KTB	
28			2	- 2,226,950,000	KTB	
29			3	- 5,468,360,000	KTB	
30			5	- 111,669,270,000	KTB	
31			10	- 13,441,270,000	KTB	
32		10년국채선물	0.5	- 15,276,170,000	KTB	
33			1	- 29,416,200,000	KTB	
34			2	3,980,610,000	KTB	
35			3	9,787,530,000	KTB	
36			5	38,337,800,000	KTB	
37			10	349,963,270,000	KTB	
38			15	60,026,390,000	KTB	
39		금리스왑1	0.25	81,460,000	KTB	
40			0.5	- 600,000	KTB	
41			1	465,370,000	KTB	
42			2	936,730,000	KTB	
43			3	2,402,190,000	KTB	
44			5	92,328,820,000	KTB	
45			10	98,530,000	KTB	
46		금리스왑2	0.25	- 180,610,000	KTB	
47			0.5	10,860,000	KTB	
48			1	- 1,006,000,000	KTB	
49			2	- 2,021,630,000	KTB	
50			3	- 86,652,410,000	KTB	
51			5	84,561,350,000	KTB	
52		주가지수선물1	0.5	4,475,970,000	KTB	
53			1	2,401,030,000	KTB	
54		주가지수선물2	0.5	- 1,858,580,000	KTB	
55			1	- 4,295,430,000	KTB	
56		지수옵션콜1	0.5	203,510,000	KTB	
57			1	470,380,000	KTB	
58		지수옵션콜2	0.25	- 37,870,000	KTB	
59		지수옵션풋1	0.25	14,230,000	KTB	
60		지수옵션풋2	0.25	- 7,115,000	KTB	
61		주식3옵션 콜	0.5	60,140,000	KTB	
62			1	139,000,000	KTB	
63		주식5옵션 풋	0.5	- 1,990,000	KTB	
64			1	- 4,610,000	KTB	
65		통화스왑1	0.25	- 18,350,000	KTB	
66			0.5	31,970,000	KTB	
67			1	129,530,000	KTB	
68			2	291,200,000	KTB	
69			3	28,994,450,000	KTB	
70			5	119,090,000	KTB	
71		통화옵션1	0.25	52,810,000	KTB	
72		통화옵션2	0.25	- 5,860,000	KTB	

	C	D	E	F	G	H	I	J
74	수익률곡선	tenor	상품	민감도	요소별민감도	RW	위험가중민감도	
75			통안증권	- 3,051,340,000				
76			금리스왑1	81,460,000				
77			금리스왑2	- 180,610,000				
78			지수옵션콜2	- 37,870,000				
79		0.25	지수옵션풋1	14,230,000	- 3,152,645,000	1.20%	- 37,831,740	
80			지수옵션풋2	- 7,115,000				
81			통화스왑1	- 18,350,000				
82			통화옵션1	52,810,000				
83			통화옵션2	- 5,860,000				
84			3년국채선물	177,958,200,000				
85			5년국채선물	12,585,680,000				
86			10년국채선물	- 15,276,170,000				
87			금리스왑1	- 600,000				
88			금리스왑2	10,860,000				
89		0.5	주가지수선물1	4,475,970,000	178,188,990,000	1.20%	2,138,267,880	
90			주가지수선물2	- 1,858,580,000				
91			지수옵션콜1	203,510,000				
92			주식3옵션콜	60,140,000				
93			주식5옵션풋	- 1,990,000				
94			통화스왑1	31,970,000				
95			3년국채선물	7,190,960,000				
96			5년국채선물	5,129,120,000				
97			10년국채선물	- 29,416,200,000				
98			금리스왑1	465,370,000				
99			금리스왑2	- 1,006,000,000				
100		1	주가지수선물1	2,401,030,000	- 18,796,850,000	1.13%	- 212,404,405	
101			주가지수선물2	- 4,295,430,000				
102	KTB		지수옵션콜1	470,380,000				
103			주식3옵션콜	139,000,000				
104			주식5옵션풋	- 4,610,000				
105			통화스왑1	129,530,000				
106			3년국채선물	- 3,292,010,000				
107			5년국채선물	- 2,226,950,000				
108		2	10년국채선물	3,980,610,000	- 2,332,050,000	0.92%	- 21,454,860	
109			금리스왑1	936,730,000				
110			금리스왑2	- 2,021,630,000				
111			통화스왑1	291,200,000				
112			3년국채선물	- 88,245,640,000				
113			5년국채선물	- 5,468,360,000				
114		3	10년국채선물	9,787,530,000	- 139,182,240,000	0.85%	- 1,183,049,040	
115			금리스왑1	2,402,190,000				
116			금리스왑2	- 86,652,410,000				
117			통화스왑1	28,994,450,000				
118			3년국채선물	- 33,314,070,000				
119			5년국채선물	- 111,669,270,000				
120		5	10년국채선물	38,337,800,000	- 98,758,980,000	0.78%	- 770,320,044	
121			금리스왑1	92,328,820,000				
122			금리스왑2	- 84,561,350,000				
123			통화스왑1	119,090,000				
124			국고채	- 290,968,410,000				
125		10	5년국채선물	- 13,441,270,000	45,652,120,000	0.78%	356,086,536	
126			10년국채선물	349,963,270,000				
127			금리스왑1	98,530,000				
128		15	국고채	- 115,034,020,000	- 55,007,630,000	0.78%	- 429,059,514	
129			10년국채선물	60,026,390,000				
130	AAA-	10	MBS1	- 68,562,528,630	- 68,562,528,630	0.78%	- 534,787,723	
131		0.25	H캐피탈	3,198,030,000	3,198,030,000	1.20%	38,376,360	
132		0.5	K공사	- 5,762,510,000	633,550,000	1.20%	7,602,600	
133	AA+		H캐피탈	6,396,060,000				
134		1	K공사	- 1,152,500,000	- 1,152,500,000	1.13%	- 13,023,250	
135		3	K자동차	- 32,992,890,000	- 32,992,890,000	0.85%	- 280,439,565	
136		5	K자동차	- 1,434,470,000	- 1,434,470,000	0.78%	- 11,188,866	
137	A+	5	CDO2	- 43,998,805,670	- 43,998,805,670	0.78%	- 343,190,684	
138	A-	0.25	C전기	- 22,259,240,000	- 22,259,240,000	1.20%	- 267,110,880	
139		3	CDO1	6,191,211,323	6,191,211,323	0.85%	52,625,296	
140	BBB+	5	MBS2	30,760,758,820	38,809,340,441	0.78%	302,712,855	
141			CDO1	8,048,581,621				
142	BB-	0.5	S상사	2,725,950,000	2,725,950,000	1.20%	32,711,400	SUM(I75:I143)
143		1	S상사	1,362,970,000	1,362,970,000	1.13%	15,401,561	
144						위험가중민감도 합(WS k)	- 1,160,076,082.85	

	B	C	D	E	F	G	H	I	J	K	L
145	(1) 상관계수 적용										
146											
147				동일tenor, 다른커브	다른 tenor, 동일커브	다른tenor, 다른커브					
148	tenor			0.25	0.50	1	2	3	5	10	15
149		커브		KT3	KTB	KTB	KTB	KTB	KTB	KTB	KTB
150			리스크량	- 37,831,740	2,138,267,880	- 212,404,405	-21,454,860	-1,183,049,040	-770,320,044	356,086,536	-429,059,514
151	0.25	KTB	- 37,831,740	100%	94.09%	82.79%	62.12%	53.92%	42.41%	30.00%	30.00%
152	0.50	KTB	2,138,267,880		100%	94.09%	82.79%	72.14%	57.25%	42.41%	31.42%
153	1	KTB	- 212,404,405		-	100%	94.09%	88.35%	77.38%	57.25%	49.28%
154	2	KTB	-21,454,860		-	-	100%	97.02%	91.20%	77.38%	64.57%
155	3	KTB	-1,183,049,040		-	-	-	100%	96.04%	86.48%	77.38%
156	5	KTB	-770,320,044		-	-		-	100%	94.09%	88.35%
157	10	KTB	356,086,536		-	-		-	0	100%	97.02%
158	15	KTB	-429,059,514		-	-		-	0	0	100%
159	10	AAA-	-534,787,723		-	-		-	0	0	0
160	0.25	AA+	38,376,360		-	-		-	0	0	0
161	0.5	AA+	7,602,600		-	-		-	0	0	0
162	1	AA+	-13,023,250		-	-		-	0	0	0
163	3	AA+	-280,439,565		-	-		-	0	0	0
164	5	AA+	-11,188,866		-	-		-	0	0	0
165	5	A+	-343,190,684		-	-		-	0	0	0
166	0.25	A-	-267,110,880		-	-		-	0	0	0
167	3	BBB+	52,625,296		-	-		-	0	0	0
168	5	BBB+	302,712,855		-	-		-	0	0	0
169	0.5	BB-	32,711,400		-	-		-	0	0	0
170	1	BB-	15,401,561		-	-		-	0	0	0

	M	N	O	P	Q	R	S	T	U	V	W	X
148	10	0.25	0.5	1	3	5	5	0.25	3	5	0.5	1
149	AAA-	AA+	AA+	AA+	AA+	AA+	A+	A-	BBB+	BBB+	BB-	BB-
150	-534,787,723	38,376,360	7,602,600	-13,023,250	-280,439,565	-11,188,866	-343,190,684	-267,110,880	52,625,296	302,712,855	32,711,400	15,401,561
151	29.97%	99.80%	93.90%	82.60%	53.87%	42.37%	42.37%	99.80%	53.87%	42.37%	93.90%	82.60%
152	42.37%	93.90%	99.80%	93.90%	71.97%	57.20%	57.20%	93.90%	71.97%	57.20%	99.80%	93.90%
153	57.20%	82.60%	93.90%	99.80%	88.16%	77.21%	77.21%	82.60%	88.16%	77.21%	93.90%	99.80%
154	77.21%	61.95%	82.60%	93.90%	96.83%	91.01%	91.01%	61.95%	96.83%	91.01%	82.60%	93.90%
155	86.29%	53.87%	71.97%	88.16%	99.80%	95.84%	95.84%	53.87%	99.80%	95.84%	71.97%	88.16%
156	93.90%	42.37%	57.20%	77.21%	95.84%	99.80%	99.80%	42.37%	95.84%	99.80%	57.20%	77.21%
157	99.80%	29.97%	42.37%	57.20%	86.29%	93.90%	93.90%	29.97%	86.29%	93.90%	42.37%	57.20%
158	96.83%	29.97%	31.39%	49.23%	77.21%	88.16%	88.16%	29.97%	77.21%	88.16%	31.39%	49.23%
159	100%	29.97%	42.37%	57.20%	86.29%	93.90%	93.90%	29.97%	86.29%	93.90%	42.37%	57.20%
160	0	100%	94.09%	82.79%	53.92%	42.41%	42.37%	99.80%	53.87%	42.37%	93.90%	82.60%
161	0	0	100%	94.09%	72.14%	57.25%	57.20%	93.90%	71.97%	57.20%	99.80%	93.90%
162	0	0	0	100%	88.35%	77.38%	77.21%	82.60%	88.16%	77.21%	93.90%	99.80%
163	0	0	0	0	100%	96.04%	95.84%	53.87%	99.80%	95.84%	71.97%	88.16%
164	0	0	0	0	0	100%	99.80%	42.37%	95.84%	99.80%	57.20%	77.21%
165	0	0	0	0	0	0	100%	42.37%	95.84%	99.80%	57.20%	77.21%
166	0	0	0	0	0	0	0	100%	53.87%	42.37%	93.90%	82.60%
167	0	0	0	0	0	0	0	0	100%	96.04%	71.97%	88.16%
168	0	0	0	0	0	0	0	0	0	100%	57.20%	77.21%
169	0	0	0	0	0	0	0	0	0	0	100%	94.09%
170	0	0	0	0	0	0	0	0	0	0	0	100%

	B	C	D	E	F	G	H	I	J	K	L
173	(2) 포트폴리오 표준편차										
174	tenor			0.25	0.50	1	2	3	5	10	15
175		커브		KTB	KTB	KTB	KTB	KTB	KTB	KTB	KTB
176			리스크량	- 37,831,740	2,138,267,880	- 212,404,405	-21,454,860	-1,183,049,040	-770,320,044	356,086,536	-429,059,514
177	0.25	KTB	- 37,831,740	1,431,240,551,427,600	- 76,112,813,150,580,500	6,652,394,230,992,970	504,186,740,186,896	24,132,546,303,178,100	12,360,639,021,309,300	- 4,041,411,974,235,790	4,869,620,393,452,310
178	0.50	KTB	2,138,267,880		4,572,189,526,639,690,000	-427,331,568,416,500,000	-37,979,211,148,787,400	-1,824,948,450,747,780,000	-943,050,748,333,323,000	322,946,865,609,992,000	-288,273,494,600,773,000
179	1	KTB	- 212,404,405			45,115,631,263,404,000	4,287,741,054,201,510	222,017,449,170,193,000	126,615,356,660,051,000	-43,303,283,210,427,000	44,909,543,104,580,500
180	2	KTB	-21,454,860				460,311,017,619,600	24,626,369,516,477,800	15,072,639,897,646,900	-5,911,979,272,957,570	5,943,651,944,365,750
181	3	KTB	-1,183,049,040					1,399,605,031,044,920,000	875,235,445,459,371,000	-364,307,216,387,951,000	392,800,424,915,317,000
182	5	KTB	-770,320,044						593,392,970,188,162,000	-258,086,980,550,426,000	292,017,969,542,926,000
183	10	KTB	356,086,536							126,797,621,120,479,000	-148,233,051,379,394,000
184	15	KTB	-429,059,514								184,092,066,553,916,000
185	10	AAA-	-534,787,723								
186	0.25	AA+	38,376,360								
187	0.5	AA+	7,602,600								
188	1	AA+	-13,023,250								
189	3	AA+	-280,439,565								
190	5	AA+	-11,188,866								
191	5	A+	-343,190,684								
192	0.25	A-	-267,110,880								
193	3	BBB+	52,625,296								
194	5	BBB+	302,712,855								
195	0.5	BB-	32,711,400								
196	1	BB-	15,401,561								

	M	N	O	P	Q	R	S	T	U	V	W	X
174	10	0.25	0.5	1	3	5	5	0.25	3	5	0.5	1
175	AAA-	AA+	AA+	AA+	AA+	AA+	A+	A-	BBB+	BBB+	BB-	BB-
176	-534,787,723	38,376,360	7,602,600	-13,023,250	-280,439,565	-11,188,866	-343,190,684	-267,110,880	52,625,296	302,712,855	32,711,400	15,401,561
177	6,063,515,446,051,070	- 1,448,940,784,719,070	- 270,060,461,396,362	406,980,765,678,243	5,714,854,446,623,810	179,358,220,295,923	5,501,368,087,249,920	10,085,058,824,604,500	- 1,072,408,981,427,040	- 4,852,505,965,517,830	- 1,161,978,241,249,170	- 481,303,752,014,295
178	-484,531,970,599,273,000	77,049,254,222,949,700	16,223,882,593,719,000	-26,147,130,683,030,700	-431,568,365,716,247,000	-13,684,074,389,536,400	-419,725,006,336,164,000	-536,285,726,390,826,000	80,985,053,218,164,000	370,220,291,538,679,000	69,805,844,457,972,300	30,922,129,897,657,500
179	64,969,898,709,917,800	-6,733,261,621,935,900	-1,516,240,902,927,540	2,760,663,276,081,420	52,516,626,177,335,900	1,834,867,043,573,380	56,279,990,854,094,300	46,865,503,583,600,000	-9,854,896,937,942,690	-49,642,013,954,987,200	-6,523,868,501,831,460	-3,264,816,681,475,650
180	8,858,539,424,111,740	-510,110,131,779,978	-134,736,734,315,072	262,353,951,744,403	5,825,780,465,400,460	218,470,470,863,589	6,701,039,263,393,760	3,550,518,240,830,180	-1,093,224,569,981,580	-5,910,681,213,305,680	-579,726,305,589,410	-310,265,132,849,518
181	545,954,118,708,881,000	-24,455,474,830,467,400	-6,473,111,603,589,140	13,583,639,242,472,500	331,110,210,634,965,000	12,686,808,025,903,800	389,136,336,698,808,000	170,217,378,687,921,000	-62,133,789,590,548,500	-343,239,420,682,840,000	-27,851,595,889,517,500	-16,064,288,744,739,900
182	386,807,757,329,866,000	-12,526,042,327,921,000	-3,349,658,875,135,720	7,745,430,911,431,180	207,049,426,263,541,000	8,601,769,733,931,240	263,837,929,647,416,000	87,184,980,262,021,500	-38,853,424,246,966,200	-232,719,408,561,509,000	-14,412,441,970,919,800	-9,159,904,528,723,090
183	-190,049,846,474,428,000	4,095,491,937,477,680	1,147,087,615,909,960	-2,652,419,254,615,380	-86,172,126,021,616,000	-3,740,969,550,142,400	-114,744,952,668,304,000	-28,505,842,019,737,400	16,170,448,916,479,000	101,211,291,174,365,000	4,935,527,561,502,250	3,136,805,094,545,010
184	222,171,378,993,190,000	-4,934,782,988,495,510	-1,023,929,911,897,560	2,750,806,128,665,230	92,899,169,105,738,300	4,232,506,396,524,380	129,821,625,016,702,000	34,347,557,367,766,600	-17,432,798,026,021,300	-114,509,736,461,149,000	-4,405,621,881,993,780	-3,253,159,417,949,540
185	285,997,909,007,371,000	-6,150,804,896,185,490	-1,722,750,827,495,960	3,983,529,594,755,520	129,417,403,999,311,000	5,618,366,285,850,390	172,329,436,233,599,000	42,811,431,530,463,400	-24,285,550,524,182,600	-152,003,938,674,078,000	-7,412,410,414,667,540	-4,711,003,324,740,940
186		1,472,745,006,849,600	274,514,485,502,125	-413,753,137,217,505	-5,802,927,553,363,230	-182,122,356,430,667	-5,580,564,949,135,680	-10,230,241,804,215,200	1,087,847,218,723,680	4,922,361,906,559,410	1,178,705,904,046,320	488,232,527,942,180
187			57,799,526,760,000	-93,158,151,875,674	-1,538,109,192,907,840	-48,702,355,589,107	-1,492,330,013,006,290	-1,906,761,029,146,120	287,941,923,159,045	1,316,316,264,570,160	248,194,306,260,720	109,943,467,307,722
188				169,605,040,562,500	3,226,855,398,194,490	112,760,531,739,071	3,450,721,235,704,050	2,873,486,402,248,200	-604,237,876,079,181	-3,043,723,873,049,090	-400,000,981,460,232	-200,177,222,534,663
189					78,646,349,617,389,200	3,013,535,479,815,490	92,244,041,708,961,900	40,349,711,652,427,300	-14,728,698,756,710,000	-81,364,263,502,675,800	-6,602,168,778,913,910	-3,808,009,638,898,190
190						125,190,722,365,956	3,832,234,749,096,520	1,266,358,144,205,840	-564,344,340,935,332	-3,380,239,548,841,310	-209,340,108,960,474	-133,047,225,166,941
191							117,779,845,739,510,000	38,842,391,890,757,400	-17,309,861,473,420,800	-103,680,455,518,426,000	-6,420,988,081,373,980	-4,080,893,295,121,520
192								71,348,222,214,374,400	-7,571,740,204,095,270	-34,261,102,943,050,400	-8,204,143,678,321,940	-3,398,243,610,995,420
193									2,769,421,804,926,640	15,299,469,419,139,700	1,238,916,084,658,510	714,584,032,936,782
194										91,635,072,848,517,200	5,663,660,834,038,410	3,599,569,915,184,140
195											1,070,035,689,960,000	474,027,150,650,240
196												237,208,081,236,721
197												
198									대각선	7,574,393,803,679,450,000		
199									윗변	-1,395,182,362,077,290,000		
200									포트폴리오분산	4,784,029,079,524,870,000		
201									포트폴리오 표준편차(Kb)	2,187,242,346		
202									WSk합	- 1,160,076,083		

GIRR(USD)

상품	tenor	민감도	수익률곡선
FRA1	0.25	- 2,737,640,000	TB
	0.5	5,585,880,000	TB
	1	30,360,000	TB
FRA2	1	110,879,010,000	TB
	2	- 228,712,910,000	TB
CAP	1	- 7,302,840,000	TB
	2	- 4,807,720,000	TB
	3	29,974,270,000	TB
FLOOR	0.5	- 1,623,740,000	TB
	1	- 11,512,650,000	TB
	2	- 3,269,040,000	TB
payer swaption	2	153,870,000	TB
	3	- 9,140,000	TB
	5	- 320,580,000	TB
	10	- 203,460,000	TB
receiver swaption	2	41,927,920,000	TB
	3	- 4,754,790,000	TB
	5	- 89,553,330,000	TB
	10	- 55,294,370,000	TB
달러선물1	0.5	45,690,000	TB
	1	94,330,000	TB
달러선물2	0.25	- 15,710,000	TB
통화스왑1	0.25	400,000	TB
	2	-220,140,000	TB
	3	-68,510,000	TB
통화스왑2	0.25	-420,000	TB
	2	297,180,000	TB
	3	810,000	TB
통화옵션1	0.25	-49,350,000	TB
통화옵션2	0.25	5,600,000	TB
통화옵션3	0.25	21,850,000	TB
통화옵션4	0.25	765,590,000	TB
금선물	0.25	55,030,000	TB
구리선물1	0.5	180,180,000	TB
구리선물2	0.5	-803,740,000	TB

수익률곡선	tenor	상품	민감도	요소별민감도	RW	위험가중민감도
TB	0.25	FRA1	- 2,737,640,000	- 1,954,650,000	1.20%	- 23,455,800
		달러선물2	- 15,710,000			
		통화스왑1	400,000			
		통화스왑2	- 420,000			
		통화옵션1	-49,350,000			
		통화옵션2	5,600,000			
		통화옵션3	21,850,000			
		통화옵션4	765,590,000			
		금선물	55,030,000			
	0.5	FRA1	5,585,880,000	3,384,270,000	1.20%	40,611,240
		FLOOR	- 1,623,740,000			
		달러선물1	45,690,000			
		구리선물1	180,180,000			
		구리선물2	- 803,740,000			
	1	FRA1	30,360,000	92,188,210,000	1.13%	1,041,726,773
		FRA2	110,879,010,000			
		CAP	- 7,302,840,000			
		FLOOR	- 11,512,650,000			
		달러선물1	94,330,000			
	2	FRA2	- 228,712,910,000	- 194,630,840,000	0.92%	- 1,790,603,728
		CAP	- 4,807,720,000			
		FLOOR	- 3,269,040,000			
		payer swaption	153,870,000			
		receiver swaption	41,927,920,000			
		통화스왑1	- 220,140,000			
		통화스왑2	297,180,000			
	3	CAP	29,974,270,000	25,142,640,000	0.85%	213,712,440
		payer swaption	- 9,140,000			
		receiver swaption	- 4,754,790,000			
		통화스왑1	- 68,510,000			
		통화스왑2	810,000			
	5	payer swaption	- 320,580,000	- 89,873,910,000	0.78%	- 701,016,498
		receiver swaption	- 89,553,330,000			
	10	payer swaption	- 203,460,000	- 55,497,830,000	0.78%	- 432,883,074
		receiver swaption	- 55,294,370,000			
					WS k	- 1,651,908,647

	B	C	D	E	F	G	H	I	J	K
77			(1) 상관계수 적용							
78				동일tenor, 다른커브	다른 tenor, 동일커브	다른tenor, 다른커브				
79	tenor			0.25	0.50	1	2	3	5	10
80		커브		TB	TB	TB	TB	TB	TB	TB
81			리스크량	- 23,455,800	40,611,240	1,041,726,773	- 1,790,603,728	213,712,440	- 701,016,498	- 432,883,074
82	0.25	TB	- 23,455,800	100%	94.09%	82.79%	62.12%	53.92%	42.41%	30.00%
83	0.50	TB	40,611,240		100%	94.09%	82.79%	72.14%	57.25%	42.41%
84	1	TB	1,041,726,773		-	100%	94.09%	88.35%	77.38%	57.25%
85	2	TB	- 1,790,603,728		-	-	100%	97.02%	91.20%	77.38%
86	3	TB	213,712,440		-	-		100%	96.04%	86.48%
87	5	TB	- 701,016,498		-	-		-	100%	94.09%
88	10	TB	- 432,883,074		-	-		-	0	100%
89										
90										
91										
92			(2) 포트폴리오 표준편차							
93	tenor			0.25	0.50	1	2	3	5	10
94		커브		TB	TB	TB	TB	TB	TB	TB
95			리스크량	- 23,455,800	40,611,240	1,041,726,773	- 1,790,603,728	213,712,440	- 701,016,498	- 432,883,074
96	0.25	TB	- 23,455,800	550,174,553,640,000	- 896,263,778,803,790	- 20,228,431,937,510,800	26,089,103,324,049,000	- 2,702,863,646,319,630	6,974,159,853,480,390	3,046,085,642,138,760
97	0.50	TB	40,611,240		1,649,272,814,337,600	39,805,164,353,808,400	- 60,201,023,824,292,000	6,261,260,812,998,210	- 16,299,573,565,699,800	- 7,456,418,303,402,360
98	1	TB	1,041,726,773			1,085,194,669,584,990,000	- 1,755,062,777,831,510,000	196,700,050,134,131,000	- 565,110,959,429,870,000	- 258,182,132,831,119,000
99	2	TB	- 1,790,603,728				3,206,261,710,727,500,000	- 371,279,735,847,106,000	1,144,775,070,472,460,000	599,821,121,166,413,000
100	3	TB	213,712,440					45,673,007,010,753,600	- 143,882,837,276,021,000	- 80,003,664,780,570,300
101	5	TB	- 701,016,498						491,424,130,468,184,000	285,521,087,580,688,000
102	10	TB	- 432,883,074							187,387,755,755,689,000
103										
104									대각선	5,018,140,720,915,100,000
105									윗변	-972,313,579,712,053,000
106									포트폴리오분산	3,073,513,561,490,990,000
107									포트폴리오 표준편차(Kb)	1,753,143,908
108									WSk합	- 1,651,908,647

	B	C	D	E	F	G	H
1	GIRR(JPY)						
2		tenor	민감도	수익률곡선			
3	통화스왑2	0.25	- 2,474,920,000	일본국채			
4		2	- 190,700,000	일본국채			
5		3	- 390,000	일본국채			
6	백금선물	0.5	1,483,010,000	일본국채			
7							
8	수익률곡선	tenor	상품	민감도	요소별민감도	RW	위험가중민감도
9	일본국채	0.25	통화스왑2	- 2,474,920,000	- 2,474,920,000	1.20%	- 29,699,040
10		0.5	백금선물	1,483,010,000	1,483,010,000	1.20%	17,796,120
11		2	통화스왑2	- 190,700,000	- 190,700,000	0.92%	- 1,754,440
12		3	통화스왑2	- 390,000	- 390,000	0.85%	- 3,315
13						WS k	- 13,660,675
14	(1) 상관계수 적용						
15			동일tenor, 다른커브	다른 tenor, 동일커브	다른tenor, 다른커브		
16	tenor			0.25	0.50	2	3
17		커브		TB	TB	TB	TB
18			리스크량	- 29,699,040	17,796,120	- 1,754,440	- 3,315
19	0.25	TB	- 29,699,040	100%	94.09%	62.12%	53.92%
20	0.50	TB	17,796,120		100%	82.79%	72.14%
21	2	TB	- 1,754,440		-	100%	97.02%
22	3	TB	- 3,315		-	-	100%
23							
24	(2) 포트폴리오 표준편차						
25	tenor			0.25	0.50	2	3
26		커브		TB	TB	TB	TB
27			리스크량	- 29,699,040	17,796,120	- 1,754,440	- 3,315
28	0.25	TB	- 29,699,040	882,032,976,921,600	- 497,286,972,566,577	32,366,098,404,561	53,084,780,801
29	0.50	TB	17,796,120		316,701,887,054,400	-25,847,705,014,020	-42,559,312,134
30	2	TB	- 1,754,440			3,078,059,713,600	5,642,791,616
31	3	TB	- 3,315				10,989,225
32							
33						대각선	1,201,812,934,678,820
34						윗변	-490,752,410,915,752
35						포트폴리오분산	220,308,112,847,320
36						포트폴리오 표준편차(Kb)	14,842,780
37						WSk합	- 13,660,675

	A	B	C	D	E	F
1		GIRR(EUR)				
2			tenor	민감도	수익률곡선	
3		통화옵션3	0.25	- 17,360,000	EUR 수익률	
4		통화옵션4	0.25	- 743,120,000	EUR 수익률	
5						
6	tenor	상품	민감도	요소별민감도	RW	위험가중민감도
7	0.25	통화옵션3	- 17,360,000	- 760,480,000	1.20%	- 9,125,760.00
8		통화옵션4	- 743,120,000			
9					WS k	- 9,125,760.00
10						
11				포트폴리오분산	83,279,495,577,600	
12				포트폴리오 표준편차(Kb)	9,125,760	
13				WSk합	- 9,125,760	

GIRR 자본량 총계

	B	C	D	E	F	G
2		원화	달러	JPY	EUR	
3	K b	2,187,242,346	1,753,143,908	14,842,780	9,125,760	
4	WS k	-1,160,076,083	-1,651,908,647	-13,660,675	-9,125,760	
5						
6	상관계수표					
7			원화	달러	JPY	EUR
8		S b	-1,160,076,083	-1,651,908,647	-13,660,675	-9,125,760
9	원화	-1,160,076,083	kb^2	37.5%	37.5%	37.5%
10	달러	-1,651,908,647		kb^2	37.5%	37.5%
11	JPY	-13,660,675			kb^2	37.5%
12	EUR	-9,125,760				kb^2
13						
14	포트폴리오 자본량					
15			원화	달러	JPY	EUR
16		S b	-1,160,076,083	-1,651,908,647	-13,660,675	-9,125,760
17	원화	-1,160,076,083	4,784,029,079,524,870,000	718,627,392,167,088,000	5,942,783,378,681,670	3,969,965,967,702,040
18	달러	-1,651,908,647		3,073,513,561,490,990,000	8,462,320,183,633,770	5,653,095,695,417,520
19	JPY	-13,660,675			220,308,112,847,320	46,749,015,558,000
20	EUR	-9,125,760				83,279,495,577,600
21						
22		대각선	7,857,846,228,624,290,000.00			
23		윗변	742,702,306,408,081,000			
24		총계	9,343,250,841,440,450,000.00			
25		최종자본량	3,056,673,166			

2. 금리리스크(CSR)상품의 자본량 계산

CSR(비유동화)

	A	B	C	D	E	F
1	**bucket 1 : 만기가 다르므로 netting 안됨**					
2		tenor	발행인커브	민감도		
3	통안증권	0.5	KTB	- 3,051,340,000		
4	국고채	10	KTB	- 403,002,400,000		
5						
6						
7	상품	tenor	민감도	요소별민감도	RW	위험가중민감도
8	통안증권	0.5	- 3,051,340,000	- 3,051,340,000	0.50%	- 15,256,700
9	국고채	10	- 403,002,400,000	- 403,002,400,000	0.50%	- 2,015,012,000
10						
11						
12	(1) 상관계수 적용					
13						
14	tenor				0.5	10
15		발행인커브			KTB	KTB
16			상품		통안증권	국고채
17				위험가중민감도	- 15,256,700	- 2,015,012,000
18	0.5	KTB	통안증권	- 15,256,700	100%	17.06%
19	10	KTB	국고채	- 2,015,012,000		100.00%
20						
21	(2) 포트폴리오 표준편차(Kb)					
22	tenor			0.5	10	
23		발행인커브		KTB	KTB	
24			위험가중민감도	- 15,256,700	- 2,015,012,000	
25	0.5	KTB	- 15,256,700	232,766,894,890,000	5,245,427,729,655,750	
26	10	KTB	- 2,015,012,000	5,245,427,729,655,750	4,060,273,360,144,000,000	
27						
28			포트폴리오분산	4,070,996,982,498,200,000		
29			포트폴리오 표준편차(Kb)	2,017,671,178		
30			WS k	- 2,030,268,700		
31						
32						
33	**bucket 2: 만기가 다르므로 netting 안됨**					
34		tenor	민감도			
35	K공사	0.5	- 5,762,510,000			
36		1	- 1,152,500,000			
37						
38	상품	tenor	민감도	요소별민감도	RW	위험가중민감도
39	K공사	0.5	- 5,762,510,000	- 5,762,510,000	1.00%	- 57,625,100
40	K공사	1	- 1,152,500,000	- 1,152,500,000	1.00%	- 11,525,000
41						
42	(1) 상관계수 적용					
43	tenor			0.5	1	
44		발행인커브		AA+	AA+	
45			상품	K공사	K공사	
46			위험가중민감도	- 57,625,100	- 11,525,000	
47	0.5	AA+	- 57,625,100	100%	48.75%	
48	1	AA+	- 11,525,000		100.00%	
49						
50	(2) 포트폴리오 표준편차(Kb)					
51	tenor			0.5	1	
52		발행인커브		AA+	AA+	
53			위험가중민감도	- 57,625,100	- 11,525,000	
54	0.5	AA+	- 57,625,100	3,320,652,150,010,000	323,763,022,781,250	
55	1	AA+	- 11,525,000	323,763,022,781,250	132,825,625,000,000	
56						
57			포트폴리오분산	4,101,003,820,572,500		
58			포트폴리오 표준편차(Kb)	64,039,080		
59			WS k	- 69,150,100		
60						

	A	B	C	D	E	F
61	**bucket 3**					
62		tenor	민감도			
63	H캐피탈(매도)	0.5	9,594,090,000			
64						
65	상품	tenor	민감도	요소별민감도	RW	위험가중민감도
66	H캐피탈(매도)	0.5	9,594,090,000	9,594,090,000	5.00%	479,704,500
67						
68	(1) 상관계수 적용					
69	tenor			0.5		
70		발행인커브		AA+		
71			상품	H캐피탈		
72			위험가중민감도	479,704,500		
73	0.5	AA+	479,704,500	100%		
74						
75	(2) 포트폴리오 표준편차(Kb)					
76	tenor			0.5		
77		발행인커브		AA+		
78			위험가중민감도	479,704,500		
79	0.5	AA+	479,704,500	230,116,407,320,250,000		
80						
81			포트폴리오분산	230,116,407,320,250,000		
82			포트폴리오 표준편차(Kb)	479,704,500		
83			WS k	479,704,500		
84						
85	**bucket 4: 발행인 스프레드커브, 만기가 다르므로 netting안됨**					
86		tenor	민감도			
87	K자동차	3	- 32,992,890,000			
88		5	- 1,434,470,000			
89	C전기	0.5	- 22,259,240,000			
90						
91	상품	tenor	민감도	요소별민감도	RW	위험가중민감도
92	C전기	0.5	- 22,259,240,000	- 22,259,240,000	3%	- 667,777,200
93	K자동차	3	- 32,992,890,000	- 32,992,890,000	3%	- 989,786,700
94	K자동차	5	- 1,434,470,000	- 1,434,470,000	3%	- 43,034,100
95						
96	(1) 상관계수 적용					
97	tenor			0.5	3	5
98		발행인커브		A-	AA+	AA+
99			상품	C전기	K 자동차	K자동차
100			위험가중민감도	- 667,777,200	- 989,786,700	- 43,034,100
101	0.5	A-	- 667,777,200	100%	17.05%	17.05%
102	3	AA+	- 989,786,700		100.00%	48.75%
103	5	AA+	- 43,034,100			100%
104						
105	(2) 포트폴리오 표준편차(Kb)					
106	tenor			0.5	3	5
107		발행인커브		A-	AA+	AA+
108			위험가중민감도	- 667,777,200	- 989,786,700	- 43,034,100
109	0.5	A-	- 667,777,200	445,926,388,839,840,000	112,663,010,823,792,000	4,898,379,897,499,300
110	3	AA+	- 989,786,700	112,663,010,823,792,000	979,677,711,496,890,000	20,764,857,665,404,100
111	5	AA+	- 43,034,100	4,898,379,897,499,300	20,764,857,665,404,100	1,851,933,762,810,000
112						
113			포트폴리오분산	1,704,108,530,872,930,000		
114			포트폴리오 표준편차(Kb)	1,305,415,080		
115			WS k	-1,700,598,000		
116						
117	**bucket 13:만기가 다르므로 netting 안됨**					
118		tenor	민감도			
119	S상사(매도)	0.5	2,725,950,000			
120		1	1,362,970,000			
121						
122	상품	tenor	민감도	요소별민감도	RW	위험가중민감도
123	S상사(매도)	0.5	2,725,950,000	2,725,950,000	8.5%	231,705,750
124	S상사(매도)	1	1,362,970,000	1,362,970,000	8.5%	115,852,450
125						
126	(1) 상관계수 적용					
127	tenor			0.5	1	
128		발행인커브		BB-	BB-	
129			상품	S상사	S상사	
130			위험가중민감도	231,705,750	115,852,450	
131	0.5	BB-	231,705,750	100%	48.75%	
132	1	BB-	115,852,450		100.00%	
133						
134	(2) 포트폴리오 표준편차(Kb)					
135	tenor			0.5	1	
136		발행인커브		BB-	BB-	
137			위험가중민감도	231,705,750	115,852,450	
138	0.5	BB-	231,705,750	53,687,554,583,062,500	13,086,293,423,086,400	
139	1	BB-	115,852,450	13,086,293,423,086,400	13,421,790,171,002,500	
140						
141			포트폴리오분산	93,281,931,600,237,900		
142			포트폴리오 표준편차(Kb)	305,420,909		
143			WS k	347,558,200		

	B	C	D	E	F	G	H	I	J	K
2	bucket 1		bucket2		bucket3		bucket4		bucket 13	
3	IG		IG		IG		IG		HY/NR	
4	국가		지방정부		금융기관		제조업		소비재와 서비스	
5	kb	2,017,671,178	kb	64,039,080	kb	479,704,500	kb	1,305,415,080	kb	305,420,909
6	WS k	-2,030,268,700	WS k	-69,150,100	WS k	479,704,500	WS k	-1,700,598,000	WS k	347,558,200
7										
8	상관계수표									
9		동일등급, 다른섹터								
10		다른등급, 다른섹터								
11			bucket1	bucket2	bucket3	bucket4	bucket13			
12		S b	-2,030,268,700	-69,150,100	479,704,500	-1,700,598,000	347,558,200			
13	bucket1	-2,030,268,700	kb^2	56.3%	7.5%	15.0%	9.4%			
14	bucket2	-69,150,100		kb^2	3.8%	11.3%	7.5%			
15	bucket3	479,704,500			kb^2	3.8%	5.6%			
16	bucket4	-1,700,598,000				kb^2	7.5%			
17	bucket13	347,558,200					kb^2			
18										
19	포트폴리오 자본량									
20			bucket1	bucket2	bucket3	bucket4	bucket13			
21		S b	-2,030,268,700	-69,150,100	479,704,500	-1,700,598,000	347,558,200			
22	bucket1	-2,030,268,700	4,070,996,982,498,200,000	78,971,222,042,926,900	-73,044,677,369,936,300	517,900,633,602,390,000	-66,153,425,145,781,900			
23	bucket2	-69,150,100		4,101,003,820,572,500	-1,243,935,530,454,380	13,229,608,697,977,500	-1,802,526,321,436,500			
24	bucket3	479,704,500			230,116,407,320,250,000	-30,591,919,248,412,500	9,378,294,331,044,380			
25	bucket4	-1,700,598,000				1,704,108,530,872,930,000	-44,329,258,485,270,000			
26	bucket13	347,558,200					93,281,931,600,237,900			
27										
28					대각선	6,102,604,856,112,190,000				
29					윗변	402,314,016,573,047,000				
30					총계	6,907,232,889,258,290,000				
31					최종자본량	2,628,161,504				

CSR(유동화 non-CTP)

	A	B	C	D	E	F
2	**bucket1**					
3		tenor	수익률곡선	민감도		
4	MBS1	10	AAA-	- 68,562,528,630		
5						
6	상품	tenor	민감도	요소별민감도	RW	위험가중민감도
7	MBS1	10	- 68,562,528,630	- 68,562,528,630	0.90%	- 617,062,758
8						
9	(1) 상관계수 적용					
10	tenor			0.5		
11		트랜치커브		AA+		
12			상품	MBS1		
13			위험가중민감도	- 617,062,758		
14	10	AAA-	- 617,062,758	100%		
15						
16	(2) 포트폴리오 표준편차(Kb)					
17	tenor			0.5		
18		트랜치커브		AA+		
19			위험가중민감도	- 617,062,758		
20	10	AAA-	- 617,062,758	380,766,446,903,305,000		
21						
22			포트폴리오분산	380,766,446,903,305,000		
23			포트폴리오 표준편차(Kb)	617,062,758		
24			WS k	-617,062,758		
25						
26	**bucket 9**					
27		tenor	수익률곡선	민감도		
28	MBS2	5	BBB+	30,760,758,820		
29						
30	상품	tenor	민감도	요소별민감도	RW	위험가중민감도
31	MBS2	5	30,760,758,820	30,760,758,820	1.125%	346,058,537
32						
33	(1) 상관계수 적용					
34	tenor			5		
35		트랜치커브		BBB+		
36			상품	MBS2		
37			위험가중민감도	346,058,537		
38	5	BBB+	346,058,537	100%		
39						
40	(2) 포트폴리오 표준편차(Kb)					
41	tenor			0.5		
42		트랜치커브		BBB+		
43			위험가중민감도	346,058,537		
44	5	BBB+	346,058,537	119,756,510,840,248,000		
45						
46			포트폴리오분산	119,756,510,840,248,000		
47			포트폴리오 표준편차(Kb)	346,058,537		
48			WS k	346,058,537		

	A	B	C	D	E	F
50	**bucket 16 : 다른 트랜치커브, 다른 만기이므로 netting 안됨**					
51		tenor	수익률곡선	민감도	트랜치	
52	CDO1	4	BBB+	14,149,792,940	f(10,15)	
53	CDO2	5	A+	- 43,998,805,670	f(15,30)	
54						
55	상품	tenor	민감도	요소별민감도	RW	위험가중민감도
56	CDO1	3	6,191,211,323	6,191,211,323	1.75%	108,346,198
57		5	8,048,581,621	8,048,581,621	1.75%	140,850,178
58	CDO2	5	- 43,998,805,670	- 43,998,805,670	1.75%	- 769,979,099
59						
60	(1) 상관계수 적용					
61	tenor			3	5	5
62		트랜치커브		BBB+	BBB+	A+
63			상품	CDO1	CDO1	CDO2
64			위험가중민감도	108,346,198	140,850,178	- 769,979,099
65	3	BBB+	108,346,198	100%	60%	23.98%
66	5	BBB+	140,850,178		100%	29.97%
67	5	A+	- 769,979,099			100%
68						
69	(2) 포트폴리오 표준편차(Kb)					
70	tenor			3	5	5
71		트랜치커브		BBB+	BBB+	A+
72			위험가중민감도	108,346,198	140,850,178	- 769,979,099
73	4	BBB+	108,346,198	11,738,898,654,100,800	9,156,348,801,132,080	-20,001,812,099,965,800
74		BBB+	140,850,178	9,156,348,801,132,080	19,838,772,746,156,600	-32,502,972,531,487,000
75	5	A+	- 769,979,099	-20,001,812,099,965,800	-32,502,972,531,487,000	592,867,813,243,342,000
76						
77			포트폴리오분산	537,748,612,982,959,000		
78			포트폴리오 표준편차(Kb)	733,313,448		
79			WS k	-520,782,723		
80						
81	bucket 1		bucket9		bucket16	
82	kb	617,062,758	kb	346,058,537	kb	733,313,448
83	WS k	- 617,062,758	WS k	346,058,537	WS k	- 520,782,723
84						
85	상관계수표					
86			bucket1	bucket9	bucket16	
87		S b	- 617,062,758	346,058,537	- 520,782,723	
88	bucket1	- 617,062,758	kb^2	0	0	
89	bucket9	346,058,537		kb^2	0	
90	bucket16	- 520,782,723			kb^2	
91						
92	포트폴리오 자본량					
93			bucket1	bucket9	bucket16	
94		S b	- 617,062,758	346,058,537	- 520,782,723	
95	bucket1	- 617,062,758	380,766,446,903,305,000	0	0	
96	bucket9	346,058,537		119,756,510,840,248,000	0	
97	bucket16	- 520,782,723			537,748,612,982,959,000	
98						
99				대각선	1,038,271,570,726,510,000	
100				윗변	0	
101				총계	1,038,271,570,726,510,000	
102				최종자본량	1,018,956,118	

3. 주식리스크 상품의 자본량 계산

	B	C	D	E	F
2	bucket 1				
3	상품	민감도	요소별민감도	위험가중치	위험가중민감도
4	주식1	23,400,000,000	23,400,000,000	55%	12,870,000,000
5	주식2	- 13,000,000,000	- 13,000,000,000	55%	- 7,150,000,000
6					
7	bucket 내 계산				
8	(1) 상관계수 적용				
9			주식1	주식2	
10		위험가중민감도	12,870,000,000	- 7,150,000,000	
11	주식1	12,870,000,000	1	11.25%	
12	주식2	- 7,150,000,000		1	
13					
14	(2) 포트폴리오 표준편차(Kb)				
15			주식1	주식2	
16		위험가중민감도	12,870,000,000	- 7,150,000,000	
17	주식1	12,870,000,000	165,636,900,000,000,000,000.00	- 10,352,306,250,000,000,000	
18	주식2	- 7,150,000,000	- 10,352,306,250,000,000,000	51,122,500,000,000,000,000	
19		포트폴리오 분산	196,054,787,500,000,000,000		
20		포트폴리오 표준편차	14,001,956,560		
21					
22	K b	14,001,956,560			
23	WS k 합	5,720,000,000			
24					
25					
26	bucket2				
27	상품	민감도	요소별민감도	위험가중치	위험가중민감도
28	주식3	5,000,000,000	5,292,702,900	60%	3,175,621,740
29	주식3콜	292,702,900			
30					
31	K b	3,175,621,740			
32	WS k 합	3,175,621,740			
33					
34	bucket4				
35	상품	민감도	요소별민감도	위험가중치	위험가중민감도
36	주식4	25,000,000,000	25,000,000,000	55%	13,750,000,000
37					
38	K b	13,750,000,000			
39	WS k 합	13,750,000,000			
40					
41	bucket9				
42	상품	민감도	요소별민감도	위험가중치	위험가중민감도
43	주식5	3,500,000,000	3,493,768,600	70%	2,445,638,020
44	주식5풋	- 6,231,400			
45					
46	K b	2,445,638,020			
47	WS k 합	2,445,638,020			
48					
49	bucket13				
50	상품	민감도	요소별민감도	위험가중치	위험가중민감도
51	kospi200선물1	8,890,000,000	2,542,282,800	25%	635,570,700
52	kospi200선물2	- 6,350,000,000			
53	kospi200콜1	838,764,200			
54	kospi200콜2	- 651,358,700			
55	kospi200풋1	- 555,368,100			
56	kospi200풋2	370,245,400			
57					
58	K b	635,570,700			
59	WS k 합	635,570,700			

	B	C	D	E	F	G	H
63	상관계수표						
64			bucket1	bucket2	bucket4	bucket9	bucket13
65		S b	5,720,000,000	3,175,621,740	13,750,000,000	2,445,638,020	635,570,700
66	bucket1	5,720,000,000	Kb^2	11.25%	11.25%	11.25%	33.75%
67	bucket2	3,175,621,740		Kb^2	11.25%	11.25%	33.75%
68	bucket4	13,750,000,000			Kb^2	11.25%	33.75%
69	bucket9	2,445,638,020				Kb^2	33.75%
70	bucket13	635,570,700					Kb^2
71							
72	포트폴리오 자본량						
73			bucket1	bucket2	bucket4	bucket9	bucket13
74		S b	5,720,000,000	3,175,621,740	13,750,000,000	2,445,638,020	635,570,700
75	bucket1	5,720,000,000	196,054,787,500,000,000,000	2,043,512,589,690,000,000	8,848,125,000,000,000,000	1,573,768,065,870,000,000	1,226,969,236,350,000,000
76	bucket2	3,175,621,740		10,084,573,435,560,600,000	4,912,289,879,062,500,000	873,722,392,254,287,000	681,187,094,626,619,000
77	bucket4	13,750,000,000			189,062,500,000,000,000,000	3,783,096,312,187,500,000	2,949,445,279,687,500,000
78	bucket9	2,445,638,020				5,981,145,324,869,520,000	524,601,855,557,330,000
79	bucket13	635,570,700					403,950,114,698,490,000
80							
81			대각선	401,586,956,375,129,000,000.00			
82			윗변	27,416,717,705,285,700,000			
83			총계	456,420,391,785,700,000,000.00			
84			최종자본량	21,363,997,561			

4. 일반상품리스크 상품의 자본량 계산

	A	B	C	D	E	F	G
3	**BUCKET5: 인도지가 다르므로 netting 할 수 없음**						
4	상품	tenor	인도지	민감도	요소별민감도	RW	위험가중민감도
5	구리선물1	0.5	C port	369,488,600	369,488,600	40.00%	147,795,440
6	구리선물2	0.5	D port	- 814,006,800	- 814,006,800	40.00%	- 325,602,720
7							
8	(1) 상관계수 적용						
9	인도지				C port	D port	
10		tenor			0.5	0.5	
11			상품		구리선물1	구리선물2	
12				위험가중민감도	147,795,440	- 325,602,720	
13	C port	0.5	구리선물1	147,795,440	100%	99.8%	
14	D port	1	구리선물2	- 325,602,720		100.00%	
15							
16	(2) 포트폴리오 표준편차(Kb)						
17	상품		구리선물1	구리선물2			
18		위험가중민감도	147,795,440	- 325,602,720			
19	구리선물1	147,795,440	21,843,492,084,793,600	-48,026,352,073,061,600			
20	구리선물2	- 325,602,720	-48,026,352,073,061,600	106,017,131,271,398,000			
21							
22		분산	31,807,919,210,068,800				
23		표준편차(Kb)	178,347,748				
24		WS k 합	- 177,807,280				
25							
26	**BUCKET7: 상품, tenor, 인도지가 다르므로 netting 할 수 없음**						
27	상품	tenor	인도지	민감도	요소별민감도	RW	위험가중민감도
28	금선물	0.25	A port	228,056,400	228,056,400	20.00%	45,611,280
29	백금선물	0.5	B port	3,007,624,300	3,007,624,300	20.00%	601,524,860
30					WS k	647,136,140	
31	(1) 상관계수 적용						
32	인도지				A port	B port	
33		tenor			0.25	0.5	
34			상품		금선물	백금선물	
35				위험가중민감도	45,611,280	601,524,860	
36	A port	0.25	금선물	45,611,280	100%	40.7967%	
37	B port	0.5	백금선물	601,524,860		100.00%	
38							
39							
40	(2) 포트폴리오 표준편차(Kb)						
41			금선물	백금선물			
42		위험가중민감도	45,611,280	601,524,860			
43	금선물	45,611,280	2,080,388,863,238,400	11,193,102,389,959,200			
44	백금선물	601,524,860	11,193,102,389,959,200	361,832,157,198,020,000			
45							
46		분산	386,298,750,841,176,000				
47		Kb	621,529,364				
48		WS k 합	647,136,140				
49							
50							
51	상관계수표						
52			bucket5	bucket7			
53		S b	-177,807,280	647,136,140			
54	bucket5	-177,807,280	kb^2	15%			
55	bucket7	647,136,140		kb^2			
56							
57							
58	포트폴리오 자본량						
59			bucket5	bucket7			
60		S b	-177,807,280	647,136,140			
61	bucket5	-177,807,280	31,807,919,210,068,800	-17,259,827,526,464,900			
62	bucket7	647,136,140		386,298,750,841,176,000			
63							
64		대각선	418,106,670,051,245,000.00				
65		윗변	-17,259,827,526,464,900	**C64+C65*2**			
66		총계	383,587,014,998,315,000.00				
67		최종자본량	619,344,020				

5. FX리스크 상품의 자본량 계산

	A	B	C	D	E	F
3	USD/KRW					
4	상품	민감도	요소별민감도	위험가중치	위험가중민감도	
5	FRA1	-				
6	FRA2	-			=15%/SQRT(2)	
7	CAP	-				
8	FLOOR	-				
9	Payer swap	-				
10	receiver swap	-				
11	달러선물1	168,750,000				
12	달러선물2	- 247,438,125	536,499,005	10.6%	56,868,895	
13	통화스왑1	- 10,345,925,250				
14	통화스왑2	11,167,057,130				
15	통화옵션콜	2,813,625				
16	통화옵션풋	1,402,875				
17	금선물	224,775,000				
18	구리선물1	363,420,000				
19	구리선물2	- 798,356,250				
20				K b	56,868,895	
21				WS k	56,868,895	
22						ABS(E25)
23	JPY/KRW					
24	상품	민감도	요소별민감도	위험가중치	위험가중민감도	
25	통화스왑2	- 10,905,818,620	- 7,664,090,620	10.6%	- 812,393,606	
26	백금선물	3,241,728,000				
27				K b	812,393,606	
28				WS k	- 812,393,606	E25
29						
30	EUR/KRW					
31	상품	민감도	요소별민감도	위험가중치	위험가중민감도	
32	통화옵션콜	105,334,348	104,821,444	10.6%	11,111,073	
33	통화옵션풋	- 512,904				
34				K b	11,111,073	
35				WS k	11,111,073	
36						
37						
38						
39	상관계수표					
40			USD	JPY	EUR	
41		S b	56,868,895	-812,393,606	11,111,073	
42	USD	56,868,895	kb^2	45%	45%	
43	JPY	-812,393,606		kb^2	45%	
44	EUR	11,111,073			kb^2	
45						
46	포트폴리오 자본량					
47			USD	JPY	EUR	
48		S b	56,868,895	-812,393,606	11,111,073	
49	USD	56,868,895	659,983,370,614,743,000	-20,789,966,826,241,700	284,343,498,986,283	
50	JPY	-812,393,606		659,983,370,614,743,000	-4,061,954,119,446,600	
51	EUR	11,111,073			123,455,944,633,546	
52						
53			대각선	1,320,090,197,174,120,000		
54			윗변	-24,567,577,446,702,000		
55			총계	1,270,955,042,280,720,000		
56			자본량	1,127,366,419		

6. 옵션리스크(Vega, Curvature)상품의 자본량 계산

GIRR Vega

	A	B	C	D	E	F	G	H	I	J	K	L
2	GIRR Vega 리스크(USD bucket)											
3						옵션상품 원만기		변동성 tenor				
4		Vega(USD)	Vega(KRW)	Vega 민감도	세부상품	옵션만기	기초자산만기	옵션만기	기초자산만기	민감도배분	변동성	Vega 민감도
5	Cap	1,078	1,212,750	145,530	caplet1	1.0	1.0	1.0	1.0	72,765	12.0%	8,732
6					caplet2	2.0	1.0	1.0	1.0	36,383	12.0%	4,366
7								3.0	1.0	36,383	12.5%	4,548
8	Floor	734	825,750	99,090	floorlet1	0.5	0.5	0.5	0.5	33,030	11.0%	3,633
9					floorlet2	1.0	0.5	1.0	0.5	33,030	11.5%	3,798
10					floorlet3	1.5	0.5	1.0	0.5	24,773	11.5%	2,849
11								3.0	0.5	8,258	12.5%	1,032
12	Payer swaption	-361	-406,125	-48,735	Payer swaption	2.0	3.0	1.0	3.0	-24,368	12.5%	-3,046
13								3.0	3.0	-24,368	11.5%	-2,802
14	Receiver swaption	26	29,250	3,510	Receiver swaption	2.0	3.0	1.0	3.0	1,755	12.5%	219
15								3.0	3.0	1,755	11.5%	202

Vega 리스크 민감도 배정 (L9+L10, L5+L6, L12+L14)

옵션만기 \ 기초자산만기	0.5	1	3	5	10
0.5	3,633				
1	6,647	13,098	-2,827		
3	1,032	4,548	-2,600		
5					
10					

위험가중민감도 계산 (C20*$C$27)

위험가중치 100%

옵션만기 \ 기초자산만기	0.5	1	3	5	10
0.5	3,633	-	-	-	-
1	6,647	13,098	-2,827	-	-
3	1,032	4,548	-2,600	-	-
5	-	-	-	-	-
10	-	-	-	-	-

	B	C	D	E	F	G	H	I	J
36	(1) 상관계수 적용								
37	옵션_기초자산만기		0.5_0.5	1_0.5	1_1	1_3	3_0.5	3_1	3_3
38		위험가중민감도	3,633	6,647	13,098	- 2,827	1,032	4,548	- 2,600
39	0.5_0.5	3,633	100.0%	98.0%	96.0%	88.4%	90.2%	88.4%	81.0%
40	1_0.5	6,647	98.0%	100.0%	98.0%	90.2%	96.0%	94.1%	86.5%
41	1_1	13,098	96.0%	98.0%	100.0%	96.0%	94.1%	96.0%	92.2%
42	1_3	- 2,827	88.4%	90.2%	96.0%	100.0%	86.5%	92.2%	96.0%
43	3_0.5	1,032	90.2%	96.0%	94.1%	86.5%	100.0%	98.0%	90.2%
44	3_1	4,548	88.4%	94.1%	96.0%	92.2%	98.0%	100.0%	96.0%
45	3_3	- 2,600	81.0%	86.5%	92.2%	96.0%	90.2%	96.0%	100.0%
46									
47	(2)포트폴리오 표준편차								
48	옵션_기초자산만기		0.5_0.5	1_0.5	1_1	1_3	3_0.5	3_1	3_3
49		위험가중민감도	3,633	6,647	13,098	- 2,827	1,032	4,548	- 2,600
50	0.5_0.5	3,633	13,200,869	23,670,965	45,703,267	- 9,073,622	3,384,443	14,599,052	- 7,649,945
51	1_0.5	6,647	23,670,965	44,186,431	85,331,571	- 16,956,275	6,589,523	28,443,718	- 14,948,594
52	1_1	13,098	45,703,267	85,331,571	171,549,745	- 35,555,319	12,720,172	57,206,917	- 31,388,746
53	1_3	- 2,827	- 9,073,622	- 16,956,275	- 35,555,319	7,989,456	- 2,523,055	- 11,846,598	7,059,208
54	3_0.5	1,032	3,384,443	6,589,523	12,720,172	- 2,523,055	1,065,411	4,600,779	- 2,422,325
55	3_1	4,548	14,599,052	28,443,718	57,206,917	- 11,846,598	4,600,779	20,682,599	- 11,357,949
56	3_3	- 2,600	- 7,649,945	- 14,948,594	- 31,388,746	7,059,208	- 2,422,325	- 11,357,949	6,762,275
57									
58				포트폴리오 분산		556,611,157			
59				포트폴리오 표준편차(Kb)		23,593			
60				Wsk		23,531			
61			USD단일 bucket	최종자본량		23,593			

참고 Vega GIRR bucket내 상관계수 행렬

Vega GIRR bucket 내 상관계수 행렬

		상품1	0.5_0.5	0.5_1	0.5_3	0.5_5	0.5_10	1_0.5	1_1	1_3	1_5	1_10	3_0.5	3_1	3_3	3_5	3_10	5_0.5	5_1	5_3	5_5	5_10	1-_0.5	10_1	10_3	10_5	10_10
상품2		옵션만기	0.5	0.5	0.5	0.5	0.5	1	1	1	1	1	3	3	3	3	3	5	5	5	5	5	10	10	10	10	10
옵션만기	기초만기	기초만기	0.5	1	3	5	10	0.5	1	3	5	10	0.5	1	3	5	10	0.5	1	3	5	10	0.5	1	3	5	10
0.5	0.5	0.5_0.5	100%	98%	90%	83%	65%	98%	96%	88%	81%	64%	90%	88%	81%	74%	59%	83%	81%	74%	67%	57%	65%	64%	59%	57%	51%
0.5	1	0.5_1	98%	100%	96%	92%	83%	96%	98%	94%	90%	81%	88%	90%	86%	83%	74%	81%	83%	79%	76%	67%	64%	65%	62%	60%	57%
0.5	3	0.5_3	90%	96%	100%	99%	95%	88%	94%	98%	97%	93%	81%	86%	90%	89%	86%	74%	79%	83%	82%	79%	59%	62%	65%	64%	62%
0.5	5	0.5_5	83%	92%	99%	100%	98%	81%	90%	97%	98%	96%	74%	83%	89%	90%	88%	67%	76%	82%	83%	81%	57%	60%	64%	65%	64%
0.5	10	0.5_10	65%	83%	95%	98%	100%	64%	81%	93%	96%	98%	59%	74%	86%	88%	90%	57%	67%	79%	81%	83%	51%	57%	62%	64%	65%
1	0.5	1_0.5	98%	96%	88%	81%	64%	100%	98%	90%	83%	65%	96%	94%	86%	79%	62%	92%	90%	83%	76%	60%	83%	81%	74%	67%	57%
1	1	1_1	96%	98%	94%	90%	81%	98%	100%	96%	92%	83%	94%	96%	92%	88%	79%	90%	92%	88%	85%	76%	81%	83%	79%	76%	67%
1	3	1_3	88%	94%	98%	97%	93%	90%	96%	100%	99%	95%	86%	92%	96%	95%	92%	83%	88%	92%	91%	88%	74%	79%	83%	82%	79%
1	5	1_5	81%	90%	97%	98%	96%	83%	92%	99%	100%	98%	79%	88%	95%	96%	94%	76%	85%	91%	92%	90%	67%	76%	82%	83%	81%
1	10	1_10	64%	81%	93%	96%	98%	65%	83%	95%	98%	100%	62%	79%	92%	94%	96%	60%	76%	88%	90%	92%	57%	67%	79%	81%	83%
3	0.5	3_0.5	90%	88%	81%	74%	59%	96%	94%	86%	79%	62%	100%	98%	90%	83%	65%	99%	97%	89%	82%	64%	95%	93%	86%	79%	62%
3	1	3_1	88%	90%	86%	83%	74%	94%	96%	92%	88%	79%	98%	100%	96%	92%	83%	97%	99%	95%	91%	82%	93%	95%	92%	88%	79%
3	3	3_3	81%	86%	90%	89%	86%	86%	92%	96%	95%	92%	90%	96%	100%	99%	95%	89%	95%	99%	97%	94%	86%	92%	95%	94%	91%
3	5	3_5	74%	83%	89%	90%	88%	79%	88%	95%	96%	94%	83%	92%	99%	100%	98%	82%	91%	97%	99%	97%	79%	88%	94%	95%	93%
3	10	3_10	59%	74%	86%	88%	90%	62%	79%	92%	94%	96%	65%	83%	95%	98%	100%	64%	82%	94%	97%	99%	62%	79%	91%	93%	95%
5	0.5	5_0.5	83%	81%	74%	67%	57%	92%	90%	83%	76%	60%	99%	97%	89%	82%	64%	100%	98%	90%	83%	65%	98%	96%	88%	81%	64%
5	1	5_1	81%	83%	79%	76%	67%	90%	92%	88%	85%	76%	97%	99%	95%	91%	82%	98%	100%	96%	92%	83%	96%	98%	94%	90%	81%
5	3	5_3	74%	79%	83%	82%	79%	83%	88%	92%	91%	88%	89%	95%	99%	97%	94%	90%	96%	100%	99%	95%	88%	94%	98%	97%	93%
5	5	5_5	67%	76%	82%	83%	81%	76%	85%	91%	92%	90%	82%	91%	97%	99%	97%	83%	92%	99%	100%	98%	81%	90%	97%	98%	96%
5	10	5_10	57%	67%	79%	81%	83%	60%	76%	88%	90%	92%	64%	82%	94%	97%	99%	65%	83%	95%	98%	100%	64%	81%	93%	96%	98%
10	0.5	10_0.5	65%	64%	59%	57%	51%	83%	81%	74%	67%	57%	95%	93%	86%	79%	62%	98%	96%	88%	81%	64%	100%	98%	90%	83%	65%
10	1	10_1	64%	65%	62%	60%	57%	81%	83%	79%	76%	67%	93%	95%	92%	88%	79%	96%	98%	94%	90%	81%	98%	100%	96%	92%	83%
10	3	10_3	59%	62%	65%	64%	62%	74%	79%	83%	82%	79%	86%	92%	95%	94%	91%	88%	94%	98%	97%	93%	90%	96%	100%	99%	95%
10	5	10_5	57%	60%	64%	65%	64%	67%	76%	82%	83%	81%	79%	88%	94%	95%	93%	81%	90%	97%	98%	96%	83%	92%	99%	100%	98%
10	10	10_10	51%	57%	62%	64%	65%	57%	67%	79%	81%	83%	62%	79%	91%	93%	95%	64%	81%	93%	96%	98%	65%	83%	95%	98%	100%

표시부분은 GIRR이외 리스크군에 적용할 상관계수 행렬임

주식 Vega

	A	B	C	D	E	F	G	H
1			주식 Vega 리스크					
2								
3	상품	bucket	옵션만기	변동성(tenor)	변동성	Vega(KRW)	Vega배정	Vega민감도
4	kospi200콜1	13	0.83	0.5	11.50%	4,689,092	1,563,031	179,749
5				1	12%		3,126,061	375,127
6	kospi200콜2		0.25	0.5	11.50%	- 143,445	- 143,445	- 16,496
7	kospi200풋1		0.25	0.5	11.50%	1,226,189	1,226,189	141,012
8	kospi200풋2		0.25	0.5	11.50%	- 1,839,284	- 1,839,284	- 211,518
9	주식3콜	2	0.92	0.5	22%	784,250	125,480	27,606
10				1	25.71%		658,770	169,370
11	주식5풋	9	0.92	0.5	21%	86,367	13,819	2,902
12				1	24.18%		72,548	17,542
13								
14	상품별 net위험가중민감도와 Kb계산							
15								
16	상품	kospi200	옵션만기					
17	bucket	13	0.5	1	3	5	10	
18	Vega 민감도		179,749	375,127				
19			- 16,496					
20			141,012					
21			- 211,518					
22	net Vega민감도		92,746	375,127	-	-	-	
23	위험가중치기준	지수						
24	위험가중치		77.78%	77.78%	77.78%	77.78%	77.78%	
25	위험가중민감도		72,138	291,774	-	-	-	
26								
27	bucket 13							
28	(1) 상관계수 적용							
29	변동성 tenor		0.5	1				
30		상품	kospi200	kospi200				
31		위험가중민감도	72,138	291,774				
32	0.5	72,138	100%	98.01%	동일지수 Delta	100%		
33	1	291,774		100%	옵션만기 Delta	98%		
34								
35	(2) 포트폴리오 표준편차(Kb)							
36	변동성 tenor		0.5	1				
37		위험가중민감도	72,138	291,774				
38	0.5	72,138	5,203,915,666	20,629,183,845				
39	1	291,774	20,629,183,845	85,132,102,444				
40								
41		포트폴리오 분산	131,594,385,801					
42		포트폴리오표준편차(Kb)	362,759					
43		Wsk	363,912					
44								
45								
46	상품	주식3	옵션만기					
47	bucket	2	0.5	1	3	5	10	
48	Vega 민감도		27,606	169,370				
49	net Vega민감도		27,606	169,370	-	-	-	
50	위험가중치기준	대형						
51	위험가중치		77.78%	77.78%	77.78%	77.78%	77.78%	
52	위험가중민감도		21,472	131,736	-	-	-	
53								
54	bucket 2							
55	(1) 상관계수 적용							
56	변동성 tenor		0.5	1				
57		상품	주식3	주식3				
58		위험가중민감도	21,472	131,736				
59	0.5	21,472	100%	98.01%	동일주식 Delta	100%		
60	1	131,736		100%	옵션만기 Delta	98%		
61								
62	(2) 포트폴리오 표준편차(Kb)							
63	변동성 tenor		0.5	1				
64		위험가중민감도	21,472	131,736				
65	0.5	21,472	461,031,139	2,772,293,460				
66	1	131,736	2,772,293,460	17,354,322,259				
67								
68		포트폴리오 분산	23,359,940,317					
69		포트폴리오표준편차(Kb)	152,840					
70		Wsk	153,207					

	A	B	C	D	E	F	G
73	상품	주식5	옵션만기				
74	bucket	9	0.5	1	3	5	10
75	Vega 민감도		2,902	17,542			
76	net Vega민감도		2,902	17,542	-	-	-
77	위험가중치기준	소형					
78	위험가중치		100.00%	100.00%	100.00%	100.00%	100.00%
79	위험가중민감도		2,902	17,542	-	-	-
80							
81	bucket 9						
82	(1) 상관계수 적용						
83	변동성 tenor		0.5	1			
84		상품	주식5	주식5			
85		위험가중민감도	2,902	17,542			
86	0.5	2,902	100%	98.01%	동일지수 Delta	100%	
87	1	17,542		100%	옵션만기 Delta	98%	
88							
89	(2) 포트폴리오 표준편차(Kb)						
90	변동성 tenor		0.5	1			
91		위험가중민감도	2,902	17,542			
92	0.5	2,902	8,421,205	49,893,132			
93	1	17,542	49,893,132	307,727,872			
94							
95		포트폴리오 분산	415,935,342				
96		포트폴리오표준편차(Kb)	20,394				
97		Wsk	20,444				
98							
99							
100		bucket13	bucket2	bucket9			
101	Kb	362,759	152,840	20,394			
102	Wsk	363,912	153,207	20,444			
103							
104	상관계수표						
105			bucket13	bucket2	bucket9		
106		Sb(Wsk)	363,912	153,207	20,444		
107	bucket13	363,912	Kb^2	33.8%	33.8%		
108	bucket2	153,207		Kb^2	11.3%		
109	bucket9	20,444			Kb^2		
110	bucket간 적용할 상관계수는 Delta 리스크 산출시 적용하는 상관계수와 동일						
111							
112	포트폴리오 자본량						
113			bucket13	bucket2	bucket9		
114		Sb(Wsk)	363,912	153,207	20,444		
115	bucket13	363,912	131,594,385,801	18,816,995,757	2,510,952,742		
116	bucket2	153,207		23,359,940,317	352,371,268		
117	bucket9	20,444			415,935,342		
118			대각선	155,370,261,460			
119			윗변	21,680,319,767			
120			총계	198,730,900,994			
121			최종자본량	445,792			

FX 베가

	B	C	D	E	F	G	H	I	J	K	L	M
1		FX Vega리스크										
2	상품	bucket	옵션잔존만기	변동성tenor	변동성	Vega(KRW)	Vega민감도	요소별 net민감도*	위험가중치기준	위험가중치	위험가중민감도	
3	KRW/USD(콜)	KRW/USD	0.25	0.5	7.60%	98,297	7,471	22,412	FX	100%	22,412	
4	KRW/USD(풋)	KRW/USD	0.25	0.5	7.60%	196,595	14,941					
5			*기초자산별 변동성 tenor기준으로 net 민감도 산출									
6												
7			1USD=1125KRW									
8	상품	bucket	옵션잔존만기	변동성tenor	변동성	Vega(USD)	Vega(KRW)	Vega민감도	요소별 net민감도*	위험가중치기준	위험가중치	위험가중민감도
9	USD/EUR(콜)	USD/EUR	0.5	0.5	8.96%	734.14	825,908	74,001	23,052	FX	100%	23,052
10	USD/EUR(풋)	USD/EUR	0.5	0.5	8.96%	-505.45	- 568,631	- 50,949				
11			*기초자산별 변동성 tenor기준으로 net 민감도 산출									
12												
13			KRW/USD	USD/EUR								
14		Kb	22,412	23,052								
15		Wsk	22,412	23,052								
16												
17	상관계수표											
18			KRW/USD	USD/EUR								
19		Sb(Wsk)	22,412	23,052								
20	KRW/USD	22,412	Kb^2	45%								
21	USD/EUR	23,052	45%	Kb^2								
22	bucket간 적용할 상관계수는 Delta 리스크 산출시 적용하는 상관계수와 동일											
23												
24	포트폴리오자본량											
25			KRW/USD	USD/EUR								
26		Sb(Wsk)	22,412	23,052								
27	KRW/USD	22,412	502,288,421	232,485,999								
28	USD/EUR	23,052	232,485,999	531,392,491								
29												
30			대각선	1,033,680,912								
31			윗변	232,485,999								
32			총계	1,498,652,909.74								
33			최종자본량	38,712								

Curvature 리스크

	A	B	C	D	E	F	G	H
2	리스크군	상품		리스크요소	bucket	CVR+	CVR-	
3	금리	Cap매입	caplet1	USD수익률곡선	USD통화	187,054	- 37,821	
4			caplet2	USD수익률곡선	USD통화	187,054	- 37,821	
5		Floor매입	floorlet1	USD수익률곡선	USD통화	- 9,370	29,063	
6			floorlet2	USD수익률곡선	USD통화	- 9,370	29,063	
7			floorlet3	USD수익률곡선	USD통화	- 9,370	29,063	
8		Payer swaption매도		USD수익률곡선	USD통화	363,681	- 305	
9		Receiver swaption 매입		USD수익률곡선	USD통화	- 1,441,330	- 1,724,040	
10	계					- 731,651	- 1,712,798	
11	주식	kospi200콜1매입		kospi200지수	13	- 299,302,995	- 3,473,128	
12		kospi200콜2매도		kospi200지수	13	161,656,873	- 8,018,018	
13		kospi200풋1매입		kospi200지수	13	65,698,082	- 93,111,899	
14		kospi200풋2매도		kospi200지수	13	- 45,988,658	65,178,329	
15	계					- 117,936,698	- 39,424,716	
16	주식	주식3콜매입		주식3	2	- 208,152,075	- 61,794,088	이종통화이므로 1.5를 나눔 (F22/1.5)
17	계					- 208,152,075	- 61,794,088	
18	주식	주식5풋매입		주식5	9	79,475	- 19,787,153	
19	계					79,475	- 19,787,153	
20	FX	KRW/USD콜매입		USD	USD	- 14,377	- 2,501	
21		KRW/USD풋매입		USD	USD	1,247	- 24,998	이종통화이므로 1.5를 나눔 (G22/1.5)
22		~~USD/EUR콜매입~~		~~USD~~	~~USD~~	~~149,816~~	~~86,911~~	
23		USD/EUR콜매입(CVR조정)		USD	USD	99,877	- 57,941	
24		~~USD/EUR풋매도~~		~~USD~~	~~USD~~	~~426~~	~~77,011~~	
25		USD/EUR풋매도(CVR조정)		USD	USD	284	- 51,341	
26	계					87,031	- 136,780	
27	FX	~~USD/EUR콜매입~~		~~EUR~~	~~EUR~~	~~149,816~~	~~86,911~~	
28		USD/EUR콜매입(CVR조정)		EUR	EUR	- 99,877	- 57,941	
29		~~USD/EUR풋매도~~		~~EUR~~	~~EUR~~	~~426~~	~~77,011~~	
30		USD/EUR풋매도(CVR조정)		EUR	EUR	- 284	51,341	
31	계					- 100,161	- 6,600	

32 GIRR은 만기구분이 없으므로 bucket내 계산 없음

33 상기예시에서는 주식과 FX 모두 개별 bucket상품이므로 bucket내 계산없음

36 동일 bucket내 계산 (ABS(F10), ABS(G10), MAX(Kb+,Kb-))

		USD 수익률곡선	kospi200주가지수	주식3	주식5	USD	EUR
38	bucket	USD 통화	13	2	9	USD	EUR
39	Kb+	731,651	117,936,698	208,152,075	79,475	87,031	100,161
40	Kb-	1,712,798	39,424,716	61,794,088	19,787,153	136,780	6,600
41	Kb	1,712,798	117,936,698	208,152,075	19,787,153	136,780	100,161
42	선택시나리오	하향	상향	상향	하향	하향	상향
43	Sb	- 1,712,798	- 117,936,698	- 208,152,075	- 19,787,153	- 136,780	- 100,161
44		G10	F15	F17	G19	G26	F31

	A	B	C	D	E
47	bucket간 계산				
48	**금리(단일) 최종자본량**		1,712,798		
49					
50	**주식**				
51	상관계수표				
52			bucket13	bucket2	bucket9
53		Sb	- 117,936,698	- 208,152,075	- 19,787,153
54	bucket13	-117,936,698	Kb^2	15.19%	15.19%
55	bucket2	-208,152,075		Kb^2	1.69%
56	bucket9	- 19,787,153			Kb^2
57	bucket간 적용할 상관계수는 Delta 리스크 산출시 적용하는 상관계수의 제곱				
58					
59					
60	포트폴리오 자본량				
61			bucket13	bucket2	bucket9
62		Sb	- 117,936,698	- 208,152,075	- 19,787,153
63	bucket13	-117,936,698	13,909,064,735,143,200	0	0
64	bucket2	-208,152,075		43,327,286,326,805,600	0
65	bucket9	- 19,787,153			391,531,423,845,409
66					
67			대각선	57,627,882,485,794,200	
68			윗변	0	
69			총계	57,627,882,485,794,200	
70			주식최종자본량	240,058,081	
71					
72					
73	**FX**				
74	상관계수표				
75			USD	EUR	
76		Sb	- 136,780	- 100,161	
77	USD	- 136,780	Kb^2	27.00%	
78	EUR	- 100,161		Kb^2	
79	bucket간 적용할 상관계수는 Delta 리스크 산출시 적용하는 상관계수의 제곱				
80					
81	포트폴리오 자본량				
82					
83			USD	EUR	
84		Sb	- 136,780	- 100,161	
85	USD	- 136,780	18,708,859,586.78	0	
86	EUR	- 100,161		10,032,292,695.11	
87					
88			대각선	28,741,152,282	
89			윗변	0	
90			총계	28,741,152,282	
91			FX 최종자본량	169,532	

7. 부도리스크의 자본량 계산

부도리스크(비유동화)

MIN(J5*D5+F5,0) MAX(J6*D6+F6,0) L5*M5

	B	C	D	E	F	G	H	I	J	K	L	M	N
2	비유동화 부도리스크												
3	1. Gross JTD계산												
4	bucket	상품	명목금액	시장가치	P&L	신용등급	표준신용등급	우선순위	LGD	포지션	JTD	잔존만기	1년기준 조정 JTD
5	회사	S 상사(매도)	- 7,000,000,000	- 6,857,739,489	142,260,511	BB-	B	non-senior	100%	short	- 6,857,739,489	0.67	- 4,571,826,326
6	회사	K자동차	11,000,000,000	11,622,980,692	622,980,692	AA+	A+	non-senior	100%	long	11,622,980,692	3.17	11,622,980,692
7	회사	H캐피탈(매도)	- 25,000,000,000	- 25,395,703,901	- 395,703,901	AA+	A+	non-senior	100%	short	- 25,395,703,901	0.42	- 10,581,543,292
8	회사	C전기	11,500,000,000	11,332,585,598	- 167,414,402	A-	BBB-	non-senior	100%	long	11,332,585,598	0.08	944,382,133
9	회사	주식1	23,400,000,000	23,400,000,000	-	A-	BBB-		100%	long	23,400,000,000	0.25	5,850,000,000
10	회사	주식2(매도)	- 13,000,000,000	- 13,000,000,000	-	A-	BBB-		100%	short	- 13,000,000,000	0.25	- 3,250,000,000
11	회사	주식3	5,000,000,000	5,000,000,000	-	AA+	A+		100%	long	5,000,000,000	0.25	1,250,000,000
12	회사	주식4	25,000,000,000	25,000,000,000	-	BBB+	BB+		100%	long	25,000,000,000	0.25	6,250,000,000
13	회사	주식5	3,500,000,000	3,500,000,000	-	BB-	B		100%	long	3,500,000,000	0.25	875,000,000
14	회사	kospi200선물1매입	9,100,000,000	8,890,000,000	- 210,000,000	BBB+	BB+		100%	long	8,890,000,000	0.67	5,926,666,667
15	회사	kospi200선물2매도	- 6,375,000,000	- 6,350,000,000	25,000,000	BBB+	BB+		100%	short	- 6,350,000,000	0.83	- 5,291,666,667
16	회사	kospi200콜1매입	-	72,071,895	72,071,895	BBB+	BB+		100%	long	72,071,895	0.83	60,059,913
17	회사	kospi200콜2매도	-	- 33,157,113	- 33,157,113	BBB+	BB+		100%	short	- 33,157,113	0.25	- 8,289,278
18	회사	kospi200풋1매입	- 1,275,000,000	- 1,333,733,533	- 58,733,533	BBB+	BB+		100%	short	- 1,333,733,533	0.25	- 333,433,383
19	회사	kospi200풋2매도	1,912,500,000	2,000,600,299	88,100,299	BBB+	BB+		100%	long	2,000,600,299	0.25	500,150,075
20	회사	주식3옵션콜매입	-	71,458,044	71,458,044	AA+	A+		100%	long	71,458,044	0.92	65,503,207
21	회사	주식5옵션풋매입	- 36,700,000	- 32,550,325	4,149,675	BB-	B		100%	short	- 32,550,325	0.92	- 29,837,798
22	국가	국공채	35,000,000,000	45,516,164,742	10,516,164,742	국가(AA-)	AA-	senior	75%	long	36,766,164,742	10.00	36,766,164,742
23	국가	통안증권	31,000,000,000	30,937,383,872	- 62,616,128	국가(AA-)	AA-	senior	75%	long	23,187,383,872	0.08	1,932,281,989
24	국가	K공사	12,000,000,000	12,152,099,378	152,099,378	국가(AA-)	AA-	senior	75%	long	9,152,099,378	0.67	6,101,399,585
25													

	B	C	D	E	F	G	H	I	J
26	2. bucket 별 부도리스크 계산								
27	(1) 회사 bucket								
28	bucket	상품	1년기준 조정 JTD	net JTD*	등급	위험가중치	net 위험가중JTD	포지션	
29	회사	S 상사(매도)	- 4,571,826,326	- 4,571,826,326	B	30%	- 1,371,547,897.80	short	
30	회사	K자동차	11,622,980,692	11,622,980,692	A+	3%	348,689,420.76	long	
31	회사	H캐피탈(매도)	- 10,581,543,292	- 10,581,543,292	A+	3%	- 317,446,298.76	short	
32	회사	C전기	944,382,133	944,382,133	BBB-	6%	56,662,927.99	long	
33	회사	주식1	5,850,000,000	5,850,000,000	BBB-	6%	351,000,000.00	long	
34	회사	주식2(매도)	- 3,250,000,000	- 3,250,000,000	BBB-	6%	- 195,000,000.00	short	
35	회사	주식3	1,250,000,000	1,315,503,207	A+	3%	39,465,096.21	long	
36	회사	주식3옵션콜매입	65,503,207						
37	회사	주식4	6,250,000,000	6,250,000,000	BB+	15%	937,500,000.00	long	
38	회사	주식5	875,000,000	845,162,202	B	30%	253,548,660.63	long	
39	회사	주식5옵션풋매입	- 29,837,798						
40	회사	kospi200선물1매입	5,926,666,667	853,487,326	BB+	15%	128,023,098.86	long	
41	회사	kospi200선물2매도	- 5,291,666,667						
42	회사	kospi200콜1매입	60,059,913						
43	회사	kospi200콜2매도	- 8,289,278						
44	회사	kospi200풋1매입	- 333,433,383						
45	회사	kospi200풋2매도	500,150,075						
46		* 동일채무자, 동일상품에 대한 netting실시							
47									
48		long 포지션		short 포지션					
49		net JTD 계	net위험가중민감도	net JTD 계	net위험가중민감도				
50		27,681,515,560	2,114,889,204	- 18,403,369,618	- 1,883,994,197				
51	E30+E32+E33+E35+		H30+H32+H33+H35						
52	E37+E38+E40		+H37+H38+H40						
53									
54		HBR	0.601	C50/(C50+ABS(E50))					
55		DRC	983,242,365						
56				MAX(D50-D54*ABS(F50),0)					
57									
58	**(2) 국가 bucket : 감독당국재량으로 0% 위험가중치를 적용할 수 있으므로 자본량계산에서 제외**								
59	bucket	상품	1년기준 조정 JTD	net JTD*	등급	위험가중치	net 위험가중민감도	포지션	
60	국가	국공채	36,766,164,742	36,766,164,742	AA-	2%	735,323,295	long	
61	국가	통안증권	1,932,281,989	1,932,281,989	AA-	2%	38,645,640	long	
62	국가	K공사	6,101,399,585	6,101,399,585	AA-	2%	122,027,992	long	
63									
64		HBR	1.00						
65		DRC	895,996,926						
66									
67		부도리스크(비유동화) 자본량		983,242,365					

부도리스크(유동화)

* 예제에서 제시한 MBS는 모두 3개의 tranche로 구성되어 있으며, 위험가중치는 SEC-SA방법에 따라 별도 계산한 것으로 가정함

RMBS*Asia bucket

상품	tranche	만기	시장가	JTD	net JTD	위험가중치	net 위험가중 JTD
MBS1	1	10	761,805,874	761,805,874	761,805,874	1.20%	9,141,670
	2	10	4,570,835,242	4,570,835,242	4,570,835,242	2.30%	105,129,211
	3	10	2,285,417,621	2,285,417,621	2,285,417,621	3.20%	73,133,364
MBS2	1	5	- 683,572,418	- 683,572,418	- 683,572,418	1.50%	- 10,253,586
	2	5	- 4,101,434,510	- 4,101,434,510	- 4,101,434,510	4.50%	- 184,564,553
	3	5	- 2,050,717,255	- 2,050,717,255	- 2,050,717,255	7.60%	- 155,854,511

long 포지션		short 포지션	
net JTD 계	net위험가중민감도	net JTD 계	net위험가중민감도
7,618,058,737	187,404,245	- 6,835,724,183	- 350,672,651

HBR	0.527
DRC	2,577,555

HBR: D14/(D14+ABS(F14))

DRC: MAX(E14-E16*ABS(G14),0)

RMBS*Asia bucket

상품	tranche	만기	시장가	JTD	net JTD	위험가중치	net 위험가중 JTD
CDO1	f(10,15)	4	- 3,164,398,432	- 3,164,398,432	- 3,164,398,432	3.20%	- 101,260,750
CDO2	f(15,30)	5	9,777,512,371	9,777,512,371	9,777,512,371	3.20%	312,880,396

long 포지션		short 포지션	
net JTD 계	net위험가중민감도	net JTD 계	net위험가중민감도
9,777,512,371	312,880,395.87	- 3,164,398,432	- 101,260,749.82

HBR	0.755
DRC	236,378,692

HBR: D28/(D28+ABS(F28))

DRC: MAX(E28-E30*ABS(G28),0)

부도리스크(유동화)자본량	238,956,247

2.3.2 하락상관계수 적용 자본량

하락상관계수 적용

구분	델타	베가	커베이쳐
GIRR	3,056,673,166	23,593	1,712,798
(KRW)	2,187,242,346		
(USD)	1,753,143,908	23,593	1,712,798
(JPY)	14,842,780		
(EUR)	9,125,760		
주식리스크	21,363,997,561	445,792	240,058,081
일반상품리스크	619,344,020		
FX리스크	1,127,366,419	38,712	169,532
CSR(비유동화)	2,628,161,504		
CSR(유동화 non CTP))	1,018,956,118		
CSR(유동화 CTP)	-		
부도(비유동화)	983,242,365		
부도(유동화 non CTP)	238,956,247		
부도(유동화 CTP)	-		
잔여리스크	-		
총계	31,036,697,399	508,097	241,940,412
자본량 총계			31,279,145,908

2.4 샘플포트폴리오 자본량 결정

(단위 : 원)

상관계수 시나리오	산출 리스크량	최종 결정 시장리스크 자본량 MAX(1,2,3)
기준상관계수 적용	(1) 31,431,335,303	상승상관계수를 적용한 (2) 31,569,217,135을 자본량으로 결정
상승상관계수 적용	(2) 31,569,217,135	
하락상관계수 적용	(3) 31,279,145,908	

제5장
FRTB의 내부모형

耳順(60세) 귀가 순해져서 사사로운 감정에 얽매이지 않는 시기

시장리스크 관리의 마침표, 내부모형도 공부해보자

追女失妻(추녀실처)-韓非子
남의 여자를 쫓다 제 아내를 잃는다는 뜻으로 지나친 욕심을 부리다 자신의 소중한 것을 잃게 되는 경우를 말한다.

知足保身(지족보신): 나라 곳간 옆에 사는 백성이 죽기 전에 아들에게, "내 말을 잘 듣거라. 집 뒤 나라의 곳간 몇번째 기둥 아래 집게손가락 만한 구멍이 있으니 너의 손가락 굵기 막대로 후벼파서 하루에 다섯되만 꺼내 오너라. 더 가져오면 안된다."라고 말했다. 그의 아들은 처음에는 그의 말을 잘 지켰으나 욕심이 커지면서 하루에 몇말씩 꺼내다가 결국 창고지기에게 발각되어 붙들여 죽었다. 만족할 줄 모르면 목숨을 잃는다. 〈정민의 世說新語〉

1. 내부모형의 전반적 이해

1.1 현행기준과 FRTB 내부모형의 비교

[표 5-1] 현행기준과 FRTB 내부모형의 비교

	현행기준	FRTB
승인단위	전사적, 리스크군별	전사적, 데스크별
리스크구분	일반시장리스크(금리, 주가, 일반상품, FX), 개별리스크	시장리스크(금리, 신용스프레드, 주가, 일반상품, FX), 부도리스크
모형의 적격성 평가방법	사후검증	사후검증(전사적, 데스크별), PLA test(데스크별)
모델가능(modellable) 리스크요소 기준	없음	기준제시
유동화익스포져/ 제2장 3.3의 4(5)(b) 지분투자펀드 처리	내부모형 가능	무조건 표준방법 사용
리스크측정량	VaR+Stressed VaR	ES(Expected Shortfall)
역사적 관찰기간	최소한 최근 12개월	최소한 2007년부터 관찰한 12개월
유동성 기간	10일	리스크요소별로 유동성 기간을 5가지(10,20,40,60,120)로 구분한 후 10일로 scaling
자본량산출시 상관관계 적용	감독원 승인시 적용가능	상관관계 적용분과 미적용분을 가중평균
자본량산출 신뢰수준	99% 단측신뢰구간	97.5% 단측신뢰구간
Backtesting 신뢰수준	99% 단측신뢰구간	99%, 97.5% 단측신뢰수준
승수	$3+\alpha(0\sim1)$	$1.5+\alpha(0\sim0.5)$
승수결정을 위한 초과횟수	불명확	Max(가상손익초과횟수, 실제손익초과횟수)
사후검증 결과자료 제출분	최근 125영업일	최근 250 영업일
위기상황분석	전사적	전사적, 데스크별
옵션베가리스크	최소 만기별 변동성	최소 변동성미소(행사가격X기간)
신용스프레드리스크와 부도리스크의 모형화	별도가능	반드시 동시에 모형화

1.2 FRTB 내부모형의 승인 절차

[그림 5-1] FRTB 내부모형의 승인절차

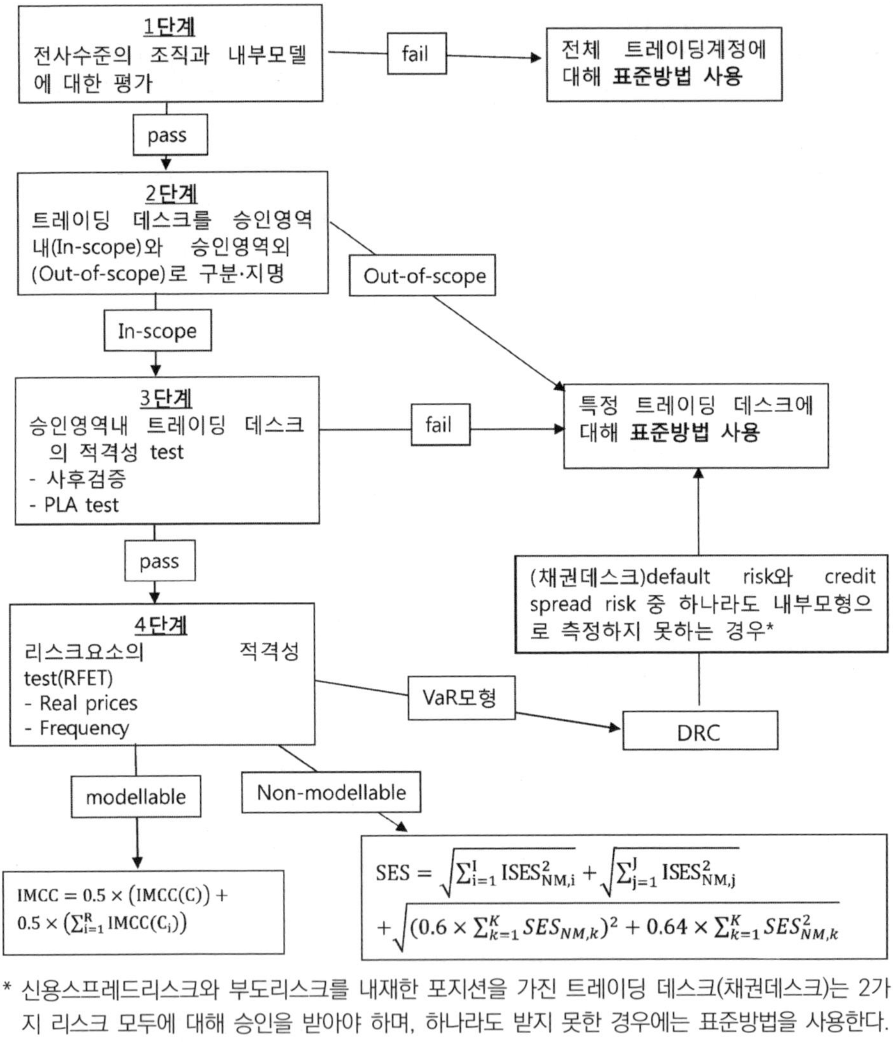

* 신용스프레드리스크와 부도리스크를 내재한 포지션을 가진 트레이딩 데스크(채권데스크)는 2가지 리스크 모두에 대해 승인을 받아야 하며, 하나라도 받지 못한 경우에는 표준방법을 사용한다.

2. 일반기준

2.1 내부모형(Internal models approach:이하 “IMA”라 함) 승인을 위해 전사적으로 적용할 일반기준

1. 시장리스크 자본량 산출 목적의 IMA 사용은 감독당국의 승인을 받아야 한다.
2. 감독당국은 최소한 아래의 조건을 만족할 때 IMA 사용을 승인하여야 한다.
   (1) 감독당국은 은행의 리스크관리시스템이 개념적으로 건전하고 충실하게(integrity)이행되고 있음을 확인하여야 한다.
   (2) 트레이딩 부문의 복잡한 모델을 사용할 수 있는 전문직원을 보유하고 있을 뿐 아니라 리스크 통제, 감사, 필요하다면 백오피스에도 충분한 직원이 있는지 확인하여야 한다.
   (3) 은행 트레이딩 데스크의 리스크관리 모델은 리스크를 측정함에 있어 합리적으로 정확한(reasonable accuracy) 추적기록을 가져야 한다.
   (4) 은행은 정기적으로 위기상황분석(stress testing)을 하여야 한다.
   (5) 시장리스크 자본량을 산출하는 리스크관리 모델에 포함된 포지션은 이러한 모델사용을 승인 받은 트레이딩 데스크가 보유한 것이며, 동 모델은 2.3의 적합성검증을 통과하여야 한다.
3. 감독당국은 시장리스크 자본량 산출 목적으로 은행의 리스크관리 모델을 사용하기 전에, 이에 대해 일정기간 모니터링과 live testing을 요구할 수 있다.
4. 시장리스크 자본량 산출을 위해 IMA를 사용하기에 적합한 트레이딩 포트폴리오의 범위는 다음과 같이 3 갈래로 나누어 접근한다.
   (1) 은행의 조직상 인프라(트레이딩 데스크의 정의와 구조를 포함)와 은행전체의 내부리스크관리 모델(bank-wide[60] internal risk management model)은 질적기준을 만족하고 있음을 확인하여야 한다.

60 모델승인을 위해 in-scope으로 지명된 트레이딩 데스크 그룹이 대상이 됨

(2) IMA를 사용하기 위해 개별트레이딩 데스크를 지명하여야 한다.

(a) 은행은 모델 승인영역내(이하 “in-scope”이라 함)트레이딩 데스크와 승인영역외(이하 “out-of-scope”이라 함)트레이딩 데스크를 지명하여야 한다.

(b) 은행은 특정 트레이딩 데스크에 대해 표준방법 자본량이 IMA자본량보다 낮게 결정된다는 이유로 out-of-scope 트레이딩 데스크로 지명하여서는 안된다.

(c) 은행은 out-of-scope 트레이딩 데스크에 대해서는 표준방법에 의해 자본량을 산출하여야 한다.

(d) 모델의 승인시점에 모델 승인을 위해 in-scope으로 지명되지 못한 트레이딩 데스크는 가장 최근 IMA 승인을 받은 날로부터 최소한 1년간 IMA를 사용하지 못한다.

(3) 은행은 개별 트레이딩 데스크별로 IMA를 사용하기 위해 감독당국의 승인을 받아야 한다. 적격 트레이딩 데스크를 인식한 후에 어느 트레이딩 데스크가 IMA를 사용할 수 있는 in-scope이며, in-scope 트레이딩 데스크내의 어느 리스크요소가 ES 모델에 포함되기에 적격인지를 결정하여야 한다.

(a) 개별 트레이딩 데스크는 IMA 사용에 적격임을 확인하기 위해 계속기준으로 사후검증과 PLA test를 실시하여야 한다.

(b) IMA를 사용하는 in-scope트레이딩 데스크의 적격성을 확인하기 위해 분기단위로 사후검증과 PLA test를 실시하여야 한다.

(c) 리스크요소 적격성 test를 만족시키는 리스크요소에 대한 시장리스크 자본은 ES모델을 사용하여 결정하여야 한다.

(d) 리스크요소 적격성 test를 만족시키지 못하는 리스크요소에 대한 자본은 SES 모델을 사용하여 결정하여야 한다.

2.2 질적기준

감독당국은, IMA을 사용하는 은행은 개념적으로 건전하며 충실하게(with integrity) 이행되는 시장리스크 관리시스템을 갖추고 있음을 확인하여야 한다. 따라서 은행은 계속기준으로 아래의 질적기준을 준수하여야 한다. 감독당국은 IMA 사용을 승인하기 전에 은행이 이러한 기준을 준수하고 있는지를 평가하여야 한다.

질적기준은 다음과 같다.

1. 은행은 리스크관리시스템을 설계하고 이행하는 책임을 가진 독립된 리스크 통제조직(risk control unit)을 가져야 한다. 이 조직은 리스크 익스포져와 트레이딩 한도와의 관계를 평가하면서 리스크 측정시스템의 산출물에 대해 일별 보고서를 산출하고 분석하여야 한다. 또한 이 조직은 영업트레이딩 부서와 독립되어야 하며, 최고경영자에게 직접 보고하여야 한다.
2. 리스크관리부는 트레이딩 데스크 수준에서 정기적으로 사후검증과 PLA test를 수행해야 한다. 또한 시장리스크 자본량 결정을 위해 전사수준(bank-wide)의 사후검증을 정기적으로 수행하여야 한다.
3. IMA의 설계와 이행을 담당하는 부서가 아닌 별도부서에서 자본량을 산출하는 내부모델에 대해 최초 그리고 계속기준으로 적합성검증을 수행하여야 한다. 모델의 적합성검증은 최소한 연 1회 모든 내부모델에 대해 실시하여야 한다.
4. 이사회와 최고경영진은 리스크 통제과정에 적극적으로 참여하며 리스크 통제를 조직의 중요한 자원이 투입되어야 할 필수적인 부문으로 간주하여야 한다. 이러한 점에서 독립된 리스크 통제조직이 작성한 보고서는 개별트레이더가 보유한 포지션을 감축하고 은행 전체의 리스크 익스포져를 감축할 수 있는 권한을 가진 경영진수준에서 검토되어야 한다.
5. 시장리스크 자본량을 산출하기 위해 사용하는 내부모델은 일별 내부리스크 관리를 위해 은행이 사용하는 모델과 다를 수 있다. 그럼에도 시장리스크 자본

량 모델과 내부 리스크관리모델의 핵심적인 설계 요소는 동일해야 한다.

(1) 양쪽 모델의 핵심인 평가모델(valuation models)은 유사해야 한다. 이러한 평가모델은 트레이딩 데스크 내의 가격변동리스크를 인식, 측정, 관리, 보고하기 위한 필수적인 부문이어야 한다.

(2) 내부 리스크관리모델은 최소한 시장리스크 자본량의 대상인 포지션의 리스크를 평가하는데 사용되어야 한다.

(3) 트레이딩 데스크 리스크관리모델(자본량 산출모델)의 구축은 리스크요소의 인식, 파라미터의 추정, 대용치의 개념에 대해 은행의 내부 리스크관리모델에서 사용하는 방법론에 기초하여야 하며, 규제요구사항으로 인한 차이만 가능하다. 은행의 시장리스크 자본량 모델과 내부리스크관리 모델은 동일한 리스크 요소셋을 가져야 한다.

6. 반복적이고 엄격한 위기상황분석 프로그램이 필요하다. 위기상황분석의 결과물에 대해 최고경영진은 최소한 월별로 검토하고, 내부자본적정성 평가에 사용하며, 경영진과 이사회가 수립한 정책과 한도에 반영하여야 한다.

7. 위기상황분석이 주어진 상황에서 특정한 취약점을 드러내면, 이러한 리스크를 적정하게 완화하기 위한 즉각적인 조치가 이루어져야 한다(헷지나 은행익스포져 규모의 감축, 자본증가 등).

8. 은행은 시장리스크 관리모델의 운용에 관한 내부정책, 통제, 절차 등 문서화 자료가 준수되고 있는지를 확인해야 한다. 은행의 리스크관리 모델에 대해서는 문서화가 아주 잘 되어 있어야 한다. 특히 모델의 기본적인 원칙과 시장리스크 측정에 사용되는 경험적 기법에 대한 자세한 설명을 제공하는 포괄적인 리스크관리 매뉴얼이 갖추어져야 한다.

9. 은행은 시장리스크 자본량 산출을 위한 모델에 중요한 변경을 하기 전에 감독당국의 승인을 받아야 한다.

10. 시장리스크 자본량 산출을 위한 내부모델은 모델의 적용대상이 되는 모든 포지션을 가져와야 하며, 모델의 리스크 측정은 건전한 이론적 기초와 정확한 계산 및 보고에 기반하여야 한다.

11. 은행의 내부감사와 적합성검증, 외부감사는 최소한 연 1회 시장리스크 측정 시스템에 대한 독립적인 검토를 수행하여야 한다. 이 검토는 트레이딩 영업부서의 활동과 독립적인 리스크 통제부서의 활동을 모두 포함해야 한다. 또한 독립적인 검토는 실패(any failings)한 데스크의 원인을 규명하기 위해 충분히 자세히 이루어져야 한다.

독립적인 검토의 영역은 최소한 아래사항을 포함해야 한다.

- 리스크관리모델과 절차에 대한 문서화의 적정성
- 리스크통제부서의 조직
- 일별리스크관리와 리스크 측정치의 통합
- 프론트와 백오피스 인력이 사용하는 리스크 평가모델과 가치평가시스템에 대한 승인 절차
- 리스크 측정과정에서 중대한 변경사항의 검증
- 리스크 측정모델에 의해 포착하는 시장리스크의 범위
- 경영정보시스템(MIS)의 무결성
- 포지션데이터의 정확성과 완전성
- 내부모형에 사용된 데이타원천의 일관성과 적시성, 신뢰성 검증(독립성 포함)
- 변동성과 상관계수 가정의 정확성과 적합성
- 가치평가와 리스크 변형(transformation)계산의 정확성
- 사후검증을 통한 모델의 정확성 검증

2.3 적합성검증 기준

은행은 IMA가 개념적으로 건전하며 모든 중요한 리스크를 적정하게 포착하고 있음을 확신하기 위해, 개발과정과는 독립된 제3자에 의한 적합성검증을 수행하는 절차를 가져야 한다. 모델 검증은 모델이 최초 개발되었을 때와 모델에 중대한 변화가 주어졌을 때 반드시 수행되어야 한다. 또한 주기적인 검증이

이루어져야 하며 금융시장이나 은행 포트폴리오의 구성에 중대한 구조적인 변화가 있어 모델이 더 이상 적절하지 않을 경우 수행하여야 한다. 모델검증은 PLA test와 사후검증을 포함하여 최소한 아래사항을 반드시 포함하여야 한다.

1. IMA 내에 주어진 가정이 적합하며, 리스크를 과소평가하지 않음을 보여주는 테스트. 이는 정규분포가정과 가치평가모델의 가정을 포함한다.
2. 사후검증 프로그램에서 모델검증은 가상손실(HPL) 계산방법에 대해 평가하여야 한다.
3. 모델이 향후 발생할지도 모르는 특별한 구조적인 특성을 설명할 수 있음을 확인하기 위해 가상의 포트폴리오를 사용하여야 한다.

   예컨대, 특정 상품에 대해 시계열자료가 양적기준을 충족하지 못하여, 이 포지션을 대용치(proxies)에 매핑시켜야 할 경우, 은행은 아래사항을 충분히 고려하여 보수적인 결과치가 산출되고 있음을 확인해야 한다.

   - 중요한 베이시스 리스크를 적절하게 반영한다(만기별 또는 발행자별 매입포지션과 매도포지션간의 미스매치를 포함)
   - 모델은 분산되지 않는 포트폴리오에서 발생할 수 있는 집중도 리스크를 반영한다.

2.4 외부검증

시장리스크 자본량을 산출하는 내부모델에 대해 외부감사나 감독당국이 수행하는 외부검증은 최소한 아래 사항을 포함해야 한다.

1. 내부검증절차가 만족스러운 수준으로 수행되는지 확인
2. 옵션 및 기타 복잡한 상품의 가치평가 및 계산과정에 사용되는 공식은 어떤 경우라도 트레이딩과는 독립된 적격한 조직에서 검증이 이루어지고 있다는 확인
3. IMA의 구조가 은행의 활동이나 지역적인 반경에 비추어 적절하다는 확인
4. 내부모델에 대한 사후검증(VaR값과 APL/HPL비교)과 PLA test의 결과를

검토. 감독당국이나 외부감사가 요청한다면 은행은 그 결과와 ES계산의 입력자료, PLA작업의 세부사항을 제공하여야 한다.

5. 리스크 측정시스템과 관련된 데이터의 흐름과 절차는 투명하고 접근가능하다고 확신. 감독당국이나 외부감사의 요청이 있는 경우 모델의 사양과 파라미터를 제공하여야 한다.

2.5 위기상황분석

IMA을 사용하는 은행은 트레이딩 데스크 수준과 전사수준 2가지 수준에서 엄격하고 포괄적인 위기상황분석 프로그램을 가져야 한다. 은행에 중대한 영향을 줄 수 있는 사건이나 영향을 식별하는 위기상황분석은 은행의 자본수준을 평가하는 주요한 구성요소가 된다.

1. 은행의 스트레스 시나리오는 트레이딩 포트폴리오에 대해 (ⅰ) 비정상적인 손실이나 이익을 발생시키거나 (ⅱ)리스크통제를 어렵게 만드는 요소의 범위를 커버하기 위해 필요하다. 이러한 요소들은 시장, 신용, 운영리스크를 포함하여 모든 주요한 리스크 타입에서 낮은 확률의 사건을 포함한다. 스트레스 시나리오는 선형과 비선형 가격특성을 모두 갖는 포지션에 그러한 사건이 미치는 영향을 보여주기 위해 필요하다.
2. 위기상황분석은 질적, 양적 특성을 모두 가져야 하며 시장교란시 시장리스크와 유동성 측면을 모두 반영해야 한다.
   (1) 양적으로는 은행이 노출될 수 있는 실현가능한 스트레스 시나리오를 인식하는 것이다.
   (2) 질적으로는 위기상황분석의 2가지 주요한 목표를 강조한다. 첫째는 은행의 자본이 잠재적인 대형 손실을 흡수할 능력이 있는지를 평가하고 둘째, 리스크를 감축하고 자본을 보존하기 위해 은행이 가질 수 있는 수단을 식별하는 것이다.
3. 위기상황분석의 결과에 대해서는 최고경영진과는 일상적으로, 이사회와는

주기적으로 대화하여야 한다.

4. 은행은 감독당국의 스트레스 시나리오와 은행 고유의 리스크 특성을 파악하기 위해 은행 스스로 개발한 위기상황분석을 결합하여 사용해야 한다. 특히 감독당국은 아래에서 언급하는 3가지 영역의 위기상황분석 정보를 제공할 것을 요구한다.

   (1) 은행에 의한 시뮬레이션을 요구하지 않는 **감독당국 시나리오**

   은행은 보고기간 동안 경험한 가장 큰 손실 정보를 가져야 하며 감독당국의 리뷰가 가능하도록 해야 한다. 손실 정보는 은행의 내부측정시스템으로부터 산출된 자본 요구량과 비교하여야 한다. 예컨대 일별최고손실(peak day loss)이 ES추정치에 의해 커버되는 일수가 얼마나 되는지 감독당국에게 제공하여야 한다.

   (2) **은행에 의한 시뮬레이션**이 요구되는 시나리오

   은행은 포트폴리오에 대해 일련의 스트레스 시나리오 시뮬레이션을 실시하며, 감독당국에 그 결과를 제공해야 한다. 이 시나리오는 과거 큰 변동이 있었던 기간(1987년 주식시장 붕괴, 1992년과 1993년의 환율위기,1994년 1Q 금리상승, 1998년 러시아위기, 2000년 IT버블 붕괴, 2007~2008년 서브프라임 위기, 2011~2012년 유로존 위기)에 대해, 그리고 이러한 사건 발생시 큰 폭의 가격변동과 유동성의 급격한 위축을 반영한 시나리오를 현재의 포트폴리오에 적용한다. 두 번째 시나리오 타입은 변동성과 상관관계 변화의 가정에 따른 리스크익스포져의 민감도를 평가하는 것이다. 이 테스트의 적용은 변동성과 상관관계에 대한 역사적인 변동폭을 평가하고, 역사적인 최고의 변동폭에 대해 현재포지션을 평가하는 것이다.

   중대한 시장 혼란기에 발생한 급격한 변화는 마땅히 고려해야 한다. 예컨대 위에서 언급한 상황은 혼란의 최고기 며칠간 +1 또는 -1의 극단적인 상관계수를 갖는 상황을 포함한다.

   (3) 은행 고유의 포트폴리오 특성을 포착하기 위해 **은행 스스로 개발한 시나리오**

은행은 은행 포트폴리오의 특성에 근거하여 최고의 심각한 상황을 식별하는 자체 위기상황분석을 개발해야 한다(예, 원유가격의 급격한 움직임과 연계된 세계 주요지역의 문제). 은행은 이러한 시나리오로부터의 결과물에 대한 설명뿐 아니라 시나리오를 수행하고 식별하는데 사용된 방법론에 대한 설명을 감독당국에 제공해야 한다.

3. 트레이딩 데스크의 구분

3.1 트레이딩 데스크의 정의

시장리스크 소요자본량 계산을 위한 트레이딩 데스크는, 명확한 리스크관리 구조내에서 잘 정의된 영업전략을 수행하는 트레이더 또는 트레이딩 계좌의 집합(a group of traders or trading accounts)이다.

1. 트레이딩 데스크는 은행에 의해 정의되지만, 자본량 산출을 위해서는 감독당국의 승인을 받아야 한다.
   (1) 은행은 아래 문단3에서 명시한 요건에 맞게 조직구조별로 트레이딩 데스크를 지명한다.
   (2) 은행은 개별 트레이딩 데스크를 정의하고, 문단3의 주요요건을 어떻게 만족시키고 있는지에 관한 정책문서를 갖추어야 한다.
   (3) 감독당국은 트레이딩 데스크의 정의가 적합한지를 최초 모델승인과 계속기준의 승인에서 주요한 업무로 정의한다.
      (a) 감독당국은 은행 전반의 트레이딩 영업규모에 근거하여, 제안받은 트레이딩 데스크의 정의가 충분한지를 결정한다.
      (b) 감독당국은 은행이 제안한 트레이딩 데스크의 정의가 문단3의 주요기준을 만족하는지를 체크하여야 한다.
2. 감독당국이 승인한 데스크 구조내에서 은행은 당국의 승인없이도 영업수행

을 위한 하부데스크를 정의할 수 있다. 그러나 이러한 하부데스크는 내부운영 목적으로만 존재하며, 시장리스크 자본산출 체계에 이용될 수는 없다.

3. 트레이딩 데스크의 주요 요건은 다음과 같다.

(1) 규제자본산출 목적의 트레이딩 데스크는 명확하게 정의된 트레이더나 트레이딩 계좌의 집합이다.

(a) 하나의 트레이딩 계좌는 트레이딩 활동에 대한 명확한 회계상 단위 단위이다.

(b) 트레이딩 데스크는 반드시 1명의 헤드 트레이더가 있어야 한다. 역할과 책임, 그리고 권한이 명확하게 분리되거나 1명이 다른 1명을 감시하는 경우에는 2명까지 헤드를 둘 수 있다.

(i) 헤드 트레이더는 트레이더 또는 트레이딩 계좌의 집합을 직접 감시하여야 한다.

(ii) 트레이딩 데스크의 개별 트레이더 또는 개별 트레이딩 계좌는 명확하게 정의되는 전문성(speciality)을 가져야 한다.

(c) 개별 트레이딩 계좌는 하나의 트레이딩 데스크에 배정되어야 한다. 그 데스크는 사전에 수립된 목표에 맞는 리스크 영역을 가지는데, 그 영역은 해당 데스크의 리스크군 (class)과 리스크요소를 포함한다.

(d) 트레이더는 하나의 트레이딩 데스크에 배정된다. 그러나 은행은 감독당국의 인정을 받는다면 1명의 트레이더를 수개의 트레이딩 데스크에 걸쳐 작업하도록 배정할 수 있다. 이러한 배정은 건전한 관리와 영업, 자원배분에 기초하여야 한다(즉, 사후검증과 PLA test의 성공을 위해 하는 것은 안된다).

(2) 트레이딩 데스크는 연간 예산과 정기적인 경영진앞 보고(수익과 원가, 위험가중자산을 포함), 그리고 잘 정의되고 문서화된 영업전략을 가져야 한다.

(a) 트레이딩 데스크에 대한 영업전략의 경제적 의미(economics of the business strategy), 주된 활동(primary activities), 트레이딩/헷징전략

(trading/hedging strategies)을 분명히 기술하여야 한다.

(i) 경제적 의미: 전략의 이면에 있는 경제적 의미는 무엇인가?(수익률곡선의 모양에 따른 트레이딩), 고객에게 어떤 영향을 미치는가? 거래의 발생, 구성, 실행이 뒤따르는가?

(ii) 주된 활동 : 허용되는 상품과 허용되지 않은 상품의 리스트(list)는? 가장 빈번하게 거래되는 상품은?

(iii) 트레이딩/헷징전략 : 이 상품은 어떻게 헷지되는가? 예상되는 헷지의 미스매치는 무엇인가? 포지션의 예상보유기간은?

(b) 팀헤드부터 트레이딩 데스크의 경영진은 트레이딩 데스크의 예산수립과 구성원에 대한 명확한 연간계획을 가져야 한다.

(c) 트레이딩 데스크의 문서화된 영업전략은 정기적인 경영정보보고서를 포함하는데 이는 트레이딩 데스크에 대한 수익, 원가, 위험가중자산을 포함한다.

(3) 트레이딩 데스크는 명확한 리스크관리구조를 가져야 한다

(a) 리스크관리 책임 : 트레이딩 데스크에 리스크 보유활동(risk-taking activities)을 감시할 책임이 있는 주요 그룹과 인력을 식별해야 한다.

(b) 트레이딩 데스크의 영업전략에 기반한 트레이딩 한도를 명확하게 정의하고 이 한도는 최소한 연 1회 최고경영자에 의해 검토되어야 한다. 한도를 수립함에 있어 트레이딩 데스크는 아래 사항을 가져야 한다.

(i) 트레이딩 데스크 수준에서 시장리스크량(market risk metric)에 기초한 트레이딩 한도와 방향을 가진 익스포져(long or short) 또는 전체 명목한도를 정의할 것

(ii) 잘 정의된 트레이더의 권한

(c) 트레이딩 데스크는 최소한 다음 사항을 포함하여 주단위(weekly)로 적절한 리스크 보고서를 생산해야 한다.

(i) 주기적으로 검토, 검증, 수정되는 손익보고서

(ii) 내부와 규제보고목적의 리스크 측정보고서(트레이딩 데스크의 VaR/ES, 리스크요소에 대한 VaR/ES 민감도, 사후검증과 p값 등)

4. 은행은 감독당국을 위해 모든 트레이딩 데스크에 대해 다음사항을 준비, 평가, 제공하여야 한다.
   (a) 잔고 보유기간 보고서(inventory aging reports)
   (b) 익스포져, 한도초과, 초과 후 조치 등을 포함하는 일별보고서
   (c) 일중트레이딩 거래를 활발하게 하는 은행의 경우 일중한도와 사용, 초과에 대한 보고서
   (d) 시장유동성 평가보고서
5. 은행계정에 보유한 FX 또는 일반상품 포지션은 시장리스크 자본산출 대상으로 포함된다. 규제자본산출 목적에서 이러한 포지션은 트레이딩 계정내의 명목상 트레이딩 데스크에서 보유한 것으로 간주한다.
   5-1. 명목상 트레이딩 데스크는 트레이더 또는 트레이딩 계좌(account)를 보유하지 않은 데스크이며, 명목상 보유한 FX 또는 일반상품 포지션은 데스크간 IRT를 이용하여 다른 데스크로 이전하거나 내부모형 사용 승인을 받아 리스크를 측정할 수 있음.(이 경우 데스크의 승인은 양적 요건만 기준으로 함)

3.2 승인영역내(In-scope)트레이딩 데스크의 지명

1. 은행은 in-scope 트레이딩 데스크와 out-of-scope 트레이딩 데스크를 지명한다.
2. 3.1의 문단3에서 정의한 트레이딩 데스크의 요건을 만족하는 in-scope 트레이딩 데스크에 대해서는 아래 4에 따라 적격성 테스트(데스크별 사후검증과 PLA test) 실시하여 감독당국의 승인을 받아야 한다.

4. 승인영역내(In-scope)트레이딩 데스크의 적격성 확인

1. IMA를 사용하려는 은행은 in-scope 트레이딩 데스크의 적격성 확인을 위해 전사수준의 사후검증과 트레이딩 데스크 수준의 사후검증 및 PLA test를 성공적으로 수행하여야 한다.
2. IMA를 사용하여 시장리스크를 산출하는 은행이 이를 적격하게 유지하기 위해서는, 총 시장리스크 자본요구량의 최소 10%는 사후검증과 PLA test를 만족함으로써 IMA 사용을 인정받은 트레이딩 데스크가 보유한 포지션에 기초하여야 한다.

   총시장리스크 자본량 × 10% ≤ 적격성을 인정받은 in-scope 트레이딩 데스크의 자본량

   이 10% 기준은 총 시장리스크 자본량을 계산할 때 매분기단위로 은행에 의해 평가되어야 한다.
3. 사후검증과 PLA test의 수행은 IMA에 의한 자본량 산출이 유효하게 되는 날부터 시작한다.
   (1) 모델에 대한 감독당국의 승인을 받기 위해 은행은 모델의 질을 확신할 수 있는 1년간의 사후검증과 PLA test 보고서를 제공하여야 하며, 필요시 감독당국은 그 이전의 사후검증과 PLA test 결과를 요구할 수도 있다.
   (2) 감독당국은 은행의 모델에서 산출된 12개월(250영업일) 동안의 사후검증 초과횟수에 따라 승인사항을 결정한다.
   - 초과사항에 대한 평가에 따라 감독당국은 모델에 문제가 있는지 여부를 결정하기 위해 협의할 수 있다.
   - 아주 중대한 경우 감독당국은 은행에 자본요구량을 추가하거나 모델 사용을 불허할 수 있다.

4.1 사후검증

사후검증은 이전 12개월에 걸친 실제손실(APL)과 가상손실(HPL) 각각에 대하여 1일 보유기간으로 캘리브레이션한 VaR 측정치를 비교한다. 전사기준과 트레이딩 데스크 수준에 적용하는 요구사항은 다음과 같다.

4.1.1 전사수준의 사후검증

1. 전사 리스크 모델의 사후검증은 99% 신뢰수준에서 캘리브레이션한 VaR 측정치에 기초하여야 한다.
   (1) 초과사항은 1일 기준으로 은행전체 트레이딩 데스크의 실제손실과 가상손실 중 어느 한쪽이 모델에서 산출된 1일 VaR를 초과할 때 발생한다. 실제손실의 초과사항과 가상손실의 초과사항은 구분하여 카운트 하며, 초과사항의 전체 횟수는 이 2가지 숫자 중 큰 것으로 한다.
   (2) P&L이나 일별 VaR를 입수할 수 없거나 계산이 불가능한 경우에는 이상치(outlier)로 보아 초과사항으로 카운트 한다.
2. 모델가능하지 않은 리스크요소와 관련하여 이상치가 나타난 경우, 모델가능하지 않은 리스크요소에 대한 자본량이 그날의 실제손실이나 가상손실을 초과한다면, 감독당국과 협의하여 전체 사후검증 과정의 목적상 무시할 수 있다.
   이 경우 은행은 모델가능하지 않은 리스크요소값의 시계열자료를 문서화하고 해당 요소가 손실을 초래하였음을 증거로 보유하여야 한다.
3. 전사 사후검증을 수행해야 하는 포트폴리오의 범위는 가장 최근의 트레이딩 데스크 수준의 사후검증과 리스크요소의 적격성 검증, PLA test 결과에 기초하여 분기단위로 업데이트하여야 한다.
4. 전사 자본모델에 대한 사후검증 결과를 감독당국이 해석하는 체계는 사후검증으로부터 산출되는 시그널의 강도에 따라 다음의 3가지 존(zone)으로 구분한다.
   (1) Green zone : 은행모델의 질과 정확성에 있어 그 자체로 문제는 보이지

않는다.

(2) Amber zone : 결론이 확정적이지 않고 의구심이 제기된다.

(3) Red zone : 거의 확실히 은행의 리스크모델에 문제점이 있다.

사후검증에서 나온 초과사항의 숫자에 따라 zone을 결정하는데, 250개 관찰치에 기초하여 zone의 경계를 수립하고 감독당국이 부과하는 승수를 결정한다.

[표 5-2] 사후검증 초과횟수에 따른 승수

사후검증 zone	초과사항의 횟수	승수
Green	0	1.50
	1	1.50
	2	1.50
	3	1.50
	4	1.50
Amber	5	1.70
	6	1.76
	7	1.83
	8	1.88
	9	1.92
Red	10개이상	2.00

5. 은행은 초과사항에 대한 설명을 포함하여 계속적으로 사후검증 프로그램으로 산출된모든 초과사항을 문서화하여야 한다.
6. 일반적으로 Green zone은 사후검증 결과 자본요구량이 증가하지는 않는다.
7. Amber zone은 정확하기보다는 다수 부정확한 모델로 인한 결과라 볼 수 있다. Amber zone에 대해 감독당국은 추가부과(add-on)형태로 더 높은 자본량을 부과하고 있다. 감독당국은 은행에 대해 높은 자본량 부과이외에도 모델의 충실도에 중대한 문제가 있다고 판단하는 경우에는 모델사용의 거절을 검토할 수 있다.
8. 은행의 모델이 Red zone에 해당된다면, 감독당국은 자동적으로 승수를 올리거나 모델사용을 불허할 수 있다.

4.1.2 트레이딩 데스크 수준의 사후검증

1. 트레이딩 데스크 수준의 일별 사후검증은 데스크별 리스크관리모델의 성과를 확인하는 절차이다. 사후검증 평가는 IMA를 하기 위한 트레이딩 데스크의 적격성 여부를 결정할 때 PLA test를 보완하는 수단이다.
2. 트레이딩 데스크 수준의 사후검증은 개별 트레이딩 데스크의 97.5퍼센타일과 99퍼센타일 일별 VaR(가장 최근 1년의 데이터를 균등가중으로 계산)를 해당 데스크의 1년치 1일 P&L값과 비교해야 한다.
   (1) 초과사항은 트레이딩 데스크의 1일 실제 또는 가상손실이 이에 대응하는 모델의 1일 VaR를 초과할 때 발생한다. 실제손실의 초과와 가상손실의 초과는 분리하여 카운트 하며, 전체 초과사항 횟수는 2가지 중 더 큰 값으로 한다.
   (2) P&L이나 리스크 값 중 구할 수 없거나 계산이 불가능한 경우에는 이상치로 보아 초과사항으로 카운트 한다.
3. 최근 12개월동안 99퍼센타일에서 초과사항 12번 초과(more than) 또는 97.5퍼센타일에서 초과사항 30번 초과인 트레이딩 데스크에 대해서는 모든 포지션의 자본을 반드시 표준방법으로 계산하여야 한다[61].

4.2 PLA(profit & loss attribution) test

4.2.1 PLA test의 요구사항

PLA test는 개별트레이딩 데스크의 일별 RTPL과 일별 HPL을 비교하는 것이다.

- RTPL(risk-theoretical P&L) : 모델가능한 리스크요소와 모델가능하지 않은 리스크요소를 모두 사용한 트레이딩 데스크 리스크관리모델(자본량 산출모델)의 평가엔진에 의해

61 발행자 부도리스크를 가진 익스포져는 반드시 2단계의 승인절차를 가져야 한다. 첫째, 시장리스크 모델은 사후검증과 PLA test를 통과하여야 한다. 어느 한 쪽의 test도 통과하지 못한 데스크는 표준방법으로 계산하여야 한다. 시장리스크 모델을 승인 받은 경우에 2단계로 부도리스크 모델에 대한 승인을 신청할 수 있다.

측정되는 일별 데스크 수준의 P&L

- HPL(hypothetical P&L) : 오늘 마감 시장데이터를 이용하여 전일 마감포지션을 재평가하여 산출한 프론트 오피스의 일별 P&L.
- 수수료, 일중 트레이딩, 신규 및 정정거래, 규제자본 측정과 관련하여 별도 규정으로 명시되거나 보통주자본 Tier 1에서 차감되는 가치조정은 모두 배제한다. 일별 업데이트되는 가치조정은 일반적으로 HPL에 포함되어야 한다. 시간효과는 HPL과 RTPL에 일관되게 처리되어야 한다.
- APL(actual P&L) : 일별 P&L 산출과정에서 도출되는 실제 P&L. 여기에는 일중 트레이딩과 시간효과, 신규 및 정정거래를 포함하고, 수수료와 규제자본 측정과 관련하여 별도 규정으로 명시되거나 보통주 자본 Tier 1에서 차감되는 가치조정은 배제한다. 시장리스크 관련 가치조정은 어떤 것이라도 APL에 포함되어야 한다.

PLA test는 다음의 목적을 가진다.

(1) 프런트 시스템과 비교하여, 리스크요소의 누락과 포지션 평가방법의 차이로 인해 발생하는 IMA의 리스크 누락의 중요성(the materiality of simplifications)을 측정

(2) 이러한 리스크의 누락이 중대하다고 판단될 때, IMA 사용하는 것을 방지

PLA test는 IMA를 사용하는 in-scope의 개별 트레이딩 데스크에 대해 단독기준(standalone basis, 타데스크와 분산 · 헷지 효과가 없음)으로 실시해야 한다.

4.2.2 PLA test와 사후검증에 사용된 손익의 정의

1. RTPL은 트레이딩 데스크 리스크관리 모델의 가치평가엔진에 의해 산출되는 일별 트레이딩 데스크 수준의 P&L이다.

   (1) 트레이딩 데스크 리스크관리모델은 감독당국이 승인한 파라미터를 이용한 은행의 ES 모델에 포함된 모든 리스크요소와 모델가능하지 않은 리스크요소-이는 규제자본 계산을 위해, ES모델에는 포함되지 않으나 모델가능하지 않은 리스크요소로 구분-를 포함해야 한다.

   (2) RTPL은 은행이 트레이딩 데스크 리스크관리모델에 포함하지 않은 리스크요소는 고려하지 않아야 한다.

1-1. 트레이딩 데스크의 리스크관리모델에 포함되는 모든 리스크 요소의 움직임은 잔여리스크 추가분을 가진 데이터라 하더라도 포함하여야 한다. 예컨대 다요인베타지수 모델을 사용하는 은행은 사건리스크를 포착하기 위해, 상품 고유의 시계열자료에서는 찾을 수 없는 잠재 사건을 반영하는 잔여요소를 캘리브레이션함에 있어 대체 데이터(alternative data)[62]를 포함하기도 한다. 다요인 모델의 환경에서 모델링되었다 해도 모델에서 하나의 리스크 요소라는 사실은, PLA test목적으로 RTPL(그리고 HPL)에 그 상품의 실제수익을 포함할 것이고 그 모델이 커버하는 리스크 요소로서 인식한다는 것을 의미한다.

2. PLA test는 트레이딩 데스크의 RTPL과 HPL을 비교한다. PLA test에 사용된 HPL은 사후검증 목적의 HPL과 동일해야 한다. 이 test는 트레이딩 데스크 리스크관리 모델에 사용된 평가엔진 및 이에 포함된 리스크요소가 은행의 중요한 P&L 생성인자를 포착하고 있는지를 결정하기 위함이다. RTPL은 여러가지 이유에서 HPL과 다를 수 있다. 그러나 트레이딩 데스크 리스크관리모델은 IMA 기준에서 적격 트레이딩 데스크의 리스크에 대해 합리적으로 올바른 평가를 제공해 주어야 한다.
3. HPL은 오늘의 시장데이터를 사용하여 전일 마감시 보유한 포지션을 재평가하여 계산한다(즉,정적인 포지션). HPL은 마감시 포지션이 변하지 않았을 때 발생하는 포트폴리오의 가치변화를 계산하기 때문에 APL과는 반대로 일중거래나 신규 또는 정정거래는 고려하지 않아야 한다. APL과 HPL 모두 은행계정의 환포지션과 일반상품 포지션을 포함한다.
4. APL과 HPL 양쪽 모두 수수료 및 규제자본 측정과 관련하여 별도의 규정으로 명시(예를 들어 신용가치조정 및 관련한 적격헷지)되었거나 보통주 자본 Tier 1에서 차감되는 가치조정(DVA : debt valuation adjustments)은 배제한다.
5. 시장리스크와 관련한 기타의 가치조정은 업데이트되는 주기에 상관없이 APL에 포함되어야 하지만, HPL에는 일별(daily) 업데이트되는 가치조정만

62 투자과정에서 적시의 통찰력(insight)을 제공해 주는 데이터로서 빅데이터가 예가 된다.

포함되어야 한다.

일별(daily)로 계산되지 않은 가치조정의 스무딩(smoothing)은 허용되지 않는다.

6. 은행이 트레이딩 데스크 수준에서 계산할 수 없는 가치조정(은행전체에 걸친 포지션과 리스크에 대한 것이거나 평가과정에 어떤 제약이 있는 경우)은 트레이딩 데스크 수준의 사후검증시 HPL과 APL에 포함시킬 필요는 없으나 은행 전체의 사후검증에는 포함시켜야 한다.
7. APL과 HPL은 일별보고되는 P&L의 산출에 사용하는 평가모델과 동일한 평가모델에 기반하여 계산하여야 한다(즉, 동일한 평가함수, 평가환경(pricing configurations), 평가 파라미터, 시장데이터와 시스템).

4.2.3 PLA test 데이터 정렬(alignment)

1. PLA test 목적으로, 은행은 아래의 조건이 이행되고 감독당국이 인정하는 경우 RTPL 입력데이터와 HPL에 사용된 입력데이터를 상호정렬하는 것이 허용된다.
   (1) HPL 입력데이터는 RTPL 목적으로 사용하기에 적합할 수 있다는 것을 보여주어야 하고, HPL입력데이터를 RTPL계산에 사용되는 리스크요소로 적용하기 위해 포맷을 변형 했을 때 어떠한 리스크요소의 차이나 가치평가 엔진의 차이도 누락되지 않음을 보여주어야 한다.
   (2) RTPL 입력데이터에 대한 조정은 적절하게 문서화되어 검증되고 감독당국의 인정을 받아야 한다.
   (3) 은행은 RTPL 입력데이터의 조정에 대한 변경을 적절하게 인식할 수 있는 절차를 가져야 하며, 변경이 있을 때는 감독당국에 보고하여야 한다.
   (4) 은행은 이러한 입력데이터의 정렬이 RTPL과 PLA test에 미치는 영향을 평가해야 한다. 이를 위해 은행은 정렬된 시장데이터에 기초(HPL에 기초)한 RTPL과 정렬 안한 시장데이터에 기초한 RTPL을 비교하여야 한

다. 이러한 비교는 감독당국의 요청이 있을 때와 입력데이터 정렬과정을 설계 또는 변경할 때 수행되어야 한다.

2. RTPL과 HPL 양쪽에 포함된 리스크요소인 입력데이터가, 시장데이터 원천 제공자의 차이나 시장데이터 원천시간의 수정, 평가모델에 적합한 리스크요소로 입력데이터를 변형함으로 인해 차이가 있을 때, RTPL 입력데이터의 조정은 허용된다. 이러한 조정은 다음 중 어느 하나로 이루어진다.
   (1) RTPL입력데이터(예, x 시점의 par rate, 제공자는 A) 를 HPL입력데이터(예, x시점의 par rate, 제공자 B)로 직접 대체 또는
   (2) HPL 입력데이터(예, x 시점의 par rate, 제공자는 B) 를 RTPL/ES모델에 필요한 리스크요소데이터(예, x시점의 par rate)를 계산하는 기준으로 사용

3. 만약 HPL이 평가엔진에 필수적인 리스크 파라미터를 계산하기 위해 RTPL과 다른 방식으로 시장데이터를 사용한다면, 이 차이는 PLA test에 반드시 반영되어야 하며, 결과적으로 HPL과 RTPL 계산에 반영되어야 한다.
   이와 관련하여 HPL과 RTPL은 동일한 시장데이터를 하나의 기준(only a basis)으로 사용하는 것만이 허용되며, 각각의 평가엔진 파라미터를 계산하기 위해서는 그들 각각의 방법을 사용하여야 한다. 예컨데 RTPL 계산하기 위한 평가과정의 한부분으로 시장데이터를 변형하는 경우를 들 수 있는데, 이 경우 은행은 RTPL과 HPL의 변형후가 아닌 변형전 시장데이터간의 정렬을 할 수 있다.

4. <u>HPL에 사용된 데이터를 가지고 RTPL 입력데이터를 조정하는 것은 허용되나, 반대로 RTPL에 사용된 데이터를 가지고 HPL 입력데이터를 조정하는 것은 허용되지 않는다.</u> 또한 운영상의 잔여 noise를 해결하기 위해 RTPL 또는 HPL을 조정하는 것은 허용되지 않는다. 잔여 noise는 2가지 서로 다른 시스템과 2가지 서로 다른 시점에 RTPL과 HPL을 계산함으로 인해 발생할 수 있다. 이는 대량의 데이터를 시스템간 이동할 때 또는 데이터 통합, 데이터의 작은 차이가 원인일 수 있다.

4.2.4 PLA test값

1. PAL 요구기준은 2가지 test값에 따른다.
   (1) RTPL과 HPL 간의 상관관계를 평가하기 위한 Spearman 상관계수
   (2) RTPL과 HPL 분포의 유사성을 평가하기 위한 Kolmogorov-Smirnov(KS) 검정 값
2. 하나의 트레이딩 데스크에 대해 각각의 값을 계산하기 위해 가장 최근 250일의 RTPL과 HPL관측치 시계열 자료를 사용하여야 한다.
3. Spearman 상관계수를 결정하는 과정
   (1) HPL 시계열자료에 대해 은행은 P&L의 규모에 기초하여 순위시리즈(R_{HPL})를 생성한다. 즉 가장 낮은 값의 HPL시리즈는 순위1, 그 다음 낮은 값은 순위2 로 매긴다.
   (2) 동일하게 RTPL시리즈에 대해서도 규모에 기초하여 순위시리즈(R_{RTPL})를 생성한다.
   (3) 은행은 다음의 공식을 사용하여 규모에 근거한 2가지 R_{HPL}, R_{RTPL}순위시리즈의 Spearman 상관계수를 계산한다. 여기서 σR_{HPL}과 σR_{RTPL}은 R_{HPL}, R_{RTPL}의 표준편차이다.

$$r_s = \frac{cov(R_{HPL}, R_{RTPL})}{\sigma_{R_{HPL}} \times \sigma_{R_{RTPL}}}$$

4. KS 검정값을 결정하는 과정
   (1) 은행은 RTPL의 경험적 누적분포함수를 계산한다. RTPL의 어느 값에 대해서도 경험적 누적분포는 특정 RTPL값보다 작거나 동일한 RTPL 관찰치 값의 개수에 0.004를 곱한 것이다.
   (2) 은행은 HPL의 경험적 누적분포함수를 계산한다. HPL의 어느 값에 대해서도 경험적 누적분포는 특정 HPL값보다 작거나 동일한 HPL 관찰치 값의 개수에 0.004를 곱한 것이다.
   (3) KS검정 값은 어느 P&L에서도 2가지 경험적 누적분포함수 간의 차이 중 절대값이 가장 큰 값이다.

4.2.5 PLA test값 평가

1. 결과값에 기초하여 트레이딩 데스크는 표2에 따라 Green zone, Amber zone, Red zone에 배분한다.
   (1) 다음의 경우 트레이딩 데스크는 PLA test Green zone이다.
      (a) 상관계수가 0.8 초과이고
      (b) KS검정값이 0.09 미만(p-value=0.264)이다.
   (2) 트레이딩 데스크 Red zone은 상관계수 0.7미만 또는 KS검정 값이 0.12 초과(p-value=0.055)이다.
   (3) 트레이딩 데스크 Amber zone은 Green zone도 아니고 Red zone도 아닌 것이다.

[표 5-3] PLA test 평가기준

PLA test 기준			
Zone	Spearman 상관계수	조건	KS test
Green zone	〉0.08	And	〈0.09(p-value=0.264)
Amber zone	[0.70-0.80]	or	[0.09-0.12]
Red zone	〈0.70	or	〉0.12(p-value=0.055)

2. 트레이딩 데스크가 PLA test Red zone이라면, 시장리스크 자본량 산출을 위해 IMA사용은 비적격이므로 표준방법을 사용해야 한다.
   (1) 이러한 비적격 트레이딩 데스크가 보유한 리스크 익스포져는 표준방법으로 자본량을 산출하는 out-of-scope 데스크에 포함된다.
   (2) IMA 사용에 비적격인 트레이딩 데스크는 IMA를 사용하기 위해 아래시점까지는 out-of-scope을 유지해야 한다.
      (a) 트레이딩 데스크가 PLA test Green zone이며, and
      (b) 트레이딩 데스크는 이전(over the past) 12개월간 사후검증 요건을 만족시키는 시점
3. 만약 트레이딩 데스크가 PLA test Amber zone이라면, IMA사용과 관련하여 out-of-scope 트레이딩 데스크로 간주되지는 않는다.

(1) 만약 트레이딩 데스크가 Amber zone이라면, 아래시점까지는 PLA test Green zone으로 돌아올 수 없다.

(a) 트레이딩 데스크가 PLA test Green zone이며, and

(b) 트레이딩 데스크는 이전(over the past) 12개월간 사후검증 요건을 만족시키는 시점

(2) PLA test Amber zone의 트레이딩 데스크는 6.6.1.의 4에서 규정한 자본량 surcharge를 따른다.

4.3 예외상황의 처리

매우 드문 경우로 서로 다른 은행 트레이딩 데스크의 정확한 모델들이 사후검증 초과사항을 보이며, 프론트오피스 평가모델에 의해 산출된 P&L을 부적절하게 추적하는 경우인데 이에 대해 이해할 만한 이유가 있을 수 있다(예컨대 여러 은행에 심각한 영향을 끼치는 금융경색기간 동안 또는 금융시장이 중대한 변혁을 겪는 기간). 이 경우 한가지 가능한 감독당국의 대응은 관련 트레이딩 데스크에서 IMA를 계속 사용하도록 허락하고, 다만 개별 트레이딩 데스크 모델이 변혁이나 중대한 시장경색을 실무적으로 가능한 한 빨리 감안하도록 요구한다. 감독당국은 가장 예외적이고 체계적인 환경변화에 대해 은행의 대응을 주시해야 한다.

4.4 PLA test 사례

[표 5-4] PLA test 실시 사례

=251-RANK(B6,$B$6:$B$255)

=D6*0.004

=ABS(E6-I6)

	A	B	C	D	E	F	G	H	I	J	K
4	일자	RTPL				HPL				분포차이의 절대값	순위
5		금액	순위	RTPL이하 갯수	경험적누적 분포 함수값	금액	순위	HPL이하 갯수	경험적누적 분포 함수값		
6	1	20,000,095	17	17	0.068	20,000,058	13	13	0.052	0.016	108
7	2	20,000,573	87	87	0.348	20,000,551	81	81	0.324	0.024	73
8	3	20,001,431	240	240	0.96	20,001,420	239	239	0.956	0.004	220
9	4	20,000,006	2	2	0.008	20,000,006	4	4	0.016	0.008	163
10	5	20,000,205	30	30	0.12	20,000,205	29	29	0.116	0.004	217
11	6	20,001,409	235	235	0.94	20,001,465	247	247	0.988	0.048	21
12	7	20,000,521	76	76	0.304	20,000,489	70	70	0.28	0.024	85
13	8	20,000,325	48	48	0.192	20,000,396	58	58	0.232	0.04	29
14	9	20,000,252	32	32	0.128	20,000,252	33	33	0.132	0.004	173
15	10	20,000,767	117	117	0.468	20,000,767	115	115	0.46	0.008	135
16	11	20,000,512	74	74	0.296	20,000,534	80	80	0.32	0.024	73
17	12	20,001,338	225	225	0.9	20,001,347	225	225	0.9	0	223
18	13	20,001,021	165	165	0.66	20,001,021	166	166	0.664	0.004	173
19	14	20,001,275	214	214	0.856	20,001,187	196	196	0.784	0.072	1
20	15	20,001,257	209	209	0.836	20,001,257	208	208	0.832	0.004	220
21	16	20,001,311	218	218	0.872	20,001,279	214	214	0.856	0.016	98
22	17	20,000,922	149	149	0.596	20,000,971	157	157	0.628	0.032	45
23	18	20,000,782	122	122	0.488	20,000,722	110	110	0.44	0.048	19
24	19	20,001,408	234	234	0.936	20,001,408	237	237	0.948	0.012	111
25	20	20,000,840	131	131	0.524	20,000,821	126	126	0.504	0.02	88
26	21	20,000,555	81	81	0.324	20,000,505	73	73	0.292	0.032	45
27	22	20,000,145	24	24	0.096	20,000,096	17	17	0.068	0.028	64
28	23	20,000,428	62	62	0.248	20,000,375	55	55	0.22	0.028	64
29	24	20,000,473	65	65	0.26	20,000,443	66	66	0.264	0.004	173
30	25	20,000,012	4	4	0.016	20,000,012	6	6	0.024	0.008	163
31	26	20,001,076	180	180	0.72	20,001,118	187	187	0.748	0.028	58
32	27	20,000,260	35	35	0.14	20,000,260	37	37	0.148	0.008	171
33	28	20,001,264	210	210	0.84	20,001,328	222	222	0.888	0.048	15
34	29	20,001,162	196	196	0.784	20,001,217	202	202	0.808	0.024	73
35	30	20,001,079	181	181	0.724	20,001,024	168	168	0.672	0.052	13
36	31	20,001,087	183	183	0.732	20,001,087	181	181	0.724	0.008	135
37	32	20,000,748	116	116	0.464	20,000,784	120	120	0.48	0.016	110
38	33	20,001,162	196	196	0.784	20,001,124	189	189	0.756	0.028	58
39	34	20,000,513	75	75	0.3	20,000,513	75	75	0.3	0	223
40	35	20,001,386	231	231	0.924	20,001,407	236	236	0.944	0.02	88
41	36	20,000,319	46	46	0.184	20,000,319	47	47	0.188	0.004	173
42	37	20,000,158	25	25	0.1	20,000,128	23	23	0.092	0.008	135
43	38	20,001,287	215	215	0.86	20,001,291	215	215	0.86	0	223
44	39	20,000,652	99	99	0.396	20,000,669	103	103	0.412	0.016	98
45	40	20,000,597	95	95	0.38	20,000,601	93	93	0.372	0.008	135
46	41	20,000,775	119	119	0.476	20,000,775	119	119	0.476	0	223
47	42	20,000,351	53	53	0.212	20,000,351	52	52	0.208	0.004	219
48	43	20,000,837	130	130	0.52	20,000,839	130	130	0.52	0	223
49	44	20,000,884	139	139	0.556	20,000,884	138	138	0.552	0.004	173
50	45	20,000,278	40	40	0.16	20,000,278	42	42	0.168	0.008	135
51	46	20,000,251	31	31	0.124	20,000,307	45	45	0.18	0.056	8
52	47	20,000,075	15	15	0.06	20,000,056	12	12	0.048	0.012	130
53	48	20,000,253	33	33	0.132	20,000,253	34	34	0.136	0.004	173
54	49	20,000,254	34	34	0.136	20,000,256	36	36	0.144	0.008	135
55	50	20,001,209	201	201	0.804	20,001,209	201	201	0.804	0	223
56	51	20,001,393	232	232	0.928	20,001,396	233	233	0.932	0.004	173
57	52	20,000,745	114	114	0.456	20,000,822	127	127	0.508	0.052	12
58	53	20,000,030	5	5	0.02	20,000,024	7	7	0.028	0.008	163
59	54	20,000,569	86	86	0.344	20,000,522	77	77	0.308	0.036	34
60	55	20,000,490	69	69	0.276	20,000,490	71	71	0.284	0.008	135
61	56	20,000,006	2	2	0.008	20,000,006	4	4	0.016	0.008	163
62	57	20,000,682	104	104	0.416	20,000,733	112	112	0.448	0.032	55

63	58	20,001,127	191	191	0.764	20,001,127	191	191	0.764	0	223
64	59	20,001,257	209	209	0.836	20,001,257	208	208	0.832	0.004	220
65	60	20,001,245	205	205	0.82	20,001,246	205	205	0.82	0	223
66	61	20,000,050	9	9	0.036	20,000,050	11	11	0.044	0.008	168
67	62	20,000,779	121	121	0.484	20,000,864	136	136	0.544	0.06	4
68	63	20,001,486	249	249	0.996	20,001,525	250	250	1	0.004	173
69	64	20,000,126	22	22	0.088	20,000,126	22	22	0.088	0	223
70	65	20,000,421	61	61	0.244	20,000,385	56	56	0.224	0.02	95
71	66	20,000,097	19	19	0.076	20,000,117	19	19	0.076	0	223
72	67	20,000,953	155	155	0.62	20,000,962	153	153	0.612	0.008	135
73	68	20,000,729	111	111	0.444	20,000,760	114	114	0.456	0.012	111
74	69	20,000,827	129	129	0.516	20,000,827	128	128	0.512	0.004	173
75	70	20,000,865	135	135	0.54	20,000,843	132	132	0.528	0.012	111
76	71	20,000,773	118	118	0.472	20,000,773	118	118	0.472	0	223
77	72	20,000,976	158	158	0.632	20,000,973	158	158	0.632	0	223
78	73	20,001,071	178	178	0.712	20,000,998	160	160	0.64	0.072	1
79	74	20,000,917	147	147	0.588	20,000,917	144	144	0.576	0.012	133
80	75	20,001,070	177	177	0.708	20,001,108	184	184	0.736	0.028	58
81	76	20,000,561	82	82	0.328	20,000,561	85	85	0.34	0.012	111
82	77	20,000,096	18	18	0.072	20,000,163	25	25	0.1	0.028	64
83	78	20,000,856	133	133	0.532	20,000,869	137	137	0.548	0.016	98
84	79	20,001,322	222	222	0.888	20,001,322	221	221	0.884	0.004	173
85	80	20,000,533	78	78	0.312	20,000,533	79	79	0.316	0.004	173
86	81	20,001,032	169	169	0.676	20,001,032	171	171	0.684	0.008	135
87	82	20,001,431	240	240	0.96	20,001,448	245	245	0.98	0.02	88
88	83	20,000,270	38	38	0.152	20,000,234	30	30	0.12	0.032	53
89	84	20,000,624	96	96	0.384	20,000,624	97	97	0.388	0.004	173
90	85	20,000,313	45	45	0.18	20,000,264	38	38	0.152	0.028	64
91	86	20,001,434	242	242	0.968	20,001,434	241	241	0.964	0.004	173
92	87	20,000,032	6	6	0.024	20,000,009	5	5	0.02	0.004	216
93	88	20,000,496	71	71	0.284	20,000,528	78	78	0.312	0.028	70
94	89	20,001,066	176	176	0.704	20,001,072	177	177	0.708	0.004	173
95	90	20,000,929	151	151	0.604	20,000,929	148	148	0.592	0.012	111
96	91	20,001,289	216	216	0.864	20,001,339	223	223	0.892	0.028	58
97	92	20,001,364	229	229	0.916	20,001,389	231	231	0.924	0.008	135
98	93	20,001,088	184	184	0.736	20,001,101	183	183	0.732	0.004	173
99	94	20,000,368	57	57	0.228	20,000,405	59	59	0.236	0.008	135
100	95	20,001,021	165	165	0.66	20,001,013	165	165	0.66	0	223
101	96	20,000,897	141	141	0.564	20,000,897	139	139	0.556	0.008	135
102	97	20,001,313	220	220	0.88	20,001,313	219	219	0.876	0.004	173
103	98	20,001,239	204	204	0.816	20,001,239	204	204	0.816	0	223
104	99	20,001,206	200	200	0.8	20,001,206	199	199	0.796	0.004	173
105	100	20,000,272	39	39	0.156	20,000,272	40	40	0.16	0.004	173
106	101	20,001,295	217	217	0.868	20,001,360	227	227	0.908	0.04	27
107	102	20,000,492	70	70	0.28	20,000,492	72	72	0.288	0.008	135
108	103	20,001,022	167	167	0.668	20,001,044	173	173	0.692	0.024	73
109	104	20,000,592	94	94	0.376	20,000,558	84	84	0.336	0.04	31
110	105	20,001,217	203	203	0.812	20,001,217	203	203	0.812	0	223
111	106	20,001,026	168	168	0.672	20,001,026	170	170	0.68	0.008	135
112	107	20,001,041	170	170	0.68	20,001,041	172	172	0.688	0.008	135
113	108	20,000,279	41	41	0.164	20,000,252	32	32	0.128	0.036	38
114	109	20,000,476	66	66	0.264	20,000,520	76	76	0.304	0.04	31
115	110	20,001,086	182	182	0.728	20,001,024	169	169	0.676	0.052	13
116	111	20,000,501	73	73	0.292	20,000,432	62	62	0.248	0.044	26
117	112	20,001,321	221	221	0.884	20,001,321	220	220	0.88	0.004	173
118	113	20,000,110	21	21	0.084	20,000,166	26	26	0.104	0.02	94
119	114	20,000,740	112	112	0.448	20,000,705	108	108	0.432	0.016	98
120	115	20,000,804	125	125	0.5	20,000,840	131	131	0.524	0.024	73
121	116	20,001,120	189	189	0.756	20,001,120	188	188	0.752	0.004	173
122	117	20,000,499	72	72	0.288	20,000,442	64	64	0.256	0.032	45
123	118	20,001,439	244	244	0.976	20,001,439	243	243	0.972	0.004	173
124	119	20,000,142	23	23	0.092	20,000,124	21	21	0.084	0.008	168
125	120	20,000,701	106	106	0.424	20,000,701	107	107	0.428	0.004	173
126	121	20,000,070	13	13	0.052	20,000,073	15	15	0.06	0.008	168
127	122	20,000,585	90	90	0.36	20,000,553	82	82	0.328	0.032	55
128	123	20,000,361	56	56	0.224	20,000,320	48	48	0.192	0.032	53

129	124	20,000,718	109	109	0.436	20,000,718	109	109	0.436	0	223
130	125	20,000,350	51	51	0.204	20,000,414	60	60	0.24	0.036	40
131	126	20,000,167	26	26	0.104	20,000,167	27	27	0.108	0.004	217
132	127	20,001,272	212	212	0.848	20,001,272	211	211	0.844	0.004	173
133	128	20,000,799	124	124	0.496	20,000,799	122	122	0.488	0.008	135
134	129	20,000,882	138	138	0.552	20,000,821	125	125	0.5	0.052	10
135	130	20,000,727	110	110	0.44	20,000,727	111	111	0.444	0.004	173
136	131	20,001,212	202	202	0.808	20,001,259	210	210	0.84	0.032	57
137	132	20,001,342	226	226	0.904	20,001,342	224	224	0.896	0.008	135
138	133	20,000,199	29	29	0.116	20,000,197	28	28	0.112	0.004	173
139	134	20,001,051	173	173	0.692	20,001,001	162	162	0.648	0.044	23
140	135	20,001,327	223	223	0.892	20,001,277	213	213	0.852	0.04	27
141	136	20,001,147	192	192	0.768	20,001,172	195	195	0.78	0.012	111
142	137	20,000,905	142	142	0.568	20,000,899	140	140	0.56	0.008	135
143	138	20,001,417	236	236	0.944	20,001,391	232	232	0.928	0.016	98
144	139	20,001,122	190	190	0.76	20,001,193	197	197	0.788	0.028	58
145	140	20,000,666	102	102	0.408	20,000,666	101	101	0.404	0.004	173
146	141	20,000,073	14	14	0.056	20,000,119	20	20	0.08	0.024	83
147	142	20,000,656	100	100	0.4	20,000,618	95	95	0.38	0.02	88
148	143	20,001,454	247	247	0.988	20,001,415	238	238	0.952	0.036	41
149	144	20,000,913	145	145	0.58	20,000,992	159	159	0.636	0.056	7
150	145	20,001,114	187	187	0.748	20,001,074	178	178	0.712	0.036	34
151	146	20,000,487	68	68	0.272	20,000,429	61	61	0.244	0.028	58
152	147	20,001,022	167	167	0.668	20,001,022	167	167	0.668	0	223
153	148	20,001,002	163	163	0.652	20,001,002	164	164	0.656	0.004	173
154	149	20,000,708	108	108	0.432	20,000,772	117	117	0.468	0.036	34
155	150	20,000,813	127	127	0.508	20,000,835	129	129	0.516	0.008	135
156	151	20,001,246	206	206	0.824	20,001,258	209	209	0.836	0.012	133
157	152	20,000,548	80	80	0.32	20,000,557	83	83	0.332	0.012	111
158	153	20,000,183	27	27	0.108	20,000,139	24	24	0.096	0.012	130
159	154	20,001,344	228	228	0.912	20,001,294	217	217	0.868	0.044	23
160	155	20,001,248	207	207	0.828	20,001,248	206	206	0.824	0.004	173
161	156	20,000,186	28	28	0.112	20,000,248	31	31	0.124	0.012	130
162	157	20,000,545	79	79	0.316	20,000,572	87	87	0.348	0.032	45
163	158	20,000,964	156	156	0.624	20,000,964	154	154	0.616	0.008	135
164	159	20,000,890	140	140	0.56	20,000,921	146	146	0.584	0.024	87
165	160	20,001,449	246	246	0.984	20,001,449	246	246	0.984	0	223
166	161	20,000,586	91	91	0.364	20,000,586	89	89	0.356	0.008	135
167	162	20,000,345	50	50	0.2	20,000,282	43	43	0.172	0.028	64
168	163	20,000,683	105	105	0.42	20,000,683	105	105	0.42	0	223
169	164	20,000,564	84	84	0.336	20,000,587	90	90	0.36	0.024	85
170	165	20,000,329	49	49	0.196	20,000,329	49	49	0.196	0	223
171	166	20,000,748	116	116	0.464	20,000,676	104	104	0.416	0.048	19
172	167	20,000,943	153	153	0.612	20,000,938	151	151	0.604	0.008	135
173	168	20,000,060	11	11	0.044	20,000,004	2	2	0.008	0.036	39
174	169	20,001,049	171	171	0.684	20,001,049	175	175	0.7	0.016	98
175	170	20,001,051	173	173	0.692	20,001,108	185	185	0.74	0.048	21
176	171	20,001,433	241	241	0.964	20,001,499	249	249	0.996	0.032	45
177	172	20,000,589	92	92	0.368	20,000,589	91	91	0.364	0.004	173
178	173	20,000,286	42	42	0.168	20,000,286	44	44	0.176	0.008	171
179	174	20,000,564	84	84	0.336	20,000,608	94	94	0.376	0.04	31
180	175	20,001,395	233	233	0.932	20,001,397	234	234	0.936	0.004	173
181	176	20,000,917	147	147	0.588	20,000,933	149	149	0.596	0.008	135
182	177	20,000,880	136	136	0.544	20,000,912	142	142	0.568	0.024	73
183	178	20,000,441	63	63	0.252	20,000,441	63	63	0.252	0	223
184	179	20,001,419	237	237	0.948	20,001,379	228	228	0.912	0.036	34
185	180	20,000,578	88	88	0.352	20,000,578	88	88	0.352	0	223
186	181	20,000,103	20	20	0.08	20,000,049	10	10	0.04	0.04	30
187	182	20,000,908	143	143	0.572	20,000,960	152	152	0.608	0.036	41
188	183	20,001,204	199	199	0.796	20,001,209	200	200	0.8	0.004	173
189	184	20,000,325	48	48	0.192	20,000,331	51	51	0.204	0.012	111
190	185	20,001,386	231	231	0.924	20,001,428	240	240	0.96	0.036	41
191	186	20,001,104	186	186	0.744	20,001,084	180	180	0.72	0.024	73
192	187	20,000,043	8	8	0.032	20,000,043	8	8	0.032	0	223
193	188	20,000,825	128	128	0.512	20,000,813	124	124	0.496	0.016	98

194	189	20,000,668	103	103	0.412	20,000,668	102	102	0.408	0.004	173
195	190	20,001,271	211	211	0.844	20,001,291	216	216	0.864	0.02	88
196	191	20,000,982	159	159	0.636	20,001,047	174	174	0.696	0.06	4
197	192	20,000,926	150	150	0.6	20,000,966	156	156	0.624	0.024	73
198	193	20,000,988	160	160	0.64	20,000,921	147	147	0.588	0.052	10
199	194	20,000,007	3	3	0.012	19,999,957	1	1	0.004	0.008	163
200	195	20,001,443	245	245	0.98	20,001,443	244	244	0.976	0.004	173
201	196	20,000,290	43	43	0.172	20,000,265	39	39	0.156	0.016	98
202	197	20,000,261	36	36	0.144	20,000,253	35	35	0.14	0.004	173
203	198	20,000,857	134	134	0.536	20,000,857	134	134	0.536	0	223
204	199	20,001,065	175	175	0.7	20,001,126	190	190	0.76	0.06	6
205	200	20,000,093	16	16	0.064	20,000,045	9	9	0.036	0.028	64
206	201	20,001,002	163	163	0.652	20,001,002	164	164	0.656	0.004	173
207	202	20,001,435	243	243	0.972	20,001,384	229	229	0.916	0.056	9
208	203	20,000,580	89	89	0.356	20,000,596	92	92	0.368	0.012	111
209	204	20,000,591	93	93	0.372	20,000,634	99	99	0.396	0.024	73
210	205	20,001,168	197	197	0.788	20,001,169	194	194	0.776	0.012	111
211	206	20,000,966	157	157	0.628	20,000,966	155	155	0.62	0.008	135
212	207	20,000,351	53	53	0.212	20,000,353	53	53	0.212	0	223
213	208	20,000,394	58	58	0.232	20,000,394	57	57	0.228	0.004	173
214	209	20,000,627	97	97	0.388	20,000,627	98	98	0.392	0.004	173
215	210	20,000,270	38	38	0.152	20,000,275	41	41	0.164	0.012	111
216	211	20,000,799	124	124	0.496	20,000,799	122	122	0.488	0.008	135
217	212	20,000,807	126	126	0.504	20,000,807	123	123	0.492	0.012	111
218	213	20,000,664	101	101	0.404	20,000,701	106	106	0.424	0.02	97
219	214	20,000,922	149	149	0.596	20,000,917	145	145	0.58	0.016	98
220	215	20,001,116	188	188	0.752	20,001,072	176	176	0.704	0.048	15
221	216	20,000,414	59	59	0.236	20,000,443	65	65	0.26	0.024	84
222	217	20,000,942	152	152	0.608	20,000,914	143	143	0.572	0.036	41
223	218	20,000,063	12	12	0.048	20,000,081	16	16	0.064	0.016	108
224	219	20,001,313	220	220	0.88	20,001,313	219	219	0.876	0.004	173
225	220	20,001,153	194	194	0.776	20,001,153	193	193	0.772	0.004	173
226	221	20,001,149	193	193	0.772	20,001,193	198	198	0.792	0.02	88
227	222	20,001,425	238	238	0.952	20,001,357	226	226	0.904	0.048	15
228	223	20,001,328	224	224	0.896	20,001,387	230	230	0.92	0.024	73
229	224	20,001,499	250	250	1	20,001,439	242	242	0.968	0.032	45
230	225	20,000,416	60	60	0.24	20,000,469	68	68	0.272	0.032	45
231	226	20,000,450	64	64	0.256	20,000,455	67	67	0.268	0.012	111
232	227	20,000,704	107	107	0.428	20,000,635	100	100	0.4	0.028	70
233	228	20,000,360	55	55	0.22	20,000,330	50	50	0.2	0.02	95
234	229	20,000,910	144	144	0.576	20,000,910	141	141	0.564	0.012	111
235	230	20,001,075	179	179	0.716	20,001,075	179	179	0.716	0	223
236	231	20,000,042	7	7	0.028	20,000,097	18	18	0.072	0.044	25
237	232	20,000,743	113	113	0.452	20,000,770	116	116	0.464	0.012	111
238	233	20,000,312	44	44	0.176	20,000,312	46	46	0.184	0.008	135
239	234	20,000,848	132	132	0.528	20,000,847	133	133	0.532	0.004	173
240	235	20,000,565	85	85	0.34	20,000,565	86	86	0.344	0.004	173
241	236	20,000,637	98	98	0.392	20,000,623	96	96	0.384	0.008	135
242	237	20,000,360	55	55	0.22	20,000,357	54	54	0.216	0.004	173
243	238	20,000,482	67	67	0.268	20,000,482	69	69	0.276	0.008	135
244	239	20,000,946	154	154	0.616	20,000,936	150	150	0.6	0.016	98
245	240	20,000,060	11	11	0.044	20,000,060	14	14	0.056	0.012	129
246	241	20,001,053	174	174	0.696	20,001,133	192	192	0.768	0.072	1
247	242	20,001,480	248	248	0.992	20,001,478	248	248	0.992	0	223
248	243	20,001,170	198	198	0.792	20,001,109	186	186	0.744	0.048	15
249	244	20,000,882	138	138	0.552	20,000,860	135	135	0.54	0.012	111
250	245	20,000,776	120	120	0.48	20,000,736	113	113	0.452	0.028	70
251	246	20,001,343	227	227	0.908	20,001,399	235	235	0.94	0.032	45
252	247	20,000,522	77	77	0.308	20,000,512	74	74	0.296	0.012	111
253	248	20,001,000	161	161	0.644	20,001,000	161	161	0.644	0	223
254	249	20,001,094	185	185	0.74	20,001,094	182	182	0.728	0.012	111
255	250	20,001,273	213	213	0.852	20,001,273	212	212	0.848	0.004	173
256		표준편차	72.31754			표준편차	72.31781				
257		공분산	5211.193								
258		Spearman상관	0.996433								

=STDEV.S(C6:C255)

=C257/(C256*G256)

=COVARIANCE.S(C6:C255,G6:G255)

5. 시장리스크 요소

5.1 시장리스크 요소의 명시

5.1.1 시장리스크 요소 일반

1. 은행의 시장리스크 자본량 산출모델은 가격평가에 사용된 모든 리스크요소를 포함하여야 한다. 하나의 리스크요소가 평가모델에는 반영되었으나, 자본량 산출모델에 반영되지 않은 경우, 이러한 누락에 대해 감독당국에 설명하여야 한다.
2. 시장리스크 자본량 산출모델은 리스크군에 대해 표준방법에서 명시한 모든 리스크요소를 포함하여야 한다. 표준방법의 리스크요소가 시장리스크 자본량 산출모델에 포함되지 않은 경우에는 이러한 누락에 대해 감독당국에 설명하여야 한다.
   (1) 유동화상품에 대해서는 IMA에 의한 시장리스크 자본산출은 금지되어 있으며 반드시 표준방법을 사용하여야 한다.
3. 은행의 시장리스크 자본량 산출모델과 모델가능하지 않은 리스크요소를 위해 계산되는 스트레스 시나리오는 correlation risk와 basis risk뿐 아니라 옵션과 기타 관련상품의 비선형성을 반영하여야 한다.
4. 은행은 어떤 포지션을 대표하는 적절한 대용치(proxy)를 사용할 수 있다(예, 개별주식 포지션에 대한 대용치로 주가지수를 사용). 은행이 대용치를 사용하는 경우 이에 대해 감독당국에 설명하여야 한다.

5.1.2 리스크요소별 상세 내용

1. GIRR을 위해 은행은 보유한 금리민감 부내외 포지션의 각 통화별 금리에 맞는 리스크 요소셋을 사용해야 한다.
   - 트레이딩 데스크 리스크관리모델(자본량 산출모델)은 다수의 일반적으로 인정된 접근법(예, 제로쿠폰수익률로 선도금리 예측)을 사용하여 수익률 곡선을 모델화하여야 한다.

- 수익률곡선은 수익률곡선상의 변동성을 포착하기 위해 만기를 구분하여야 한다.
- 주된 통화별 시장금리에 노출된 주요 익스포져에 대해 은행은 최소한 6개의 리스크요소를 사용하여 수익률곡선을 모형화하여야 한다.
- 최종적으로 사용하는 리스크요소의 수는 은행 트레이딩 전략의 본질에 따른다.

2. 신용스프레드리스크(예, 채권과 스왑간)를 포착하기 위해 별도의 리스크 요인을 반영해야 한다. 정부채와 기타 채권간의 완전하지 않은 상관관계로 야기되는 신용스프레드리스크를 반영하기 위해 다양한 방법이 인정되는데, 국채 아닌 채권에 대해 완전히 분리된 수익률곡선을 구현하거나 수익률곡선의 여러 구간에서 국채 대비 스프레드를 예측할 수 있다
3. 환리스크에 대해서는 은행의 포지션이 표시된 개별 외화통화에 해당하는 리스크요소를 구현해야 한다. 리스크 측정시스템의 산출물은 은행의 보고통화로 표시될 것이므로 해외통화로 표시된 어떠한 순포지션도 환리스크를 가지게 된다. 은행의 보고통화와 은행이 가진 중요 익스포져의 개별 외화통화간의 환율을 리스크요소로 사용하여야 한다.
4. 주식리스크에 대해 은행은 주요 포지션을 보유한 주식시장 각각에 해당하는 리스크요소를 사용하여야 한다.
   - 최소한 주식가격의 시장전체 움직임을 반영하는 리스크요소(예,시장지수)를 사용하여야 한다. 개별 주식이나 섹터지수포지션은 시장전체 지수에 대비한 "베타등가값"으로 표현될 수 있다.
   - 전체 주식시장의 다양한 섹터에 맞는 리스크요소(예, 산업섹터 또는 경기순환/비순환 섹터) 를 사용할 수 있다. 각 섹터내의 개별 주식포지션은 섹터지수에 대비한 "베타등가값"으로 표현될 수 있다.
   - 개별주식의 변동성에 해당하는 리스크요소를 사용할 수 있다.
   - 주어진 시장을 모델링하는 기법의 복잡성 여부는 그 시장에서 해당 포지션에 얼마나 집중되었느냐와 전체시장에서의 은행이 갖는 익스포져 규모

에 따르게 된다.

5. 일반상품에 대해 은행은 주요포지션을 보유한 일반상품 시장의 각각에 대해 리스크요소를 지정하여야 한다.
   - 상대적으로 제한된 규모의 일반상품 포지션을 가진 은행은 직접 리스크요소 형태를 가질 수 있는데 이는 개별상품의 가격을 하나의 리스크요소로 하는 것이다.
   - 활발하게 트레이딩 하는 은행의 모델은, 선도/스왑 등 파생상품과 현물간의 "convenience yield[63]"의 변동을 설명해야 한다.
6. 지분투자펀드와 관련된 리스크에 대해,
   - look-through 접근법이 가능한 펀드에 대해, 은행은 펀드 및 관련 헷지상품의 리스크는 그 펀드 포지션을 은행이 직접 보유한 것으로 간주하여 계산해야 한다.
   - look-through 접근법이 가능하지 않은 펀드(제2장 3.3의 4(5)(a))이지만 펀드의 일별 가격과 펀드에 대한 약정을 알고 있는 경우(제2장 3.3의 4(5)(b)) 은행은 표준방법을 사용하여야 한다.

5.2 리스크요소의 모델적격성(RFET)

5.2.1 RFET의 수행

은행은 IMA 사용승인을 받은 트레이딩 데스크 내의 어떤 리스크요소가 규제자본산출을 위한 ES모델에 적격하게 포함될 수 있는지를 결정하여야 한다. 은행에 의해 모델가능한 것으로 분류되기 위한 리스크요소에 대해서는 리스크요소 적격성테스트(RFET : risk factor eligibility test)의 통과가 필요한데, 이 테스트는 리스크요소를 대표하는 충분한 숫자의 실가격(real prices)을 인식하는 것이 요구된다. RFET를 충족시키기 위하여 담보조정 또는 평가가 실가격에

63 convenience yield는 유형의 일반상품을 직접 소유함으로써 받는 효익을 반영한다(예, 일시적인 시장의 재고부족으로 이익을 얻음). 이는 시장의 조건과 보관비용의 영향을 받는다.

반영되어서는 안된다. 다음의 조건 중 최소한 한가지를 충족하면 그 가격은 real 이라고 간주될 수 있다.

(1) 해당기관이 수행한 거래의 가격

(2) 독립적인 당사자들(arms-length parties)[64]간의 실제 검증가능한 가격 (verifiable price)

(3) 은행 자신 또는 다른 당사자에 의해 고시된 가격. 고시된 가격은 요청이 있는 경우 독립적인 당사자가 그 가격에 동일상품을 매입 또는 매도해야 하는 가격이며, 제3자 벤더, 트레이딩 플랫폼 또는 거래소를 통해 수집되고 검증되어야 함

(4) 아래의 경우 제3자 벤더로부터 획득한 가격으로 본다.

- 거래 또는 고시가 벤더를 통해 수행되었고
- 벤더가 감독당국의 요구시 거래 또는 고시된 가격의 증거를 제공하기로 동의
- 위의 (1)~(3)까지 명시된 3가지 기준 중 어느 한가지를 만족시키는 가격

1. RFET의 적용기준
    (1) 적용기준을 위한 TEST는 분기단위로 적용한다.
    (2) 하나의 실거래로부터 복수의 리스크요소가 추출되는 경우, 이를 모두 관측치로 count한다.
    (3) 하루(대한민국 시간으로 0시에서 24시까지로 한다)에 하나의 실가격 관측치만 count한다.
    (4) 실가격을 생산할 목적으로 거래나 고시가 이루어져서는 안되며 동일그룹내의 내부거래는 인정되지 않는다.
    (5) 실가격과 리스크요소를 매핑하는 문서가 존재해야 한다.
2. 은행이 IMA에 사용하는 리스크요소는 RFET를 통과하기 위해 분기기준으로 다음 기준의 어느 한가지를 만족하여야 한다. 하나의 거래로부터 관측된

64 매입자와 매도자가 상호 독립적으로 각자의 이익을 위하여 행동하며, 서로간에 어떠한 관계도 없다.

어떠한 실가격도 모든 리스크요소에서 하나의 관측치로 간주되어야 한다.

(1) 은행은 리스크요소에 대해 1년동안 최소한 24개의 실가격 관측치를 인식하여야 한다. (현재 ES 모델을 캘리브레이션하기 위하여 사용된 기간에 대해 측정한다)[65 66] 더욱이 이전 12개월에 걸쳐 90일간 4개미만의 실가격 관측치가 나타나는 기간은 없어야 한다. 이러한 것은 매월기준으로 모니터링하여야 한다.

(2) 은행은 이전 12개월에 걸쳐 최소한 100개의 실가격 관측치를 가지는 리스크요소를 식별하여야 한다(하루에 1개만 포함)

(3) 사용데이터의 업데이트는 일별기준을 가장 선호하며, 최소한 매월기준으로 업데이트 하여야 한다.

(4) 지표금리의 변경(reform of benchmark rate)과 관련하여 신지표금리(new benchmark rate)에 대해 RFET를 수행할 때는 (ⅰ) 구지표금리(old benchmark rate)를 중지(discontinuation)하기 전까지의 구지표금리 실가격 관측시와 (ⅱ) 구지표금리(old benchmark rate)의 중지(discontinuation) 후 1년까지는 신지표금리 실가격 관측치 2가지 모두를 카운트 할 수 있다.

3. 리스크요소가 RFET를 통과하기 위해 은행은 아래의 기준에 맞는 모든 것을 제공하는 제3의 벤더로부터 수집한 정보에 기초하여 실가격 관측치를 카운트할 수 있다.

(1) 벤더는 은행에게 그들이 관찰한 일자와 이에 해당하는 실가격의 개수를 알려준다.

---

65 은행이 외부원천(내부원천도 동일)으로부터 실가격관측치 데이터를 사용하고 그 관측치가 time lag를 가질 때(예를 들어 특정일의 데이터는 몇주 후에 입수가능한 경우), RFET에 사용되는 기간은 현재의 ES모델을 캘리브레이션하는데 사용된 기간과 다를 수 있다. RFET와 ES모델의 캘리브레이션에 사용된 기간의 차이는 1개월보다 커서는 안되는데, 즉 은행은 각각의 리스크 요소에 대해 현재의 ES모델을 캘리브레이션하는데 사용된 기간 대신에 RFET 평가기간은 직전 1개월에 종료하는 1년의 기간을 사용할 수 있다.(동일한 리스크 타입별로 일관되게 적용해야 함)

66 특히 은행은 모델가능한 리스크요소를 추가할 수 있고, 모델가능하지 않은 리스크 요소는 모델가능리스크 요소와 모델가능하지 않은 리스크 요소간의 베이시스에 의해 대체되기도 한다.

(2) 벤더는 관찰한 실가격과 리스크요소를 은행이 매핑할 수 있도록 최소한의 식별정보를 제공한다.

(3) 벤더는 평가정보의 적정성에 관한 감사를 받는다. 이 감사의 결과와 보고서는 관련감독당국의 요청시 제공가능해야 하며, 은행에게는 제3의 벤더에 의해 수집된 실가격 사용을 허용할지 말지를 판단하는 조건이 된다. 만약 제3의 벤더에 대한 감사가 감독당국에게 만족스럽지 않으면 감독당국은 은행이 이 벤더사[67]의 데이터를 사용하지 못하도록 결정할 수 있다.

4. 은행이 실가격으로부터 리스크요소의 값을 추출할 수 있는 경우, 실가격은 은행이 가진 리스크요소의 대표치가 된다. 은행은 실가격 관측치를 리스크요소와 매핑하는 정책과 절차를 가져야 하며, 사용하는 방법론이 적정한지 아닌지를 결정하기 위한 충분한 정보를 감독당국에게 제공하여야 한다.

5.2.2 RFET의 Bucketing approach

1. 리스크요소가 커브나 면(surface)의 한 점이라면, RFET의 실가격 관측치를 카운트하기 위해 은행은 다음의 bucketing approach를 선택할 수 있다.

(1) 자체 bucketing approach : 이 접근법에서는 다음의 요건을 따르는 bucket을 정의하여야 한다.

(a) 개별 bucket은 하나의 리스크요소만 포함해야 하며, 모든 리스크요소는 PLA test 목적인 RTPL의 리스크요소와 일치해야 한다[68].

(b) bucket은 중복되지 않아야 한다.

(2) 규제상 bucketing approach : 이 접근법에서는 [표 5-5]의 표준 bucket을 사용하여야 한다.

---

67 이 경우 은행이 이 벤더사로부터 다른 리스크요소에 대한 실가격 관측치를 사용하는 것은 허락될 수 있다.

68 PLA test와 RFET를 위해 리스크 요소를 세분하거나 동일한 bucket을 사용한다는 기준은 ES 모델의 bucket을 결정함에 있어 trade-off가 있음을 인식하는 것이다. 좀 더 세분화된 bucket의 사용은 PLA test의 요구사항을 만족시키기 위한 트레이딩 데스크의 통과를 용이하게 할 수 있으나, 추가적인 세분화는 bucket별로 RFET를 만족시키기 위해 충분한 수의 실 관측값을 얻기에 어려울 수 있다. 은행은 ES 모델을 설계할 때 trade-off를 고려해야 한다.

(a) 단일의 만기를 갖는 금리, 환, 일반상품의 리스크요소에 대해(내재변동성은 제외), A행의 bucket을 반드시 사용하여야 한다(t는 연수로 계산).

(b) 여러개의 만기를 갖는 금리, 환 일반상품 리스크요소에 대해(내재변동성은 제외), 각각의 만기에 대해 B행의 bucket을 반드시 사용하여야 한다(t는 연수로 계산).

(c) 단일 또는 여러 개의 만기를 가진 신용스프레드와 주식리스크 요소에 대해(내재변동성은 제외), 각각의 만기에 대해 C행의 bucket을 반드시 사용하여야 한다(t는 연수로 계

(d) 단일 또는 여러 개의 행사가격을 가진 모든 리스크요소에 대해(δ 는 만기에 옵션이 ITM일 확률), 각각의 행사가격에 대해 D행의 bucket을 반드시 사용하여야 한다.[69]

(e) 내재변동성 리스크요소의 옵션만기와 행사가격에 대해(금리스왑션에 대한 것은 제외), 옵션만기에 대해서는 C, 행사가격에 대해서는 D행의 bucket만 사용하여야 한다.

(f) 금리스왑션 내재변동성 리스크요소의 최종만기, 옵션만기와 행사가격에 대해 최종만기에 대해서는 B, 옵션만기에 대해서는 C, 행사가격에 대해서는 D행의 bucket만 사용하여야 한다.

[표 5-5] RFET를 위한 규제상 표준 bucket

	표준 bucket(regulatory bucketing approach)								
	Bucket								
	1	2	3	4	5	6	7	8	9
(A)	0≤t<0.75	0.75≤t<1.5	1.5≤t<4	4≤t<7	7≤t<12	12≤t<18	18≤t<25	25≤t<35	35≤t<∞
(B)	0≤t<0.75	0.75≤t<4	4≤t<10	10≤t<18	18≤t<35	30≤t<∞			
(C)	0≤t<1.5	1.5≤t<3.5	3.5≤t<7.5	7.5≤t<15	15≤t<∞				
(D)	0≤δ<0.05	0.05≤δ<0.3	0.3≤δ<0.7	0.7≤δ <0.95	0.95≤δ<1.00				

69 Moneyness에 대해 또 다른 정의가 있는 옵션시장에서는, 은행은 승인받은 자체의 가격평가모델을 사용하여 위의 규제적 델타 bucket을 시장표준으로 전환할 수 있다.

2. 은행은 bucket에 포함된 모든 리스크요소에 대해 RFET를 통과하는지 아닌지를 평가하기 위해 그 bucket에 할당된 모든 실가격 관측치를 카운트할 수 있다. 실가격 관측치는 bucket에 포함된 모든 리스크요소를 대표할 수 있는 bucket에 할당되어야 한다.

(예, 만기가 2년, 3년, 3.5년 금리리스크 요소가 있으면 3가지 요소 모두 (A)의 bucket3으로 구분되어 1.5≤t<4 사이의 3가지 요소 모두의 관찰치 수를 카운트하여 RFET를 결정함)

2-1. 포지션의 특성변화(예, 만기의 감소) 또는 리스크요소의 특성변화(예, 지수의 종목이 정기적으로 바뀌는 채권지수)의 경우, 실가격 관측시점을 기준으로 리스크요소를 배정한다.

예 1) 10개월 전에 거래한 1%(당시 ATM) 행사가격의 5×5스왑션의 경우, 오늘 ATM이 2%라면, 이는 5년만기를 가진 ATM 내재 vol.로 리스크요소를 count한다.

예 2) iTraxx의 경우, iTraxx 시리즈는 매6개월마다 갱신한다. 10개월전 series 29에 대한 실가격은 그 시점의 리스크요소로 count하고, 지금은 갱신한 series 30에 기초한 실가격을 count한다.

3. 채권상품이 만기가 됨에 따라, 이 상품에 대한 이전 12개월 이내에 식별된 실가격 관측치는 최초에 그것을 할당한 만기 bucket에서 통상 카운트된다. 은행이 주어진 만기 bucket에 대상익스포져가 없어 더 이상 신용스프레드 리스크요소를 모델링하는 것이 어려운 경우에는, 은행은 인접한(좀더 짧은) 만기 bucket에 이 bucket의 실가격 관측치를 재할당할 수 있다.[70] 실가격 관측치는 RFET 목적을 위해 반드시 하나의 만기 bucket에 카운트되어야 한다.

4. 은행이 커브와 면(surface)을 구축하기 위해 파라미터릭 함수를 사용하고, 리스크 측정시스템 내에서 리스크요소로서 함수의 파라미터를 정의하는

70 예컨대 원만기 4년인 채권에 대해 8개월 전인 발행일자의 실가격 관측치가 있다면, 은행은 3.5~7.5년 만기 bucket 대신에 1.5~3.5년 만기 bucket에 실가격 관측치를 할당할 수 있다.

경우, RFET는 함수의 파라미터를 캘리브레이션 하기 위해 사용한 시장데이터의 수준에서 통과되어야 하고, 파라미터 수준에서 직접 바로 통과되는 것은 아니다(실가격 관측치는 리스크요소의 대표치인 파라미터로 존재하지 않을 수 있기 때문이다).

5. 은행은 주어진 경제나 지역, 섹터의 시장전체 움직임을 포착하기 위해 모델 설계시 체계적인(systematic) 신용리스크나 주식리스크 요소를 사용하지만, 특정발행자의 개별리스크(idiosyncratic risk)는 사용하지 않는다(특정발행자의 idiosyncratic risk는 충분한 실가격 관측치가 없다면 모델가능하지 않은 리스크요소가 된다). 시장지수나 개별발행자의 실가격 관측치는 체계적 리스크요소와 동일한 속성을 가지는 한, 체계적인 리스크요소로 간주될 수 있다.
6. 5에서 설명한 방법에 추가하여 신용리스크 또는 주식리스크 요소의 체계적인(systematic) 리스크요소가 만기를 포함하는 경우(예, 신용스프레드커브), 실가격 관측치를 카운트하기 위해 위에서 명시한 bucketing접근법의 한가지를 사용하여야 한다.
7. 일단 어떤 리스크요소가 RFET를 통과하면, 은행은 ES모델을 캘리브레이션 하기 위해 가장 적합한 데이터를 선택하여야 한다. <u>모델 캘리브레이션을 위해 사용된 데이터는 RFET를 통과하기 위해 사용된 데이터와 동일한 필요는 없다.</u>
8. 또한 은행은 반드시 ES모델을 캘리브레이트 하기 위해 사용한 데이터가 아래의 모델가능성에 대한 원칙에 기초하여 적정하다는 점을 보여주어야 한다.

   특정한 리스크요소에 대해 감독당국이 만족할 만큼 원칙을 충족하지 못하는 경우에는 감독당국은 모델 캘리브레이션에 적합하지 않은 데이터로 간주하고 이러한 리스크요소는 ES 모델로부터 배제하고 모델가능하지 않은 리스크요소로 자본량을 산출하도록 해야 한다.
9. 아주 드문 경우로, 여러 은행에 걸쳐 상당수의 모델가능한 리스크요소들이

트레이딩 활동의 감소로 모델가능하지 않게 되는 경우가 있다(예컨데 몇 개 은행에 영향을 미치는 중요한 금융시장의 경색기 또는 금융시장이 주된 체계적인 변경을 겪을 때). 이 경우 가능한 감독당국의 대응은, 「RFET를 통과하지 않은 모델가능한 리스크요소」로 간주할 수 있다. 그러나 이러한 대응으로 자본량의 감소가 생겨서는 안되며, 감독당국은 가장 특별하고 시스템적인 상황에서만 그러한 대응을 해야 한다.

10. Bucket 구분과 리스크요소

Bucket no.	기준상리스크 요소	대상상품	리스크요소	개별bucket 구성(안)
(A)	1차원만기(vol. 제외) 금리, FX, 일반상품	환포지션, 변동금리채, 고정금리채, 할인채, 구조화옵션(금리), 통화선도, FX스왑, 물가연동국채, 역외환(NDF), 금현물, 유동화증권(MBS, ABS), CD,CP,채권선도, 국채선물, 금리선물	아래외화표시상품(현물, 파생상품)환율, 변동금리채만기금리, 고정금리채만기금리, 할인채만기금리, 구조화옵션 기초채권만기금리, FX스왑만기금리, 물가연동국채만기금리, 역외환만기금리, 금현물가격, 유동화증권만기금리, CD만기금리, CP만기금리, 채권선도만기금리(기초자산만기금리),금리선물만기금리(기초자산만기금리)	-통화별무위험금리 -통화별 FX -상품 bucket별 일반상품가격
(B)	2차원이상만기(vol.제외) 금리, FX,일반상품	스왑션, 금리스왑, 통화스왑(변동/변동, 변동/고정)	스왑션의 스왑만기금리, 금리스왑만기(변동/고정)금리, 통화스왑만기(변동/고정, 변동/변동)금리	-통화별 IRS금리 -통화별 CRS금리
(C)	1차원이상 만기(vol.제외), 옵션만기, 신용스프레드, 주식	스왑션, 채권선도, 지수옵션, 캡, 구조화옵션(주식), 통화옵션, 주식현물	스왑션의 옵션만기금리, 채권선도기초자산만기금리, 주가지수가격, 지수옵션만기금리, 캐플릿만기금리, 구조화옵션 기초주식가격, 통화옵션만기금리, 주식현물가격	-모든 옵션의 만기 금리 -개별주식(지수)별 가격 -통화별 등급별 채권의 금리
(D)	1차원이상의 vol.	스왑션, 지수옵션, 구조화옵션(주식), 캡, 통화옵션	(변동성은 델타기준으로 매핑됨) 스왑션의 변동성, 지수옵션의 변동성, 구조화옵션(주식)변동성, 캐플릿변동성, 구조화옵션(금리)변동성, 통화옵션 변동성	-금리옵션의 변동성 -통화옵션의 변동성 -주식옵션 변동성

5.2.3 RFET를 통과한 리스크요소의 모델가능성에 관한 원칙

1. 은행은 리스크요소가 모델가능한지 아닌지를 결정하기 위해 실가격 관측치의 숫자에만 의존해서는 안되며 관측치 원천의 중요성을 고려해야 한다.
2. RFET를 통과한 리스크요소가 ES 모델을 사용할 수 있을 정도로 모델가능한지 또는 모델가능하지 않은 요소로서 자본량을 부여해야 하는지를 결정하기 위해 아래 원칙을 적용하여야 한다. 은행은 이러한 원칙을 따르고 있음을 감독당국에 보여주어야 하며, 감독당국은 이러한 원칙에 맞지 않는 경우에 그 리스크요소는 모델가능하지 않은 것으로 결정할 수 있다.
   (1) 원칙1 : 사용데이터에는 모델가능한 리스크요소의 결합이 포함되기도 한다. 은행은 리스크요소의 결합으로 상품을 평가한다. 일반적으로 모델가능한 리스크요소의 결합으로 도출된 리스크요소는 모델가능하다. 예컨대 다요인 베타모델-입력자료와 캘리브레이션이 모델가능한 리스크요소에만 기초함-을 통해 도출된 리스크요소는 모델가능한 것으로 분류되며 ES 모델내에 포함될 수 있다. 모델가능한 리스크요소의 결합으로 도출된 리스크요소는 이러한 리스크요소가 RFET를 통과하기만 하면 모델가능한 것이 된다.
      (a) 모델가능한 리스크요소의 결합에 기초한 interpolation은 PLA test에 사용된 매핑과 일관되어야 하며, 은행은 리스크요소를 좀더 작은 규모의 직교 리스크요소(orthogonal risk factor)로 압축(예, principal componants[71])하거나 시장에서 직접 관찰가능한 파라미터가 없다면 stochastic 내재변동성 모델에서처럼 모델가능한 리스크요소의 관측치로부터 파라미터를 도출하기도 한다.
      (b) 감독당국의 승인하에 가장 가까운 모델가능 리스크요소로부터 합리적인 거리까지 extrapolation할 수 있다. Extrapolation은 가장 가까운

71 변수간의 상관관계가 있는 다차원의 데이터를 효율적으로 저차원의 데이터로 요약하는 방법 중 하나이다. 주성분은 그 방향으로 데이터의 분산이 가장 큰 방향벡터(즉, 직교벡터)를 의미한다. 예를 들어 20개 정도의 자료가 있는 경우, 4~5개 정도의 주성분(직교벡터)으로 이 자료를 축소하여 모두 설명할 수 있다.

모델가능 리스크요소뿐 아니라 하나 이상의 복수의 모델가능 리스크 요소에 의존한다. 은행이 extrapolation을 사용하는 경우, 이는 RTPL 결정에 반드시 고려되어야 한다.

(2) 원칙 2: 사용데이터는 모델이 idiosyncratic risk와 general market risk 모두를 포착할 수 있도록 되어야 한다. General market risk는 광범위한 지수로 대표되는 시장가치의 변화로 인해 상품가치가 변하는 리스크이다. Idiosyncratic risk는 부도조항, 만기, 우선순위를 포함한 특정 발행사항과 관련된 리스크이다. 데이터는 자본량 결정을 위한 시장리스크 모델에서 두가지 시장리스크가 모두 포착되도록 해야 한다. 만약 모델에 사용된 데이터가 idiosyncratic risk나 general market risk를 반영하지 못한다면 이 모델이 적절하게 포착하지 못하는 부분에 대해서는 모델가능하지 않은 리스크요소로 구분하여야 한다.

(3) 원칙 3: 사용데이터는 모델이 리스크 포지션의 변동성과 상관관계를 반영할 수 있도록 되어야 한다. 은행은 자산의 변동성을 축소해서 처리(예, 데이터나 대용치를 부적절하게 평균화함으로써)하지 않음을 확신시켜야 한다. 더욱이 은행은 자산가격간의 상관관계, 수익률곡선상의 수익률, 변동성면(surface)내의 변동성을 정확하게 반영하여야 한다. 데이터원천이 다르면 자산 평가에 있어 굉장히 다른 변동성과 상관계수 추정치를 제공할 수 있다. 은행은 아래사항을 확신할 수 있는 데이터 원천(data sources)을 선택해야 한다.

(i) 데이터는 실가격 관측치의 대표치이다.

(ii) 가격변동성은 데이터의 선택에 따라 축소되지 않는다.

(iii) 상관계수는 실가격 관측치간 상관계수의 합리적인 근사치이다.

추가로, 어떠한 변형도 리스크요소의 변동성을 축소하지 않으며 은행의 ES 모델에 사용된 리스크요소로부터 발생하는 상관관계를 정확하게 반영해야 한다.

(4) 원칙 4: 사용데이터는 시장에서 관찰되거나 고시된 가격을 반영하여야

한다. 실가격 관측치로부터 도출되지 않은 데이터의 경우에는 반드시 사용데이터가 실가격 관측치의 합리적인 대표치임을 보여주어야 한다. 결국 은행은 프론트오피스와 백오피스의 가격과리스크 모델의 가격 데이터를 주기적으로 조정하여야 한다.

프론트 또는 백오피스 가격과 리스크 가격의 비교는 리스크가격과 실가격관측치의 비교를 포함하지만, 실가격관측치를 쉽게 입수할 수 없는 경우에는 프론트 오피스나 백오피스의 가격이 사용될 수 있다.

은행은 시장가격으로부터 리스크요소를 추출하는 방법을 문서화하여야 한다.

(5) 원칙 5: 사용데이터는 충분한 빈도로 업데이트되어야 한다. 시장리스크 모델은 많은 양의 데이터를 필요로 하므로 대량의 데이터셋을 자주 업데이트 하는 것은 큰 어려움이다. 그러나 은행은 트레이딩 포트폴리오 포지션의 변경과 시장조건의 변화를 설명할 수 있을 만큼 가능한 한 자주 모델의 데이터를 업데이트 하려고 노력하여야 한다. 은행은 일별기준을 가장 선호하며, 최소한 매월 기준으로 업데이트하여야 한다.

추가로 은행은 데이터 원천을 업데이트하는 작업절차를 가져야 한다. 또한 은행이 리스크요소 파라미터를 추정하기 위해 회귀분석을 사용하는 경우, 일반적으로 최소 2주 간격으로 재추정하여야 한다. 가격평가모델을 현재의 시장가격에 캘리브레이션하는 것은 충분히 자주 이루어져야 하는데, 이상적으로는 프론트오피스 가격평가모델의 캘리브레이션 빈도만큼 해야 한다. 은행은 누락데이터의 뒤쪽채움(backfilling) 또는 중간채움(gapfilling)을 하는 명확한 정책을 가져야 한다.

(6) 원칙 6 : 스트레스 상황의 ES($ES_{R,S}$)를 결정하는데 사용하는 데이터는 스트레스 기간 중 관찰되고 고시된 시장가격이 반영되어야 한다. $ES_{R,S}$ 모델을 위한 데이터는 가능하면 역사적 기간으로부터 직접 얻는다. 현재 거래되는 상품이 중요한 금융경색기 동안 존재하지 않은 경우, 은행은 그 가격이 스트레스 기간 동안 유사한 상품의 가격이나 스프레드의 변화와 매치한다는 것을 보여주어야 한다.

(a) 스트레스 기간 이후 특징이 변화된 상품에 대해서, 현재의 시장데이터를 사용하는 것이 충분히 정당하지 못하는 경우, 은행은 스트레스 기간에 대해 그 리스크요소를 누락시켜야 하며, 축소 리스크요인셋이 전체 ES모델의 75%를 설명해야 하는 조건을 충족시켜야 한다. 또한 실제 기간동안 ES를 계산하기 위해 특정 발행인의 리스크요소가 사용되고 이러한 요소를 스트레스 기간 중에는 구할 수 없다면, 이러한 리스크요소의 idiosyncratic 부분은 축소 리스크요인셋에는 없는 것으로 전제한다.

현재의 셋에 포함되나 축소 리스크요인셋에 포함되지 않은 리스크요소를 가진 익스포져는, 스트레스 기간에서 ES를 계산하기 위해 축소 리스크요인셋의 가장 적합한 리스크요소와 매핑할 필요가 있다.

(7) 원칙 7 : 대용치의 사용은 제한되어야 하며 관련거래와 충분히 유사한 특징을 가져야 한다. 대용치는 원상품의 지역, 신용도, 타입에 적합하여야 한다. 감독당국은 리스크요소를 결합하는 방법이 개념적으로, 경험적으로 건전한지를 평가하여야 한다.

(a) 예컨데 다요인모델에서 지수를 사용하는 경우, 지수에 의해 표현되는 자산의 상관관계 리스크를 포착하여야 하고, 남아있는 개별리스크(idiosyncratic risk)는 다른 발행자간에 상관관계가 없음을 보여주어야 한다. 다요인모델은 자산의 가격움직임에 대해 상당한 설명력을 가져야 하며, 대용치의 사용으로 인한 최종결과물의 불확실성에 대한 평가를 제공해야 한다. 다요인모델의 계수는 실증분석에 기초하여야 하며 판단에 기초하여 결정되어서는 안된다. 일반적으로 판단에 의해 계수가 결정되는 경우에는 모델가능하지 않은 리스크요소로 간주되어야 한다.

(b) 만약 현재 ES모델에서 리스크요소가 대용치데이터에 의해 표현된다면, 리스크요소의 대용치 데이터는 RTPL에 사용되어야 하는데, 은행이 대용치와 실제 리스크요소간의 베이시스를 식별하지 못하고, 베

이시스를 적정하게 자본화(ES 모델내에 베이시스를 포함하거나 모델가능하지 않은 리스크요소로서의 베이시스를 포착)하지 못한다면 반드시 RTPL에 사용되어야 한다.

만약 베이시스(대용치와 실제리스크 요소간)에 대한 자본요구량이 적정하게 결정된다면 은행은 RTPL에 포함하기 위해 다음의 둘 중 하나를 선택할 수 있다.

(ⅰ) 대용치 리스크요소와 그 베이시스

(ⅱ) 실제 리스크요소 자체

5.2.4 리스크요소 모델가능성 원칙의 적용예시[MAR99.22]

리스크요소의 모델가능성을 보여주기 위해 은행에게 요구되는 증거의 형태는 감독당국이 재량을 갖고 있지만 다음과 같은 증거형태가 있다.

(1) 다요인베타모델에 대한 회귀진단(regression diagnostics) : 지수 또는 기타 독립변수가 해당 상품의 지역, 자산군, 신용도 등에 대해 적정하다는 것을 보여주고, 추가로 다요인모델의 계수가 일반시장리스크와 개별리스크 모두를 포착하기에 적합하다는 것을 보여주어야 한다. 만약 은행이 다요인모델의 잔차항이 서로간 상관관계가 없다고 가정하면, 잔차항이 상관관계가 없음을 보여주어야 한다. 또한 다요인 모델의 요소들은 상품의 지역 및 자산군에 대해 적합하여야 하며 그 상품의 일반시장리스크를 설명하여야 한다. 이는 적합도 통계량(예, 조정R^2 계수)과 계수에 대한 또 다른 진단을 통하여 보여주어야 한다.

    가장 중요한 것은 추정된 계수가 사용되지 않는 경우(즉 파라미터가 판단(judgement-based)을 따르는 경우), 은행은 그 계수가 어떻게 선택되었으며 왜 추정될 수 없는지, 그러한 선택이 리스크를 과소추정하지 않음을 보여주어야 한다. 일반적으로 리스크 요소들은 파라미터가 판단에 의해 결정되는 경우 모델가능한 것으로 간주되지 않는다.

(2) 리스크요소를 이용한 가격의 재산출(recovery) : 은행은 리스크모델에 사용

된 리스크요소들은 F/O의 가격평가모델로 보낼 수 있고, 자산의 실제가격을 재산출할 수 있다는 점을 주기적으로 보여주고 문서화하여야 한다. 만약 재산출된 가격이 실제가격으로부터 상당히 벗어난다면 이는 리스크요소를 도출하기 위해 사용된 가격에 문제가 있음을 보여주는 것이고 데이터 입력자료의 유효성에 의문을 제기할 수 있다. 이 경우 감독당국은 리스크 요소는 모델가능하지 않는 것으로 결정한다.

(3) 리스크 가격(risk pricing)은 주기적으로 F/O, B/O와 조정이 이루어진다. 은행은 외부원천으로부터 가격데이터를 자유롭게 사용하는 반면에 이러한 외부가격은 주기적으로 이것이 내부가격과 상당히 벗어나지 않는다는 점을 확신하기 위해 F/O와 B/O의 내부가격과 비교되어야 한다. 그리고 특정한 형태로 편향(bias)되지 않아야 한다. 이러한 조정의 결과는 F/O 및 B/O가격과 리스크 가격의 차이에 대한 통계량(statistics)과 함께 감독당국이 확인할 수 있어야 한다. 은행이 F/O가격과 B/O가격을 조정하는 것은 표준실무이다. 리스크가격은 F/O 가격을 조정하는 일부로 반드시 포함되어야 한다. 만약 차이가 크면 감독당국은 리스크 요소가 모델가능하지 않다고 본다.

(4) 리스크요소의 사후검증

주기적으로 리스크관리모델에서 산출된 리스크요소의 예상수익과 F/O의 가격에서 산출되는 실제수익과 비교함으로써 모델링의 적정성을 보여주어야 한다. 대안으로, 주요한 리스크 요소에 크게 의존하는 가상포트폴리오에 대해 사후검증을 할 수 있다.

리스크요소의 사후검증은 리스크요소가 리스크 모델내의 상품에 대해 변동성과 상관계수를 정확하게 반영하고 있는지를 확인할 목적이다. 가상의 사후검증은 특정 상품을 조명하기 위해 상품포트폴리오가 선택되었을 때, 변동성과 상관계수를 적정하게 반영하는지 여부를 효과적으로 확인하기 위함이다.

(5) 파라미터 모델로부터 생성된 리스크 요소

옵션의 내재변동성곡면(surfaces)는 단일의 기초자산 또는 옵션 지수

RPOs(regular production options) 또는 시장고시에 기초한 패러미터 모델을 사용하여 만들게 된다. 옵션가격도(moneyness), 기초자산만기, 옵션만기시점의 유동성있는 옵션은 단일 기초자산 또는 벤치마크 변동성곡면에 대해 level, 변동성, drift, 상관관계 패러미터를 캘리브레이트 하는데 사용될 수 있다.

일단 이러한 패러미터가 설정되면, 그 자체로 새로운 데이터를 얻거나 거래가 일어날 때 주기적으로 업데이트하고 재캘리브레이션 해야 하는 리스크요소가 도출된다. 이러한 리스크 요소가 또다른 단일 기초자산옵션 변동성곡면의 한점(surface point)에 대한 대용치로 사용되는 경우, 잠재된 편차를 감안하여 기본적인 모델가능하지 않은 리스크요소를 추가해야 한다.

6. 자본량의 계산

6.1 IMA을 이용한 자본량 산출 구조

[그림 5-2] IMA을 이용한 자본량 산출 구조

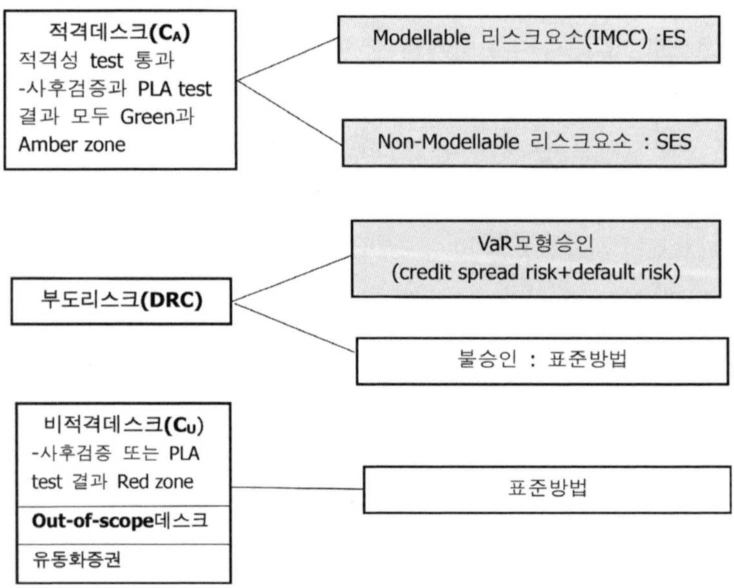

참고 적격데스크와 비적격데스크의 구분 사례

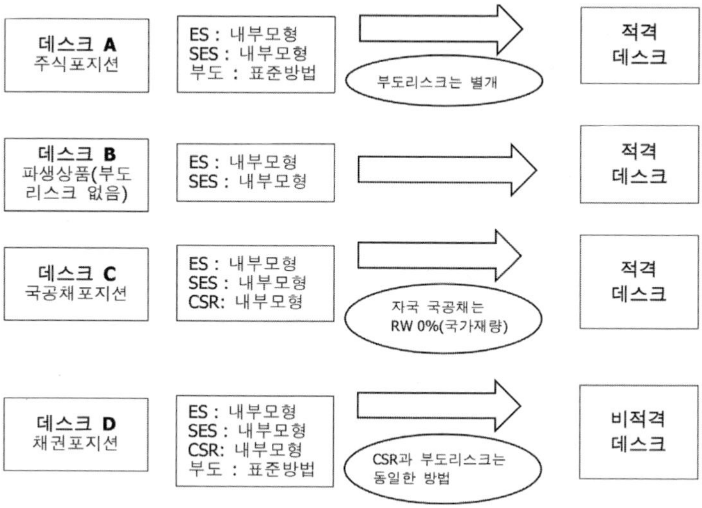

6.1.1 총자본량 산출공식

1. 총자본량은 승인받은 적격 트레이딩 데스크(적격성 test결과 Green zone)의 자본량에 표준방법에 의한 자본량을 더한 것이다.

   * <u>60일의 평균(IMCC,SES)과 12주 평균(DRC)은 자본량 계산 목적으로 분기말에만 계산</u>

$$\text{총자본량 } ACR_{total} = C_A + DRC + C_U$$

(1) 승인받은 트레이딩 데스크의 자본량(Green zone 데스크)

$C_A = \max\{IMCC_{t-1} + SES_{t-1}\ ;\ m_c \cdot IMCC_{60\text{일 } avg} + SES_{60\text{일}avg}\}$

IMCC : internally modelled capital charge

SES : stressed expected shortfall

(2) 부도리스크

$DRC = \max\{DRC_{t-1}, DRC_{12\text{주 } avg}\}$

(3) 내부모형 대상이 아닌 잔여포지션 표준방법 자본량 : C_U

2. 총자본량은 승인받은 적격 트레이딩 데스크(적격성 test 결과 Green zone과 Amber zone)의 자본량에 표준방법에 의한 자본량을 더한 것이다.

총자본량 ACR_{total}

$$= \min\{C_A + DRC + \text{capital surcharge} + C_U\ ;\ SA_{all\ desk}\}$$
$$+\ \max\{0\ ;\ (C_A + DRC) - SA_{G,A}\}$$

C_A : Green zone과 Amber zone데스크의 내부모형 자본량

C_U : 내부모형 대상이 아닌 out-of-scope 또는 IMA으로는 비적격인 트레이딩 데스크에 대한 표준방법 자본량

$SA_{all\ desk}$: 모든 데스크의 표준방법 자본량

$SA_{G,A}$: Green zone과 Amber zone 데스크의 표준방법 자본량

$\text{Capital surcharge} = k \cdot \max\{0, SA_{G,A} - (C_A + DRC)\}$

6.1.2 VaR 및 ES 산출횟수

실제 IMA을 구축하여 자본량을 산출하기 위해서는 최소한 아래와 같은 작업이 필요하며 VaR 또는 ES 산출횟수는 아래와 같다.

1. 사후검증과 자본량 산출

	사후검증	자본량 산출	횟수
전사수준	99% 1일 VaR	97.5% ES	1일 1회
데스크수준	99%,97.5% 1일 VaR	97.5% ES	(적격데스크에 대해) 1일 1회

2. ES 산출

적격성을 통과한 트레이딩 데스크에 대해 ES를 산출하기 위해서 다음의 작업이 필요하다(구체적인 계산내용은 6.2.3과 6.3 내용을 참조할 것).

$$\text{IMCC} = \rho \times \big(\text{IMCC}(C)\big) + (1-\rho) \times \left(\sum_{i=1}^{B} \text{IMCC}(C_i)\right)$$

여기서 $\text{IMCC}(C) = ES_{R,S} \times \frac{ES_{F,C}}{ES_{R,C}}$, $\text{IMCC}(C_i) = ES_{R,S,i} \times \frac{ES_{F,C,i}}{ES_{R,C,i}}$

IMCC(C) : 감독당국의 제약없이 리스크군 간 상관관계를 적용하여 산출

$\text{IMCC}(C_i)$: 리스크군간 분산효과를 인정하고 않고 단순합으로 산출(i는 금리,

주식, 환, 일반상품, 신용스프레드의 5가지 리스크군을 말한다)

작업	산출횟수	산출방법
IMCC(C)	15회	유동성 기간(5가지:10,20,40,60,120) x ES(3가지 : $ES_{R,S}$, $ES_{F,C}$, $ES_{R,C}$)
IMCC(C_i)	63회	유동성 기간(21가지*) x ES(3가지)
조직 및 상품 hierarchy 별로 조직의 필요에 따라 산출		

* 리스크요소별 유동성 기간

GIRR	10,20,40,60	4
CSR	10,20,40,60,120	5
Equity	10,20,40,60	4
FX	10,20,40	3
Commodity	10,20,40,60,120	5
계		21

6.2 ES의 계산

6.2.1 ES의 coherent

리스크 측정치로서 FRTB에서 VaR의 약점을 보완하기 위해 도입된 ES(Expected shortfall): 신뢰수준을 초과하는 손실들의 기댓값, 이하 “ES”라 함)는 VaR에 비해 coherent 하기 때문에 더욱 유용한 값으로 간주되고 있다.

일반적으로 다음의 조건을 만족하면 리스크값 R은 <u>coherent</u>라고 한다.

X와 Y 두개의 포트폴리오가 있고, λ와 c는 상수라고 하자.

1. 단조성 (Monotonicity) If X $\geq$ Y, then R[X] $\leq$ R[Y]
   X 포트폴리오의 가치가 Y 포트폴리오 보다 항상 더 큰 가치를 갖는다면, X의 리스크는 Y보다 작다.
2. 변환불변성(Translation Invariance) R[X + rc] = RX] − c 여기서 r은 무위험 자산의 투자총이익
   하나의 포트폴리오에 현금을 c만큼 추가하면, 리스크값은 c만큼 줄어든다.
3. 양의 동질성(Positive Homogeneity) If λ >0, then R[λ X] = λ R[X]

포트폴리오의 규모를 λ 만큼 변화시키면 리스크값은 λ 만큼 변한다.

4. 준가법성(Subadditivity) R[X + Y] ≤ R[X] + R[Y]
   두개의 포트폴리오를 합한 후의 리스크값은 포트폴리오를 합하기 전 각각의 리스크 값을 합한 값보다 크지 않아야 한다.

〈준가법성에 대한 예시〉

2개의 독립적인 프로젝트 A와 B가 있으며, 98%의 확률로 1만원의 손실, 2%의 확률로 10만원의 손실을 볼 수 있다고 한다. 이 경우 97.5%의 VaR와 ES를 계산해본다.

1. 개별 프로젝트의 VaR
   98%의 확률까지 1만원의 손실이 발생하므로 97.5%의 VaR는 1만원이다
   따라서 A와 B프로젝트의 97.5% VaR의 각각의 합은 2만원이다.
2. 개별 프로젝트의 ES
   97.5%를 초과하는 확률의 손실은 0.5%의 확률로 1만원, 2%의 확률로 10만원이다. 그러므로 평균손실은 20%(=0.5/2.5)*1만원 + 80%(=2/2.5)*10만원 =8.2만원이다.
   따라서 A와 B프로젝트의 97.5% ES의 각각의 합은 16.4만원이다.
3. 포트폴리오 프로젝트의 VaR
   결합확률분포

	98%(1만원)	2%(10만원)
98%(1만원)	98%*98%(2만원)	2%*98%(11만원)
2%(10만원)	98%*2%(11만원)	2%*2%(20만원)

결합확률과 손실예상금액

결합확률	손실금액
96.04%(=98%*98%)	2만원
3.92%(=98%*2%*2)	11만원
0.04%	20만원

포트폴리오의 97.5% VaR는 11만원이다.

4. 포트폴리오 프로젝트의 ES

   97.5%를 초과하는 손실은 2.46%(=2.5%-0.04%)의 확률로 11만원, 0.04%의 확률로 20만원이다. 따라서 포트폴리오의 97.5% ES는 98.4%(=2.46/2.5)*11만원 + 0.16%(=0.04/2.5)*20만원 =11.144만원이다.

5. VaR와 ES의 비교

VaR		ES	
개별합	**총합**	**개별합**	**총합**
2만원	11만원	16.4만원	11.144만원

6.2.2 ES 산출 방법론

Historical Simulation 방법론을 사용하여 250개 시나리오에서 VaR를 산출하는 경우 ES는 다음과 같이 구할 수 있다.

먼저 기산출된 250개의 손실 중 다음과 같은 상황을 가정한다.

손실 순위	개별 발생확률	누적 발생확률	신뢰수준 97.5%		신뢰수준 99%	
			ES 확률	2.5%[(1)]중 비중	ES확률	1%[(1)]중 비중
⋮	0.004	⋮				
243	0.004	0.968				
244	0.004	0.972	0.001[(2)]	4%[(3)]		
245	0.004	0.976	0.004	16%		
246	0.004	0.980	0.004	16%		
247	0.004	0.984	0.004	16%		
248	0.004	0.988	0.004	16%	0.002[(2)]	20%[(3)]
249	0.004	0.992	0.004	16%	0.004	40%
250	0.004	0.996	0.004	16%	0.004	40%
합계			**2.5%**	**100%**	**1%**	**100%**

(1) 100%-신뢰수준

(2) 누적발생확률-신뢰수준(예, 244번째 손실의 발생확률이 0.972~0.976이므로 신뢰수준 0.975를 초과하는 발생확률이 0.001임)

(3) 개별 ES확률÷Σ(개별 ES확률)

위의 경우 신뢰수준별 HS VaR는 다음과 같다.

- 신뢰수준 97.5% VaR : 245번째 손실
- 신뢰수준 99% VaR : 249번째 손실

이를 토대로 다음과 같은 3가지 방안을 생각해 볼 수 있다.

방안1) 발생확률 기준으로, 예를 들어 244번째 손실의 발생확률 영역이 97.2%~97.6%이므로 신뢰수준 97.5%를 기준으로 244번째 손실은 0.1%(2.5%중 4%의 비중)만 적용되며 245번째~250번째 손실은 각각 0.4%씩 적용

방안2) 신뢰수준에 해당하는 VaR값을 포함하는 기준으로, 예를 들면 97.5% 신뢰수준을 만족하는 VaR값은 245번째 손실 값이며 245번째 손실에 대해 발생확률 영역은 97.6%~98.0%이고 신뢰수준 97.5%초과분 0.1%를 가산하여 0.5%(2.5%중 20%의 비중)를 적용하고 246번째~250번째 손실은 각각 0.4%씩 적용

방안3) 신뢰수준에 해당하는 VaR값을 초과하는 기준으로, 예를 들면 누적발생확률 97.5%에 해당하는 VaR값은 245번째이며, 이를 초과하는 손실값인 246번째~250번째 손실의 단순평균

방안	신뢰수준 97.5% ES	신뢰수준 99% ES
1	244번째 손실×0.04 +average(245:250)×0.96	248번째 손실×0.2 +average(249:250)×0.8
2	245번째 손실×0.2 +average(246:250)×0.8	249번째 손실×0.6 +250번째 손실×0.4
3	average(246:250)	250번째 손실

6.2.3 ES에 의한 규제자본산출 요건과 예시

은행은 모형의 정확성을 위해 탄력적으로 구축할 수 있으나, 규제자본계산을 위해 다음의 최소기준을 준수하여야 한다. 개별은행 또는 감독당국은 좀더 엄격한 기준을 적용할 수도 있다.

1. "Expected Shatfall"은 규제자본산출 목적으로 은행전반의 IMA(bank-wide internal model approach)에 대해 일일기준으로 계산하여야 한다. 또한 ES는

규제자본산출을 위한 IMA 영역에 포함되는 개별 트레이딩 데스크에 대해서도 일일기준으로 측정되어야 한다.

2. ES를 계산할 때는 97.5퍼센타일, 단측신뢰구간을 사용한다.
3. ES를 계산할 때, 유동성 기간(liquidity horizon)은 기본 보유기간(base horizon)으로 계산된 ES를 scaling함으로써 반영한다. 유동성 기간별 ES는 10일의 기본 유동성 기간의 ES로부터 다음과 같이 기본 보유기간에 scaling을 적용하여 계산하여야 한다.

$$ES = \sqrt{(ES(P))^2 + \sum_{j\geq 2}\left(ES_T(P,j)\sqrt{\frac{(LH_j - LH_{j-1})}{T}}\right)^2}$$

- ES : 규제목적으로 유동성을 조정한 ES
- T :10일의 기본 보유기간(base horizon)
- $ES_T(P)$: 포지션 P가 노출되어 있는 모든 리스크요소의 충격을 이용한 포지션 (p_i)를 가진 포트폴리오의 T일(10일) 보유기간의 ES
- $ES_T(P,j)$: 다른 리스크요소는 고정시켜 둔 채 리스크요소의 부분집합 Q(p,j)의 개별 포지션 p_i에 대한 충격을 이용하여, 포지션 P = (p_i)를 가진 포트폴리오의 T일(10일) 보유기간의 ES
- 보유기간 T의 ES인 $ES_T(P)$는 리스크요소의 변화에 대해 계산되어야 하며, $ES_T(P,j)$는 리스크요소의 부분집합인 Q(p,j)의 변화에 대해 계산되어야 한다. 이 때 기간 T는 짧은 기간으로부터 scaling하지 않는다.
- Q(p,j)는 포지션 p_i를 가지고 있는 데스크에 대해, [표 5-7] 유동성 기간이 최소한 아래표의 기간 정도인 리스크요소의 부분집합이다.

  예컨대 Q(는 60일 보유기간과 120일 보유기간을 가진 리스크요소 집합이다. 여기서 Q(p_i, j)는 Q(p_i, j-1)의 부분집합이다.

  기본 보유기간 10일 동안의 리스크요소의 시계열변화는 관찰값을 중첩함으로써 결정할 수 있다.

  LH_j는 유동성 기간 j를 나타내며, 기간은 아래표와 같다.

[표 5-6] ES 계산을 위한 유동성 기간 구분기준

j	
1	10
2	20
3	40
4	60
5	120

4. 위 문단 3에서 규정한 대로 scaled한 ES는 아래에 정의된 유동성 보유기간 n에 기초하여야 한다. n은 다음의 조건에 따라 계산된다.
   - 은행은 일관되고 명확한 문서화 절차에 따라 아래의 리스크요인 범주의 한가지에 개별 리스크요인을 매핑해야 한다.
   - 매핑은 (ⅰ) 서면으로 작성되고 (ⅱ) 은행의 리스크관리를 통해 검증되고 (ⅲ) 감독당국이 입수가능해야하며 (ⅳ) 내부감사의 통제를 받아야 한다.
   - n은 아래표에서 명시된대로 개별 리스크범주에서 결정된다. 그러나 데스크 기준으로n은 아래표의 값보다 상대적으로 증가될 수 있다. (즉 아래의 유동성 기간은 하한으로 취급한다). <u>n이 증가할 때, 증가되는 기간은 20, 40, 60, 120일 이어야 하며 그 근거를 문서화하고 감독당국의 승인을 받아야 한다.</u>

     또한 유동성 기간은 관련 상품의 만기를 캡(cap)으로 하되, 상품의 만기보다 긴 유동성 기간을 적용한다. 예를 들어 금리변동성의 유동성 기간은 60일로 규정되어 있으나, 상품의 만기가 30일이라면 그 상품의 금리변동성에 대해서는 40일 유동성 기간을 적용한다.

     복수의 채권과 주가지수의 유동성 기간은 지수에 포함된 상품의 가중평균 유동성 기간(지수내의 비중으로 가중) 이상의 유동성 기간으로 한다. 예를 들어 가중평균 유동성 기간이 12일 이면, 지수의 유동성 기간은 20일로 한다.

[표 5-7] 리스크요소별 유동성 기간 적용기준

리스크요소 범주	n	리스크요소 범주	n
금리(inflation포함)-은행의 자국통화, EUR,USD,GBP,AUD,JPY,SEK,CAD	10	주가(소형)변동성,repo, dividend	60
금리(inflation포함)-기타통화	20	주식(기타)	60
금리 vol.	60	환율-특정 통화짝[72]	10
금리 (기타형태)	60	환율(기타 통화 짝)	20
신용스프레드-국가(IG)	20	환율 변동성	40
신용스프레드-국가(HY)	40	환율(기타형태)	40
신용스프레드-회사(IG)	40	에너지, 탄소배출 가격	20
신용스프레드-회사(HY)	60	귀금속, 비철금속 가격	20
신용스프레드-변동성	120	기타 일반상품 가격	60
신용스프레드(기타형태)	120	에너지,탄소배출 가격 변동성	60
주가(대형)	10	귀금속,비철금속 가격 변동성	60
주가(소형)	20	기타일반상품가격 변동성	120
주가(대형)변동성, repo, dividend	20	일반상품(기타형태)	120

〈리스크요소별 유동성 기간 적용 예시〉

리스크요소 구분	세부리스크요소	유동성기간 (일)
금리	통화별 무위험 수익률-국채금리	10, 20
	통화별 IRS, CRS, 베이시스금리	10,20
	통화별 금리변동성(cap, swaption)	60
신용스프레드	IG 국채 B(1,2)*	20
	HY 국채 B(9,10)*, IG 회사채 B(3~8)*	40
	HY 회사채 B(11~16)*	60
	구조화 상품, 유동화상품, 변동성, CSR(유동화, non-CTP)bucket	120
주식	대형 개별주식	10
	소형개별주식, 대형주식 변동성	20
	소형주식 변동성, 기타	60
환율	국별 환율(XAU,XAG 포함)	10, 20

72 USD/EUR, USD/JPY, USD/GBP, USD/AUD, USD/CAD, USD/CHF, USD/MXN, USD/CNY, USD/NZD, USD/RUB, USD/HKD, USD/SGD, USD/TRY, USD/KRW, USD/SEK, USD/ZAR, USD/INR, USD/NOK, USD/BRL, EUR/JPY, EUR/GBP, EUR/CHF, JPY/AUD, 상기 특정 통화짝의 1차 크로스(first order crosses) 통화짝

리스크요소 구분	세부리스크요소	유동성기간 (일)
	환율 변동성	40
일반상품	에너지 가격 B(1~3)**, 귀금속과 비철금속가격 B(5-steel 상품제외, 7)**	20
	기타 일반상품 가격 B(4,5-steel 상품, 6,8~11)** 에너지 · 귀금속 · 비철금속 변동성	60
	기타 일반상품 변동성	120

* 표준방법 CSR(비유동화, CTP)의 bucket 번호

** 표준방법 일반상품의 bucket 번호

〈계산예시1〉

상품종류	규정에 명시된 유동성 기간
1	10
2	10
3	20
4	20
5	20
6	40
7	40
8	60
9	60
10	120

ES 계산

리스크요소 (전체집합)	리스크요소(부분집합)	
① 상품1~10 (10일 기간의 ES)^2 〈의미〉모든 상품의 10일 ES 반영	② 상품3~10 $\left(10\text{ 일기간 ES} \times \sqrt{\frac{(20-10)}{10}}\right)$^2	〈의미〉유동성 기간 20일이상 전체상품의 (20일~10일) ES반영
	③ 상품6~10 $\left(10\text{ 일기간 ES} \times \sqrt{\frac{(40-20)}{10}}\right)$^2	〈의미〉유동성 기간 40일이상 전체상품의 (40일~20일) ES반영
	④ 상품8~10 $\left(10\text{ 일기간 ES} \times \sqrt{\frac{(60-40)}{10}}\right)$^2	〈의미〉유동성 기간 60일이상 전체상품의 (60일~40일) ES반영

리스크요소 (전체집합)	리스크요소(부분집합)	
	⑤ 상품10 $\left(10\text{ 일기간 ES} \times \sqrt{\frac{(120-60)}{10}}\right)$^2	〈의미〉유동성 기간 120일 이상 전체상품의 (120일~60일) ES 반영
ES 총량 :$ES = \sqrt{① + \Sigma_{②}^{⑤}}$		

상품별 ES의 계산은 아래 그림에서 역상으로 표시된 부분을 순차적으로 계산하는 것이다.

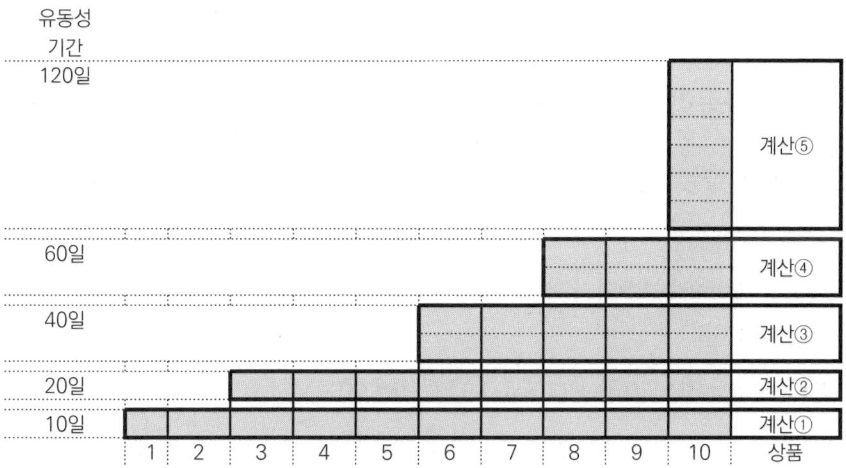

〈계산예시2〉

상품종류	규정에 명시된 유동성 기간
1	10
2	40
3	40
4	120

ES 계산

<table>
<tr><th>리스크요소
(전체집합)</th><th colspan="2">리스크요소(부분집합)</th></tr>
<tr><td rowspan="4">① 상품1~4 (10일 기간의 ES)^2</td><td>② 상품2~4 $\left(10\ 일기간\ ES \times \sqrt{\frac{(20-10)}{10}}\right)$^2</td><td rowspan="2">유동성 기간 20에 해당하는 상품은 없으나 ES 계산시 순차적으로 유동성 기간을 적용</td></tr>
<tr><td>③ 상품2~4 $\left(10\ 일기간\ ES \times \sqrt{\frac{(40-20)}{10}}\right)$^2</td></tr>
<tr><td>④ 상품4 $\left(10\ 일기간\ ES \times \sqrt{\frac{(60-40)}{10}}\right)$^2</td><td rowspan="2">유동성 기간 60에 해당하는 상품은 없으나 ES 계산시 순차적으로 유동성 기간을 적용</td></tr>
<tr><td>⑤ 상품4 $\left(10\ 일기간\ ES \times \sqrt{\frac{(120-60)}{10}}\right)$^2</td></tr>
<tr><td colspan="3">ES 총량 : $ES = \sqrt{① + \Sigma_{②}^{⑤}}$</td></tr>
</table>

6.3 모델가능리스크요소의 규제자본 계산

6.3.1 모델가능리스크요소 규제자본 계산 개요

1. 모델링 가능한 리스크요소에 대한 통합 자본량(IMCC)은 분산효과 있는(unconstrained) ES와 분산효과 없는(constrained) ES 간의 가중평균에 의해 구한다.

   $IMCC = \rho \times (IMCC(C)) + (1-\rho) \times (\Sigma_{i=1}^{RB} IMCC(C_i))$는

   $IMCC = \rho \times (IMCC(C)) + (1-\rho) \times \frac{(\Sigma_{i=1}^{RB} IMCC(C_i))}{(IMCC(C))} \times (IMCC(C))$으로 나타낼 수 있다.

   여기서 $IMCC(C) = ES_{R,S} \times \frac{ES_{F,C}}{ES_{R,C}}$, $IMCC(C_i) = ES_{R,S,i} \times \frac{ES_{F,C,i}}{ES_{R,C,i}}$

   이 경우 $ES_{R,S}$, $ES_{F,C}$, $ES_{R,C}$는 일별(Daily)로 측정해야 하며, $\frac{(\Sigma_{i=1}^{RB} IMCC(C_i))}{(IMCC(C))}$는 주별(weekly)로 측정할 수 있다.

   (1) 리스크군(class) 수준에 사용되는 스트레스 기간은 포트폴리오 전체 수준 계산에 사용되는 것과 동일하다.

   (2) ρ는 은행의 IMA에 할당된 상대적 가중치이며 0.5를 적용한다.

   (3) B는 리스크군(일반금리리스크, 주식리스크, FX리스크, 일반상품리스크, 신용스프레드리스크)이다.

2. IMA사용을 승인받은 데스크의 모델가능한 리스크요소들은 은행 내부의 전사적인 ES모델에 포함되어야 한다. 은행은 리스크요소간 상관관계 적용에 대해 감독당국의 제약 없이 이 모형을 사용하여 전사수준의 내부모델자본소요량(internally modelled capital charge)을 산출하여야 한다(IMCC(C)).
3. 은행은 규제리스크 요소군(금리리스크, 주식리스크, 환율리스크, 일반상품리스크, 신용스프레드리스크)에 대해 부분ES 자본량(a series of partial expected shortfall charge)을 계산(즉, 다른 리스크요소들은 모두 고정된 것으로 간주)해야 한다. 분산효과를 적용하지 않은 부분 ES(IMCC(Ci))는 전체 리스크군의 ES자본량을 구하기 위해 총합한다.

6.3.2 모델가능 리스크요소 ES 산출 요건

1. <u>ES 측정치는 스트레스 기간[73]에 적용</u>되어야 한다.
   (1) 측정치는 해당리스크 요인이 스트레스 기간에 존재하는 경우, 은행의 현재 포트폴리오에 대해 산출될 수 있는 ES산출물을 얻어야 한다. 이는 모든 관련 리스크 요인을 결합한 평가이며 스트레스 상황의 상관관계를 반영한 수치이다.
   (2) 이는 축소 리스크요인셋(a reduced set of risk factors)을 사용하는 「간접 접근법」에 기초할 수 있다. 은행은 은행 포트폴리오에 해당되는 축소 리스크요인셋을 명시하고 충분히 긴 관측기간을 가져야 한다.
      (a) 축소 리스크요인셋은 감독당국의 승인을 받아야 하며, 모델가능한 리스크요인(modellable risk factor)의 데이터 질적 요구사항을 만족해야 한다.
      (b) 축소 리스크요인셋은 완전 ES모델의 변동성의 최소 75%를 설명해야 한다(즉 직전12주 기간 동안, 완전리스크 요인셋 ES대비 축소 리스크요인셋 ES 비율의 평균이 최소한 75%이어야 한다). 이 경우 ES는 내부모형을 사용하는 모든 데스크를 기준으로 만족하여야 한다.

73 스트레스 기간 식별을 위해 모델가능리스크 요소에 대한 총자본량(IMCC)이 최대화되어야 한다.

$$\frac{ES_{R,C}}{ES_{F,C}} \geq 75\%$$

2. 축소 리스크요인셋을 이용한 포트폴리오의 ES($ES_{R,S}$)는 관찰가능기간 중 입수가능한 최악의 12개월에 기초하여 계산한다. 그 다음에 이 값은 완전 리스크요인셋(full set of risk factors, $ES_{F,C}$)을 사용한 현재 ES와 축소 리스크요인셋(reduced set of risk factors, $ES_{R,C}$)을 사용한 현재 ES값의 비율에 의해 조정된다. 리스크자본으로서 ES는 다음과 같다.

$$ES = ES_{R,S} \cdot \frac{ES_{F,C}}{ES_{R,C}}$$

즉, ES는 스트레스 기간에 기반하여 축소 리스크요인셋을 사용한 $ES_{R,S}$에 최근 12개월기간에 기반한 완전 리스크요인셋의 $ES_{F,C}$와 동기간에 기반한 축소 리스크요인셋의 $ES_{R,C}$의 비율을 곱한 값이다.

이 비율의 하한은 1이므로 $\frac{ES_{F,C}}{ES_{R,C}} \geq 1$이 되어야 한다.

(a) 지표금리의 변경(reform of benchmark rate)과 관련하여 신지표금리(new benchmark rate)가 모델가능하고 적격이지만, 스트레스 기간 동안 신지표금리를 입수할 수 없는 경우,

(i) 현재기간동안의 완전리스크 요인셋($ES_{F,C}$)과 축소리스크 요인셋($ES_{R,C}$)은 신지표금리를 사용하며, (ii) 스트레스 기간의 축소리스크요인셋($ES_{R,S}$)은 구지표금리를 사용한다.

이 경우 축소리스크요인셋($ES_{R,S}$)은 6.3.2 1(1)(a)의 조건은 동일하게 충족하여야 한다.

3. 최근의 관찰치에 기반한 측정치($ES_{F,C}$)에 대해 은행은 데이터셋을 매3개월에 한번이상 갱신해야 하며, 시장가격이 크게 변하는 경우마다 재평가하여야 한다. 갱신절차는 자주 업데이트될 수 있도록 신축적으로 운영되어야 한다.

감독당국은 당국의 판단으로 시장의 변동성이 급변하는 경우, 좀더 짧은

관측기간(observation period)을 사용하여 ES를 산출할 것으로 요구할 수 있다. 그러나 이 경우에도 6개월보다 짧아서는 안된다.

4. 스트레스 기간의 관찰치에 기반한 측정치($ES_{R,S}$)를 위해, 포트폴리오가 가장 큰 손실을 경험한 12개월의 스트레스 기간을 식별하여야 한다(각주 72 참조). 12개월의 스트레스 기간을 결정하기 위해 관찰기간은 최소한 2007년까지 거슬러야 한다. 이 기간내의 관찰치는 반드시 균등가중하여야 한다. 은행은 12개월의 스트레스 기간을 최소한 분기별 또는 리스크요인의 중대한 변화가 있을 때 마다 갱신하여야 한다.

   은행이 12개월의 스트레스기간을 업데이트할 때에는 축소 리스크요인셋을 반드시 업데이트해야 한다.

5. ES모델에는 특정한 타입을 한정하지 않는다. 은행의 모든 중요한 리스크를 포착하고 PLA test와 사후검증을 통해 적격성이 확인되고, 이 장에서 규정한 최소요건을 만족하는 모델이면 감독당국은 역사적 시뮬레이션이나 몬테카를로 시뮬레이션이나 기타 적정한 분석방법에 기초한 모형 사용을 승인할 수 있다.

6. 은행의 재량으로 광범위한 규제리스크 요인범주(금리리스크, 주식리스크, 외환리스크, 일반상품리스크, 신용리스크, 각리스크 요인 범주에는 옵션변동성 포함) 내(within)에서 경험적 상관관계를 인식할 수 있다. 광범위한 리스크요인 범주 간(across)의 경험적 상관관계는 감독당국의 통합공식(문단 6.1.2의 2)에 의해 제한을 받으며, 적용가능한 유동성보유기간과 일관된 방법으로 계산되고 사용되어야 하며 명확하게 문서화되고 감독당국의 요청에 설명할 수 있어야 한다.

7. 은행의 모형은 광범위한 리스크 범주내의 옵션과 관련된 고유한 리스크를 정확하게 포착해야 한다. 다음 기준은 옵션포지션의 측정에 적용된다.
   - 모형은 옵션포지션의 비선형 특성을 포착하여야 한다
   - 리스크 측정시스템은 옵션포지션의 기초가 되는 금리와 가격의 변동성(베가리스크)을 포착하는 리스크요인셋을 갖추어야 한다. 상대적으로 대규

모의 복잡한 옵션포트폴리오를 보유한 은행은 관련변동성을 자세하게 정의하여야 한다. 이는 행사가격과 기간구조간의 변동성 표면(volatility surface)을 모델화해야 함을 의미한다.

6.4 모델가능하지 않은 리스크요소(NMRF:non-modellable risk factor)의 계산

6.4.1 모델가능하지 않은 리스크요소의 적용요건

1. 모델 가능하지 않는 개별 리스크요소는, 최소한 모델 가능한 리스크요소에 사용된 ES 캘리브레이션에 사용된 것과 같은 수준으로 캘리브레이션(주어진 리스크요소에 대해 최악의 스트레스 기간 동안 97.5%신뢰구간으로 캘리브레이션한 손실)한 스트레스 시나리오를 사용하여 자본을 산출한다.
   (1) 스트레스 기간을 결정할 때 동일한 리스크군의 모든 NMRFs에 해당되는 공통의 12개월 스트레스 기간을 결정해야 한다. 감독당국의 승인하에 은행은 bucket(자체 bucket 또는 규제상 bucket) 수준에서 스트레스 시나리오 자본량을 계산할 수 있다(즉, 동일bucket에 속하는 모든 NMRFs에 대해 단일의 스트레스 시나리오 자본량 산출한다).
   (2) 각 NMRFs에 대해 스트레스 시나리오의 유동성 기간은 [표 5-7]과 20일 중 커야 한다. 감독당국은 더 높은 유동성 기간을 요구할 수 있다.
   (3) idisyncratic신용스프레드 리스크로 인한 NMRFs에 대해서 은행은 공통의 12개월 스트레스 기간을 적용할 수 있다. 마찬가지로 현물(선물 · 선도)가격 · 주식 repo rate · 배당 · 변동성으로부터 발생한 idiosyncratic주식리스크로 인한 NMRFs에 대해 은행은 공통의 12개월 스트레스 시나리오를 적용할 수 있다.

   0의 상관관계 가정(아래idiosyncratic 신용스프레드리스크와 idiosyncratic 주식리스크 계산시 적용하는 가정)은 이것이 적정한 것이라고 감독당국에게 보여주는 분석을 수행하는 경우, 사용할 수 있다.[74] 기타 non-idiosyncratic NMRFs간의 상관효과나 분산효과는 아래SES 산출공식의 셋째항을 통해 인식한다.

(4) 감독당국이 수용할 만한 스트레스 시나리오를 제공할 수 없는 경우, 은행은 스트레스 시나리오로서 최대가능손실(maximum possible loss)을 사용하여야 한다.

2. 모델화하지 못하는 idiosyncratic신용스프레드 리스크요소(0의 상관계수를 적용)와 모델화하지 못하는 idiosyncratic주식 리스크요소(0의 상관계수를 적용)와 여분의 k(적격트레이딩 데스크 내의 모델가능하지 않은 리스크요소)에 대한 전체 규제자본은 다음과 같이 계산한다.

(1) $ISES_{NM,i}$는 0의 상관계수로 합하는 I 리스크요소들 중 모델가능하지 않은 idiosyncratic 신용스프레드 리스크요소 i에 대한 스트레스 시나리오의 자본량

(2) $ISES_{NM,j}$는 0의 상관계수로 합하는 J 리스크요소들 중 모델가능하지 않은 idiosyncratic 주식리스크 요소 j에 대한 스트레스 시나리오의 자본량

(3) $SES_{NM,k}$는 K리스크요소 등 중 모델가능하지 않은 리스크요소 k에 대한 스트레스 시나리오의 자본량

(4) ρ는 0.6

$$\mathrm{SES} = \sqrt{\textstyle\sum_{i=1}^{I} \mathrm{ISES}_{\mathrm{NM,i}}^{2}} + \sqrt{\textstyle\sum_{j=1}^{J} \mathrm{ISES}_{\mathrm{NM,j}}^{2}} + \sqrt{(0.6 \times \sum_{k=1}^{K} SES_{NM,k})^2 + 0.64 \times \sum_{k=1}^{K} SES_{NM,k}^2}$$

74 이 테스트는 일반적으로 panel regression(독립변수는 섹터나 지역에 대한 시장요소 또는 더미변수의 변화치로 하며, 종속변수는 발행자 스프레드의 변화치가 된다)의 잔차항(residuals)으로 이루어진다. 모델을 추정하기 위해 사용된 발행인 데이터는 포트폴리오 내 그 발행인의 적정한 대용치이며 개별 잔차요소(idiosyncratic residual component)는 복수요인을 포착한다고 가정한다. 만약 모델이 체계적인 설명요소를 누락하고 있거나 데이터가 측정오류를 겪는다면, 잔차항은 이분산성과 계열상관, 횡단면적 상관(clustering)을 보여주는 것이 된다.

6.4.2 Idiosyncratic 리스크요소의 자본량 계산방법

금융감독원에서 발간한 『시장리스크기준 자기자본보유제도 해설(2009.11) p.179』에 따라 채권과 주식의 잔여리스크는 다음과 같이 산출한다.

1. 채권의 잔여리스크 추정

개별채권의 수익률 모형은 무이표 국채수익률, 스프레드 수익률을 사용하여 아래와 같이 나타낼 수 있다.

$$R^t_{B,i} = \beta_{i\,1} R^t_G + \beta_{i\,2} R^t_{S\,q} + \varepsilon_i$$

$R^t_{B,i}$: 만기가 t인 무이표개별채권 i의 가격수익률

R^t_G : 만기가 t인 무이표국고채의 가격수익률

$R^t_{S\,q}$: 만기가 t인 신용등급 q채권의 스프레드 수익률

채권 i의 리스크는 다음과 같다.

총리스크 $=\beta^2_{t,1} \times \sigma^2_G + \beta^2_{i,2} \times \sigma^2_S + \sigma^2_{\varepsilon,i}$이 된다.

첫 번째와 두 번째 항은 만기 t, 신용등급 q를 가진 채권포트폴리오의 일반 시장리스크, 그리고 마지막 항은 잔여리스크를 나타낸다.

2. 주식의 잔여리스크

개별주식의 수익률은 아래와 같이 나타낼 수 있다.

$$R_i = \beta_i R_M + \varepsilon_i$$

개별주식 i의 리스크는 $\sigma^2_i = \beta^2_i \times \sigma^2_M + \sigma^2_{\varepsilon,i}$로 나타낼 수 있다.

첫 번째 항은 주식 i의 일반 시장리스크, 두 번째 항은 잔여리스크를 나타낸다.

6.4.3 스트레스 시나리오에 의한 자본량 계산 예제

1. 스트레스 시나리오는 97.5% ES로 캘리브레이션 한다.
2. NMRFs의 유동성 기간은 6.4.1 1의 (2)에 의해 [표 5-7]의 유동성 기간과 20일 중 큰 것으로 정할 수 있다. 그러나 감독당국이 더 높은 유동성 기간을 요구할 수 있으므로 여기 계산 예제는 『FRTB 2016[75]』 규정에서 명시한 다음의 2가지 기간 중 긴 것으로 정하여 계산한다.
   - 전년도의 2개 연속적인 가격 관찰값간 가장 긴 시간 간격
   - [표 5-7]의 리스크요인에 배정된 유동성 보유기간

(1) 방법1

<1단계> 전년도데이터를 통해 최장 데이터 간격을 구한다.

	변동성	day	변동성수익률
2016-01-20	12.10%		
2016-02-11	11.50%	21	-0.052173913
2016-04-22	10.85%	71	-0.059907834
2016-05-02	11.20%	10	0.03125
2016-05-12	11.30%	10	0.008849558
2016-07-31	8.55%	79	-0.321637427
2016-08-22	7.33%	22	-0.166439291
2016-09-03	7.87%	11	0.068614994
2016-09-30	8.13%	27	0.03198032
2016-10-04	9.12%	4	0.108552632
2016-10-30	9.80%	26	0.069387755
2016-11-25	10.32%	25	0.050387597
2016-12-11	11.20%	16	0.078571429

최대값 79

유동성 기간은 80일 이용

75 BCBS, Minimum capital requirements for market risk, 2016.1, BIS

<2단계> 스트레스 기간의 데이터를 이용하여 97.5%로 캘리브레이션한다.

250개 데이터의 경우 97.5%신뢰수준의 ES는 average(246:250)

스트레스 기간의 데이터 수가 10개인 경우 10번째 마지막 손실이 해당됨(=246*10/250)

스트레스기간	해당변동성	day	변동성수익률	해당IRS수익률	수익률 차
2008-01-20	10.10%			2.30%	
2008-02-23	9.70%	33	-0.041237113	2.10%	-0.20%
2008-04-11	12.20%	48	0.204918033	2.90%	0.80%
2008-06-10	11.30%	59	-0.079646018	2.50%	-0.40%
2008-07-23	9.80%	43	-0.153061224	2.10%	-0.40%
2008-09-01	11.90%	38	0.176470588	3.10%	1.00%
2008-09-20	8.30%	19	-0.43373494	2.40%	-0.70%
2008-10-31	7.90%	41	-0.050632911	2.20%	-0.20%
2008-11-15	8.90%	15	0.112359551	2.40%	0.20%
2008-12-23	10.30%	38	0.13592233	3.90%	1.50%
	평균기간	37.1			

평가일현재 스왑션 가치 A, 평가일 현재 변동성 9.5%, IRS 2.3%

	변동성	IRS	스왑션평가	평가손실
현재	9.50%	2.30%	A	
시나리오1	9.1%	2.100%	B	B-A
시나리오2	11.4%	3.100%	C	..
시나리오3	8.7%	1.900%	D	
시나리오4	8.0%	1.900%	E	
시나리오5	11.2%	3.300%	F	
시나리오6	5.4%	1.600%	G	
시나리오7	9.0%	2.100%	H	
시나리오8	10.6%	2.500%	I	
시나리오9	10.8%	3.800%	J	

9번째 마지막 손실값이 산출되면 여기에 유동성 기간을 적용하여 SES를 구한다.

SES = 마지막 손실값*root(80)/root(37)임.

(2) 방법 2

스트레스 시나리오 없이 스트레스기간의 최대손실값 사용

스왑션 평가는 스트레스 기간의 리스크요소를 사용하여 평가

스트레스기간	변동성	스왑션평가액	손실금액
2008-01-20	10.10%	A	
2008-02-23	9.70%	B	B-A
2008-04-11	12.20%	C	
2008-06-10	11.30%	D	
2008-07-23	9.80%	E	
2008-09-01	11.90%	F	
2008-09-20	8.30%	G	
2008-10-31	7.90%	H	
2008-11-15	8.90%	I	
2008-12-23	10.30%	J	
		SES는 최대손실값으로 한다.	

6.5 부도리스크의 계산

1. 트레이딩 계정의 부도리스크를 측정하기 위하여 별도의 IMA(a separate internal model)를 승인받아야 한다. 일반기준과 질적기준은 부도리스크 모델에 그대로 적용된다.

   부도리스크는 부도사건으로 발생될 수 있는 잠재된 간접손실뿐 아니리 채무자의 부도로 인한 직접적인 손실위험이다.

2. 부도리스크는 VaR모형을 사용하여 측정하여야 한다.

   (1) 은행은 2가지 타입의 체계적 리스크요인(two types of systemic risk factors)을 가진 부도시뮬레이션 모델을 사용하여야 한다.

〈추가설명〉

DRC모델의 체계적 리스크는 2가지 서로 다른 타입의 체계적 요인에 의해 설명되어야 한다. 채무자가 부도가 날지 아닐지를 결정하는 랜덤변수는, 2가지 타입의 체계적(systematic) 요인과 개별적(idiosyncratic) 요인에 대한 채무자 고유 함수이어야 한다. 예를 들어 Merton 모델에서 채무자 i는 자산수익률 X_i가 채무자의 부도확률을 결정하는 특정기준(specific threshold) 아래로 떨어질 때 부도가 된다. 체계적 리스크는 M가지의 지역적 요인 Y_j^{region}(j=1, …, M)과 N가지의 산업적 요인 $Y_j^{industry}$(j=1, …, N)으로 나타낼 수 있다. 개별차주 i에 대해 체계적 요인에 대한 자산수익률의 민감도, 즉 지역요인민감도 $\beta_{i,j}^{region}$와 산업요인민감도 $\beta_{i,j}^{industry}$를 선택한다. 지역타입과 산업타입에 대해 최소한 1개의 0이 아닌 민감도를 가져야 한다.

차주i의 자산수익률은 다음과 같이 표현할 수 있다.

$$X_i = \sum_{j=1}^{M} \beta_{i,j}^{region} \cdot Y_j^{region} + \sum_{j=1}^{N} \beta_{i,j}^{industry} \cdot Y_j^{industry} + \gamma_i \cdot \varepsilon_i$$

여기서 ε_i는 idiosyncratic 리스크요소며, γ_i는 민감도이다.

(2) 부도상관관계는 신용스프레드 또는 상장된 주식가격에 기초하여야 한다. 상관관계는 스트레스기간을 포함하여 10년의 기간에 걸쳐 추정하고 1년의 유동성보유기간에 기초하여야 한다.

(3) 은행은 상관관계 캘리브레이션 과정을 설명하는 명확한 정책과 절차를 가져야 하며, 특히 신용스프레드나 주식가격을 사용하는 경우에는 문서화하여야 한다.

(4) 주식의 하위포트폴리오에 대한 부도리스크 자본량 결정시에는 최소 60일간의 유동성 보유기간을 적용할 수 있다.

(5) VaR 계산은 주간단위로 실시하고 1년의 보유기간, 단측 99.9퍼센타일 신뢰구간에 기초한다.

3. 부도리스크를 가지고 시장리스크 체계를 따르는 모든 포지션(표준방법을 따르는 포지션은 제외)은 부도리스크 모델을 따라야 한다.

(1) 국가 익스포져(해당국가의 자국통화로 표시된 익스포져 포함), 주식포지션, 부도 채권포지션은 반드시 모델에 포함되어야 한다.

(2) 주식포지션에 대한 발행자의 부도는 주가가 0이 되는 것으로 모델링해야 한다.

4. 부도리스크 모델의 자본요구량은 (1) 직전 12주간에 걸친 부도리스크 모델값의 평균 (2) 가장 최근의 부도리스크 모델값 중 큰 것으로 한다.
5. 은행은 1년(주식하위포트폴리오에 대해서는 60일간)에 걸쳐 포지션이 고정되어 있다고 가정해야 한다.
6. 부도리스크는 개별 차주(each obligor)에 대해 측정해야 한다.
   (1) 시장가격에 내재된 PDs(PDs implied from market prices)는 객관적인 부도확률을 얻기위해 수정되지 않으면 허용되지 않는다.[76]
   (2) PDs는 하한은 0.03% 이다.
7. 동일차주의 매입과 매도 익스포져에 대해 상계하는 것을 반영할 수 있다. 만약 그러한 익스포져가 동일차주의 서로 다른 익스포져인 경우, 상계의 효과는 다른 상품임을 인식하여 다르게 설명되어야 한다(예, 우선순위에서의 차이).
8. 서로 다른 차주의 매입과 매도 익스포져간 베이시스리스크는 명확하게 모델화되어야 한다. 서로 다른 차주의 매입과 매도 익스포져간 부도리스크의 상계 가능성은 모델링에 포함되어야 한다. 모델에 입력하기 전 포지션의 사전상계는 허용되지 않는다.
9. 부도리스크 모델은 아래에서 설명하는 스트레스 기간의 상관관계 효과를 포함하여 차주간 부도의 상관관계 효과를 인식해야 한다.
   (1) 상관관계는 객관적인 데이터에 근거해야 하며 기회주의적인 방법(매입, 매도 포지션이 혼합된 포트폴리오에 대해서는 높은 상관계수를 사용하고, 매입익스포져만 가진 포트폴리오에 대해서는 낮은 상관계수를 적용)으로 선택되어서는 안된다.
   (2) 체계적 리스크 요인의 선택과 가중치를 포함하여, 이러한 상관계수를 적용한 모델이 포트폴리오에 적합하다는 점을 검증하여야 한다. 은행은 모델링 방법과 모델의 캘리브레이션에 사용한 기간을 문서화하여야 한다.
   (3) 상관계수는 1년의 유동성 기간에 걸쳐 측정되어야 한다.

76 즉, 시장의 내재 PDs(market implied PDs)는 허용하지 않는다.

(4) 상관계수는 최소한 10년의 기간에 걸쳐 캘리브레이션되어야 한다.

(5) 이러한 상관관계를 인식할 때 만기 불일치, 내외부의 신용등급, 경과기간(vintage) 등을 포함하여 모든 중요한 베이시스 리스크를 반영하여야 한다.

10. 모델은 포지션과 이의 헷지상품간의 주요한 불일치를 포착하여야 한다. 1년 자본보유기간 내의 부도리스크에 대해 1년보다 짧은 만기의 매입과 매도포지션의 만기 불일치로부터 야기되는 상대적 리스크(relative risk)를 포착하기 위해 부도시점(timing of defaults)에 대한 리스크를 설명하여야 한다.

11. 모델은 신용경색 기간 중 상품군내 그리고 상품군간에 발생할 수 있는 집중도 뿐 아니라 발행자와 시장의 집중도에 대한 효과를 반영하여야 한다.

12. 부도리스크모델의 일부로서, 모델 적용대상인 개별 및 모든 포지션에 대해 차주 부도시 은행이 감당하는 현재가치 대비 발생할 추가손실금액을 계산하여야 한다.

13. 모델은 옵션 및 부도에 관해 중대한 비선형행태를 가진 포지션의 비선형적 영향을 반영하여야 한다. 다수의 기초자산으로 구성된 주식파생상품의 경우에는 감독당국의 승인하에 단순화된 모델링 방법(예를 들어 다수 기초자산의 부도시 손실을 추정하기 위해 개별 JTD민감도에만 의존하는 모델링 방법)이 적용될 수 있다.

14. 부도리스크는 현재의 가치평가에서 이미 반영된 mark-to-market 손실을 초과하는 부도로부터의 추가손실을 평가하여야 한다.

15. DRC산출에 요구되는 높은 신뢰수준과 장기의 자본보유기간으로 인해, 99.9%/1년기준에 의한 표준적인 사후검증을 통한 DRC모델의 엄격한 검증은 거의 불가능하다.

(1) 따라서 DRC모델에 대한 검증은 질적, 양적 적합성과 모델의 집중도 처리를 평가하기 위해 위기상황분석, 민감도분석, 시나리오분석 등 간접방법에 의존해야만 한다. DRC의 본질상, 이러한 테스트는 역사적으로 경험한 사건의 영역에만 제한되어서는 안된다.

(2) DRC모델의 검증은 감독당국과 은행이 함께 적용할 검증절차를 마련해야 하는 계속과정이다.

16. 은행은 DRC모델의 전반적인 정확성을 평가하기 위해 관련된 내부 모델링의 벤치마크를 지속적으로 개발하여야 한다.

17. 신용스프레드리스크와 부도리스크간의 독특한 관련성 때문에 은행은 신용스프레드리스크와 부도리스크에 노출된 익스포져를 가진 데스크에 대해서는 2가지 리스크 모두에 대해 승인을 받아야 한다. 승인을 받지 못한 데스크는 IMA기준에 부적합하며 표준방법 자본산출체계에 따라야 한다.

18. 은행이 IRB방법의 일부인 승인받은 PD 추정치를 가지고 있는 경우, 이 자료를 사용하여야 한다. 이러한 추정치가 없거나 감독당국이 만족하지 않는다면 PD 추정치는 IRB 방법론으로 계산하여야 하며, 다음의 기준을 따라야 한다.

- 위험중립 PD는 관측(역사적) PD의 추정치로 사용되어서는 안된다.

〈추가설명〉[77]

위험중립확률(risk neutral probability)은 투자자가 위험에 중립적인 것을 의미하는 것이 아니라 게임이 공정해지도록 조정한 확률이다.

부도확률에서 보면, 실제부도확률(actual PD)은 지금부터 t기까지 실제로 부도가 날 확률을 의미하는 한편, 위험중립부도확률(risk neutral PD)은 약속된 원리금을 무위험수익률 및 가산금리(신용스프레드)의 합으로 할인한 가격과 부도사건을 고려한 채권 기대수익을 무위험금리로 할인한 가격이 일치하도록 부도율 수준을 결정한 것이다.

$$\frac{1}{1+(r_f+CS^i)}=\frac{q_{ik}\cdot\delta+(1-q_{ik})\cdot 1}{1+r_f}$$

r_f : 1년만기 국채수익률(무위험수익률)　CS^i : i등급의 1년만기 신용스프레드

q_{ik} : i등급의 1년 부도율(위험중립PD)　δ : 부도시 회수율

즉 위험중립부도확률은 채권시장에서 신용등급별 채권수익률과 무위험국채 수익률간의 관계에서 유추한 이론적 부도율로서 아비트리지가 없는 조건하에서 금융상품의 평가에 사용된다.

77 홍성기," NICE 신용평가준거부도율 개정에 대하여" , 2017.2.10, NICE Issue Special report

(2) PD는 공식적인 부도사건과 부도손실에 상당하는 가격하락 모두를 포함하는 역사적 부도데이터에 기초하여 측정하여야 한다. 가능하다면 이 데이터는 하나의 완전한 경기싸이클에 걸쳐 일반적으로 거래되는 유가증권에 기초하여야 한다. 최소 역사적 관찰기간은 5년 이다.

(3) PD는 1년간 부도건수라는 역사적 데이터에 기초하여 추정되어야 한다. PD는 이론적 기준(예,geometric scaling)으로 계산될 수 있는데 이는 은행이 이러한 이론적 기준의 적용이 역사적 부도경험과 일치한다는 점을 보여주는 경우이다.

(4) 외부원천에 의해 제공된 PD가 은행의 포트폴리오에 적합하다는 점을 보여줄 수 있다면 이 역시 사용할 수 있다.

19. LGD[78]추정치는 다음의 기준을 따라야 한다.

은행이 IRB방법의 일부로서 승인받은 LGD추정치를 가지고 있다면, 반드시 이 데이터를 사용해야 한다. 이러한 추정치가 없거나 감독당국이 만족하지 않는다면 LGD 추정치는, IRB방법론으로 계산하여야 하며 다음의 조건을 만족시켜야 한다.

(1) LGD는 포지션의 현재 시장가치에서 부도시 포지션의 예상시장가치를 차감한 가치에 기초하여 시장의 전망치로부터 결정되어야 한다. LGD는 포지션의 형태와 우선순위를 반영해야 하며, 0보다 작지 않아야 한다.

(2) LGD는 엄격하고 정확한 추정치를 도출하기에 충분한 역사적 데이터에 기초하여야 한다.

(3) 외부원천에서 제공된 LGD가 은행의 포트폴리오에 적합하다는 점을 보여줄 수 있다면 사용할 수 있다.

20. 은행은 cherry-picking을 피하기 위해 PD와 LGD에 대한 원천의 우선순위를 수립해야 한다.

78 LGD는 1-회수율을 나타낸다.

6.6 자본총계

6.6.1 자본총계 계산 절차

1. IMA으로 승인받은 적격한 데스크(사후검증과 PLA test에서 “Green zone” 또는 “Amber zone”을 받은 데스크)에 대한 총자본량(non-DRC) (C_A)는 가장 최근의 관찰값과 이전 60일 가중평균값에 승수(를 곱한 값 중 최대값으로 한다.

$$C_A = \max\{IMCC_{t-1} + SES_{t-1}; m_c \cdot IMCC_{avg} + SES_{avg}\}$$

IMCC : internally modelled capital charge

SES : stressed expected shortfall

여기서 SES는 모델 적격성을 만족하는 데스크내에서 모델가능하지 않은 리스크요소에 대한 규제자본량이다.

2. 승수 m_c는 감독당국이 질적요건과 사후검증 결과를 반영하여 아래의 조건에 따라 더 높게 추가하지 않는 한 1.5로 고정한다
   (1) 모델의 사후성과와 직접 연계하여 승수를 추가함으로써 모델의 예측력이 좋아지게 하는 인센티브를 제공한다
   (2) 사후검증의 추가승수는 완전 리스크요인셋에 기초한 99% 일별 VaR($VAR_{F,C}$)의 사후검증 결과에 기초하여 0에서 0.5범위의 값이 된다.
   (3) 사후검증 결과가 만족스럽고 은행이 모든 질적 요건을 충족한다면 추가승수는 0이 된다.
   (4) 추가승수는 실제손익과 가상손익에 대한 사후검증 결과 산출된 초과사항의 최대값에 의하여 결정한다.
3. 시장리스크 총자본 (ACR_{total})은, 승인받은 적격 트레이딩 데스크의 총자본량($IMA_{G,A}$ = C_A + DRC)에 모델 out-of-scope 또는 IMA으로는 비적격인 트레이딩 데스크에 대한 표준방법 자본량(C_U)를 더한 값이다. 만약 최소한 하나의 적격 트레이딩 데스크가 PLA test의 Amber zone에 있다면 surcharge를 추가한다. [표 5-2]의 사후검증 Amber zone은 surcharge와는 무관함

Amber zone이 있는 경우, 시장리스크 총자본은 다음 공식에 따른다.

$$\mathrm{ACR_{total}} = \min\{(C_A + DRC) + \text{capital surcharge} + \mathrm{C_U}\ ;\ \mathrm{SA_{all\ desk}}\} \\ +\max\{0; (C_A + DRC) - \mathrm{SA_{G,A}}\}$$

C_A : Green zone과 Amber zone데스크의 내부모형 자본량

DRC : 부도리스크 내부모형 자본량

C_U : 내부모형 대상이 아닌 out-of-scope 또는 IMA으로는 비적격인 트레이딩 데스크에 대한 표준방법 자본량

$SA_{all\ desk}$: 모든 데스크의 표준방법 자본량

$SA_{G,A}$: Green zone과 Amber zone 데스크의 표준방법 자본량

자본량 계산시 리스크요소의 모델가능성을 업데이트하고, PLA test의 Green, Amber, Red zone구분을 위한 리스크요소 적격성 test, 트레이딩 데스크의 사후검증은 분기단위로 실시한다. 또한 스트레스 기간과 축소 리스크요인셋(reduced set)은 반드시 분기단위로 업데이트해야 한다.

이전 60일의 평균(IMCC,SES)과 12주 평균(DRC)는 자본량 계산 목적으로 분기말에만 계산되어야 한다.

4. capital surcharge는 표준방법 자본량($SA_{G,A}$)과 IMA기준 자본량($IMA_{G,A}$ = C_A + DRC)의 차이에 승수 k를 곱한 금액이다.
 전체 자본량의 결정은 PLA test의 “Green zone” 또는 “Amber zone”의 모든 데스크의 포지션을 대상으로 한다.
 surcharge의 하한은 0이다.

$$\text{Capital surchatge} = \mathrm{k} \cdot \max\{0, SA_{G,A} - (C_A + DRC)\}$$

 여기서

 $k = 0.5 \times \frac{\sum_{i \in A} SA_i}{\sum_{i \in G,A} SA_i}$

 SA_i : 데스크 i의 모든 포지션에 대한 표준방법 자본량

 i∈A : “Amber zone”의 모든 승인받은 트레이딩 데스크

 i∈G,A : “Green zone” 과 “Amber zone”의 모든 승인받은 트레이딩 데스크

6.6.2 IMA 구축 및 운영의 주기관련사항

[표 5-8] IMA 운영과 관련한 주기 정리

주기	준수사항
일별	• ES 측정과 보고 • 리스크요소 데이터 업데이트(권고) • 사후검증 : VaR 측정, HPL과 APL 측정 • PLA test : RTPL과 HPL 측정
주별	• DRC의 VaR 측정 • In-scope 트레이딩 데스크의 보고서 생산
월별	• 리스크요소 데이터 업데이트(최소) • 위기상황분석 결과의 경영진 검토 • RFET 통과를 위한 real price 기준 중 24개 가격과 90일 기준의 모니터링
분기별	• 트레이딩 데스크의 적격성 test(PLA test, 사후검증) 실시 • RFET 통과를 위한 real price기준의 충족여부 확인 • 적격성 test를 통과한 트레이딩 데스크의 리스크량이 전체 시장리스크 자본량의 10% 이상인지 평가 • 전사 사후검증 대상 포트폴리오 업데이트 • ES 산출을 위한 스트레스 기간 업데이트 • 축소 리스크요인셋의 업데이트 • 데이타셋의 갱신(최소)
연간	• 최고경영진의 트레이딩 한도에 대한 검토 • 적합성검증, 내부감사, 외부감사의 실시 • 승인시 직전 1년간 사후검증 및 PLA test보고서 제공

제6장

내부모형 사전질문서 및 체크리스트(안)

* 이 장의 내용은 기존 「시장리스크 기준 자기자본 보유제도 해설」 내용을 바탕으로 FRTB 변경사항에 대한 준비항목을 임의로 추가한 것이므로 감독당국의 의사와는 무관함을 밝힙니다.

從心所欲 不踰矩(70세) 하고 싶은대로 하여도 법도를 어기지 않는 시기

이제 우리회사의 내부모형 승인 준비를 해보자

> 天網(천망)은 恢疏(회소)하여도 놓치지 않는다.
> 하늘의 그물은 대단히 크고 성기지만 미세한 것도 놓치지 않는다.
>
> 機(기): 機는 木과 幾를 합한 글자이다. 機는 미세해서 機微요, 비밀스러워서 機密이다. 하늘의 기밀은 天機이니 함부로 누설하면 안 된다. 機를 잘못 다루면 위험해서 危機가 온다. 하지만 이 機가 모여 있는 지점은 機會의 순간이기도 하다 機智가 있는 사람은 機會로 만들고 失機하면 금세 危機가 된다. 사람은 때로 진득하니 待機할 줄도 알아야 하고, 機의 방향을 돌려 轉機를 마련하는 여유도 필요하다. 投機는 내 기회를 한꺼번에 던지는 것이다. 섣불리 機巧만 부리려 들면 제 몸을 망치고 집안을 망친다. 〈정민의 世說新語〉

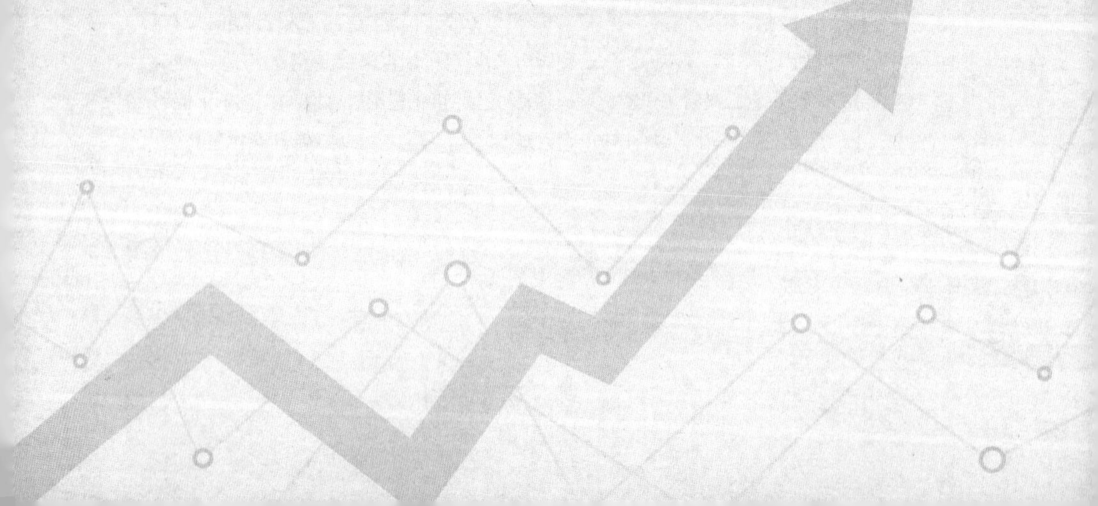

국내은행의 내부모형 사전질문서 및 체크리스트

※ 작성기준일은 최근월말이며, 작성대상기간은 작성기준일 직전 1년임

※ 평가 문항에 대한 답변은 소항목(괄호숫자)을 기준으로 하며, 하위 항목의 내용을 포함하여 작성

1. 리스크관리 조직

가. 리스크관리부서의 독립성

(1) 일선 부서와는 독립적인 별도의 리스크관리부서를 설치·운용하여 금융기관 전체의 리스크를 통합관리하고 있는지에 관한 사항

- 연결기준에 포함되는 기관을 모두 포함한 조직도
  - 단, 은행의 경우 독립부서 형태의 모든 조직을 포함
  - 트레이딩이 이루어지고 있는 기관 및 부서는 별도 구분 표시
- 이사회, 리스크관리위원회, 리스크관리 관련부서* 등의 주요 업무 및 업무흐름도 포함

  * 리스크관리부서, 영업부서(트레이딩부서 포함) 및 감사부서 등
- 리스크의 측정, 배분, 감시, 통제가 일선 부서(front, middle 및 back office)와는 독립적인 관리체제에 의해 이루어지고 있음을 확인할 수 있는 자료

(2) 리스크담당부서 및 관련부서의 인력 선발기준, 외부전문인력 채용현황, 직원대상 연수제도 및 실적(표 1), 경영진에 대한 연수실시 사항

- 리스크관리 담당 직원의 지식과 경력이 리스크 모니터링 대상 업무의 복잡성을 충분히 이해하고 감시할 수 있는 수준인지를 파악할 수 있는 내용 반영
- 리스크관리 부서뿐만 아니라 일선 부서, 내부감사 부서 등에서도 시장리스크의 내부모형 사용을 이해하는 직원을 충분히 보유하고 있는지 여부 포함

나. 리스크관리부서의 역할

(1) 리스크관리부서가 일선 부서에 대한 통제기능을 발휘할 수 있는 범위

- 부서별 리스크 한도나 트레이딩 한도 등의 준수사항을 관리하는 등의 내용 포함

(2) 리스크관리시스템의 설계 및 운영에 대한 책임 여부 및 운영에 관한 방침, 절차에 대한 문서

- 리스크 관련시스템 도입 또는 구축현황(예정 사항 포함)
  - 외부 도입한 경우 도입 시스템명, Vendor사, 구축내용, 구축일정, 소요예산 등을, 자체개발한 경우 시스템명, 구축내용, 구축일정, 소요예산 등을 기재
- 리스크관리 관련시스템의 하드웨어 · 소프트웨어 구성 및 네트워크 구조
  - 일선부서(front, middle, back office) 간의 컴퓨터 시스템의 연결흐름도 포함
  - 연결흐름도를 작성할 경우 자동적으로 연결되는 부문과 수작업으로 연결되는 부문을 구분표시
- 리스크관리 관련시스템의 주요 변경내용 및 설계와 운영에 대한 관련 규정

(3) 리스크관리시스템의 원활한 운영을 위한 조직 및 요원을 확보하고 있는지 여부 및 유지보수의 적정 여부

- 시스템 운영요원의 직무분리 및 백업체계 (전산담당자 부재시 대응 포함)
- 서버, 데이터베이스, 소프트웨어, 통신망의 성능분석, 모니터링 등 유지보수의 적정성
- 소스보증, 인력지원계약, 라이센스 관리 등 외부위탁사항
- 타시스템 연계, 시스템 통합 등 시스템 확장의 적정성 여부
- 내부모형 사용과 관련한 기술적인 문제가 발생하였을 경우 단시간 내에 신뢰할 수 있는 문제 해결방안을 가지고 있는지 여부

(4) 리스크관리시스템 가용성 및 안정성 유지를 위한 보안 및 통제 절차의

적정성

- 데이터 입력 통제, 시스템 전산자동기록, 테이프 관리 등 운영통제의 적정성
- 데이터 및 프로그램의 변경관리의 적정성
- 시스템 운영 처리절차 및 시스템 정의서 등 문서 보유 및 통제
- 시스템, 통신망 관리와 사용자 접근권한 관리 등 보안정책의 적정 여부

(5) 내부모형에 의한 리스크측정결과에 대한 보고 및 운영 사항

- 일별 리스크보고서를 작성 · 분석하여 경영진에게 직접 보고할 수 있는 체제가 구축되어 있는 등의 리스크보고서 운영에 관한 사항의 문서화
- 이사회 및 리스크관리위원회, 경영진 앞 보고문서 목록(표 2) 및 사본 각 1부

(6) 조직구조 현황

- 은행의 조직구조가 이사회로부터 영업부서에 이르기까지 리스크관리책임에 대하여 분명하고 적절하게 설계 · 운용되고 있는지 여부, 특히 리스크관리부서의 역할과 권한을 명확히 정하여 운용하고 있는지 여부를 확인할 수 있는 내용 포함
- 리스크관리위원회 및 하부위원회
  - 명칭, 설치일, 구성현황(표 3)
  - 리스크관리관련 위원회 회의 운영실적(표 4)
  - 위원회 및 하부위원회 관련규정
- 이사회현황(사외이사 포함)
  - 구성현황(표 5)
  - 리스크관리관련 이사회 운영실적(표 6)
  - 이사회 관련규정
- 리스크관리부서
  - 명칭, 설치일, 구성현황
  - 업무분장표(시장리스크 또는 내부모형 담당자 별도 구분 표시)(표 7)
  - 주요 사업추진 현황(향후 내부모형에 대한 개선계획 및 일정 포함)

(표 8)

- 리스크관리 관련 규정, 지침, 기준제정 운영 현황(표 9) 및 각 사본 1부
- 리스크측정 · 관리관련 매뉴얼 사본 1부

• 트레이딩부서
  - 명칭, 업무분장표(표 10)
  - "트레이딩 정책지침" 사본 1부*

  * 은행감독업무시행세칙 〈별표 3〉 1. 가. (3)에 의거 감독원장의 사전승인을 얻은 것

2. 이사회와 경영진의 역할

가. 이사회의 책임 및 이에 대한 이행사항

(1) 금융기관의 리스크관리가 적정히 이루어지기 위한 제반사항들을 지원하는 방법

• 리스크관리 부문이 일선 부문으로부터 명확히 분리되고 독립적이 되도록 조직을 구성하고 승인하거나 그 권한을 경영진에게 위임하는 등

(2) 당해 금융기관이 부담하고 있는 중요리스크의 종류 및 발생원천과 리스크를 측정 · 감시 · 통제하는 수단의 이해도 정도

(3) 리스크관리에 대한 이사회의 역할과 이를 규정하고 있는 문서화

• 금융기관이 부담 가능한 리스크 수준 결정 및 그에 따른 자본배분에 대한 승인, 리스크관리 기본방침 및 정책의 수립이나 변경에 대한 승인 등에 대한 업무 처리 절차 포함

(4) 리스크관리에 관한 사항을 경영진에게 위임한 경우, 사후관리 방법

• 위임사항에 대한 정기적 점검 등을 통한 적정여부 확인 등

나. 경영진의 책임 및 이에 대한 이행 사항

(1) 금융기관이 부담하고 있는 리스크의 종류와 발생원천, 리스크를 측정·감시·

통제 하는데 사용된 기법의 이해도 정도

(2) 리스크관리에 대한 경영진의 역할과 이를 규정하고 있는 문서화

- 리스크를 인식 · 측정 · 검증 · 배분 및 통제하는데 필요한 정책과 절차를 마련하고, 그에 따른 조직구조, 책임과 권한의 배분 등 내부통제 환경을 적절하게 구축 운용 여부 포함
- 신상품 개발, 주요 정책의 수립 및 변경 등 금융기관의 리스크에 영향을 미치는 사항에 대하여 의사결정을 하는 경우, 발생 가능한 리스크를 고려하기 위한 명확한 방침과 절차 마련 여부 포함
- 조직내 리스크관리 문화가 정착되도록 하는 방안 마련 여부 포함
- 독립적인 리스크관리 부문에서 작성된 리스크관련 보고가 적시에 이루어질 수 있는 리스크관리 절차 마련 및 정기적인 점검 여부 포함
- 경영진에 대한 리스크정보 전달체계 마련 여부 및 비상시를 대비한 대책(contingency plan) 마련 상황
- 시장상황의 변화, 리스크노출 자산의 증가 등 금융기관의 리스크환경이 급격히 변화하는 경우 리스크관리정책과 절차, 설정한도, 내부통제환경 등의 유효성을 재검토하는 과정에서 경영진의 역할

3. 리스크측정 결과의 활용과 모델운용의 적정성

가. 리스크보고서

(1) 리스크 보고서의 작성과정 및 보고절차와 이에 대한 문서화 자료

- 리스크 관련 보고서 사본 각각 1부

(2) 리스크보고서에 포함되는 주요내용

- 트레이딩 단위조직 및 영업단위 전체에 대한 제공정보
- 경영진 및 이사회에 대한 제공정보

나. 리스크 측정결과의 활용

(1) 리스크한도(VaR) 초과시의 보고 절차 및 조치사항

(2) 리스크측정 결과의 활용 상황

- 내부모형에 의해 측정한 리스크량에 대비한 포지션 규모 및 수익목표와의 관계에 대해 분석 여부
- 리스크측정 결과가 리스크관리 또는 운영방침의 설정과 모니터링 업무수행 및 한도설정에 반영되고 있는 현황
- 실적평가(예, 딜러별 · 데스크별 · 영업부문별 등)에 VaR 활용상황

다. 모델운용의 적정성

(1) 내부모형의 적정성 검증 현황

- 모형개발과 독립적이면서 전문성을 갖춘 별도의 부서(또는 외부전문가)에서 내부모형의 적정성 검증 실시 여부
- 리스크 측정모델을 변경 또는 새로운 모델 도입시 적정성 검증 절차를 수립하여 시행하고 있는지 여부 및 문서화
- 내부모형이 금융기관 전체 트레이딩 포지션을 대상으로 내부모형의 적합성검증을 실시할 뿐 아니라, 특정 포트폴리오에서 발생 가능한 구조적 리스크도 적절히 측정하고 있는지 검증 여부

(2) 향후 발생할 가능성이 희박한 일시 보유포지션 혹은 신상품 및 규모가 작은 중요하지 않은 포지션들에 대한 처리절차의 적정성 마련 현황

- 향후 발생할 가능성이 희박한 일시 보유포지션 혹은 신상품 및 규모가 작은 중요하지 않은 포지션들에 대한 처리절차가 적정하게 마련되어야 함

4. 한도관리

가. 한도관리 설정 및 관리방법

(1) 은행전체, 부서별, Desk별, 담당자별 거래 및 리스크한도 설정 · 변경기준

및 절차, 승인권자, 한도 설정내역 등의 내용

(2) 한도 초과사항 발생 및 조치 내용, 조치권자(표 11)

나. 내부모형에 의한 시장리스크 산출결과의 한도설정 반영

(1) 손실한도, 포지션한도 등 각종 한도설정 및 관리가 리스크관리체제 내에서 이루어지도록 하기 위한 공식적인 절차 상황 및 문서화

(2) 리스크관리과정에서의 적절한 한도 배분절차를 위한 경영진의 역할

(3) 배분된 리스크한도에 대한 사후 관리

- 리스크한도의 정기적 검토, 업무계획과의 연계성 검토 및 특별한 상황 발생시 조치 사항 등

5. 전사적 사후검증(Back Testing)

가. 사후검증의 실시방법 및 절차와 관련 규정

(1) 손익계산 방법, 사후검증 대상 포트폴리오, 실시 주기 등 포함

- 대상 : 승인영역내(in-scope)데스크 중 적격성 test 통과 데스크(Green zone, Amber zone)
- APL과 HPL 산출 방법론

(2) 사후검증 결과 보고절차, 보고주기, 보고대상자 (예 : 이사회, 리스크관리위원회 등)

(3) 최근 1년간 일별 전사기준 사후검증 결과표(표 12)

나. 사후검증 결과에 대한 조치사항

(1) 사후검증 초과사항 발생시 원인 분석 및 그에 따른 조치사항

- 사후검증을 통해 모델 결함이 나타난 경우가 있었다면, 개선 사항 사례 포함

(2) 사후검증 결과 내부모형의 신뢰성에 문제가 발견된 경우, 보고 및 대응 상황

6. PLA test

가. PLA test의 실시방법

- RTPL과 HPL 산출방법론
- Spearman 상관계수와 K-S 검정 수행방법론

나. PLA tset 관련규정

7. 위기상황분석(Stress Testing)

가. 위기상황분석의 실시방법 및 절차와 관련 규정

(1) 위기상황분석 실시방법 및 실시주기

- 트레이딩 데스크 수준과 전사수준에서 실시

(2) 위기상황분석 보고절차, 보고주기, 보고대상자 (예 : 이사회, 리스크관리위원회 등)

- 최소한 월 1회 보고

나. 위기상황분석에 적용되는 위기상황 시나리오의 적정성

(1) 위기상황 시나리오 작성 방법, 최근 활용중인 시나리오

- 위기상황 시나리오는 양적 · 질적 측면을 동시에 고려하여 개별 및 복합적인 사건을 전제하는지 여부
- 위기상황분석은 가능한 모든 리스크요소를 고려하고 금융상품의 선형적 비선형적 특성을 감안하는지 여부
- 설정한 시나리오에 따른 위기상황분석이 보유포지션의 가치에 대한 충격

정보를 제공하는지 여부

다. 위기상황분석결과에 대한 사후관리

(1) 위기상황 분석결과에 대한 단계별 대응조치 마련 내역

- 위기상황 분석결과, 특정 시나리오상 커다란 손실이 예상되는 경우 이에 대한 신속한 대책을 강구하여 시행하는지 여부 포함
- 보유자기자본이 위기상황 분석결과 나타난 잠재적인 최대손실 흡수여부를 평가하고, 이에 대한 경영전략이나 단계별 조치사항을 마련하여 시행하는지 여부 포함

(2) 위기상황분석의 결과에 대한 이사회 또는 경영진의 조치사항 사례

(3) 내부 자본적정성 평가시 위기상황분석 결과의 활용 현황

- 또한, 위기상황분석 결과 취약점이 드러날 경우 대책 마련 여부

8. 내부감사

가. 감사부서의 구성 및 운영현황

(1) 명칭, 업무분장표(표 13)*

* 리스크관련부서담당 검사역 중심

(2) 리스크관리 관련부서에 대한 최근 감사현황(표 14) 및 최근 감사결과보고서 사본 1부

나. 일선 부서와 리스크관리부서의 리스크측정 및 리스크관리 시스템에 대한 내부감사 수행 현황

(1) 내부감사 항목 및 내부감사 수행 주기 (내부감사 항목에 최소한 다음의 사항을 설정하고 있는지 여부 파악)

- 리스크관리시스템 및 리스크관리절차의 문서화 정도
- 리스크관리부서의 조직구성

- 내부모형에 의한 리스크측정결과를 일일 리스크관리에 반영하는 정도
- 일선부서와 후선부서에서 사용하는 리스크 측정모형 및 가치평가시스템에 대한 승인절차
- 리스크측정 과정에서 중요한 변경사항에 대한 검증
- 내부모형에 의해 파악되는 리스크의 범위
- 경영정보시스템의 완전성
- 포지션 자료의 정확성 및 완전성
- 내부모형에 사용되는 자료의 독립성, 일관성, 적시성 및 신뢰성에 대한 검증
- 변동성 및 상관관계에 대한 가정의 정확성 및 적절성
- 가치평가와 리스크 산출과정에서 사용된 계산방법의 정확성 및 일선 부서로부터 독립된 부서가 이를 검증하고 있는지 여부
- 정기적인 사후검증을 통한 모형의 정확성 확인 여부
- 내부모형의 구조가 은행의 영업활동 및 영업지역 포괄범위 측면에서 적절한지 여부
- 내부모형에 의한 시장리스크 측정시 입력항목 및 계산결과에 대한 접근가능성
- 내부모형과 관련된 자료의 흐름과 절차의 투명성 및 접근가능성
- 트레이딩 데스크에 대한 사후검증과 PLA test의 적정성 점검 여부
- 위기상황분석의 적정성 점검 여부
- 자회사에 대한 감사는 자회사 자체의 내부감사보고서의 적정성을 모회사의 감사가 검토하는 것으로 내부감사 수행여부를 판단

(2) 내부감사 업무를 수행하기 위하여 내부감사 부서가 피감사 부서에 대하여 얼마나 효과적으로 합리적인 강제권환을 가지고 있는지 여부

(3) 내부감사 부서가 내부모형에 대한 내부감사를 실시할 수 있을 정도의 실무경험과 지적능력을 갖춘 직원 확보 현황

9. 트레이딩 데스크의 구분

가. 트레이딩 데스크별 측정시스템 구축

(1) 트레이딩 데스크별 내부모형 자본량 산출의 적정성(stand alone방식)

(2) 트레이딩 데스크별 표준방법 자본량 산출의 적정성(stand alone방식)

나. 승인영역내(in-scope)와 승인영역외(out-of-scope) 트레이딩 데스크의 지명

(1) 승인영역내(in-scope) 트레이딩 데스크의 적격성 여부

- 직제규정 상 명시 및 데스크별 인력배치 현황(헤드 트레이더 배치)
- 연간예산수립과 인력계획의 적정성
- 리스크관리구조의 적정성
  - 데스크 내 리스크관리 담당자 배치
  - 데스크의 트레이딩 한도 수립과 리스크 측정 보고서 생산
  - 경영진 앞 정기적인 보고

(2) in-scope와 out-of-scope 트레이딩 데스크 현황(표)

다. 트레이딩 데스크별 적격성 테스트 수행결과

(1) 최근 1년간 일별(97.5%, 99%) 사후검증 결과표(Green, Amber, Red zone의 명시)

(2) 최근 1년간 일별 PLA test 결과표(Green, Amber, Red zone의 명시)

- 내부모형과 일신부서에서 사용하는 data sources 및 평가모델 비교, 분석

라. 모델 가능한(modellable) 리스크요소

(1) real price와 frequency 조건에 대한 test 자료

- Bucketing approach 적용과 결과자료
- interpolation과 extrapolation 적용 데이터

(2) 모델 가능한 리스크요소의 결합으로 도출된 리스크요소 목록과 방법

(3) 모델 가능한 대용데이터(proxy data)의 목록과 방법

마. 모델 가능하지 않은(non-modellable)리스크요소

(1) real price와 frequency 조건에 대한 test 자료

(2) 리스크요소 목록

10. 내부모형의 이론, 가정 및 수리적 기초

가. VaR 산정을 위한 방법론

(1) VaR 정의 및 측정 방법론 (VaR 측정기간, 신뢰구간 등 포함)

- 리스크요소별 VaR 측정 방법론이 동일하지 않은 경우, 그 근거

(2) VaR 측정기간 동안 예상수익률에 대한 가정

- 0(zero)이 아닌 경우, 예상수익률에 대한 가정 및 예측치의 적절성 여부

나. VaR 산출 및 모수추정치(Parameter)의 예측

(1) 금융자산의 수익률 모형이 건전하고 실증적인 근거를 가지고 있는지 여부

- VaR 모형별 수익률 분포에 대한 가정과 실제 사용하고 있는 수익률 모형 간의 적정 여부
- 수익률 분포에 대한 가정이 건전하고 현실적으로 적합한지 여부를 주기적으로 검증하는지 여부

(2) VaR 측정기간동안 수익률의 변동성·상관계수 예측을 위한 방법론이 적절한지 여부 (역사적 시뮬레이션법 사용시는 해당 없음)

(3) VaR 및 모수추정치 계산에 사용되는 과거자료 현황

- 과거자료의 관측 기간 및 갱신 주기
- 자료관측 기간에 대해 가중치를 두거나, 기타 다른 방법을 사용하는 경우 유효한(effective) 관측 기간이 1년(토요일은 제외) 이상인지 여부

(4) 신상품 등 과거자료가 충분하지 않는 경우에 대한 모수추정치(리스크요소의 변동성 · 상관계수 예측치, 베타값 포함) 생성 방안

(5) 포트폴리오의 분산 · 공분산 매트릭스가 양정치(positive definite) 조건을 충족하는지를 검증하는지 여부 (역사적 시뮬레이션법 사용시는 해당 없음)

다. ES 산정을 위한 방법론

(1) ES의 정의 및 측정방법론(ES 측정기간, 신뢰구간 등 포함)

- 리스크요소별 유동성 기간 설정의 적정성
- 스트레스 기간 선정의 적정성

(2) ES 산출의 적정성

- 축소 리스크요인셋과 완전 리스크요인셋 구성의 적정성
- 리스크요소별 유동성 기간을 반영한 ES 측정의 적정성
- 리스크군(risk class)간의 상관관계 적용의 적정성

라. SES 산정을 위한 방법론

(1) idiosyncratic 신용스프레드 리스크 측정방법

(2) idiosyncratic 주식리스크 측정방법

(3) 모델가능하지 않은 리스크요소의 리스크 측정방법

- 유동성 기간 적용의 적정성
- 최대가능손실(maximu possible loss) 측정의 적정성

마. capital surcharge 산출

(1) PLA test Amber zone 목록

(2) surcharge 산출방법론

11. 시장리스크 요소

가. 리스크요소의 설정

(1) 시장리스크 측정을 위해 사용하는 내부모형의 리스크요소들의 현황

- 부내 및 부외 트레이딩 계정 포지션의 위험을 충분히 반영할 수 있도록 리스크요소를 관리하는지 여부
- 복수의 리스크요소를 가진 포지션은 각각의 리스크요소에 적절히 mapping 하고 있는지 여부

(2) 리스크요소별로 대상자산(금리, 주식, 외환, 옵션 등)의 시가평가 방법 및 포지션의 가치평가에 대한 책임소재 여부

- ES 측정 대상이 되는 모든 상품이 포함되는지 여부 및 제외된 포지션이 있다면 그 내용과 사유 제시
- 시가로 평가되지 않거나 용이하지 않은 상품(유동성이 없거나 은행이 시장가격결정의 주관자인 경우 등)의 처리지침
- 시가평가기준(당일종가, 시장호가의 중간가격 혹은 매입-매도 호가 등)
- 시가평가 자료의 출처 및 검증방법 (자료의 수집, 관리, 검증절차에 관한 관련규정 제시)
- 상품 유형별(특히, 파생상품의 경우) 평가모형과 모형에 대한 가정 등 제시

나. 금리리스크

(1) 금리리스크 산출 대상자산의 포괄범위와 실제 관리 현황

(2) 수익률 곡선의 모형화

- 리스크요소의 설정 원칙 ("중요한 포지션을 가지는 통화"에 대한 정의 등 포함)
- 수익률 곡선의 구축 방법
- 수익률 곡선을 생성한 자산의 종류(예 : 국고채, 특수채, 등급별 회사채

등)와 각 수익률 곡선에 대해 설정한 잔존만기 구간(time bucket) 및 설정 방법

- 수익률 곡선의 갱신 주기
- 스프레드리스크 반영방법
- 영업부서와 리스크관리부에서 사용하는 수익률곡선의 일치 여부 및 서로 다른 수익률 곡선을 사용하는 경우 그 내용 및 사유

(3) 이자율 기간구조가 금융기관이 보유하고 있는 채권포트폴리오의 다양성과 트레이딩 정책을 반영하고 있는지 여부

(4) 금리리스크 대상 자산을 금리 리스크요소에 mapping하여 평가하는 방법

- 현금흐름 매핑법(cash flow mapping) 또는 민감도 매핑법(sensitivity mapping) 등의 방법 사용 여부
- FRN 및 FRA, 스왑, FX 선도거래와 같은 선형성 파생상품의 현금흐름은 이론적으로 타당하게 분해되어서 적절히 mapping되고 있는지 여부

다. 주식리스크

(1) 주식리스크 산출 대상자산의 포괄범위와 실제 관리 현황

(2) 주식 리스크요소의 설정 원칙 ("중요한 포지션을 가지는 주식시장"에 대한 정의 등 포함)

(3) 개별주식 혹은 주식 포트폴리오를 리스크요소에 mapping 하는 방법

라. 외환리스크

(1) 외환리스크 산출 대상자산의 포괄범위와 실제 관리 현황

(2) 외환 리스크요소의 설정 원칙

마. 상품리스크

(1) 상품리스크 산출 대상자산의 포괄범위와 실제 관리 현황

(2) 상품 리스크요소의 설정 원칙 (동일 상품군에 대한 기준 등 포함)

(3) 상품리스크 대상 자산을 리스크요소에 mapping하여 평가하는 방법

바. 옵션리스크

(1) 옵션리스크 산출 대상자산의 포괄범위와 실제 관리 현황

(2) 옵션가격결정모형

- 사용중인 옵션가격결정모형 (상품유형별로 상세한 방법론 설명)
- 모형에 대한 가정 및 동 가정이 유효하지 않을 상황을 제시하고 이 경우 취할 조치
- 이색 옵션의 가격결정모형의 경우, 해당 옵션의 특성 및 pay-off 그래프

(3) 옵션리스크 측정 방법

- 기초자산의 리스크 범주내에서 산출되는지 또는 옵션 포지션만 별도로 분리하여 산출되는지에 대한 설명
- 옵션의 델타, 감마리스크 측정 방법
- 옵션의 베가리스크 측정 방법 (기초자산의 변동성 예측 방법, 베가리스크 변동성미소(volatility smile) 구축 방법, 리스크요소 및 그 설정 방법 등 포함)

12. 부도리스크의 측정

가. 부도리스크 모형의 적정성

(1) 2요인을 시뮬레이션한 VaR모형의 사용

(2) 측정주기(1주), 보유기간(1년), 신뢰구간(단측 99.9%) 적용의 적정성

(3) PD, LGD 추정의 적정성

(4) 차주간 부도의 상관계수 적용의 적정성

나. 측정방법론 및 자본량 산출의 문서화

다. 내부모형으로 부도리스크를 측정하지 못하는 경우

(1) 신용스프레드리스크(CSR)와 부도리스크를 모두 표준방법으로 측정하는지 여부

13. 데이터 관리

가. 데이터의 수집 및 보관

(1) 현재 및 과거 시장가격 데이터의 출처 및 입력·운용 과정
- 데이터 출처 및 입력 시간 (특히, 해외 데이터의 경우 일별로 수집되어 적시에 조정되는지 여부)
- 데이터 입력 프로세스와 데이터 정확성 확인 과정
- 수작업으로 관리되는 데이터의 유형 및 입력 프로세스

(2) 리스크 측정 및 포지션 평가에 필요한 데이터의 보관 및 관리 현황
- 데이터의 일별 축적되는 절차가 적절한지, 주기적으로 갱신되고 있는지 여부
- 모든 데이터 시스템이 충분한 보완과 백업 체계를 갖추고 있는지 여부

나. 데이터의 정확성과 적합성

(1) 데이터 소스의 적합성, 적시성, 신뢰성, 독립성 현황
- 내부모형에서 사용하는 포지션 데이터와 back-office 포지션 데이터와의 일치성 여부
- 거래데이터의 정확성은 영업부서와 독립된 부서에서 검증되고 있는지 여부
- 일일 거래데이터의 정확성에 대한 책임 소재 마련 여부
- 데이터 정확성은 내부감사 등에 의해 검증되고 있는지 여부

(2) 데이터 누락 및 이상데이터 발견과 대처를 위한 구체적인 운용기준 마련 현황

• 데이터의 정확성을 검증할 수 있는 검증프로그램의 보유여부, 누락된 데이터의 추정방법의 적절성 등 포함

14. 연결대상 자회사 등의 처리

가. 연결대상 자회사 등의 시장리스크 산출

(1) 금융기관 연결대상 자회사 등의 시장리스크 측정 방법

(2) 연결대상 자회사 등이 이미 BIS 기준과 유사한 해당 국가 감독당국의 기준에 의해 시장리스크를 측정하고 있는 경우에는 그 측정결과를 당해 금융기관의 시장리스크에 합산하고 있는지 여부

나. 신탁계정의 처리

(1) 신탁계정의 자산이 투자목적에 따라 트레이딩 및 비트레이딩 자산·부채로 구분되어 있는지 여부

• 트레이딩 및 비트레이딩 부분으로 구분하지 않는 경우, 시장성 있는 자산·부채를 트레이딩으로 보아 시장리스크 소요자기자본을 산출하고 있는지 여부

(2) 트레이딩 자산에 대하여 시장리스크 소요자기자본 산출 여부

13. 자기평가서 작성 (표15)

[표 1]

연수제도 및 실적 현황

	과 정 명	실시기간	참가인원	인원누계
행 내				
행 외				

[표 2]

이사회 및 리스크관리위원회, 경영진앞 보고문서 목록

보고서명	보고주기	보고대상자	주요 내용	보고횟수 (최근 1년기준)

[표 3]

리스크관리위원회 및 하부위원회 현황

구 분	성 명	현직위* (담당업무)	현직무 담당기간	학력	주요경력
위원장					
위원					
간사					

* 내부인사의 경우 직위 기재, 외부인사의 경우 소속기관 및 직위 기재

[표 4]

리스크관리위원회 및 하부위원회 회의운영 실적

회차*	일 자	의결(보고)내용	사후관리내용	참석위원

* 정기, 수시 구분
** 위원회별로 별도 작성

[표 5]

이사회 구성현황

현직위	성 명	선임일	주요경력	학력	담당부서 및 업무

주) 사외이사 포함

[표 6]

이사회 운영실적(리스크관리관련)

회차*	일 자	의결(보고)내용	사후관리내용

* 정기, 수시 구분

[표 7]

리스크관리부서의 업무분장표

현직위	성 명	담당업무	학력	부서전입일	경 력*

* 연수실적, 자격증 보유현황 포함

[표 8]

주요 사업추진 현황

완료한 사업 (최근 1년이내)	추진중인 사업	계획중인 사업

[표 9]

리스크관련 규정 등의 체제

규정명	담당부서	제정일자	개정일자 및 개정내용	제·개정권자

[표 10]

트레이딩부서*의 업무분장표

현직위	성 명	담당업무	학력	부서전입일	경 력*

* 여러 부서가 있는 경우 각각 작성
** 연수실적, 자격증 보유현황 포함

[표 11]

한도 초과사항 발생 및 조치내용

발생일	한도종류	한도초과사항	보고일	보고대상자*	조치내용	조치자*

* 직위 및 이름 기재

[표 12]

일별 사후검증결과표*

일자	VaR	실제손익	가상손익	초과여부*		조치사항
				실제	가상	

* 하위포트폴리오에 대하여 수행할 경우 각각 작성
** 초과한 경우 해당 칸에 ○를 표시

[표 13]

감사부서의 업무분장표

현직위	성명	담당업무	학력	부서전입일	경 력*

* 연수실적, 자격증 보유현황 포함

[표 14]

리스크관리 관련부서*에 대한 감사현황

감사실시기간	감사대상부서	감사대상기간	주요감사항목	조치사항	감사참여 검사역

* 리스크관리부서, 트레이딩부서 포함

[표 15]

자기 평가서

평가항목		평가*	취약점**
질적 기준	리스크관리부서의 독립성 및 역할		
	이사회와 최고경영진의 역할		
	리스크측정 결과의 활용과 모델운용의 적정성		
	한도관리		
	사후검증		
	PLA test		
	위기상황분석		
	문서화		
	내부감사		
	트레이딩 데스크의 구분		
	리스크요소의 적격성		
양적 기준	내부모형의 이론, 가정 및 수리적 기초 (VaR, ES 측정 방법론 포함)		
	시장리스크 요소		
	부도리스크의 측정		
	데이터 관리		
	연결대상 자회사 등의 시장리스크 산출		

* 최하 1점 ~ 최고 10점으로 평가

** 해당 항목별로 취약한 부분에 대해 기술

제7장

FRTB 적용을 위한 문서화 내용

* 리스크관리의 기본은 문서화(documentation)입니다. 이 장의 내용은 FRTB 기준에서 명시한 모든 문서화 요구사항을 정리한 부분입니다.

둔필승총(鈍筆勝聰) 무딘 붓이 더 총명하다.

〈다산 정약용〉

기록은 기억을 보장하고 지식을 체계화한다. 특히 복잡한 수식을 모델링하는 리스크관리 부문에서 정확한 문서화는, 담당자간의 업무연속성을 보장하고 오류를 방지하는 가장 큰 무기이자 방어수단이다.

리스크관리 담당자는 모든 업무에 대한 명시지(明示知 Explicit Knowledge)를 형성하고 꾸준한 자기개발을 통해 본인의 암묵지(暗默知 Implicit Knowledge)를 보유하는 것이 필요하다.

[표 7-1] FRTB운영 관련 문서화 사항

내용	분류	규정
Presumptive list 상품 중 트레이딩 운용이 적합하지 않다고 판단하였으나, 감독당국으로부터 승인을 받지 못한 상품의 deviations을 문서화	전반	25.10(2)
- 시장리스크 측정대상상품(트레이딩 상품) 여부를 결정하는 실무처리 - 내부감사부서의 트레이딩부서 감사 결과(최소한 연 1회)	전반	25.13
트레이딩계정과 은행계정간의 이동과 관련한 감독당국의 사전승인과 최고경영진의 승인, 관련 정책 - 회계상 트레이딩 계정으로 재분류한 것은 감독당국의 사전승인 불요	전반	25.16
금리리스크 IRT에서 헷지되는 은행계정의 금리리스크와 그 리스크의 원천	IRT	25.25(1)
CVA리스크 IRT에서 헷지되는 CVA리스크와 그 리스크의 원천	IRT	25.32
시장리스크 측정대상에서 제외되는 구조적 포지션 내용과 금액	구조적 포지션	11.3(7)
트레이딩 데스크의 정의와 해당요건	내부	12.2(2)
트레이딩 데스크별 영업전략(연간예산과 경영진 보고 포함)	내부	12.4(2)
시장리스크 관리모델 운영과 관련하여 매뉴얼(측정기법에 대한 상세한 설명 포함), 정책, 절차	내부	30.13
RFET에서, 실제가격 관찰값과 리스크요소를 매핑하는 정책, 절차	내부	31.15
RFET에서, 시장가격으로부터 리스크요소를 도출하는 접근법	내부	31.26(4)
NMRF에 대한 소요자본량 때문에 사후검증 초과(outlier) 발생시 NMRF값의 움직임에 대한 자료	내부	32.6
(전사수준)사후검증에서 초과사항에 대한 설명	내부	32.12
PLA test에서, HPL입력데이터로 RTPL입력데이터를 조정하는 업무 및 감독당국 승인	내부	32.30
ES 계산시, 리스크요소 범주간(across) 상관관계 적용	내부	33.10
ES 계산시, 리스크요소와 유동성기간(liquidity horizon)의 매핑	내부	33.12(1)
유동성기간을 증가시키는 경우 근거, 감독당국 승인	내부	33.12(3)
부도리스크 산출시, 신용스프레드 또는 주식가격을 사용하여 상관관계를 캘리브레이션 하는 경우 정책과 절차	내부	33.20(3)
부도리스크 모델에서 차주간 상관관계, 스트레스기간 상관관계의 모델링방법과 모델 캘리브레이션에 사용한 기간	내부	33.27(2)
리스크모델에 사용된 리스크요소를 F/O평가모델로 보내 실제가격을 재산출	내부	99.22(2)

별　표

[별표 1] 건전한 가치평가 가이드[79]

718(c) 이 절에서는 트레이딩계정이든 은행계정이든 공정가치평가 대상인 포지션에 대한 건전한 가치평가 가이드를 제공한다. 이 가이드는 특히 건전한 가치평가에 대해 감독당국이 관심갖는 비유동성 포지션뿐 아니라 실제시장가치나 관찰가능한 입력자료가 없는 포지션에 특히 중요한다. 아래에 설명하는 가치평가 가이드는 재무보고 목적의 가치평가 절차를 은행이 변경하도록 하려는 의도는 아니다.

감독당국은 은행의 가치평가절차가 이 가이드와 일관되는지를 평가해야 한다. 은행이 문단 718(cx)~718(cxⅱ)하의 가치조정을 해야할지 말지에 대해 감독당국이 평가하는 요소는 은행의 가치평가절차가 이 가이드와 일치하는 정도이다.

718.(cⅰ) 건전한 가치평가 실무체계는 최소한 아래사항을 포함해야 한다.

[1] 시스템과 통제

718(cⅱ) 은행은 경영진과 감독당국에게 은행의 가치평가 추정치가 건전하고 신뢰할만하다고 확신을 줄 정도로 충분히 적정한 시스템과 통제를 갖추어야 한다.

이러한 시스템은 조직내의 다른 리스크관리시스템(예, 신용분석)과 통합되어야 하고 다음을 갖추어야 한다.

- 가치평가 과정에 대한 정책과 절차의 문서화: 가치결정에 포함된 여러 분야의 명확한 책임, 시장정보의 원천과 이의 적정성에 대한 검토, 관찰불가능한 입력값 사용에 대한 가이드(해당포지션 가치평가에 시장참가자들이 무엇을 사용하는지에 대한 은행의 가정), 독립적인 가치평가의 주기, 종가의 시점, 가치평가 조정의 절차, 월말의 특별가치평가 절차 등을 문서

79 BCBS, Minimum capital requirements for market risk "Treatment for illiquid positions" (2016.1), BIS

화 해야 한다.

- 가치평가절차에 대해 책임을 갖는 부서의 명확하고 (프론트부서와) 독립적인 보고라인: 보고라인은 궁극적으로 이사회 주요임원이어야 한다.

[2] 가치평가 방법론 marking to market

718(c iii) marking to market은 독립된 원천을 가지고 쉽게 입수가능한 종가로서 최소한 일별로 포지션의 가치를 평가하는 것이다. 쉽게 입수가능한 종가의 예는 환율, 스크린가격, 몇 명의 독립적이고 평판좋은 브로커로부터 고시된 가격이다.

718(c iv) 은행은 가급적 marking to market 하여야 한다. 은행이 특정포지션에서 중요한 시장조성자가 아니라면 좀더 건전한 bid/offer가격을 사용하고 중간값(at mid-market)을 사용할 수 있다. 은행은 가치평가 기법을 사용하여 공정가치를 추정할 때, 관련되는 관측가능한 입력값의 사용을 극대화하고 관측불가능한 입력값의 사용을 극소화하여야 한다. 그러나 강제청산(forced liquidation)이나 헐값매매(distressed sale)처럼 관측가능한 입력값/거래이지만 관련성이 없거나 또는 시장이 비활동적이어서 거래를 관찰할 수 없는 경우가 있다.

이 경우 관찰가능한 데이터로 볼 수 있으나, 결정적인 것으로 볼 수는 없다.

marking to model

[695] marking to market이 불가능한 경우에만 mark to model을 사용해야 하지만, 이는 건전한다는 것을 보여주어야 한다. marking to model은 시장의 입력값으로부터 벤치마크하고 계산한 가치평가라고 정의한다. marking to model을 할 때는 보수성이 더 필요하다. 감독당국은 mark to model 가치평

가시 다음의 기준으로 건전성을 평가한다.

- 최고경영자는 mark to model을 하는 트레이딩 계정이나 기타 공정가치 포지션의 구성내역을 알고 있어야 하며, 사업별 리스크/성과에 대한 보고 시 이로 인한 중요한 불확실성을 이해해야 한다.
- 가능한 한 시장가격에 맞는 시장입력값에 원천을 두어야 한다. 특정 포지션에 대한 시장입력값의 적정성은 정기적으로 검토되어야 한다.
- 가능하다면, 특정상품에 대해 일반적으로 인정된 가치평가방법을 사용하여야 한다.
- 모형을 회사 스스로 개발한 경우, 이는 적합한 가정에 근거하여야 하며 이 가정은 개발과정과 독립된 적격의 제3자에 의해 평가되어야 한다. 모형은 프론트오피스와 독립적으로 개발되고 승인되어야 하고 독립적으로 테스트되어야 한다. 이는 수식, 가정, 소프트웨어에 대한 검증을 포함한다.
- 공식적인 변경통제 절차가 있어야 하며, 모형의 secure copy[80]를 보유하여 주기적으로 가치평가를 체크하는데 사용하여야 한다.
- 리스크관리는 사용 모형의 약점을 발견하고 이를 산출물에 얼마나 잘 반영할 것인가 하는 작업이다.
- 모형은 성과의 정확성을 결정하기 위해 주기적으로 검토되어야 한다(예, 가정의 적정성에 대한 지속적인 평가, P&L vs. 리스크요소간의 분석, 최종값과 모형 산출물의 비교).
- 가치조정은 모델 가치평가의 불확실성을 커버하기 위해 적정하게 이루어져야 한다(문단 718(cviii)~718(cxii)의 가치조정 참조).

80 Host간 정보를 안전하게 전송하는 수단

독립적인 가격검증

718(cvi) 독립적인 가격검증은 일별 mark to market과는 완전히 다른 것이다. 이는 시장가격 또는 모형 입력값의 정확성에 대해 정기적으로 검증하는 과정이다. 일별 marking to market은 딜러에 의해 수행되는 반면에, 시장가격과 모델 입력값에 대한 검증은 딜링룸과는 독립적인 부서에 의해 수행되어야 하며 최소한 매월 (시장과 트레이딩의 성격에 따라 더 자주 할 수도 있음) 수행되어야 한다. 객관적인(독립적인)포지션 평가는 가치평가의 오류나 편향(bias)를 찾아내고 부정확한 일별 평가값(daily marks)를 제거할 수 있더라도 일별 mark to market처럼 자주 수행할 필요는 없다.

718(cvii) 일별 평가값(daily marks)이 주로 보고일 사이의 경영진 보고를 위해 사용되는 반면에, 시장가격과 모델 입력값은 이익과 손실금액을 결정하기 위해 사용된다는 점에서 독립적인 가격 검증은 높은 정확도 기준이 필요하다. 독립적인 가격검증을 위해, 가격평가 원천이 주관적인 경우(예, 입수가능한 한명의 브로커 고시가격)에는 가치조정과 같은 건전한 측정이 적합하다.

[3] 가치조정

718(cviii) marking to market 절차의 일부로서 은행은 가치조정을 위한 절차를 수립하고 유지하여야 한다. 감독당국은 가치조정이 필요한지 아닌지를 알기 위해 은행이 제3자의 평가(valuations)를 사용할 것을 기대한다. 이는 marking to model에도 필요하다.

718(cix) 감독당국은 최소한 아래 부문에서 가치조정이 공식적으로 고려되어야 한다고 기대한다. 미확정 신용스프레드[81](unearned credit spreads), 청산비용(close-out costs), 운영리스크, 조기종결, 투자와 조달원가, 미래 관리비용, 모델리스크 등이다.

81 가치평가조정(CVA)에서 가치의 불확실성

2. 규제자본목적상 비유동성포지션에 대한 현재의 가치평가에 대한 조정

718(cx) 은행은 규제자본산출 목적으로 비유동성 자산에 대해 현재의 가치를 조정할 필요성을 판단하고 조정치를 계산하는 절차를 갖추어야 한다. 이러한 조정은 재무보고 목적으로 요구되는 포지션 가치의 변화분에 가산될 수 있으며, 포지션의 비유동성을 반영하기 위해 설계되어야 한다. 감독당국은 포지션의 시장가격이나 관찰가능한 입력값, 제3자 값을 사용하여 marked to market 또는 marked to model하든지 현재의 비유동성을 반영하여 포지션의 가치를 조정할 것을 기대하고 있다.

718(cxi) 시장리스크 자본부과에 있어 유동성과 관련하여 가정을 설정하고 고려하는 것이, 비유동성포지션을 매도하거나 헷지하는 은행의 능력과 일치하지 않을 수 있다. 그러나 은행은 이러한 포지션의 현재 가치를 조정하여야 하며 계속기준에서 적정성을 검토하여야 한다. 유동성의 감소는 시장사건으로부터 야기된다. 추가로 집중된 포지션 또는 stale position에 대한 청산가격은 조정시 반영되어야 한다. 은행은 비유동성 포지션에 대한 조정의 적정성을 결정할 때 모든 관련 요소를 고려해야 한다. 이러한 요소는 포지션과 포지션내의 리스크를 헷지하는데 소요되는 시간, bid/offer 스프레드의 평균변동성, 독립된 시장고시 가격의 획득 가능성(시장조성자의 실체와 수), 트레이딩 규모의 평균과 변동성(시장경색시의 트레이딩 규모 포함), 시장집중도, 포지션의 보유기간, 가치평가를 marking to model에 의존하는 정도, 문단 781(cx)에 포함되지 않은 기타 모델리스크의 충격을 포함한다.

718(cxi-1-) 은행은 유동화증권과 n-th-to CDO 같은 복합상품에 대해 다음 2가지 형태의 모델리스크를 반영하기 위해 가치조정이 필요한지를 명확하게 평가해야 한다.

- 혹시 잘못된 가치평가 방법론의 사용과 관련된 모델리스크
- 가치평가 모델에, 관찰할 수 없는 캘리브레이션 모수의 사용과 관련된 리스크

718(cxii) 문단 718(cxi)의 비유동성 포지션의 현재가치 조정은 Tier 1 규제자본에 영향을 주고 재무보고기준 및 문단 718(cviii), 718(cix)의 가치조정을 초과할 수도 있다.

[별표 2] Pillar 2[82]

시장리스크

1. 트레이딩계정 적격성에 대한 정책과 절차

1. 규제자본산출 목적으로 트레이딩 계정에 포함할 익스포져와 제외할 익스포져를 결정하는 명확한 정책과 절차는 은행 트레이딩계정의 일관성과 지속성을 보장하는 결정적 요소이다. 그러한 정책은 이 체계에 부합하여야 한다. 감독당국은 은행의 정책과 절차가, 트레이딩 계정의 범위를 명확하게 설정하고 있으며 이 체계에서 설명한 일반원칙과 일치하며 은행의 리스크관리 능력 및 실무와 일관되고 있다는 점을 확인하여야 한다. 또한 감독당국은 매우 제한된 상황하에서만 은행계정과 트레이딩계정간의 포지션 전환이 발생한다는 점을 확인해야 한다.

감독당국은 이 체계의 일반원칙에 부합되지 않는 포지션을 트레이딩계정에 처리하지 못하게 하는 조치가 미흡하다고 판단되는 경우나 은행의 리스크 관리 능력과 실무가 정책, 절차와 일관되지 않는 경우 정책과 절차의 수정을 요구할 수 있다.

2. 트레이딩 계정에 보유한 상품들은 최고경영진이 승인한 명확하게 정의된 정책과 절차-활발한 리스크관리활동을 수행하고 있음을 확인할 목적임-를 따라야 한다. 정책과 절차는 문서화되어야 하며 최소한 아래사항을 포함하여야 한다.

(a) 은행이 트레이딩 또는 헷지로 간주하는 활동들

- 모든 대상 상품 또는 포트폴리오에 대한 트레이딩 전략(예상보유기간과 한도초과시 가능한 방안 포함)
- 활발하고 유동성 있는 two-way시장을 참조하여 반드시 일별로

82 BCBS, Minimum capital requirements for market risk, 2016.1, BIS

marked-to-market해야 하는 은행 포트폴리오 범위에 대한 기준

- marked-to-model해야 하는 상품에 대해,
  (ⅰ) 대상상품의 주요 리스크 식별 기준
  (ⅱ) 대상상품의 주요 리스크 헷지 기준, 헷지수단(hedging instruments)이 어느 정도 활발하고 유동성있는 two-way 시장을 가지고 있는지에 대한 기준
  (ⅲ) 모델에 사용되는 주요 가정과 파라미터에 대해 신뢰성있는 추정치를 도출하는 기준
- 일관된 방식으로 외부의 검증을 받을 수 있는 상품에 대해 가치평가를 위해 은행에게 요구되는 정도
- 대상상품을 즉시 청산하도록 은행이 강제할 수 있는, 상품 운영상의 요구사항
- 대상상품에 대한 관리 절차로서 아래사항을 반드시 포함
  (ⅰ) 적정한 한도설정과 계속적인 모니터링
  (ⅱ) 개별 트레이딩 데스크는 트레이딩 전략과 대상상품에 대한 모니터링 절차를 문서화하는 것이 요구되며 아래사항을 포함
    • 트레이딩 데스크에 대해 은행 최고경영진은 트레이딩 의도를 갖고 트레이딩 전략문서에 맞게 대상상품이나 포트폴리오를 관리하고 있음
    • 모니터링 절차는 명시한 보유기간을 준수하고 있는지를 결정하기 위해 회전율과 'stale position'에 대한 평가를 포함
  (ⅲ) 트레이더가 승인받은 한도와 전략내에서 대상상품을 관리하는 자율성의 정도
  (ⅳ) 리스크관리 절차의 한 부분으로서 최고경영진에게 보고하는 절차
  (ⅴ) 시장의 정보원천을 참고하여 상품과 리스크 포지션을 모니터링하며 아래사항을 포함
    • 시장의 유동성에 대한 평가, 상품과 리스크포지션 또는 포트폴리

오를 헷지할 수 있는 능력에 대한 평가

- 시장리스크 요소의 변화로 인한 상품가치와 민감도의 변화 분석
- 가치평가에 관한 시장자료의 질과 입수가능성에 대한 평가(시장 회전율 수준, 시장에서 거래되는 상품의 상대적 규모)

3. 은행계정에서 트레이딩 계정으로 IRT(internal risk transfer)에 대한 정책과 절차

3. 은행은 반드시 아래사항을 갖추어야 한다

(i) 헷지되는 은행계정의 리스크와 리스크량에 관해 트레이딩 계정의 모든 IRT(internal risk transfer)를 문서화

(ii) 외부 제3자 매칭 헷지에 대한 상세한 내용 문서화

(iii) IRT데스크가 부담하는 리스크를 관리하는 전략과 절차리스트를 감독당국에게 제출. 이 리스트는 은행의 최고경영진이 승인해야 함

(iv) 리스크관리와 통제목적으로 IRT활동에 대해 정기적인 보고. 은행은 이러한 정보를 감독당국에게 반드시 정기적으로 보고해야 함

4. IRT를 수행하는 데스크는 수행하는 모든 활동을 문서화 해야 하며, 그들이 부담하는 리스크를 관리하기 위해 기여도분석(contributory analysis)과 독립적인 리뷰를 수행해야 한다.

5. 은행은 IRT를 통해 헷지되는 은행계정 리스크를 인식하고 계량화하기 위한 일관된 방법론을 가져야 한다. 이 방법론은 은행의 리스크관리체계에 적절하게 통합되어야 하며, 트레이딩 계정 데스크와 관련된 질적, 양적 규제 요구사항을 포함하여야 힌다. 방법론 상 중요한 변경은 은행의 전문위원회(예, ALM)에 의해 승인받아야 한다. 변경사항은 감독당국에게 알리며, 중요한 변경사항은 사전에 감독당국의 승인을 받아야 한다.

6. 은행은 이러한 IRT거래에 대한 리스크 경감 효과를 통제하고 확인하기 위한 일관된 리스크관리방안과 내부통제를 갖추어야 한다. 이 방안과 통제는 은행 IRT활동의 규모, 형태, 리스크를 반영하여야 하며, 정기적으로 은행의

리스크관리부서에서 리뷰하여야 한다.

4. 가치평가

7. 건전한 가치평가 정책과 절차는 엄격한 시장리스크 자본적정성 평가를 수행하는 토대가 된다. 시장집중 되지 않고 유동성이 높은 현물상품으로 구성된 잘 분산된 포트폴리오에 대해, 그 포트폴리오의 가치평가는 이 체계에서 규정한 최소 양적기준과 결합하여 시장의 상황이 악화되더라도 익스포져별 유동성 보유기간이내에 그 익스포져를 청산하거나 헷지할 수 있는 충분한 자본량을 계산할 수 있게 한다.

   그러나 잘 분산되지 않은 포트폴리오, 비유동성 상품을 포함한 포트폴리오, 시장회전율과 관련하여 집중된 포트폴리오, 다수의 mark to model 포지션을 가진 포트폴리오의 경우에는 다를 것이다. 이 경우 감독당국은 은행이 충분한 자본을 가지고 있는지 고려해야 한다. 미흡한 점이 있는 한 적절한 조치를 취할 것이며, 일반적으로 리스크를 축소하고 추가자본을 보유할 것을 요구한다.

5. 내부모형하의 위기상황분석

8. 은행은 최소규제자본을 만족시키고 이 체계에서 명시한 위기상황분석 결과를 커버할만한 충분한 자본을 보유하고 있음을 확인해야 한다.

   감독당국은 은행 트레이딩 활동의 본질과 규모 및 은행이 수행하는 가치조정과 같은 요소를 감안하여 이러한 목적에 맞는 충분한 자본을 보유하고 있는지 확인하여야 한다. 미흡한 점이 있거나 은행 내부의 시장리스크 자본적정성 평가의 기초가 되는 전제를 만족하지 못하면 감독당국은 즉각적인 조치를 취한다. 이러한 조치는 리스크 익스포져의 감축과 추가자본보유 등이 되는데, 최소한 전체 자본은 Pillar1자본요구량과 감독당국이 수용할만한 위기상황분석 결과를 커버할 수준이 되어야 한다.

9. 제한된 유동성 또는 가격의 투명성 때문에 리스크를 포착하는 은행 모델의

효과성이 침해된다고 감독당국이 판단하는 경우, 감독당국은 모델로부터 포지션을 제외하는 등의 조치를 취하게 된다. 감독당국은 부도리스크 자본량의 적정성을 리뷰해서 부적절한 경우에는 표준방법을 사용하도록 한다.

[별표 3] Pillar 3[83]

Ⅰ. 시장리스크에 관한 일반정보

[표 MRA] 시장리스크에 관한 일반적인 질적 공시 사항

목적 : MAR11.1에서 정의하는대로 시장리스크에 관한 리스크관리 목적과 정책의 설명
적용영역 : 시장리스크 자본량을 산출해야 하는 모든 은행
내용 : 질적인 정보
주기 : 연 1회
양식 : 자유

은행은 시장리스크 관련 리스크관리 목적과 정책을 다음과 같이 설명하여야 한다.

(a) 은행의 전략과 절차, 아래 사항에 대한 설명이 반드시 포함되어야 한다
- 트레이딩 활동을 수행함에 있어 리스크를 헷지하는 정책과 헷지의 계속적인 효과를 모니터링하는 전략/절차를 포함한 은행의 시장리스크를 인식, 측정, 모니터링, 통제와 더불어 은행의 전략적 목적
- 데스크 구조에 관한 일반적인 설명(MAR 12에서 정의)
- 템플릿 MRC에 반영되지 않지만 트레이딩 데스크 혹은 데스크 카테고리에 포함되는 상품
- 특정포지션을 트레이딩으로 구분할 것인지를 결정하는 정책(stale position의 정의와 이러한 포지션을 모니터링하기 위한 리스크관리 정책 포함). 추가로 일반적인 추정(general presumptions)에 반하여 트레이딩 계정 또는 은행계정으로 분류하는 경우를 설명하고 이러한 경우의 시장가치와 전체공정가치, 최근 보고기간(last reposting period) 이후 하나의 계정에서 다른 계정으로 이동한 상품의 경우, 전체공정가치와 계정이동의 이유를 설명할 것
(b) 시장리스크 관리 기능의 구조와 조직 : 위의 (a)행에서 언급한 은행의 전략과 절차를 이행하기 위해 설치한 시장리스크 지배구조에 대한 설명 포함
(c) 리스크 보고와 측정시스템의 범위와 본질

83 BCBS, Consultative document:Revisions to market risk disclosure requirements (2019.11), BIS

Ⅱ. 표준방법하의 시장리스크(SA)

[표 MR1] SA 하의 시장리스크

목적 : SA하에서 시장리스크에 대한 자본부과 요소를 제공

적용영역 : 이 표는 SA에 따라 시장리스크 자본량의 일부 또는 전부를 측정하는 모든 은행에 대해 의무사항이다. 내부모형(IMA)을 사용하는 은행에 대해서도, 트레이딩 데스크 포트폴리오 중 IMA를 적용하지 않는 대상(즉, MAR30.4조항에 의해 IMA사용이 비적격인 트레이딩 데스크)들은 이 템플릿의 표준방법 하의 규제자본 계산법을 적용하여야 한다.

내용 : 자본량(시장리스크 체계 MAR20-MAR23에서 정의)

주기 : 반년 1회

양식 : 지정. 리스크의 세분화를 위해 행을 추가할 수 있음

부연설명 : 은행은 규제자본 목적으로 SA를 적용하는 트레이딩 데스크의 목록을 설명해야 한다(단, outfloor를 결정하기 위한 목적은 제외). 추가로 SA를 사용하여 자본을 계산하는 포지션 및 트레이딩 데스크의 변경사항을 설명하여야 한다.(예, 양적 모델 적격성 test를 통과하지 못해 IMA하의 자본화가 더 이상 허용되지 않은 트레이딩 데스크들)

		a
		SA자본량
1	GIRR	
2	Equity risk	
3	Commodity risk	
4	FX risk	
5	CSR-비유동화	
6	CSR-유동화(non-CTP)	
7	CSR-유동화(CTP)	
8	부도리스크-비유동화	
9	부도리스크-유동화(non-CTP)	
10	부도리스크-유동화(CTP)	
11	잔여리스크 추가분	
12	합계	

[MR1 12/a]=[OV1 21/c]

III. 내부모형(IMA)하의 시장리스크

[표 MRB] IMA를 사용하는 은행의 질적공시

목적 : IMA하에서 시장리스크 자본량 산출에 사용된 모델의 범위, 주요 특성, 주요한 모델링의 선택사항을 제공

적용영역 : 이 표는 시장리스크 자본량 산출을 위해 IMA를 사용하는 모든 은행에 대해 의무사항이다.
은행의 내부모형 사용에 대해, 사용자에게 의미있는 정보를 제공하기 위해 그룹연결기준의 전사적 수준에서 사용하는 모델의 주요 특징을 설명하고, 그 특징이 그룹전사의 모든 모델을 어느 정도 대표하는지 설명하여야 한다.
규제모델(ES, DRC, SES) 각각에 의해 커버되는 자본량의 비율을 설명하여야 한다.
ES: expected shortfall, DRC: default risk charge, SES : stressed expected shortfall for non-modellable risk factors(NMRFs)

내용 : 질적인 정보

주기 : 연 1회

양식 : 자유

(A) ES모델에 대해 다음의 정보를 제공하여야 한다.

(a) ES 모델이 커버하는 활동과 리스크에 대한 설명. 가능하면 (시계열데이터 부족이나 모델의 제약으로 인해) ES규제자본 계산에 포함되지 않고 다른 방법(국가별 별도의 처리방법)으로 처리한 주요 활동과 리스크도 함께 설명

(b) 내부자본적정성 평가의 기초가 되는 건전한 기준(예; forward-looking 위기상황분석)과 그 기준에 부합하는 자본적정성 평가를 하기 위해 사용된 방법론에 대한 설명

(c) ES모델에 대한 일반적인 설명. 예컨대 스트레스 관측치를 바탕으로 한 ES($ES_{R,s}$)에 관해서 모델이 historical simulation, Monte Carlo simulation, 기타 적당한 분석방법과 관측기간을 기반으로 하는지를 설명

(d) 데이터 갱신 주기

(e) 최근 스트레스 상황 관측치를 바탕으로 한 ES계산에 대한 설명. 예컨대 축소 리스크요인셋과 축소 리스크요인셋에 의해 설명된 전체 ES에서의 변동분 비중, 가장 스트레스한 12개월간을 식별하기 위한 관찰기간에 대한 설명

(B) SES
(a) 요구되는 건전기준과 일치하는 개별 NMRF자본적정성 평가를 위해 사용된 방법론

(C) DRC를 위해 내부모형을 사용하는 은행은 다음의 정보를 제공하여야 한다.
(a) 방법론에 대한 일반적인 설명 VaR의 특징과 범위에 대한 정보, 다른 익스포져군에 대해 다른 모델을 사용하는지에 대한 정보. 예컨대 서로 다른 포지션 타입별 채무자에 대한 PD범위를 설명, 시장내재 PD를 적용가능하도록 수정하기 위해 사용하는 방법, 상계처리, 서로 다른 채무자의 long과 short 포지션간의 basis risk, 스트레스 상황에서 상품군내 또는 군간 발생할 수 있는 집중도와 포지션과 헷지간의 mismatch
(b) 건전한 기준과 시장리스크 체계 문단 [MAR33.18]-[MAR33.39] 모두에 부합하여 자본적정성 평가를 하는데 사용하는 방법론

(D) 모델 검증 및 모델링 프로세스
(a) 모델검증과 모델링 절차에 사용된 접근법. 일반적인 접근법과 이에 따른 가정과 벤치마크에 대한 설명

[표 MRC] IMA를 사용하는 은행의 데스크 구조

목적 : IMA와 관련한 트레이딩 데스크의 구조에 대한 개요를 제공

적용영역 : IMA를 사용하는 모든 은행에 대해 의무사항이다

내용 : 질적인 정보. 은행은 IMA하의 트레이딩 계정 포트폴리오를 대표하는 모든 데스크에 대해, SA 하에 독립된 규제자본의 총합은 50%를 넘고 MAR11.8(2)에 따른 가장 높은 SA자본량을 가진 데스크를 분리하여 공시하여야 한다. 은행은 데스크별로 야기되는 리스크 카테고리의 셀과 그 데스크에서 거래되는 상품 카테고리셀에 체크표시해야 한다. 하나의 데스크에서 한가지 타입 이상의 리스크를 갖는 경우 모든 주요한 리스크에 체크한다. 질적인 정보는 커버하는 서로 다른 타입의 리스크 정보를 제공해야 한다. 하나의 데스크에서 한가지 타입 이상의 상품을 거래하면, 그 데스크에서 거래하는 모든 주요한 상품에 체크한다.

주기 :반년 1회

양식 : 자유. 거래상품의 리스크범주가 데스크의 특성에 맞지 않으면 열을 추가할 수 있다.

부연설명 : 은행은 어느 데스크가 이 표와 [표 MR2]에 따라 공시를 할지를 결정하며, 이러한 선택의 이유와 IMA하에서 왜 트레이딩계정을 대표하는지를 설명하여야 한다. 은행은 이 표에 개별적으로 공시하지 않은 데스크의 수에 대한 정보를 제공하고 이러한 데스크에서 거래되는 주된 리스크와 상품정보를 제공하여야 한다.

	a	b	c	d	e	f	g	h	i	j	k	l	m	n	o	p	q	
	개별 데스크의 주요 리스크(카테고리)					개별 데스크에서 거래되는 주요 상품(카테고리)												데스크 활동 설명
	GIRR	주식	상품	FX	CSR	현물	선도	선물	일반옵션	복합옵션	ABS	MBS	IRS	FX swap	CDS	…		
데스크1																		
데스크2																		
…																		
데스크x																		

[표 MR2] IMA를 사용하는 은행들의 시장리스크

목적 : 리스크타입별 IMA자본량 구성요소에 대한 설명

적용영역 : 이 표는 IMA에 따라 시장리스크 규제자본량의 일부 또는 전부를 측정하는 모든 은행에 대해 의무사항이다.

내용 : 연결기준으로 그룹수준에서 자본량 계산(MAR33에서 정의)

주기 : 직전분기부터의 데이터에 기초한 반년 1회

양식 :지정

부연설명 : 은행은 가장 최근 측정치에 포함된 자본량 요소와 직전 60일 평균 자본량 요소를 보고해야 한다. 은행은 VaR추정치와 은행이 경험한 실제 이익/손실을 비교하며 사후검증 결과에서 중요한 "outliers"를 분석하여야 한다.

			a	b	c	d	e
			리스크 측정치 : 이전 60일/12주				사후검증 초과분 개수
			가장 최근	평균	최고	최저	99.0%
1	분산효과 있는 ES						
2	규제목적 리스크 클래스별 ES	GIRR					
3		Equity risk					
4		Commodity risk					
5		FX risk					
6		CSR					
7	분산효과 없는 ES						
8	(IMCC) (0.5*분산효과 있는 ES+0.5*분산효과가 제한된 ES)						
9	모델가능하지 않은 리스크요소에 대한 자본량; SES						
10	부도리스크 자본량(DRC)						
11	황색영역 트레이딩 데스크에 대한 추가자본 부과						
12	녹색과 황색영역 트레이딩 데스크에대한 규제자본(추가자본 부과 포함)						
13	MR1(Cu)에 보고된 바와 같이 IMA 적용이 비적격인 트레이딩 데스크에 대한 SA 규제자본						

14	녹색과 황색영역 트레이딩 데스크에 대해 IMA와 SA하의 규제자본량 차이					
15	전체 트레이딩 데스크에 대한 SA자본량(IMA대상 포함)					
16	전체자본량 : min(12+13;15)+max(0,14)					

(정의와 지침)

열번호	설명
1	*분산효과 있는 ES* : 시장리스크 체계 MAR33.1-MAR33.12에서 정의한 ES와 같이 리스크요소간 상관계수에 대해 감독당국의 제한없이 계산.
7	*분산효과 없는 ES* : 시장리스크 체계 MAR33.1-MAR33.12에서 정의한 ES로서 MAR 33.14에 맞게 계산. 분산효과 없는 ES는 광범위한 규제리스크 요소군(금리리스크, 주식리스크, 환리스크, 일반상품리스크, 신용스프레드리스크)에 대한 부분 ES자본량(다른 리스크요소는 모두 고정된 것으로 본다)을 합한 것이다.
9	***모델가능하지 않은 리스크요소에 대한 자본량*** : 모델적격의 데스크가 보유한, MAR30.4에 따라 모델가능하지 않은 리스크요소에 대해 MAR33.16와 MAR33.17에 따라 계산된 규제자본량 총합
10	***DRC요구사항*** : MAR33.18에 따라 트레이딩 포지션의 부도리스크 측정치(표준방법에 의해 자본량을 부과하는 것은 제외). 특히 국가익스포져(자국통화로 표시된 채권 포함), 주식포지션, 부도난 채권포지션을 포함한다
11	***황색 트레이딩 데스크에 대한 추가자본 부과*** : MAR33.45를 바탕으로 계산한 PLA test에서 "황색영역"에 해당하는 트레이딩 데스크에 대한 추가자본 부과
12	***녹색과 황색영역 트레이딩 데스크의 합계*** : (C_A+DRC)+추가자본 부과(MAR 33.41-MAR33.43참고); MAR33.22; MAR33.45 12행=max[8/a+9/a; multiplier*8/b+9/b]+max[10/a;10/b]+11
13	***IMA적용이 부적합한 트레이딩 데스크에 대한 SA자본량 총계(C_U)*** : 모델 승인상 out-of scope이거나 IMA적용 부적격 판단을 받은 트레이딩 데스크들에 대한 SA자본량(표 MR1의 line 12의 SA자본량 총계 참고)
15	***모든 트레이딩 데스크(IMA를 따르는 데스크를 포함)에 대한 SA자본량 총계*** : 모든 트레이딩 데스크에 대해 최근의 표준방법 자본량(즉, 표준방법을 따르는 모든 데스크 및 IMA를 적용하지 않는 트레이딩 데스크)
16	***전체 시장리스크 자본량*** : MAR 33.43에 따른 전체자본량 계산

템플릿간의 연결

[MR2:16-MR2:13]=[OV1 22/c]
[MR2:16-MR2:13] x 12.5=[CMBS1 5/b]
[MR2:13] x 12.5=[CMBS1 5/b]
[MR2:16] x 12.5=[CMBS1 5/c]
[MR2:15] x 12.5=[CMBS1 5/d]

[표 MR3] IMA적용 트레이딩 데스크의 시장리스크 RWA흐름보고서

목적 : IMA하에서 결정된 트레이딩 데스크(TD)들의 RWA의 변동을 설명하는 흐름보고서

적용영역 : 이 표는 시장리스크 규제자본 측정에 대해 IMA를 사용하는 은행에 대해 의무사항이다.

내용 : IMA하의 트레이딩 데스크(녹색, 황색 영역의 트레이딩 데스크)의 RWA. 주요한 개별요인의 보고기간 중 RWA의 변화는, 그 수치에 대한 합리적인 은행의 추정에 근거하여야 한다.

주기 : 분기별

양식 : 지정. 모든 열과 1과 6 행은 고정되며 다른 행들은 선택사항이다. 은행은 RWA변동에 기여하는 추가요소를 공시하기 위해 1과 6번의 행 사이에 행을 추가할 수 있다. 변경의 범주는 다음과 같다 : 리스크수준의 움직임, 모델변경, 규제변경, 인수와 처분, 외환(foreign exchange), 기타. 행을 추가하지 않은 경우, 은행은 앞서 설명한 동일한 카테고리를 이용하여 RWA에 대한 적정한 변화를 기술할 수 있다.

부연설명 :은행은 보고기간 중의 주요한 변경과 이러한 변경의 요인을 설명해야 한다.

		a	b	c	d	e	f
		IMCC	SES	DRC	황색 TD에 RWA추가 부과	녹색, 황색 TD의 RWA	SA RWA 합계(IMA적용 부적합 TD)
1	**전분기말 RWA**						
1a	조정						
1b	**지난분기 RWA(말일*)**						
	리스크수준의 움직임, 모델변경, 규제변경, 인수와 처분, 외환 등	선택사항					
6a	이번분기 RWA(말일**)						
6b	조정						
6	**보고기간 말의 RWA**						

* 분기 말일 값 : max{가장 최근값, 평균값}인 1행의 값과 다를 수 있음
** 분기 말일 값 : max{가장 최근값, 평균값}인 6행의 값과 다를 수 있음

템플릿간의 연결

MR3: 6/a는 [MR2: 8 a 또는 b]x12.5와 동일
MR3: 6/b는 [MR2: 9 a 또는 b]x12.5와 동일
MR3: 6/c는 [MR2: 10 a 또는 b]x12.5와 동일
MR3: 6/d는 [MR2: 11]x12.5와 동일
MR3: 6/e는 [MR2: 12]x12.5와 동일
MR3: 6/f는 [MR2: 13]x12.5와 동일

(정의와 지침)

선택사항 행(rows)

- 리스크수준의 움직임 : 포지션의 규모나 본질의 변화로 인한 움직임
- 모델변경 : 최근의 경험(예, 리캘리브레이션]을 반영한 중요한 업데이트. 만약 둘 이상의 모델 업데이트가 발생한다면 행을 추가하는 것이 필요.
- 규제변경 : 규제정책의 변화로 계산의 방법론 변경(2023년 1월부터 실시되는 PLA test로 인한 잠재적 RWA 변경 포함). MAR 32에 명시되어 있는 모델 적격성 테스트(사후검증 또는 PLA test)를 통과하지 못한 규제자본은 트레이딩 데스크가 언제 IMA에서 SA로 변경되었는지 혹은 PLA test 황색영역의 트레이딩 데스크에 관해서 추가자본이 부과되었는지가 규제변경으로 공시되어야 한다.
- 인수와 처분 : 영업라인 또는 사업의 인수나 처분으로 인한 변경
- 외환 : 외환의 환산 움직임에 의해 유발되는 변경
- 기타 : 다른 범주에 속할 수 없는 변경을 포착하기 위해 사용
- 만일 (a)-(d)열 혹은 (1)또는 (6)행의 규제자본으로부터 발생되는 RWA중 하나라도 모델의 결과물(즉, 가장 최근의 측정치)로부터 직접 반영되지 않고 60일/12개월 평균을 바탕으로 계산된다면 (1)-(6)행 사이의 값들을 포함하기 위해서 은행은 1행 뒤 또는 6행 전에 행을 추가할 수 있다.

열(columns)

- multiplier를 적용하기 전인 (a)열을 제외한 (e)행처럼, 1과 6행의 (a)-(d)열의 RWA 계산을 위한 규제자본은 녹색과 황색 트레이딩 데스크의 규제자본 총합을 고려한 실제 규제자본량 값이어야 한다.
- (a)열의 지난분기 말/보고기간 말의 IMCC RWA: [MAR33.15를 바탕으로 모델가능한 리스크 요소들에 대한 규제자본(0.5*분산효과 있는 ES+0.5*분산효과없는 ES)]x 12.5
- (b)열의 지난분기 말/보고기간 말의 SES RWA : [MAR33.16과 MAR 33.17을 바탕으로 모델화하지 못하는 리스크에 대한 규제자본)]x 12.5
- (c)열의 지난분기 말/보고기간 말의 DRC RWA : [MAR33.19- MAR 33.39을 바탕으로 하는 DRC 규제자본)]x 12.5
- (d)열의 황색 트레이딩 데스크에 대한 RWA 추가자본 부과 : [MAR33.45를 바탕으로 하는 황색 트레이딩 데스크의 표준방법하의 추가 규제자본)]x 12.5
- (e)열의 녹색과 황색 트레이딩 데스크의 IMA RWA : [MAR33.41(C_A);MAR33.22 DRC; MAR 33.45 capital surcharge 를 기반으로 하는 적격한 트레이딩 데스크(녹색, 황색 데스크)의 규제자본]x 12.5
- (f)열의 지난분기 말/보고기간 말의 총 SA RWA : [MAR20-MAR23을 기반으로 하여 [표 MR] line 12에서 보고된 전체 규제자본(비적격 데스크의 자본량으로 out-of scope 데스크나 IMA사용이 부적합한 데스크)]x 12.5

[표 MR4] 간편표준방법에 의한 시장리스크

목적 : 간편표준방법하에서의 규제자본 요소 제공

적용영역 : 시장리스크 자본량을 간편표준방법으로 산출하는 은행에 적용.

내용 : 자본량(시장리스크 체계 MAR40에서 정의)

주기 : 반년 1회

양식 : 지정. 기타리스크을 위해 행을 추가할 수 있음RWA에 대한 적정한 변화를 기술할 수 있다.

부연설명

		a	b	c	d
		일반상품	옵션		
			간편법	델타-플러스법	시나리오법
1	금리리스크				
2	주식리스크				
3	상품리스크				
4	외환리스크				
5	유동화				
6	총계				

[MR4: 6a +6b 또는 6c또는 6d]=[OV1: 21/c]

찾아보기

제2판

시장리스크(FRTB 2019) 2%의 모든 것

2019년 6월 21일 | 1판 1쇄 발행
2021년 6월 15일 | 2판 1쇄 인쇄
2021년 6월 18일 | 2판 1쇄 발행

지 은 이 | 조응규
발 행 인 | 김은중
발 행 처 | 서울경제경영출판사
북 디 자 인 | (주)우일미디어디지텍

주 소 | 03767 서울특별시 서대문구 신촌로 205, 506호
전 화 | 02)313-2682
팩 스 | 02)313-8860

등 록 | 1998년 1월 22일 제5-63호

ISBN 979-11-6282-089-6 93320 정가 30,000원